DICTIONNAIRE

DES ATHÉES

ANCIENS ET MODERNES.

IMPRIMERIE DE J. B. BALLEROY
À BRUXELLES.

DICTIONNAIRE
DES ATHÉES

ANCIENS ET MODERNES,

PAR SYLVAIN MARÉCHAL.

DEUXIÈME ÉDITION

AUGMENTÉE DES SUPPLÉMENS DE J. LALANDE ;
DE PLUSIEURS ARTICLES INÉDITS, ET D'UNE NOTICE NOUVELLE
SUR MARÉCHAL ET SES OUVRAGES,

PAR J. B. L. GERMOND.

Bruxelles,

CHEZ L'ÉDITEUR, RUE DES SOLS N. 7.

M. DCCC. XXXIII.

AVIS DE L'ÉDITEUR.

Le dictionnaire des Athées anciens et modernes, le plus recherché et le plus extraordinaire des ouvrages de Sylvain Maréchal ne se trouve plus aujourd'hui; on ne le voit plus que dans quelques bibliothèques particulières, encore est-il rare de l'y rencontrer avec les deux supplémens de Lalande, qui ne furent imprimés qu'à un très-petit nombre et distribués seulement aux amis de l'auteur; aussi il nous eût été difficile de réunir le tout sans la communication précieuse qui nous a été faite d'un exemplaire destiné depuis long-temps, par Maréchal lui-même, à une seconde édition et contenant à la fois plusieurs articles inédits qui devaient y prendre place, l'indication d'un nouvel ordre à adopter et la clef des noms qui dans la première avaient été abrégés.

Cette communication qui nous a été faite avec permission d'en profiter, nous met à même de donner aujourd'hui au public une édition nouvelle à laquelle nous avons apporté tous nos soins pour mettre en œuvre les matériaux que nous possédons.

Nous avons donc rétabli tous les noms, sauf deux , dont notre gratitude nous a fait un devoir de ne point trahir le secret ; nous avons suivi le nouvel ordre projeté, et ajouté les articles inédits, sans néanmoins les indiquer spécialement pour ne réveiller aucune haine contre leurs auteurs : toutefois nous avons négligé tout ce qui n'était que correction de style pour conserver le texte original publié du vivant de Maréchal , texte que nous avons dû préférer ; nous y avons enfin ajouté quelques notes et réflexions que nous avons cru nécessaires, soit à l'intelligence de ce texte, soit à la connaissance des personnages nommés, et nous avons fait précéder le tout d'une notice nouvelle sur Maréchal et ses ouvrages , rédigée sur les documens les plus authentiques et les mieux choisis.

Nous n'avons rien négligé pour rendre cette édition digne de figurer dans toutes les bibliothèques , et lui donner un mérite supérieur à celui de la première et que serait loin d'avoir une simple réimpression. Aussi pour lui conserver tout son prix nous ne l'avons fait imprimer , comme l'avaient fait les auteurs eux-mêmes, qu'à un très-petit nombre d'exemplaires.

Nous n'avons pas besoin de faire ici une profession de foi ; nous avons eu quelquefois occasion de prouver que nous étions loin d'adopter les principes de Maréchal, quoi que nous puissions penser de son caractère. Nous nous en tiendrons seulement à ce que nous avons dit dans le cours de l'ouvrage, auquel nous renvoyons ceux qui voudraient connaitre le fond de notre pensée.

NOTICE NOUVELLE

SUR LA VIE ET LES OUVRAGES

DE SYLVAIN MARÉCHAL.

Pierre Sylvain MARÉCHAL naquit à Paris le 15 août 1750.

Dans son enfance, son père le destinait au commerce; mais incertain lui-même sur sa vocation, il commença par se livrer à l'étude des lois, acheva son droit et se fit recevoir avocat au parlement de Paris. Bientôt cependant il abandonna cette carrière, soit qu'il ne s'y sentît point fortement appelé, soit que le bégayement dont il était atteint, l'empêchât de se hazarder au barreau. Il se livra à la poésie, qu'il avait cultivée de bonne heure, puisqu'en 1771 il avait déjà publié ses *Bergeries* et *le Temple de l'Hymen*; et ses débuts dans le genre pastoral furent marqués par des succès qu'il dut autant à la facilité et à l'harmonie de sa versification qu'à la grâce et à la légèreté de ses tableaux, qui plus colorés que ceux de Mad. Deshoulières, n'avaient cependant pas moins de charme et d'agrément. Sa *Bibliothèque des Amans*, recueil de poésies érotiques, son *Age d'or*, recueil de contes pastoraux, et quelques pièces qui les suivirent furent généralement bien accueillis du public et le méritaient en effet.

Ces premiers essais, et les protections qu'ils lui valurent, firent obtenir à MARÉCHAL la place de sous-bibliothécaire au collège Mazarin. Ce fut là qu'il acquit cette érudition forte et variée, qui fit son malheur; car son talent changeant de nature, perdant en grâce et en simplicité ce qu'il acquerrait en profondeur, prit une allure grave et sérieuse; et cet esprit jusques alors doux et léger, devenu tout-à-coup dur et frondeur, oublia totalement le genre auquel il avait dû ses premiers succès. Alors la philosophie le séduisit; il s'y voua tout entier, et le désir de célébrité qui le travaillait sans cesse poussa son imagination fougueuse au-delà des limites de la raison et l'égara totalement. La société telle qu'il la trouva avait besoin de

b

réforme, sans doute; il le vit, le vit promptement, mais il alla trop vite, comme il alla trop loin.

Il publia d'abord ses *Fragmens d'un Poème moral sur Dieu* ou *le nouveau Lucrèce* (1781) qui, annonçant déjà les principes nouveaux qu'il adoptait, piquèrent assez la curiosité pour être réimprimés plus tard sous le titre de *Lucrèce Français*. C'est une suite de pensées détachées, sans liaison aucune, dans lesquelles on ne peut reconnaître le plan, la marche, ni le but de l'ouvrage ; on y trouve quelquefois une poèsie forte et vigoureuse, des pensées énergiques, qui ne peuvent malgré tout sauver l'ennui et l'uniformité du fond qui n'est qu'une continuelle déclamation contre la divinité.

Quelque temps après, il donna le *Livre échappé au déluge* ou *Psaumes nouvellement découverts, composés dans la langue primitive,* par S. Ar. Lamech, (anagramme des noms de l'auteur); ouvrage original par le soin qu'il prit à imiter le style des prophètes, et dans lequel

       Poussant jusqu'à l'excès sa mordante hyperbole ,

il déploya une rudesse de principes, qui lui fit perdre quelques-uns de ses bienfaiteurs. On eût dit que comme l'infortuné Gilbert, Maréchal avait à se plaindre de tout le genre humain. Déjà, il est vrai, Maréchal comptait beaucoup d'ennemis. Son génie inquiet le tourmentait ; les idées philosophiques semées depuis quelque temps dans les esprits, germaient avec force dans le sien; aussi ses désirs, ses illusions, ses erreurs, appartinrent-ils tout entiers à ce 18e siècle qui marchait si rapidement à ne reconnaître ni rois ni divinité. Maréchal attaché sans retour à la secte philosophique, perdit sa place et fut obligé de chercher des ressources dans sa plume, à laquelle, dès ce moment, il donna cette audacieuse singularité qui devait enfin la caractériser.

Il avait tenté de grands ouvrages en vers, tels que celui intitulé *Dieu,* dont ses *Fragmens* étaient extraits, et celui intitulé *l'Homme dans les quatre phases de la vie.* Tous deux sont restés imparfaits : il les abandonna pour se livrer à d'autres travaux, et lui-même dans une préface qu'il avait préparée nous donne ainsi les motifs qui le décidèrent :

» Après quelques méditations, dit-il, je voulus écrire aussi : la

» poésie m'offrit son magique pinceau, sa palette chargée de
» brillantes couleurs. Crois-moi, dit-elle, n'écris pas, peins ; la
» multitude aime les tableaux; les tableaux sont les livres des
» ignorans.

» Je ne veux point transcrire de fictions; les hommes en ont déjà
» assez, je ne serai point versificateur.

» L'éloquence m'offrit à son tour le choix parmi les fleurs de sa
» corbeille; il faut plaire pour être lu, me dit-elle. Je croyais qu'il
» suffisait d'instruire et je le crois encore; je ne serai point orateur.

» L'histoire me tendit son crayon. Je n'en voulus pas encore;
» je ne ferai l'histoire des hommes que quand ils seront sages et
» contens.

» Prends au moins le stylet de la satyre ou l'arme du ridicule.
» Ni l'un ni l'autre. Je ne veux pas faire rire aux dépens de mes
» frères; je ne serai ni bouffon ni bourreau.

» J'apperçus la raison qui osait à peine se montrer; j'allai à elle :
» Sois ma muse, lui dis-je, et prête-moi ta plume. Guide et affermis
» ma main afin que tous les caractères tracés par elle soient purs et
» réguliers. Quoi qu'il puisse arriver, je fais vœu de n'écrire que sous
» la dictée de la raison. »

L'homme qui parle et pense ainsi n'est cependant point méchant;
pourquoi MARÉCHAL s'oubliant lui-même, a-t-il fini par prendre le
stylet dont il ne voulait pas?

MARÉCHAL qui, par les deux ouvrages précédemment cités, s'était
fait des ennemis puissans, s'en fit encore un nouveau non moins
redoutable, quoiqu'il ne fût pas attaqué personnellement, par la
publication de son *Almanach des honnêtes gens*. A l'exemple de
M. Riboud, magistrat de Bourg, auteur d'un petit ouvrage intitulé
Étrennes littéraires ou Almanach offert aux amis de l'humanité, il avait
refait le calendrier, substitué aux noms des Saints, les noms les
plus célèbres des temps anciens et modernes et rapproché celui de
Jésus-Christ de ceux d'Épicure et de Ninon. Puisque les Saints
devaient un jour disparaître momentanément du calendrier français,
ce changement valait au moins celui que le délire de la révolution
française y introduisit quelques années plus tard, et le culte qui nous
rappelait les vertus des grands hommes, valait bien celui qui nous
reportait aux dieux de l'Égypte. Cependant l'Avocat-Général Séguier

crut devoir se charger de la vengeance des expulsés. A sa réquisition, le livre, dénoncé au parlement, fut brûlé par la main du bourreau et l'auteur décrété de prise de corps.

Maréchal dans le malheur retrouva bientôt les amis qu'il avait perdus, et certes cette circonstance n'est pas le moindre éloge que l'on puisse faire de son caractère. On s'intéressa à lui, et *par faveur* on obtint une lettre de cachet qui, soit par une intention secrète, soit par une erreur funeste pour lui, fut expédiée pour S. Lazare où l'on n'enfermait que des gens de mauvaises mœurs. Cette détention produisit un mauvais effet sur le public qui ne juge ordinairement que sur les apparences; elle influa beaucoup sur Maréchal, et ne servit qu'à aigrir cet esprit sombre et blessé contre la cour et ses *faveurs*.

La Révolution approchait ; les symptômes avant-coureurs qui l'annonçaient devaient nécessairement séduire un homme ardent, irrité, ennemi déclaré de l'arbitraire et des privilèges, dont les écrits publiaient depuis longtemps le dogme de la souveraineté du peuple et qui depuis longtemps l'avait proclamée en disant :

Rois, vous devez un compte au dernier des humains !
Le sceptre est un dépôt, que le peuple, en vos mains,
Daigna vous confier, et qu'il peut vous reprendre,
Si contre son bonheur vous osez entreprendre :
Vos droits ne sont sacrés qu'autant qu'il est heureux.
Vous tenez vos pouvoirs du peuple et non des cieux.
Si vous n'aviez pour frein que des Dieux invisibles
Vous seriez trop puissans et trop inaccessibles.
Rois, qui tyrannisez, sachez qu'il est pour vous
Un châtiment plus sûr que le divin courroux.
Vos sujets aux abois, sur vos têtes sacrées,
Peuvent oser porter leurs mains désespérées,
Ressaisir la couronne et rentrer dans leurs droits.
De son Dieu, de son maître, oui ! le peuple a le choix,
Et peut se rétracter si son choix n'est pas sage :
Il peut quand il lui plait, défaire son ouvrage.

Que d'exemples depuis ont confirmé ce que Maréchal écrivait en 1781 !

En effet, Maréchal adopta les principes de la Révolution avec toute l'énergie dont son ame était susceptible. Il se livra avec feu au culte public de cette raison, seule divinité, que depuis longtemps, quoi qu'en secret encore, il voulût reconnaître; de cette raison à la quelle le peuple français élevait des autels lors même de ses plus grands écarts et de ses plus tristes folies, mais qu'il n'adorait peut-être que par cela seul qu'on la lui présentait sous les traits de la plus belle actrice de son théatre. (1) Il composa pour cette divinité des hymnes, des cantates, des scènes, telles que la *Rosière républicaine, Denis le tyran maître d'école à Corinthe, Diogène et Alexandre, le Jugement dernier des Rois*, toutes pièces aujourd'hui très-rares, qui n'avaient guères alors pour mérite que le piquant du titre ou de l'à-propos, et n'étaient du reste

.... que des lieux communs de morale *civique*,
Que GRÉTRY réchauffait du son de sa musique.

MARÉCHAL lié avec Chaumette, avec Robespierre et tous les coryphées du parti révolutionnaire n'alla cependant pas aussi loin que tous ces fougueux apôtres de la démagogie ; il sut conserver pur de leurs atrocités son cœur dont la bonté balança souvent les écarts de son esprit et les désordres de son imagination. Lorsque, partisan de la Révolution, il demandait la liberté, ce n'était point une anarchie sanguinaire qu'il voulait, mais des institutions fortes, larges et durables, telles qu'il les avait senti nécessaires à la France ; ce n'étaient point des principes ineptes ou barbares, subversifs de toute société, mais des lois, des mœurs, des vertus. Il fut même souvent des premiers à s'élever contre les excès de tous les pouvoirs, quoiqu'il ne put en arrêter le cours; et quoiqu'on puisse dire et penser d'ailleurs de MARÉCHAL, le rôle qu'il joua à cette époque fit du moins toujours honneur à son cœur.

Exalté dans ses principes politiques, hardi, téméraire dans toutes ses doctrines, il fut cependant d'une tolérance extrême pour ceux qui ne les partageaient pas ; jamais il ne chercha de prosélytes dans la persécution, et jamais chez lui l'amitié, la bienfaisance, l'humanité, ne furent altérées par ses opinions. Anti-catholique, il était le premier à favoriser la dévotion de sa femme et de sa sœur, et

(1) Melle Maillard actrice de l'Opéra, représentait la déesse de la raison dans les cérémonies publiques.

par attachement pour elles il avait dans son cabinet tous les symboles de la religion chrétienne; il tendait la main à des religieuses persécutées, il leur offrait un asyle, des secours et sa protection. Anti-monarchique , il ne savait ni trahir, ni dénoncer, ni même refuser aux victimes, quelles qu'elles fussent dans ces temps de cruautés, ses services et son argent. Une pareille tolérance, si elle se rencontrait aujourd'hui dans ses détracteurs, devrait plaider en sa faveur et atténuer du moins les torts de son esprit.

Les premiers pas de MARÉCHAL une fois faits dans la carrière de l'incrédulité, il ne s'arrêta plus ; et sa plume se fit chaque année remarquer par des bizarreries nouvelles. *Le Code d'une société d'hommes sans Dieu*, (1797) *les Pensées libres sur les prêtres de tous les temps et de tous les pays*, (1798) *Pour et contre la Bible*, (1) parurent tellement extraordinaires que ses amis mêmes ne purent le justifier qu'en répandant le bruit, qu'affaibli déjà par les douleurs de la maladie qui plus tard le conduisit au tombeau, il ne jouissait plus de la plénitude de ses facultés. MARÉCHAL prit soin de démentir ce bruit en publiant son *Voyage de Pythagore en Égypte , dans la Chaldée, dans l'Inde , en Crète , à Sparte , en Sicile, à Rome , à Carthage , à Marseille et dans les Gaules, suivi de ses lois politiques et morales;* (Paris 1798, 6 vol. in-8°.) ouvrage rempli d'érudition, de philosophie, de recherches profondes, résultat de longs et pénibles travaux, qui jouit encore d'une estime méritée quoiqu'inférieur cependant au voyage d'Anarcharsis, auquel peut-être on le compara trop. Ce fut le plus long et le plus important de ses ouvrages. Voici ce qu'en disait, en 1799 , le réprésentant Morand au Conseil des Anciens :

« Peu d'ouvrages, sans en excepter le jeune Anacharsis , ont
» l'importance de celui-ci ; peu de livres me paraissent plus dignes
» d'être médités par toutes les classes de lecteurs. A chaque page
» on rencontre des applications à d'autres temps. On est frappé de
» contrastes ou de similitudes qui fournissent d'utiles sujets de
» méditations.

« Les voyages de Pythagore rédigés dans cet esprit pourraient servir

---

(1) Cet ouvrage fut publié à l'époque où le *Génie du christianisme* de Châteaubriand venait de paraître et obtenait un succès, que Maréchal croyait balancer par cette publication.

» d'histoire comparée. Plusieurs de ses lois sont encore aujourd'hui
» proverbes et pourraient nous offrir d'excellens modèles. L'homme
» de lettres qui s'est imposé l'honorable tâche dont je vous présente
» le résultat a rassemblé pour la première fois ces lois, jusques à
» ce jour disséminées et comme perdues parmi les ruines savantes
» de l'Antiquité, et il en a formé un corps complet qu'on regarde
» comme l'esprit de toute la législation des siècles reculés. Les
» institutions de Pythagore firent le bonheur des peuples Italiques
» pendant tout le temps que ces peuples en furent les fidèles
» observateurs. »

Enfin, après ces travaux et comme pour terminer la carrière
littéraire de MARÉCHAL, apparut le *Dictionnaire des Athées anciens
et modernes*, dont la publication commença par un éclatant scandale
le dix-neuvième siècle. Le célèbre de Lalande, dont l'amitié eut
tant d'influence sur l'esprit de MARÉCHAL et à l'instigation duquel cet
ouvrage fut composé et publié, disait que « quoique fait à la hâte,
» de pièces et de morceaux non digérés, il contenait une immensité
» de faits avec la profondeur des raisonnemens; c'est, ajoutait-il, une
» espèce d'apologie du genre humain, destinée à faire voir que
» dans tous les siècles et dans tous les pays, malgré les tyrans et
» les prêtres, il a paru des philosophes au-dessus de la fange qui
» couvrait l'univers. » Il fut à-peu-près le seul défenseur de
MARÉCHAL et de son ouvrage; c'était le moins qu'il pût faire. Du reste,
tout ce que l'esprit de parti politique a de plus violent, tout ce
que l'intolérance religieuse a de plus exalté, tout ce que la religion
pure a de plus sévère, tout ce que l'hypocrisie a de plus odieux,
tout ce que le dégoût, l'indignation des hommes honorables ont de
plus expressif et de plus fort, tout ce que la morale enfin a de plus
rigoureux fut mis en œuvre contre le livre et contre l'auteur.
Pamphlets, libelles, réfutations, écrits de toute espèce s'accumulèrent
et donnèrent à cet ouvrage, à défaut des journaux qui n'en parlèrent
pas, une étrange célébrité. Ce fut presque justice, on ne peut en
disconvenir. MARÉCHAL dont l'esprit indépendant usait depuis
longtemps tous les liens de la société, brisait cette fois, sans
réflexion peut-être, mais avec éclat, ceux qui attachaient encore
l'homme à la religion et à la morale. La religion et la morale, et tout
ce qui en prend la figure ou combat sous leur bannière, devaient

se réunir, et se réunirent en effet contre lui et Maréchal fut accablé.

L'Athéisme était son idée prédominante, *sa monomanie ;* cependant il ne voyait pas, comme on le fait ordinairement, dans l'Athée un homme sans vertu, sans morale, et il sentait si bien qu'on pouvait dénaturer ses principes et en abuser qu'il n'appelait à les partager que les gens vertueux, que les gens éclairés sur lesquels ses maximes ayant moins d'influence étaient moins dangereuses, 'mais qui par cela même étaient le plus en état de le plaindre et de le juger.

» Des coupables plaisirs (*disait-il*) sectateurs insensés,
» Des folles passions esclaves abusés,
» Gardez-vous de penser que ma muse novice
» Daigne vous élargir la carrière de vice,
» Je n'écris pas pour vous ; ma morale à vos yeux,
» O mortels abrutis, paraîtrait exaltée ;
» Pour votre châtiment je vous laisse à vos Dieux :
» L'homme vertueux seul a le droit d'être Athée.

Si l'on rencontrait aujourd'hui dans le déiste, quel qu'il soit, les vertus qu'il réclamait dans l'Athée, tel qu'il le comprenait et qu'il l'a défini dans l'introduction de son Dictionnaire, *la société,* comme il le disait, *reviendrait à l'âge d'or,* et l'Être Suprême serait par cela seul honoré d'un encens plus pur que celui qui s'échappe souvent du milieu de nos vices et de notre corruption. Abstraction faite de ce travers dominant, les écrits de Maréchal respirent généralement une morale assez pure; partout il la prêchait avec autant de persévérance que d'éloquence et de raison, et jamais il ne laissait échapper une occasion de la faire aimer; lisant un jour un ouvrage de St.-Thomas, voilà, dit-il, une feuille sur la vertu qu'il faudrait tirer à 20,000 exemplaires pour la répandre. Avec tous ses avantages que manquait-il donc à Maréchal pour jouir de l'estime générale? le jugement.

On ne peut chercher à défendre les principes anti-religieux de Maréchal ni les dérèglemens de sa pensée. On doit pour son honneur croire, comme tous ses contemporains, que raisonnable d'ailleurs sur toute autre matière, mais travaillé d'une humeur atrabilaire, sa raison s'égarait dès qu'on le mettait sur le chapitre de la religion, comme celle du héros de Cervantes lorsqu'il était question de la

chevalerie, et que poussé à cette publication par une influence
étrangère, irrésistible pour lui, ce fut peut-être de bonne foi et sans
prévoir alors l'usage qu'en pourrait faire la calomnie, qu'il répandit
ainsi et à pleines mains le scandale sur son siècle. Ne faut-il pas
aussi pour être juste faire la part des temps et des circonstances.

L'époque à laquelle cet ouvrage fut publié, la quantité d'hommes
illustres et puissans qui s'y trouvaient attaqués, le nombre de ceux
qui craignaient de l'être encore, la gravité de l'accusation, le nom
des auteurs qui y avaient coopéré, le silence imposé à toutes les
feuilles publiques, les entraves mises à sa circulation, tout cela se
réunit pour donner à cette aberration nouvelle une importance
extraordinaire et en faire un événement politique. En littérature, il
n'en a pas toujours autant fa lu pour produire un succès éphémère ; et
sans cela peut-être son *Dictionnaire des Athées* passait inapperçu.
A cette époque, la nation Française fatiguée d'anarchie revenait à la
tranquillité ; la religion, qui avait été renversée jusques dans ses
fondemens, commençait à renaître sous l'espoir d'un concordat qui
bientôt allait lui rendre tout son éclat ; les mœurs dissolues du Directoire
s'étaient épurées peu-à-peu ; tout enfin concourait à l'ordre et à
l'harmonie, lorsque le *Dictionnaire des Athées* vint à travers une
société toute neuve, sans jugement encore et sans expérience, nier
l'existence de la divinité et appuyer cette doctrine hardie des noms les
plus célèbres parmi les morts et les plus recommandables parmi les
vivans. Dans de pareilles circonstances le mal pouvait être grand, la
religion pouvait être ébranlée de nouveau, les mœurs pouvaient se
relâcher encore, enfin les esprits faibles pouvaient tomber dans le
doute ou l'incrédulité en voyant mettre au nombre des Athées
S. Augustin, S. Chrysostôme, S. Grégoire, Charron, Montaigne,
Pascal, Grotius, Gruter, Fénélon, Bossuet et le Législateur des
Chrétiens lui-même. Cet ouvrage pouvait donc anéantir tout-à-coup
à sa naissance l'œuvre réparatrice de Napoléon. Ce n'était donc
pas trop de tout l'anathême de l'autorité pour empêcher le mal, et
si les foudres du Vatican n'eussent été depuis longtemps rendues
impuissantes par la secte même à laquelle appartenait MARÉCHAL, on
les eût invoquées à bon droit. Aujourd'hui, qu'un *Dictionnaire
des Athées* paraisse, il n'ébranlera certainement ni la religion ni la
société ; on n'y verra que le rêve d'une imagination en délire ; on ne

verra dans une semblable accusation contre les Buffon, les Volney, les Berthollet, les Monge, les Bonaparte, qu'une insulte calomnieuse qui retomberait sur l'auteur seul. Un tel livre ne produirait pas plus d'effet que n'en avaient produit quatre-vingts ans plutôt, et l'ouvrage du Père Hardouin dans lequel se trouvent les noms de Jansénius, Malle-branche, Quesnel, Arnauld, Nicole, Pascal et Descartes, et l'Histoire de l'Athéisme par Reimannus, dans laquelle on voit au même titre, Abeilard, Bellarmin, Léon X, Sanchez et tant d'autres dont MARÉCHAL n'a fait que répéter les noms; ouvrages qui disparurent sans avoir porté aucune atteinte à la religion, et sans avoir eu d'autre effet que celui de prouver la démence de leurs auteurs. En 1800, l'effervescence de la Révolution n'était point entièrement calmée, et toutes les passions à la fois s'emparèrent de cet ouvrage. Cependant la raison commençait à reprendre son empire, puisque la justice avait cessé de se mêler de la conscience des hommes, et MARÉCHAL, payé par le dédain, n'eut point les honneurs de la persécution que lui avait précédemment attirée son Calendrier des honnêtes gens.

Nous nous sommes un peu plus étendu sur cet ouvrage, parce que c'est celui qui pour ainsi dire perdit MARÉCHAL dans l'opinion publique et détermina le genre de sa réputation.

La maladie de MARÉCHAL fesant toujours de nouveaux progrès, il quitta Paris pour se retirer à Montrouge, et dans une société peu nombreuse dont fesaient partie quelques femmes instruites, il passa les dernières années de sa vie occupé de questions littéraires auxquelles il mit peu d'importance. Ce fut pourtant à cette époque (1801) et au milieu de cette réunion, qu'il composa son *Projet de loi portant défense aux femmes d'apprendre à lire.* Tel fut toujours le caractère de MARÉCHAL, son cœur était ouvert à toutes les affections, quoique sa plume ne connût jamais d'amis. Toutefois les formes sous lesquelles il développa ces principes avaient encore une grâce qui les fesaient excuser même de celles qu'ils intéressaient le plus :

L'aigle altier porte le tonnerre,
Dans les cieux, il a son séjour;
La colombe rase la terre
Et n'est faite que pour l'amour.

C'est ainsi qu'il s'exprimait, et l'on retrouvait souvent dans les vers qui lui échappaient à cette époque, le charme et l'harmonie de ses premiers ouvrages. Il revint peu-à-peu de cette prévention contre les femmes, en appréciant de plus en plus celles qui l'entouraient, et dans la société desquelles il apportait autant d'agrémens que lui-même en trouvait. Seule, Mad. Gacon-Dufour, qui vivait dans l'intimité de cette société, ne voulut pas laisser passer la loi sans discussion ; elle répondit, et sa réponse légèrement acrimonieuse fit croire au public qu'elle avait été blessée ; mais Mad. Gacon-Dufour était loin de penser ce qu'elle disait, et leur amitié n'en fut point altérée.

MARÉCHAL déclinait : la mort approchait, et il la voyait venir sans effroi, avec le calme de l'homme de bien, à qui sa conscience ne fait aucun reproche. Il s'occupa de poèsie jusques au dernier jour ; Mlle Desprez, sa belle-sœur, écrivait encore sous sa dictée peu de momens avant sa mort, quand prononçant ce vers :

« Au souvenir des morts consacres quelques nuits »,

il appela sa femme qui vint près de lui pour la dernière fois. Viens, dit-il, ma Zoé, viens, ton amitié me réchauffe ; mes vœux sont remplis, je meurs au milieu de tout ce que j'ai de plus cher. Déjà sa vue s'était éteinte, mais il avait encore toute sa raison. Je vous entends, disait-il à ceux qui l'entouraient, mais je ne vous vois plus, la nuit est venue pour moi. Il mourut entre les bras de Mad. Dufour, le 18 janvier 1803, vers le milieu du jour, à l'âge où revenu peut-être de ses erreurs et de ses préjugés philosophiques, des illusions et des chimères qu'il s'était créées, il eût pu réparer le tort qu'il avait fait à sa réputation, car en définitive ses écrits n'en avaient fait ni à la religion ni à la société.

Dès 1781, il avait composé une petite pièce en vers, intitulée : *Épitaphe de l'auteur.* On y reconnaissait les principes qui le dirigèrent le reste de sa vie. La voici :

Heureux ! qui né d'un père exempt de préjugés,
Fut élevé par lui loin des prêtres gagés
Pour enseigner l'erreur, prêcher l'intolérance.
Heureux ! l'homme ignoré, qui vit dans l'ignorance
Des Dieux, de leurs suppôts plus méchans que les Dieux,

Des tableaux indécens, des dogmes odieux
Que la religion, par le despote armée,
Consacre dans l'esprit de la foule alarmée!
Heureux, qui de la mort pressé par l'aiguillon,
Au sein de ses amis, dans un doux abandon,
Sent couler sur sa main les larmes de ses frères,
Est sourd aux vains propos, aux pieuses chimères,
Dont on repaît le cœur d'un chrétien abattu,
Et meurt en prononçant le nom de la vertu!

    Amis! lorsque le temps, de son pied trop agile,
Heurtera de mon corps l'édifice fragile,
Que mes débris poudreux soient par vous recueillis!
Par vous sur mon tombeau que ces vers soient écrits :

        Cy repose un paisible Athée;
Il marcha toujours droit, sans regarder les cieux.
        Que sa tombe soit respectée;
L'ami de la vertu fut l'ennemi des Dieux.

S'il n'avait jamais fait de meilleurs vers, il est douteux qu'on parlât de lui aujourd'hui.

Maréchal avait épousé, en 1792, mademoiselle Desprez; mais il ne laissa pas de postérité.

Il n'avait point des dehors prévénans, et ce n'était qu'en le cultivant qu'on était à même de le bien juger; car il y eut toujours dans Maréchal l'homme privé et l'écrivain. L'homme privé était doux, modeste, simple, bienfaisant : exempt de toute ambition, il n'avait que le désir d'éclairer les hommes et les rendre meilleurs, persuadé qu'il était que tous étaient susceptibles de plus ou moins d'instruction; il refusa pendant la révolution toutes les places qui lui furent offertes, leur préférant l'étude et la retraite et se contentant de celle qui lui avait été rendue. Naïf et bon dans son intérieur, il prenait plaisir à se livrer aux jeux des enfans et y semait toujours avec grâce des principes de morale et de sagesse. L'écrivain au contraire, d'un esprit profond, doué d'une grande fécondité et des qualités les plus heureuses, était entier, impétueux, confiant dans ses forces et méprisant tous les obstacles; aucune considération n'arrêtait chez lui une pensée, telle forte qu'elle pût être; et la vérité ou ce qu'il prenait pour elle, sortant de sa plume n'en sortait jamais qu'avec tout ce qu'elle pouvait avoir d'acerbe ou d'énergique, sans égard pour ceux à qui il s'adressait ; aussi se fit-il beaucoup d'ennemis, quoique sa main fût toujours prête à panser les blessures que sa plume avait pu faire.

Les ouvrages de MARÉCHAL ne furent jamais réunis. Cette collection ne serait cependant pas sans intérêt. Elle pourrait servir, comme quelques autres écrits du même temps, à prouver quels abus on a pu faire des vastes lumières du 18e siècle. MARÉCHAL avec son esprit, ses talens, son érudition, son énergie et son activité au travail pouvait attacher à son nom une illustration plus pure que celle qu'il a obtenue, mais les principes philosophiques de son temps, principes qu'il ne sut pas dégager de l'erreur et du paradoxe, égarèrent dès son début son imagination ardente. Il ne sut plus trouver les limites que sa raison ne devait point dépasser : il courait après la liberté, il tomba dans la licence ; il voulait donner des bornes à l'absolutisme de la royauté, il tomba dans l'anarchie ; il voulait briser le joug avilissant de prêtres ignorans, il tomba dans l'athéisme : une fois là, ses ennemis saisirent l'avantage, et méconnu de la multitude qui ne sut point le définir, MARÉCHAL fut, au nom du ciel, jugé par son siècle sans appel à la postérité.

Outre tous les ouvrages déjà cités et quelques poésies légères qui parurent dans l'Almanach des muses, telles que la *Consigne à mon portier*, *l'Épitre à Zoé*, MARÉCHAL en publia beaucoup d'autres dont quelques-uns sont aujourd'hui très-difficiles à trouver. Voici le détail des plus connus.

Le Livre de tous les âges ou le *Pibrac moderne*, 1779, in-12.

C'est un recueil de pensées morales resserrées en quatrains, qui toutes renferment les principes les plus purs, mais dont l'idée a souvent plus de mérite que l'expression.

Il fut cependant réimprimé en 1807, après la mort de MARÉCHAL, à la suite d'un *Traité de la vertu*, (Paris Léopold Collin.) que les biographes n'ont point cité jusques à présent.

Ce traité est une assez longue collection de maximes sur *la Vertu*, réunies dans un seul tableau, qui font encore plus d'honneur au cœur de MARÉCHAL qu'à son talent. Dépourvue de toute variété, la lecture en est monotone et fatigante.

Le Dictionnaire d'amour, par le berger Sylvain, Paris 1788. in-16.

Anecdotes peu connues sur les journées des 10 Aout, 2 et 3 Septembre

1792; Paris, 1793, in-16. Elles furent réimprimées dans l'Almanach des honnêtes gens.

Histoire universelle en style lapidaire; Paris, 1800, gr. in-8°, imprimé en lettres capitales. Son but dans cet ouvrage était de donner un modèle pour réduire en une suite d'inscriptions les fastes de tous les peuples. Il était persuadé qu'écrite de cette manière, l'histoire, dont Voltaire aussi ne voulait croire que les principaux événemens, devait se graver plus facilement et plus profondément dans la mémoire.

Par exemple, il peint ainsi le temps de Moyse :

MOYSE PARAIT,

ET SON GÉNIE

PLUS PUISSANT QUE CELUI DE SÉSOSTRIS

LAISSE UNE EMPREINTE

QUE LE TEMPS N'A PU EFFACER.

IL CRÉE

UN PEUPLE ET UNE RELIGION

DONT ON PARLE ENCORE.

C'est néanmoins réduire à bien peu de chose le grand livre de l'histoire.

Histoire de Russie réduite aux seuls faits importans, Paris 1802, in-8°.

Il rédigea aussi les précis historiques qui accompagnent

Les Costumes civils de tous les peuples connus;

Les Tableaux de la fable, de Grasset St-Sauveur et Grainville;

Paris et la Province ou *Choix des plus beaux monumens d'architecture*, par Sergent;

Les Antiquités d'Herculanum, le *Muséum de Florence*, et *l'Histoire de France* par David.

Ainsi que l'on distinguait deux hommes dans MARÉCHAL, il faut aussi distinguer ses ouvrages historiques et ses ouvrages philosophiques. Les premiers, utiles, instructifs, variés, résultat de longs et pénibles travaux, forment une lecture agréable; les autres graves et sérieux, d'une profondeur souvent étonnante, sont le produit d'un talent fort et vigoureux; mais la répétition des mêmes idées qui dominent dans la plupart, a peut-être contribué à ce que MARÉCHAL ne fût pas recherché et lu autant qu'il aurait pu le mériter. L'esprit se fatigue aisément, tendu sans cesse sur une même pensée, quelque variée qu'en soit l'expression, comme les yeux se lassent d'une même couleur quel que soit le cadre qui la présente.

En résumé, MARÉCHAL méritait mieux de son siècle; un seul travers de son esprit l'a perdu : il eût recueilli le prix de ses travaux et vu rechercher ses ouvrages de son vivant, si, plûtot que d'attaquer ouvertement l'espèce humaine dans une croyance universellement répandue, quoique sous des formes différentes, il eût lui-même mis en pratique ce qu'il disait, en parlant de Dieu, dans son livre de *tous les âges* :

> Loin de rien décider sur cet être suprême,
> Gardons en l'adorant un silence profond ;
> Le mystère est immense et l'esprit s'y confond :
> Pour savoir ce qu'il est il faut être lui-même.

11 novembre 1832.

DISCOURS

PRÉLIMINAIRE,

ou

RÉPONSE A LA DEMANDE :

QU'EST-CE QU'UN ATHÉE ?

Ecce Vir.

DIEU n'a pas toujours été : il fut un temps pendant lequel l'homme, vivant dans sa famille, ne connaissait d'autre autorité que son père. Alors il avait peu de besoins, ayant peu de désirs. Ce n'était point une brute, un barbare, un antropophage, ainsi qu'on a voulu le faire entendre. Ce n'était pas non plus un citadin poli et faux, vaniteux et servile : c'était un Homme, dans toute sa plénitude, ignorant l'art d'écrire, peut-être même celui de parler, mais sachant vivre ; c'est-

1

à-dire, aimant son père, sa femme et ses enfans, travaillant pour eux, avec eux, et mourant dans leurs embrassemens. Son champ paraissait à ses yeux tout l'univers. Réglant ses occupations sur la marche du soleil et sur la fécondité de la terre, ses bras et son cœur fesaient toute sa fortune et tous ses plaisirs. Ne soupçonnant rien au-dessous de la couche végétale du sol qu'il cultivait, l'homme d'alors existait, étranger aux sciences et aux vices, aux vertus sociales et aux forfaits; mais tout à la nature, mais tout à l'innocence.

Les voyageurs ont retrouvé quelques faibles traces de cet âge d'or. Il n'est point une chimère. Les poètes l'ont rendu douteux, en le surchargeant d'ornemens factices; mais cet heureux âge a lui.

Eh! quelle répugnance peut-on éprouver à croire de telles mœurs? Sont-elles dans l'ordre des choses impossibles? Faut-il donc tant d'efforts pour vivre ainsi? Et l'existence actuelle du genre humain ne doit-elle pas étonner davantage?

Dans ces temps, l'homme, borné à la surface de la terre et des cieux, n'avait, ne pouvait avoir aucune idée d'une puissance autre que celle qui le mit au monde, et qui l'éleva. Pense-t-on à ce dont on n'a nul besoin? Et quel besoin a-t-on d'un Dieu, quand on possède un père, une femme, des enfans, un ami, des bras, des yeux et son cœur?

Eh bien! un véritable Athée est cet homme du

siècle d'or. L'Athée est celui qui, se repliant sur lui-même et se dégageant des liens qu'on lui a fait contracter malgré lui, ou à son insçu, remonte à travers la civilisation à cet ancien état de l'espèce humaine; et fesant, dans le *forum* de sa conscience, main basse autour de lui sur les préjugés de toute couleur, approche le plus près de ce temps fortuné où l'on ne soupçonnait pas l'existence divine, où l'on se trouvait bien, où l'on se contentait des seuls devoirs de la famille. L'Athée est l'homme de la Nature.

Cependant, placé aujourd'hui dans une sphère plus compliquée et plus étroite, il remplit ses obligations de citoyen, et se résigne aux décrets de la nécessité. Tout en gémissant sur les bâses vicieuses des institutions politiques, tout en frappant de son mépris ceux qui les organisent si mal, il se soumet à l'ordre public où il se trouve; mais on ne le voit pas se faire chef de parti ou d'opinion. On ne le rencontre jamais sur la route banale qui mène aux emplois utiles ou brillans. Conséquent à ses principes il vit au milieu de ses contemporains corrompus ou corrupteurs, comme ce voyageur qui, ayant à traverser des plages fangeuses, se garde du venin des reptiles : il en est quitte pour être assourdi de leurs sifflemens; il chemine parmi ces êtres malfesans, sans prendre leur allure tortueuse et rampante.

Le véritable Athée n'est donc pas ce sybarite qui, se donnant pour épicurien, tandis qu'il n'est que débauché, ne craint pas de se dire dans son cœur usé : « il n'y a point de Dieu, donc il n'y a » point de morale, donc je puis tout me per- » mettre. »

Le véritable Athée n'est point cet homme d'état qui, sachant que la chimère divine fut imaginée pour en imposer aux *hommes - peuple*, leur commande au nom de ce Dieu dont il se moque.

Le véritable Athée ne se trouve pas au nombre de ces héros hypocrites et sanguinaires qui, pour s'ouvrir une route à la conquête, s'annoncent aux nations qu'ils se proposent de dompter, pour les protecteurs du culte qu'elles professent, et s'amusent, au sein de leurs familiers, de la crédulité humaine.

Le véritable Athée n'est point cet homme vil qui, flétri depuis longues années du caractère indélébile d'imposteur sacerdotal, change d'habit et d'opinion, quand ce métier infâme cesse d'être lucratif, et vient impudemment se ranger parmi les sages qu'il persécutait.

Le véritable Athée n'est point cet énergumène qui va brisant dans les carrefours tous les signes religieux qu'il rencontre, et prêche le culte de la raison à la *Plèbe* qui n'a que de l'instinct.

Le véritable Athée n'est point l'un de ces *hommes*

du monde ou *gens comme il faut* qui , par tou , dédaignent l'usage de la pensée et vivent, à peu près, comme le cheval qu'ils montent, ou la femme qu'ils entretiennent.

Le véritable Athée n'est point assis non plus sur les fauteuils de ces sociétés savantes dont les individus mentent sans cesse à leur conscience et consentent à dissimuler leur pensée, à retarder la marche solennelle de la philosophie, par ménagement pour de misérables intérêts personnels, ou pour de pitoyables considérations politiques.

Le véritable Athée n'est pas ce demi savant orgueilleux qui voudrait qu'il n'y eût que lui d'Athée dans le monde, et qui cesserait de l'être, si le plus grand nombre le devenait. La manie de se singulariser lui tient lieu de philosophie. L'amour-propre est son Dieu : s'il le pouvait il garderait pour lui seul la lumière ; à l'entendre, le reste des hommes n'en sera jamais digne.

Le véritable Athée n'est pas encore ce philosophiste timoré et sans énergie qui rougit de son opinion comme d'une mauvaise pensée; lâche ami de la vérité, il la compromettra , plutôt que de se compromettre. On le voit hanter les temples afin d'écarter de sa personne le soupçon d'impiété; égoïste circonspect jusques à la pusillanimité, l'extirpation des plus antiques préjugés lui semble toujours précoce : il ne craint pas Dieu, mais il redoute les hommes. Qu'ils se détruisent dans des guerres religieuses et civiles, peu lui importe, pourvu qu'il vive à l'abri et en repos !

Le véritable Athée n'est pas encore ce physicien systématique qui ne rejette un Dieu, que pour avoir la gloire de fabriquer le monde tout à son aise, sans autre secours que son imaginative.

Le véritable Athée n'est pas tant celui qui dit : « Non ! je ne veux pas d'un Dieu, » que celui qui dit : « Je puis être sage, sans un Dieu. »

Le véritable Athée ne raisonne pas avec le plus d'argutie contre l'existence divine. Au contraire, les plus minces théologues pourraient l'embarasser s'il en venait aux prises avec eux; mais il leur dirait, avec bonhommie et pour en finir :

« Docteurs ! y a-t-il un Dieu au ciel ? cette question, pour moi, n'est pas plus importante que celle-ci : y a-t-il des animaux dans la lune ? voici mon symbole, en une seule ligne, Docteurs !

Je n'ai pas plus besoin d'un Dieu, que lui de moi.

Sylvain, le Lucrèce français.

» Eh ! que me fait un Dieu ? j'arrête ma pensée à ce qui frappe mes sens, et ne pousse point la curiosité jusqu'à vouloir trouver dans le ciel un maître de plus ; j'en rencontre assez déjà sur la terre. Croire qu'il y a quelque chose au-delà de ce Tout dont je fais partie, répugne à ma raison : si pourtant cet objet existe, il m'est parfaitement étranger. Où est le rapport entre nous ? Renfermé dans les limites de l'univers que j'habite, ce qui se passe chez mes voisins ne me regarde pas. Ce n'est point mon affaire. Le seuil de ma maison est pour moi les colonnes d'Hercule. Il y a bien loin de l'homme à ce qu'on appelle un Dieu. Ma vue est trop courte pour porter jusques là. A de si grandes distances on ne peut guère s'entendre. J'ai d'ailleurs tout ce qu'il me faut sous la main ; des droits à exercer, des devoirs à remplir, et des jouissances, résultat de mes devoirs et de mes droits. Les plus tendres affections du cœur, les plus douces illusions de l'esprit trouvent autour de moi, en moi, et à chaque instant de ma vie, des alimens pris dans la nature des choses. Je n'ai pas un moment à perdre. Chaque saison de mon existence m'offre des sujets variés de contentement. Nouveau né, j'ai le sein de ma mère : jeune homme, je me précipite dans les bras d'une autre moi même. Dans la vieillesse, mes enfans me rendent les soins qu'ils ont reçus de moi.

» Entouré, pressé de mes parens, de ma femme, de mes enfans, de mon ami, où est la place d'un Dieu ? Il n'a que faire au milieu d'une famille bien unie. On n'en sent point du tout la nécessité. Il ne manque rien à un bon fils, à un bon mari, à un bon père de famille.

» Si je fais quelques ingrats, je descends dans mon cœur; je m'y renferme et j'y trouve d'amples dédommagemens aux peines que j'endure en déhors, aux pertes que j'éprouve à mes côtés, aux injustices, aux persécutions des méchans, plus à plaindre que moi.

» Je sais me suffire, sans efforts; tous mes moyens sont à ma propre disposition. Je m'enveloppe du souvenir de mes bonnes œuvres, et m'appuie tout entier sur ma conscience, sans aller mendier des secours, au dessus de ma tête, dans les nuages.

» Docteurs ! que votre Dieu existe ou non, vous voyez que l'homme, pour peu qu'il s'interroge et qu'il sache apprécier ses ressources personnelles et intérieures, n'a nul besoin de sortir hors de lui pour goûter le bonheur, fruit de sa vertu. La félicité des gens probes est toujours leur ouvrage. Ils n'en ont l'obligation à personne.

» Docteurs ! gardez votre Dieu, je puis m'en passer. »

Quelques bonnes ames s'appitoyent sur les Athées : les malheureux ! (disent-elles) Ils ne peuvent se trouver bien, ni en ce monde ni dans l'autre. L'espérance, ce baume de la vie, leur est enlevée. Ils ont un esprit étroit ; une ame sèche. Ils ne savent point aimer, les malheureux !

Le cœur qui n'aima point fut le premier Athée.

L. MERCIER.

Bonnes gens! rassurez-vous sur le sort des Athées. Ils sont loin d'envier vos jouissances. Ils en ont de plus réelles et de plus pures. Avec le bon esprit de ne s'occuper ni du passé qui n'est plus, ni de l'avenir qui n'est pas encore, bornés au présent qui seul leur appartient, leur intérêt bien entendu est dans le meilleur emploi possible du tems; ils prennent pour règle de conduite la Nature, qui ne connait point de lacune et qui ne trompe jamais.

Bonnes gens ! rassurez-vous donc sur leur compte. Les bons, les vrais Athées sont amans, époux et amis beaucoup plus surs que les autres hommes. Ils sentent, ils jouissent avec plus d'énergie. La vie présente étant tout pour eux, ils mettent leur étude à en tirer le parti le plus avantageux ; et l'expérience leur apprend qu'ils ne sauraient en abuser, sans se porter dommage à eux-mêmes les premiers.

» A la bonne heure ! mais laissez-nous notre Dieu. »

Bonnes gens ! qu'en voulez-vous faire ? A quoi vous est-il bon ? De quels maux vous préserve-t-il ? Votre tout puissant Dieu, après vous avoir laissés pendant douze siècles sous le despotisme royal, a-t-il su vous défendre de l'anarchie ? Si votre Dieu se mêle de vos affaires, pourquoi vont-elles si mal ? Pourquoi avez-vous des autels, et point de mœurs ? Pourquoi tant de prêtres, et si peu d'honnêtes gens ?

2

Si votre tout puissant Dieu se complait là-haut dans une parfaite neutralité, dites, bonnes gens d'ici-bas, n'est-ce pas comme si vous n'aviez point de Dieu ? Les Athées ont-ils si grand tort, sont-ils si criminels de pourvoir eux-mêmes à leur salut ? Gardez votre Dieu, mais ne trouvez pas mauvais, si les Athées ne multiplient pas les êtres sans nécessité ; et surtout, défaites vous de toute injuste prévention à leur égard.

Les Athées, dont on fesait peur, dont on fait peur, encore aujourd'hui, aux femmes et aux enfans grands ou petits, sont les meilleures gens du monde. Ils ne forment point de corporation, comme les prêtres ; (1) ils n'ont point de propagande ; partant, ils ne peuvent donner ombrage à personne.

Ce répertoire des Athées anciens et modernes prouvera du moins que la plupart d'entr'eux, sont de tous les hommes, les plus tolérans, les plus paisibles, les plus éclairés et les plus aimables. Ils en sont aussi les plus heureux.

(1) Il y a quelques années, un prêtre avait ouvert un avis qui fit sourire, un moment, les hommes graves ; c'était de soumettre le métier de prêtrise au droit de patente.

Une telle mesure ne peut convenir dans un ordre de choses qui reposerait tout entier sur les mœurs. Malheur à une république qui ferait ressource des produits du libertinage et du mensonge. Les femmes de mauvaise vie et les prêtres ne doivent point être imposés, comme on impose les professions utiles et honnêtes, dont on protège le libre exercice.

Comparons le caractère et les habitudes de *l'homme-sans-Dieu* aux habitudes et au caractère de *l'homme-de-Dieu.* Est-il contraste plus parfait?

Observez celui-ci : il vit continuellement dans la crainte et l'humiliation , comme un esclave baisant les courroies qui le frappent.

S'il a fait une bonne action, au lieu de se livrer à un légitime orgueil, il a la sottise d'en attribuer tout le mérite, tout l'honneur à un maître qui la lui a dictée. S'il se propose une résolution généreuse, il va en demander la permission et la grâce de l'accomplir. Enfant débile, il n'ose mettre un pied devant l'autre, sans regarder *papa Dieu ;* (qu'on nous passe la familiarité de l'expression , à cause de sa justesse.) Voyez le déiste, le théiste, l'homme religieux (1) de toute secte, baisser la tête, fermer les yeux, joindre les mains, tendre les bras, fléchir le genou , quand il prononce le mot *Dieu.* Est-il des termes plus abjects ou plus niais que ceux dont il se sert dans ses invocations ? S'il perd sa femme ou ses enfans, il en remercie son divin créateur ; car rien n'arrive sans son ordre , et c'est toujours pour le mieux. Au lit de mort , semblable à un criminel, il tremble à l'approche du juge suprême. L'idée d'un Dieu rémunérateur ou vengeur l'em-pêche de se livrer aux dernières effusions de la

---

(1) Car le déiste, s'il est conséquent à ses principes , ne doit différer du Catholique Romain, que du plus au moins.

nature. Il écarte froidement sa famille , ses amis , pour se disposer à paraître devant le tribunal céleste. Certes ! une telle existence est un perpétuel supplice , et réalise en cette vie l'enfer de l'autre monde.

L'homme-sans-Dieu prend et garde une toute autre attitude.

Suivons-le dans l'une des journées de sa vie. Il sort des bras de sa femme ou du sommeil , pour assister au lever du grand astre ; puis il règle les affaires de sa maison et ses travaux. Après avoir donné les premières leçons à ses enfans , il prend avec sa famille le repas du matin. Ensuite, chacun vaque à ses occupations , à ses engagemens. On se réunit de nouveau au milieu du jour pour réparer à table les forces épuisées par le travail, et pour se disposer gaiment à de nouvelles fatigues. Exerçant tour à tour ses facultés naturelles et acquises , *l'homme-sans-Dieu* ne connait pas l'ennui. Chaque heure lui procure une observation à faire , un service à rendre. Partie indispensable de la Nature, actif comme elle , il se coordonne à elle , pour remplir les devoirs que lui imposent ses relations avec le reste des êtres. La soirée venue, il en passe les momens paisibles au milieu de sa famille, avec un ami , et se livre aux délassemens , digne salaire d'une journée laborieuse et utile. Un doux repos l'attend pendant la nuit ; il s'endort , satisfait de n'avoir laissé aucun vide dans sa journée, modelée sur le cours du soleil.

Touche-t-il au terme de son existence ? Il ramasse toutes ses forces pour jouir des plaisirs qui lui restent, et ferme les yeux pour toujours, mais avec la certitude de laisser un souvenir honorable et cher dans le cœur de ses proches, dont il recueille les derniers témoignages d'estime et d'attachement. Son rôle fini, il se retire tranquillement de la scène, pour faire place à d'autres acteurs, qui le prendront pour modèle. Il éprouve, sans doute, de vifs regrets à la séparation de tout ce qu'il aimait, mais la raison lui dit que tel est l'ordre immuable des choses. D'ailleurs, il sait qu'il ne meurt pas tout entier, tout-à-fait. Un père de famille est éternel : Il renait, il revit dans chacun de ses enfans ; et jusques aux parcelles de son corps, rien de lui ne peut s'anéantir. Anneau indestructible de la grande chaîne des êtres, *l'homme-sans Dieu* en embrasse toute l'étendue par la pensée, et se console, n'ignorant point que le trépas n'est qu'un déplacement de matière et un changement de forme. Au moment de quitter la vie, il repasse dans sa mémoire, s'il en a le loisir, le bien qu'il a pu faire, ainsi que les fautes. Fier de son existence, il n'a fléchi le genou que devant l'auteur de ses jours Il a marché sur la terre, la tête haute et d'un pas ferme, l'égal de tous les autres êtres, et n'ayant

de compte à rendre à personne qu'à sa conscience.
Sa vie est pleine comme la Nature : *Ecce* Vir. (1).

Si le cadre étroit dans lequel nous sommes
circonscrits nous permettait de profiter de tous les
avantages de notre sujet, nous apprendrions à
certaines gens que les Athées sont d'un commerce
sûr, d'une société égale et douce; qu'eux seuls
savent jouir avec délicatesse, et selon le vœu de la
nature, qu'ils consultent avant tout; que parmi
eux, il est rare de rencontrer des énergumènes ou
des hypocondriaques. Heureux et contens à peu
de frais, ils ne sont point difficiles à vivre, parce
que sachant combien l'existence est courte, ils
aiment mieux la passer à s'entr'aimer qu'à se disputer ou se haïr. C'est pourquoi ils ne trouvent
pas mauvais qu'on pense autrement qu'eux. Philosophes sans prétention, ils ne se fâchent jamais
des injures, même des outrages que leur prodigue
habituellement *l'homme-de-Dieu;* ils le regardent
comme un enfant mal élevé.

Si plusieurs de ces Athées dont les noms ont été
recueillis dans ce répertoire, revenaient au monde,
que ne ferait-on pas pour être admis dans leur
intimité, partager leur bonheur facile et sans
remords ? Lequel d'entre nous regretterait sa jour-

---

(1) Le Déiste, le Théiste, et tout autre sectaire, qui admet une
religion, pourrait être désigné sous l'expression vulgaire : *Ecce homo.*

née, s'il en avait passé les premières heures dans l'école de Pythagore ou d'Aristote ; puis acceptant l'hospitalité chez Anacréon, Lucrèce ou Chaulieu, et après s'être promené dans les jardins d'Épicure ou d'Helvetius se laisserait surprendre par la nuit entre Aspasie et Ninon ? (1)

Sans égards pour ces noms illustres, on nous dira :

« Il ne faut rien moins qu'un Dieu, ou l'idée d'un Dieu, pour remplir le vide du cœur de l'homme, pour occuper sa pensée. Celui qui n'y croit pas doit n'en être que plus ambitieux, plus remuant. Ce n'est qu'à force d'honneurs ou de jouissances matérielles qu'il peut se donner le change, et exister sans dégout sur la terre. »

Répondons à cela.

L'Athée par raisonnement sent mieux qu'un autre le néant de toutes ces distinctions sociales, de tous ces plaisirs grossiers, dont la plupart des hommes sont si vains et si jaloux. Observateur assidu, ami éclairé de la Nature, il lui faut de grands objets pour alimenter son imagination ; il regarde en pitié, et avec affliction, ces crises poli-

---

(1) On aurait une fausse idée de ces deux femmes, si on ne voyait en elles que des courtisannes aimables. L'une donna des leçons à Socrate ; l'autre est célèbre par un trait de probité rare. Toutes deux avaient une philosophie anti-religieuse, supérieure à leur sexe et à leur siècle.

tiques ou religieuses qui tourmentent la masse des hommes, au profit d'une poignée de misérables dont tout le talent est dans l'audace du crime : spectacles atroces et honteux, où l'Athée se garde bien de prendre un rôle.

Quelquefois, on se venge de son dédain en l'abreuvant de dégouts. C'est ici qu'on peut admirer l'influence d'une opinion libérale sur le caractère et l'existence de l'homme. L'Athée qui en est venu à penser ainsi, en étudiant la nature des choses, s'est placé nécessairement au-dessus d'elles. Pénétré de toute sa dignité, il ne soumet sa raison à d'autre autorité qu'à celle de l'évidence. L'athéisme inspire des sentimens d'élévation et d'indépendance à un dégré qu'on ne peut atteindre dans tout autre système.

On réclame un Dieu pour le peuple. Le peuple en a besoin pour apprendre à être docile à ses chefs; et ses chefs ne sauraient s'en passer pour soulager leur administration.

Répondons : Dieu n'est utile ni aux gouvernés ni aux gouvernans. Depuis bien des années, il ne fait presque plus d'impression sur l'esprit des premiers. Le peuple n'est point assez brut, pour ne pas voir que Dieu ne saurait être un frein pour ceux qui le tyrannisent. Une expérience journalière ne l'a que trop détrompé à cet égard.

D'ailleurs, sur une population de cent mille

têtes, il n'en est peut-être pas cinquante qui se soient donné la peine de raisonner leur croyance. Le peuple la reçoit sur parole. Il est catholique, comme il serait Athée, si ses ancêtres l'eussent été. Dieu ressemble à ces vieux meubles qui, loin de servir, ne font qu'embarasser, mais que l'on se transmet de la main à la main, dans les familles, et que l'on garde religieusement, parce que le fils l'a reçu de son père, et son père de son ayeul.

On insiste, et l'on dit : un Dieu et des prêtres sont aussi nécessaires qu'un magistrat de police et des espions.

Quelle que soit la perversité des hommes en civilisation, un bon tribunal correctionnel suffirait à tout. Les doubles emplois se nuisent, se paralysent réciproquement. La *contre-police* des prêtres ne vaudra jamais l'active surveillance des espions. (1)

Il serait bien temps de briser une bonne fois ces vieux ressorts politico-religieux, que tout le monde est d'accord de trouver insuffisans, et si peu favorables à la perfectibilité humaine.

Mais voici la plus atroce comme la plus gratuite des imputations hasardées contre les hommes-sans-Dieu :

L'athéisme (ose-t-on dire) *démoralise la société civile.*

(1) L'heureuse contrée que celle où l'on pourrait se passer de prêtres et d'espions !

3

« Sainte colère de la vertu, guide un moment
ma plume (1).... »

Prêtres d'un Dieu, fruit d'un adultère (2), vous
osez bien nous dire : *l'athéisme démoralise!*....

Et vous, théistes adorateurs d'une toute puissante providence qui a permis les sanglantes
immoralités d'une révolution de dix années, vous
dites aussi : *l'athéisme démoralise!*....

Et vous aussi, hommes d'État, vous vous prêtez
à être l'écho complaisant des prêtres et vous dites
après eux : *l'athéisme démoralise un peuple.*
Vous, qui permettez journellement que sur tous
les tréteaux grands et petits, on tourne en ridicule
la foi conjugale : vous, qui dans le jeu des loteries,
tendez un piège aux malheureux . . . .
. . . .

Voilà ce qui démoralise véritablement le peuple.
Un peuple perd ses mœurs, avec des prêtres qui,
dans leur liturgie sanctifient l'adultère; avec des
demi-philosophes qui prêchent une providence
complice des crimes qu'elle permet; . . . .
. . . .

Raisonneurs inconséquens, ou de mauvaise
foi! Répondez : est-ce l'athéisme qui régnait à la

_____

(1) Expressions empruntées au plus éloquent des écrivains modernes.
Voyez l'invocation du lévite d'Ephraïm.

(2) On a remarqué que les fondateurs des trois principales religions
du monde, Moyse, Jésus et Mahomet, ont été des enfans illégitimes.

cour de nos trois derniers maîtres monarchiques, Louis XIV, Louis XV, Louis XVI?

Est-ce l'athéisme qui dominait à la Convention avec Robespierre persécuteur des Athées?

Est-ce l'athéisme qui fonda l'Inquisition, qui joncha l'Amérique de cadavres, qui ordonna la Saint Barthélemy, et qui sous nos yeux commit dans la Vendée tous les genres de forfaits?

Est-ce une coalition d'Athées, que celles de ces puissances couronnées qui promènent dans toute l'Europe, le fléau d'une guerre d'extermination?

S. Dominique, Charles IX et Marie de Médicis étaient-ils Athées? Ferdinand, Georges III, François II, Paul I sont-ils des Athées? La mère de ce dernier empereur l'était-elle? Pitt et Maury le sont-ils? Les émigrés de France qui tournent leur glaive contre le sein de leur mère, le sont-ils?

Studieux Bayle! Vertueux Spinosa! Sage Freret! Modeste Dumarsais! Honnête Helvétius! Sensible d'Holback! etc. Vous tous écrivains philosophes qui ne rejettez un Dieu que pour dégager la morale d'un alliage impur!.... Vous auriez démoralisé le monde!....

Regarderait-on l'Athée comme le bouc émissaire, que les Hébreux chargeaient de leurs iniquités?

Pour l'amusement des oisifs et pour l'éducation des sots, les coryphées du bas-empire de la littérature française s'égaient tant en prose qu'en vers aux dépens de l'athéisme et de ceux qui le professent.

Nous ne leur répliquerons qu'en les accablant des noms imposans et des autorités graves dont ce Répertoire est composé. Ces noms recommandables doivent rendre du moins plus circonspect. Une opinion morale, professée par tant de grands hommes et de gens de bien, mérite qu'on en parle avec plus de mesure ; cette masse de suffrages doit avoir son poids dans la balance des indécis.

Nous avons recueilli, non pas seulement les principaux sentimens des Athées connus, mais encore une infinité de témoignages en leur faveur; d'autant moins suspects qu'ils sortent de la bouche, ou de la plume de leurs adversaires.

Nous avons surpris plusieurs théologiens de bonne foi, débitant des maximes beaucoup plus philosophiques qu'ils ne pensaient, et rendant hommage à la pureté de conduite et d'intention des hommes-sans-Dieu.

Disons aussi que beaucoup d'honnêtes citoyens et d'hommes instruits sont Athées, sans croire l'être. C'est qu'ils ne se sont pas avisés encore de tirer les conséquences et de faire l'application, de certains principes qu'ils professent tout naturellement.

Ajoutons : s'il n'y avait eu jamais de scélérats ni d'infortunés sur la terre, jamais on n'eût pensé à chercher un Dieu dans le ciel.

Nos arrières neveux ne pourront lire certaines pages de nos annales sans s'écrier : en ce temps-là les hommes étaient-ils donc autrement organisés que nous ? Que fesaient-ils de leur raison ? Quelle pitié que cette importance qu'ils mettaient en prononçant le mot *Dieu !*

On parle d'une régénération, d'un nouvel ordre ; on annonce de grands principes, de vastes plans, de profonds apperçus. Les *idéologues* traitent leurs devanciers d'*idiots*, de gens à vue courte ; et ces hommes à conceptions hardies n'osent encore rien publier officiellement contre le plus absurde et le plus décrépit des préjugés. Ils se proposent d'élever un édifice dans les plus sublimes proportions, et ils semblent respecter des ruines gothiques sur lesquelles on craint de porter un coup décisif. Ils souffrent que l'espèce humaine reste prosternée au pied de son antique fétiche, au lieu de lui dire, avec l'autorité de la raison : « Lève-toi et marche à grands pas vers le bonheur. » D'après les conseils timides d'une politique fausse, on accorde des asyles publics à l'imposture sacerdotale, en même tems qu'à la philosophie. Les hommes d'État seraient mortifiés qu'on les crût religieux ; mais ils ne seraient pas fâchés que tout le monde le fût, hors eux.

Ils disent : « Il n'est pas tems encore d'ôter au peuple un Dieu. »

Eh ! qu'attendez-vous ? Craignez les suites des demi-lumières. Il faut dire au peuple tout, ou rien. Un peuple éclairé à demi est le plus détestable de tous les peuples. Vous n'en ferez jamais quelque chose. Mais c'est peut-être là votre intention. Si toutes les nations, d'un consentement unanime, ont toujours reconnu un Dieu distinct de la matière, et lui ont décerné un culte , à l'unanimité aussi, les sages de tous les siècles et de tous les pays n'ont reconnu que la matière agissante par elle même.

En parcourant notre nomenclature, on verra ces deux extrèmes se toucher. On verra le théologien et le philosophe marcher en sens contraire pour arriver au même but. Le spiritualiste et le matérialiste peuvent tirer de leurs argumens opposés un résultat semblable. Dieu est la Nature aux yeux du corps; la Nature est Dieu à l'œil de l'entendement. Matière ou abstraction, la divinité est tout, ou n'est rien ; et ceux qui en parlent sont tous des Spinosistes ou des Don Quichotte.

Puisse ce résultat important de la lecture du Dictionnaire des Athées anciens et modernes amener enfin nos lecteurs à se dire :

» Eh ! pourquoi donc répandre tant de flots d'encre, de fiel et de sang ? Dieu peut avoir son moment d'utilité dans l'enfance des corps politiques : à présent que l'espèce humaine touche à l'âge mur , loin de nous cette vieille lisière ! Affranchis de ce préjugé, le père de tant d'autres, nous saurons mieux apprécier désormais et les hommes et les choses. Il ne sera plus si facile de nous faire consentir aux plus honteuses déterminations. Nous rougirons bientôt de voir plusieurs millions d'hommes se laisser museler ou décimer par les ordres d'un petit groupe de leurs semblables, au nom de l'être suprême. Connaissant mieux nos droits et nos devoirs, on n'osera plus nous proposer impunément certaines mesures. Courbés sous le joug divin d'un despote céleste, nous étions tout façonnés à recevoir les entraves du premier ambitieux qui se présentait à nous, sans même qu'il eût besoin de s'annoncer de la part d'un Dieu. Désormais, on y réfléchira davantage, avant d'exiger de nous le sacrifice de nos fortunes, de notre repos, de notre vie. Il faudra du moins nous parler raison. Désenchantés du fanatisme religieux, nous ne serons plus aussi susceptibles de cet enthousiasme politique, qui fait quelques héros et tant de victimes. La magie des mots, le talisman des formes ne nous en imposera plus tant. Ainsi que les prêtres, les héros coûtent trop cher d'entretien, et sont trop dangereux. Revenus aux vertus naturelles et aux plaisirs domestiques, nous ne serons plus le jouet des charlatans sacrés et profanes. Quand on viendra frapper nos oreilles du *Dieu de la fortune*, *du génie de la victoire,* nous saurons réduire ces brillantes prosopopées à leur juste valeur. L'utile, le bon, le vrai, obtiendront dans notre esprit la préférence sur les superbes écarts de l'imagination et de la vanité. Les hommes remuans qui méditent des coups d'état, les cerveaux profonds qui voudraient faire révolution dans l'empire des idées, ou appliquer leurs théories sublimes à la statistique, rencontreront sur leur chemin des hommes de sens, marchant avec la Nature et la Raison, imperturbables ennemis des abstractions politiques, autant que des abstractions religieuses. Le culte simplifié et réduit à la piété filiale, nous voudrons simplifier aussi nos institutions civiles. Tout l'appareil diplomatique ne nous paraîtra plus qu'un grave enfantillage. Tous ces nombreux rouages du gouvernement social, qui ressemblent aux anciennes machines hydrauliques (1), seront réduits aux mouvemens les moins compliqués. Nous agirons à l'inverse de nos superstitieux ancêtres qui fesaient peu avec beaucoup ; débarassés que nous serons alors de toutes ces petites considérations nécessaires, jusqu'à présent, pour ne point heurter de front de vénérables et d'antiques erreurs; et nous dirons en parodiant un mot de Ninon, cité dans ce Dictionnaire : *Il faut qu'un gouvernement soit bien pauvre en lumières ou en ressources, quand*

(1) La machine de Marly, par exemple.

*il croit avoir besoin de composer avec les
préjugés religieux.* »

Telle seroit la révolution opérée par l'Athéisme.
Telle serait l'influence, nous le répétons, de cette
seule opinion libérale, sur les bons esprits et sur
toutes les institutions. La destruction pleine et
entière d'une longue et imposante erreur qui se
mêlait à tout (1) ; qui dénaturait tout, jusques à la
vertu; qui était un piège pour les faibles, un
lévier pour les puissans, une barrière pour les
hommes de génie ; la destruction pleine et entière
de cette longue et imposante erreur changerait la
face du monde.

Dans l'attente de ce grand événement, que
redoutent tant de gens qui vivent de mensonges,
et que les vœux stériles du sage appellent, mais
ne peuvent hâter, disons à nos contemporains
perplexes :

« Vous le voyez ! Dieu a pour lui l'ignorance et
l'imposture, la crainte et le despotisme ; contre
lui la raison et la philosophie, l'étude de la
Nature et l'amour de l'indépendance. Dieu doit la

(1) Il est affligeant de voir dans les meilleurs ouvrages, dans les livres
les mieux pensés, combien les auteurs sont différens et au dessous d'eux
mêmes, quand leur plume tombe sur le mot *Dieu.* Le cerveau de l'écrivain
se paralyse sur le champ, et cette tête si profonde, si vigoureuse sur
tout autre sujet, semble se détraquer pour ne devenir que l'écho verbeux
et machinal des augures, principalement quand ceux-ci ont pour eux
le vent de l'opinion populaire. Newton en est un déplorable exemple.

4

naissance à un mal-entendu. Il n'existe que par le charme des paroles, la connaissance des choses le tue et l'anéantit. Un Dieu corporel répugne au bon sens ; un Dieu abstrait ne laisse aucune prise sur lui. Et pourtant Dieu ne saurait être que abstraction ou matière. Il faut le répéter encore ici : Dieu est tout ou n'est rien. Pour s'entendre et se faire entendre, le théologien est obligé de s'exprimer comme le philosophe. Mais si tout est Dieu, Dieu perd sa divinité. D'une autre part, cédant à sa spiritualité, il n'a plus d'existence que dans la pensée de l'homme. On conçoit l'embarras de l'école, bâtissant dans les espaces imaginaires, et sur des mots qui n'ont pas de sens, ou qui détruisent le fantôme, quand ils en ont un. Hélas! toutes les guerres sacrées qui ensanglantent les pages de l'histoire, ne sont donc que des querelles grammaticales. Rougissez pour vos pères, qui s'abymaient dans de misérables questions théologiques. Brûlez ces bibliothèques poudreuses, qui n'attestent que le délire et la honte de l'esprit humain. La brièveté de la vie ne vous laisse pas assez de loisirs pour consumer vos rapides momens en conjectures ou en suppositions gratuites.

» Jusques à présent, vous n'avez vécu que de fictions ; vos lois mêmes en sont pleines encore. Il faut à l'homme quelque chose de plus substantiel. Laissez donc là tout ce qui ne repose point sur la nature et l'évidence des choses.

» Un législateur tout moderne (Porcher.) a bien osé dire, dans un moment de familiarité : « Aux trois quarts et demi des hommes, il ne faut « administrer que de l'opium. »

» Que ce propos dissipe votre long assoupissement ! Il n'est que trop vrai ; jusqu'à ce jour, on n'a gouverné les hommes qu'en leur administrant de lourds soporifiques religieux et autres. Désormais fermez l'oreille, non seulement aux prêtres, mais encore à tout homme d'État, qui parle et se conduit comme un prêtre.

» Trois mots de talisman (1) ont suffi pour faire des cultes et des révolutions. Il ne faut pas que cela arrive davantage. Ne donnez plus, ne souffrez plus du moins le spectacle de tels scandales. Rejettez tous ces systêmes qui en sont la cause ou les suites. Tout n'a-t-il pas été dit, en fait de science divine et politique ? Passez maintenant à des objets positifs et qui vous touchent de plus près. N'avez vous pas la morale domestique, et l'expérience traditionnelle.

« Deux livres vous sont ouverts, votre cœur et la nature. Méditez-les, de préférence à tout. Réfléchissez combien toute autre étude est mesquine et pitoyable, oiseuse et incertaine, comparée

(1) Toutes les religions dérivent de l'astrologie.

HORUS . . *ouvrage allemand qui parut en* 1783.

à celle du cœur et de la nature. Il n'y a que cela de réel et d'utile , de bon et de beau. Livrez-vous donc tout entiers aux résultats de l'observation et de l'expérience, et à la douceur des sentimens de bienveillance réciproque. Mettez en parallèle avec les travaux de l'agriculture et les devoirs de la famille , tout ce qui a été dit, tout ce qui a été fait sur Dieu et la diplomatie : qu'un profond métaphysicien qui pâlit dans son cabinet poudreux pour faire des livres avec d'autres livres est un être chétif et misérable, près d'un Athée exerçant sous l'œil de la Nature , ses facultés intellectuelles et physiques , et jouissant avec énergie des plaisirs les plus purs , résultat d'une organisation saine ! Qu'un grave publiciste, est un mince et ridicule personnage, à côté d'un laboureur , père de famille, qui aurait le bon esprit de n'être que cela , et de s'en tenir aux seules lumières du bon sens ! C'est là où il faut que l'homme revienne tôt ou tard.

» Laissez Dieu ; Dieu n'est point à votre usage.... Un Dieu ne convient pas à l'homme.

» Profitez des fautes de vos pères ; ne sacrifiez pas comme eux les choses aux mots. Occupez-vous vous-mêmes de vos affaires personnelles. Surveillez ceux d'entre vous chargés du soin de vos intérêts extérieurs. Vos agens ne sont pas fâchés que la foule tienne sans cesse les yeux levés au ciel; pendant ce tems, elle ne prend pas garde à ce qui se passe sur la terre. »

L'idée d'un Dieu dédommageant, dans un autre monde, des tyrannies endurées dans celui-ci, empreinte bien avant sur le cerveau des gouvernés, est un doux oreiller pour reposer la tête des gouvernans.

Une république d'Athées donnerait moins de latitude à ses administrateurs suprêmes. Les Athées sont des citoyens clairvoyans et pleins de franchise, qui ne veulent absolument reconnaître au-dessus d'eux d'autre puissance que la raison. On ne mène point à la verge des hommes de cette trempe. On redoute leur rencontre. De beaux dehors ne les éblouissent pas. De belles promesses ne les satisfont point. Ce n'est pas à eux qu'on peut dire avec succès : » Prenez patience ; laissez faire le méchant « en honneur. Dieu permet un moment son éleva- « tion pour lui ménager une chute plus éclatante.» Les Athées ne se payent point de ces raisons. Ils veulent ou qu'on prévienne le mal, ou qu'on fasse justice du premier attentat que se permet l'homme en place. Ils veulent que la loi, présente en tous lieux à la fois et aussi prompte que la foudre, remplace un Dieu caché et lent, qui laisse Cromwell et Monck mourir dans leur lit.

Tolérans par gout et par principes, les Athées voudraient que le magistrat d'une grande nation, en consacrant par une loi la liberté des cultes, fît néanmoins sentir l'absurdité et les inconvéniens de tous ces cultes dans des proclamations sages, adressées aux pères de famille et chefs de maison.

» Citoyens! (pourrait-il leur dire) on réclame la liberté des cultes, nous ne la refuserons pas. Mais est-elle un bien pour ceux qui la réclament à si grands cris? nous en doutons; et nous croyons de notre devoir de vous faire part de nos doutes. Nous ne pouvons interdire aux pharmaciens la vente publique de l'arsenic. Mais pères de famille et chefs de maison! nous vous en conjurons au nom des bonnes mœurs et de la vérité sainte , au nom de l'intérêt public et particulier ; joignez votre ascendant naturel aux lumières de tout ce qu'il y a eu de vrais sages, pour préserver la génération qui s'élève de la contagion religieuse.

» Faites sentir à vos enfans et à ceux qui vivent dans votre dépendance, qu'on les trompe grossiè-rement ; qu'ils ne doivent rien à un être trop au-dessus de leur intelligence; que tous leurs devoirs se bornent à l'amour du travail et des lois , à la reconnaissance envers les auteurs de leurs jours et de leur instruction. Pères de famille et chefs de maison ! accoutumez vos enfans et vos serviteurs à ne voir qu'en vous , les ministres de la morale : à ne fréquenter d'autres autels que les foyers devant lesquels ils ont reçu la vie et l'éducation, à n'avouer leurs fautes qu'à vous , à ne consulter que vous ; enfin, à ne trouver qu'en vous seul , leur Dieu et leurs prêtres.

» Chefs de famille ! resaisissez-vous de vos droits; à un peuple libre il ne faut d'autre frein que des lois et des mœurs.

» Bonnes mères de famille ! soyez vous-mêmes la providence de vos enfans. Que les vertus de vos filles soient votre ouvrage ! N'associez point d'étrangers à vos augustes fonctions. Une fille bien née ne doit pas quitter un seul instant sa mère; il est indécent de voir une jeune vierge s'agenouiller aux pieds d'un homme qui n'est pas son père, pour lui avouer ses fautes domestiques. Il est une religion universelle, antérieure à toutes les autres et qui leur survivra; c'est la piété filiale. Voilà la seule véritable religion naturelle. La maison paternelle est son temple. . . . . »

Mais de tels moyens sont bien lents. Entrer en accommodement avec le mensonge, n'oser l'attaquer qu'avec des proclamations, ne promet que dans plusieurs siècles un triomphe à la vérité. J'aime à penser qu'un jour, bientôt peut-être, il s'élèvera un Homme pur, joignant à l'éclat de ses lumières, à l'ascendant de ses vertus, toute la force d'un grand caractère.

Depuis bien des siècles, les nations de presque toutes les contrées ne sont point satisfaites de leur condition; elles en appellent à un être surnaturel qui doit descendre sur la terre pour y changer, ou du moins améliorer, l'état des choses.

A Delphes, on prophétisait la venue d'un fils d'Apollon qui devait ramener parmi les hommes le règne de la justice.

Les Romains attendaient un Roi prédit par leurs sybilles. Les Indiens attendent Wichnou, qui leur apparaîtra sous la forme d'un Centaure. Les Persans soupirent après Ali; les Chinois après Phélo. Les Japonais attendent Peïrum et Carabadoxi; les Siamois Sammonocodon. Les Hébreux pensent encore à leur Messie. Les Chrétiens croient à une seconde visite de Jésus, sous les traits redoutables d'un juge sévère et sans appel.

Les Moralistes, les Philosophes eux-mêmes, espèrent aussi l'apparition d'un homme osant dire la vérité tout haut et toute entière.

Qu'il soit proclamé le bienfaiteur de l'espèce humaine, ce sage législateur qui trouvera le secret d'effacer du cerveau des hommes le mot *Dieu*, talisman sinistre qui fit commettre tant de crimes et causa tant de maux !

Mais nous oublions que nous ne sommes point hommes d'État; retournons à notre magistrature purement morale, et terminons par quelques remarques sur la confection de ce Dictionnaire.

On nous arrête pour nous dire :

« Qu'importe à la chose publique qu'il y ait des Athées. A quoi sert d'encataloguer leurs noms? Pourquoi renouveller cette vieille querelle ? On n'y pensait plus. De plus grands intérêts nous pressent. »

Malheureusement cette vieille querelle est plus que jamais à l'ordre du jour, et pèse sur notre patrie. Le mot *Dieu* n'est-il pas en tête de tous les manifestes publiés par les puissances coalisées? La reconstruction de plusieurs églises dans l'intérieur ne semble-t-elle pas nous menacer d'un nouveau vandalisme sacerdotal? Il est donc urgent de faire un appel à tous les bons esprits.

Je le répète; tous les noms cités par nous n'appartiennent pas à des Athées. Les véritables Athées ne se trouvent point en aussi grand nombre; mais j'ai cru pouvoir leur adjoindre des autorités prises chez leurs ennemis.

Si quelques-unes des personnes citées sur cette honorable liste prennent la peine de réclamer, nous les invitons d'avance à nous passer l'erreur de les avoir jugé dignes de figurer parmi ceux que les anciens et les modernes ont de plus sages et de plus éclairés. Nous ne ferons point d'autre réponse.

D'ailleurs nous n'avons cité que ceux dont les œuvres imprimées sont par conséquent *in publico jure,* et ceux qui nous ont paru sensibles à la honte de demeurer plus longtemps confondus dans la tourbe des hommes à préjugés.

Néanmoins, beaucoup plus de noms vivans figureraient ici, sans cette fausse honte, cette

5

pusillanimité, et quelques autres considérations non moins étranges qui retiennent encore bien des personnes....

Nous aurions pu multiplier à l'infini les citations qui accompagnent chacun des articles de ce Dictionnaire. Les témoignages en faveur de l'athéisme formeraient tuote une bibliothèque. Avec beaucoup plus de temps et de travail, le choix de nos citations eût été meilleur; mais cette entreprise, dont nous ne donnons qu'une ébauche, suppose une lecture immense et réfléchie tout à la fois. Ce qui semble surpasser les forces de l'esprit humain.

Des noms de femmes se trouvent, clair-semés, dans ce répertoire; et il y en a encore trop, à notre gré. Les femmes ne sont point du monde politique ou philosophique. Chacune d'elles doit avoir les Dieux et les opinions, le culte et les lois de son père et de son mari.

Il n'est pas hors de propos de rendre compte au lecteur de l'un des principaux motifs qui nous ont guidé, en dressant cette liste. Tout un volume composé de noms d'Athées, pour la plupart recommandables sous tous les rapports, peut inspirer une salutaire confusion aux personnes qui croient en Dieu, ou à celles qui en vivent, et les porter soit par secret dépit, soit par une émulation plus louable, à produire aussi de leur côté quelques actes de tolérance et de sagesse.

On a voulu nous dissuader la publicité de cette innocente nomenclature.

D'abord, écoutons les diplomates qui nous disent : « Si vous aimez votre patrie, craignez que ce Dictionnaire ne fournisse un prétexte aux cabinets coalisés, pour refuser la paix à une nation sans Dieu. »

Faut-il répondre à ces diplomates que de nouvelles victoires sauront bien lever les scrupules de la coalition ?

D'autres nous ont dit : « Y pensez-vous ? Votre Dictionnaire des Athées anciens et *modernes* servira, dans certaines circonstances, d'une liste de proscription. »

Cela n'est plus possible ; nous en avons pour garant la longue épreuve d'où l'on sort. Les uns sont las de proscrire, et veulent consommer en paix les fruits de leurs crimes : les autres, peut-être, sont las aussi de se laisser proscrire.

« Mais si les *hommes-de-Dieu* redevenaient ce qu'ils étaient ? » En Italie, à la bonne heure ; mais en France, ces gens-là n'ont conservé leur ascendant que sur l'esprit des femmes. Ils inspireront désormais beaucoup plus de mépris que de crainte.

On insiste et l'on ajoute :

« Vous avez raison, quant aux prêtres qui trafiquent encore des choses saintes. Mais ceux qui prudemment ont laissé croître leur tonsure pour

se mêler dans les rangs civiques et courir les nouveaux bénéfices : ces gens-là ont contracté un esprit
de corps qui ne mourra qu'avec eux; ils vous en
feront sentir les effets à la première occasion.

« Vous cherchez des ennemis, vous en trouverez
partout. »

Je ne ferai point l'injure à mon siècle, à mon
pays et aux personnages qui leur donnent le ton,
de prévoir quelque danger, en recueillant les
témoignages les plus considérables en faveur d'une
opinion. Une opinion morale n'est point un outrage,
n'est point un délit.

Et quand il y aurait quelques risques à courir?...
Il ne faut pas que la dernière année du XVIII° siècle,
de ce siècle si mémorable, s'écoule avant qu'on ait
osé publier enfin ce que toutes les têtes saines
pensaient et gardaient pour elles ; publier, dis-je,
que le mensonge n'est bon à rien, pas plus en
politique qu'en morale ; qu'il est bien temps de
cesser de croire ne pouvoir exister en paix qu'en
se trompant les uns les autres; qu'il ne faut plus
chercher dans le ciel un point d'appui à l'édifice
social, dont l'intérêt commun est la seule base;
que les peuples et leurs gouvernans ont besoin
seulement de justice et de mœurs; qu'il est nécessaire , encore aujourd'hui, de rappeler aux premiers magistrats d'une nation, qui se piquent
de ne point ressembler à la populace des hommes

d'État, qu'ils doivent à leurs gouvernés l'instruction et des lois; et que la loi ne doit être que
l'expression de la raison ; que dans tout ceci ,
il n'y a point de rôle pour un Dieu , ni pour
ses représentans ; qu'il est nécessaire d'avertir
les premières autorités combien elles s'avilissent
et se compromettent elles-mêmes , quand elles
souffrent que le peuple porte plus de considération et de respect à ses prêtres qu'à ses
magistrats; etc...

Le XIX⁰ siècle, préparé par tant d'événemens ,
semble nous imposer l'obligation de passer
l'éponge sur quantité de vieilles institutions ,
monumens de honte ! Il ne faut pas que le
siècle qui va s'ouvrir, conserve la moindre trace
des turpitudes commises ou écrites avant lui; il
ne faut pas que le siècle XIX⁰ sache combien le
XVIII⁰ avec toutes ses lumières ou ses prétentions,
ses idées libérales ou ses hardiesses , fut encore
servile et routinier dans ses opinions. Il ne faut
pas que ce débordement de paroles magiques ,
dont le mot *Dieu* est le sommaire , qui sur les
ruines de la raison, de la vérité et de la justice ,
traversa tant de siècles , puisse atteindre le XIX⁰
sans être du moins accompagné des solennelles
réclamations de la philosophie.

Terminons ce discours beaucoup trop long pour
un sujet qui peut se passer d'apologie, par le

résumé de nos réponses à la demande :

Qu'est-ce qu'un Athée ?

Le véritable Athée est un philosophe modeste et tranquille, qui n'aime point à faire du bruit, et qui n'affiche pas ses principes avec une ostentation puérile, (1) l'athéisme étant la chose du monde la plus naturelle, la plus simple.

Sans disputer pour ou contre l'existence divine, l'Athée va droit son chemin et fait pour lui ce que d'autres font pour leur Dieu ; ce n'est pas pour plaire à la divinité, mais pour être bien avec lui-même, qu'il pratique la vertu.

Trop fier pour obéir à quelqu'un, même à un Dieu, l'Athée ne prend d'ordre que de sa conscience.

L'Athée a un trésor à garder, c'est son honneur. Or, un homme qui se respecte, sait ce qu'il doit se défendre ou se permettre, et rougirait, sur ce point, de prendre un conseil ou de suivre un modèle.

L'Athée est un homme d'honneur. Il aurait honte de devoir à un Dieu une bonne œuvre qu'il peut produire de lui-même et en son propre nom. Il n'aime pas à être poussé au bien, ou détourné du mal : il cherche l'un, il évite l'autre, de son plein gré ; et on peut s'en reposer sur lui.

_____

(1) Quelques Athées connus ne sentent pas assez toute la dignité de leur opinion.

Combien de belles actions ont été attribuées à Dieu, et qui n'avaient pour principes que le cœur du grand homme qui les produisait !

Le plus parfait désintéressement est la base de toutes les déterminations de l'Athée. Il sait qu'il a des droits et des devoirs. Il exerce les uns sans morgue ; il remplit les autres sans contrainte. L'ordre et la justice sont ses divinités ; et il ne leur fait que de libres sacrifices :

« Le sage, seul, a le droit d'être Athée. »

DICTIONNAIRE

DES

ATHÉES,

ANCIENS ET MODERNES.

———✦———

Les noms marqués d'une *, sont ceux qui se trouvent encore cités dans les supplémens.

A.

ABAILARD, (Pierre) Breton, croyait que toutes choses sont Dieu, et que Dieu est toutes choses . . . .

Petrus Abailardus, ingenio audax. . . . . Deum esse omnia et omnia esse Deum; eum in omnia converti, omnia in eum transmutari asseruit.

Caramuel, *Philosophia realis.*

Frère Pierre de Pergame, dans son *Catalogue des hérétiques*, attribue au malheureux Abailard d'avoir nié que Dieu fût un être simple, qu'il fût seul éternel. . . . . Garasse l'accuse d'avoir enseigné qu'il y a autant de cieux qu'il y a de jours en l'année . . . .

Abailard ne voulait rien croire que par raisons naturelles.

Richeome.

Cet infortuné théologien était bien plus philosophe que son siècle.

N. B. L'amant aimé de la tendre Héloïse, atteint d'athéisme, donne un démenti formel à ce vers d'un philosophe français :

Le cœur qui n'aima point fut le premier Athée.

L. Mercier, de l'inst. nation.

ABBADIE, (Jacques) théologien Béarnais. L'athéisme a-t-il jamais répandu dans tous les siècles des torrens de sang humain? etc.

Défense de la nation Britann. page 359.

N. B. Il comparait la religion à l'Apocalypse. Par fois les théologiens ont des accès de philosophie. (1)

ABOULOLA AHMED, fameux poète Arabe, de la tribu de Tonoukh, né en Syrie, l'an 973, fut violemment accusé de *Zendicisme*, ou de nier la Providence. *Voyez* certains endroits de ses ouvrages.

Il dit entr'autres choses :

« Le genre humain est partagé en deux classes : les uns » ont de l'esprit, et n'ont point de religion; les autres ont » de la religion et peu d'esprit. »

Aboulola, aveugle comme Milton, philosophe comme Lucrèce. *Dict. des honn. gens.* (2)

ABUMULSLIMUS, Général d'armée sous les Califes, était de la secte des *Ehleltahkik*, (*voyez* ce mot) ou hommes de vérité, n'ayant d'autre Dieu que les quatre élémens.

(1) Abbadie né en 1658 est célèbre par un *Traité de la religion chrétienne* dans lequel il combat l'athéisme. Ce fut, dit-on, parce que cet ouvrage était estimé que Maréchal n'y répondit que par un persiflage. Il mourut en Irlande en 1727. *Edit.*

(2) Ouvrage que Sylvain Maréchal publia avec son *Almanach*. **Édit.**

ACADÉMICIENS, (les) célèbres philosophes de l'antiquité, doutaient de l'existence de la divinité.

J. J. Rousseau, Rép. au Roi de Pologne.

ACADÉMIE. Il y a en France une Académie justement célèbre et d'une utilité générale et constante, dont les membres se sont fait une loi expresse de ne jamais parler de Dieu, ni en bien, ni en mal.

Naigeon, Adres. à l'assem. nat. 1790. *note, page* 24.

ACOSTA, (Uriel) gentilhomme Portugais, né à Porto, rejeta l'immortalité de l'ame.... Il mourut vers 1640.

Atheismum publicè professus est. C'est-à-dire : il professa l'athéisme publiquement. On lui répondit d'abord à coup de pierres, puis à coup de fouet. Pour se soustraire aux persécutions, Acosta prit le parti de renoncer à la vie.

N. B. Il eût mieux fait de suivre le conseil du sage : *cache ta vie.* D'après la conduite qu'on tient à leur égard, il est étonnant que la philosophie trouve encore des sectateurs.

ACROTHOITES. (les) Au rapport de Théophraste, ce peuple était sans Dieu.

Les Acrothoïtes ont été de francs Athées. *Simplicius.*

Je crois que c'étaient des peuples qui habitaient sur la cime du mont Athos. *Dacier.*

N. B. Ils n'ont jamais fait mal parler d'eux dans l'histoire.

ADRIEN. (l'Empereur) Les vers latins qu'il adressa à son ame, en mourant, nous apprennent l'incertitude où il était sur l'autre vie.

N. B. Cette incertitude s'évanouirait si l'on pouvait croire fermement en Dieu ; grâce qui n'est pas donnée à tout le monde, encore moins à l'Empereur qui avait divinisé Antinoüs. Mais cet apothéose scandaleux, ordonné par Adrien n'est peut-être qu'une satyre, que ce Prince, qui avait de la philosophie, voulut faire de la religion, et du peuple crédule jusqu'à l'imbécillité.

AJAX. Un des caractères de ce capitaine Grec était l'impiété.

Quand il partit pour l'armée, son père lui recommanda de joindre toujours à la force de son courage, l'assistance du bon Dieu.

Ajax lui répondit :

» Les poltrons eux-mêmes sont souvent victorieux avec une » telle assistance; pour moi, je m'en passerai. Je suis sûr » de vaincre, sans le secours divin ; je n'en ai pas besoin. «

N. B. Nous sommes redevables de cette anecdote à Sophocle.

AILLY, (Pierre d') Chancelier de l'Université. *Petrus de Alliaco* dit que cette proposition : *Dieu est,* n'est point évidente.

Ce docteur de Sorbonne y soutint qu'il n'y avait point de démonstration de l'existence de Dieu.

ALBERT, dit *le Grand.* A proprement parler, il n'y a point de science certaine de Dieu, *Epître limin. des secrets.*

N.B. Une démonstration de l'existence divine est la quadrature du cercle.

ALCMÉON, le Crotoniate et l'élève de Pythagore. Ce philosophe attribuait la divinité à tous les astres. C'est un chapitre du *Panthéisme* des anciens. *Voyez* ce mot.

ALÉANDRE, (Jérome) au XVIe. Siècle. Cet épicurien mourut de bon gré.

Vixit, dit Luther, *per inde atque cum corpore sit totus periturus.* C'est-à-dire : Il vécut comme un homme qui ne croit pas à l'immortalité de l'ame.

N. B. C'était un théologien spéculatif et un Athée pratique. Il a eu plus d'un imitateur.

ALEMBERT. (d') Soyez sûr que votre religion est fausse, si la vérité n'en est pas plus claire que le jour.

N. B. On ne paye pas les géomètres avec la monnaie des probabilités.

....Il était même Athée à sa manière, puisqu'il ne croyait, comme il me l'avoua un jour, ni que Dieu eût créé la matière, ni que ce fût un être intelligent, immatériel et distinct de ses effets. *Naigeon.*

D'Alembert était avec d'Holbach dans la société la plus intime. *Note de Lalande.*

Lisez surtout sa philosophique *Préface de l'Encyclopédie.*

ALEXANDER, *Aphrodisiensis.*

« *Fuit Alexander epicurœus quidam philosophus, qui* » *Deum dixit esse materiam, vel non esse extrà ipsam, et* » *omnia essentialiter esse Deum.* »   Albertus Magnus.

» *Fecit librum* de Materiâ, *ubi probare conatur omnia* » *esse unum in materiâ.* »

Quelques-uns croyent que cet Alexandre a vécu au temps de Plutarque.

Ce philosophe épicurien soutenait que Dieu est la matière, qu'il n'est point hors d'elle ; que tout est essentiellement Dieu. Il fit un livre là-dessus.

Pic de la Mirandole le réclame, dans son *Traité de la Providence*, comme Athée.

ALFONSE X, Roi de Castille, répétait souvent ce blasphème :

» Si j'avais assisté au conseil de Dieu, lors de la création » de l'homme, il y aurait certaines choses qui seraient en » meilleur ordre qu'elles ne sont. »

N. B. La crainte de Dieu qu'on s'efforçait de nous faire contracter *ab ovo*, n'a jamais pleinement réussi. De tout temps les hommes ont cru pouvoir impunément s'égayer aux dépens de l'Être suprême. Un recueil des bons mots auxquels il a donné lieu serait très-piquant. Il faut croire que la crainte de Dieu n'est point du tout dans la nature. Ce n'est qu'un produit de la civilisation gauchement organisée.

ALLAIS. (d') Naturellement, les hommes n'ont pas plus de religion que les bêtes.....

La religion doit sa naissance à la curiosité et à la contemplation.   *Hist. des Sévarambes.*

ALLEMAND. Un prince Allemand, fondateur d'une académie, fut sur le point de la casser, ayant appris qu'on y agitait la question s'il y a un Dieu.

N. B. Ce Prince apparemment était peu d'humeur de fournir à l'entretien d'un cercle de romanciers métaphysiciens, nouveaux Ixions, qui embrassent un nuage.

ALMARICUS. (AMAURY.) *Omnia sunt Deus ; Deus est omnia : creator et creatura idem....*   Jacob Thomasius.
Dixit omnia esse unum, et Deum. Dixit Deum esse essentiam omnium creaturarum.

C'est-à-dire : Amaury a soutenu que Dieu est Tout ; que Tout est Dieu. Le créateur et la créature sont même chose.

Ce clerc philosophe brillait à Paris au commencement du XIII⁰ siècle. Il soutenait que la matière, existant par un mouvement aussi nécessaire que son existence, est la cause et le principe de tout, et par conséquent ne diffère pas de Dieu même.   *Dictionn. des cultes.*

Selon quelques uns, ce philosophe et ses adhérens furent brûlés vifs ; selon quelques autres, le cadavre d'Amaury fut exhumé et réduit en cendres, l'an 1208.

Pauvre espèce humaine !

AMÉRIQUE. L'Amérique fournit plus, elle seule, de nations Athées que le reste du monde ensemble.
                                    Histoire de la philos. payenne.

N. B. La raison en est simple. Cette quatrième partie du globe, découverte après les autres était restée plus près de la nature.

AMMONIUS. (*Hermeas*) Philosophe péripatéticien.

Zacharie, l'évéque de Mytilène, a réfuté ses monstrueux axiomes d'athéisme : *prodigiosa axiomata.*

N. B. C'est ainsi qu'on qualifiait, en ce siècle là, une opinion qui ne tend qu'à *humaniser* les hommes, en les bornant aux seuls rapports établis entr'eux par la nature.

AMURAT. Le Sultan Amurat favorisait fort l'opinion de l'athéisme dans sa cour et dans son armée. *Ricaut, Hist. Ott.*

N. B. L'histoire ne dit pas que ce Prince fût un politique inepte.

ANACRÉON. Athée du meilleur ton, ce poète ne reconnaissait d'autres divinités que les Grâces, et ne rendait un culte qu'à l'Amour.

ANAXAGORE. « Anaxagoras, l'Athée, inspirait une reli- » gion raisonnable en expliquant, par des causes naturelles, » ce qui paraissait extraordinaire. »

Il ne passait pas pour avoir beaucoup de piété envers les Dieux. Est-ce pour le caractériser, qu'on éleva sur sa tombe un autel au bon sens ?

ANAXIMANDRE. Il y a eu quelques théogonistes qui étaient Athées, comme Anaximandre ; celui-ci donnait le nom de Dieu à la matière insensible.

Dans le système d'Anaximandre, on entrevoit les principes fondamentaux du spinosisme.

Anaximandre a pensé que toutes les substances intelligentes ont commencé, et qu'éternellement, il n'y avait que la matière.

Cudworth prouve l'athéisme d'Anaximandre, qui disait que l'infinité de la Nature est le principe de toutes choses.

ANAXIMÈNE de Milet, fait Dieu de l'air.

Diogène Apolloniate, *Critolaüs* et *Diodore*, le définissaient : *Ætheris purimentum.*

Les sentimens d'Anaximène ne différaient guère de ceux de son maître Anaximandre.

Le système d'Anaximène a beaucoup de ressemblance avec celui de Spinosa. *d'Argens, Phil. du bon sens, tom. II.*

ANCIENS. Tous les *Anciens* croyaient l'éternité de la matière. *d'Olivet, Théol. des philos. Grecs.*

N. B. On pourrait composer un très-gros volume, si l'on avait le temps et le courage de rassembler, et si l'on était certain de trouver des gens qui eussent la patience de lire toutes les preuves du matérialisme professé unanimement par la docte et sage antiquité.

ANCRE. (d') La Providence était en quelque façon sur la sellette, et *in reatu* pendant la prospérité du Maréchal d'Ancre....

Si tous ceux qui ont dit que la longue prospérité des méchans est une raison de douter de la Providence, étaient Athées, il y aurait bien des Athées parmi les auteurs.

Bayle, Dictionn.

ANGLETERRE. En Angleterre, comme partout ailleurs, il y a eu et il y a encore beaucoup d'*Athées* par principes.

Voltaire.

Il existe une vieille moralité anglaise, qui n'est pas tout-à-fait insignifiante : *Dieu*, dit-elle, *est un bon homme.*

Hélas! cela n'est que trop vrai, s'écrieront les bonnes ames en soupirant, et voilà pourquoi nous sommes dupes.

Dieu est un bon homme, diront les méchantes gens en secouant la tête, nous ne risquons rien ; fesons le mal tout à notre aise.

En tous cas, si Dieu est un bon homme, ses ministres ne sont rien moins que de bonnes gens.

ANNIBAL. Ce Général des armées Carthaginoises contre les Romains, n'avait, au dire de Tite Live, aucune crainte des Dieux ; c'était un franc Athée.

Nullus divûm pudor, dit un poète latin.

N. B. Presque tous les grands capitaines sont Athées. Les guerres, même les plus justes, témoignent contre une Providence.

ANONYME. Les rois et les législateurs ont toujours eu soin de mettre Dieu de moitié dans leurs affaires, afin que le peuple n'impute pas leurs sottises à eux seuls.

Voyez Être suprême.　　　　　　　　　*Un Athée anonyme.*

ANTISTHÈNE. Il ne reconnaissait qu'une seule divinité, la Nature.　　　　　　　　*Dupuis, Orig. des cultes.*

N. B. Ce philosophe, maître de Diogène, précha d'exemple. Ses mœurs étaient austères comme ses principes ; et, si l'on peut s'exprimer ainsi, la nature était sa divinité spéculative, la vertu sa divinité pratique.

APELLES. Disciple de Marcion disputant avec Rhodon, disciple de Tatien : *Rem omnium obscurissimam esse statuebat quœstionem de Deo.... quâ ratione, unicum esse principium, se quidem nescire profitebatur... nec se omninò scire quâ ratione unus esset ingenitus Deus...* Eusebius, *Hist. Eccl.*

C'est-à-dire : de toutes les questions, la plus obscure est celle d'un Dieu. Il ne savait trop que croire sur un principe unique..... etc.

APONE, (Pierre d') philosophe et médecin de Padoue au XIIIᵉ siècle, niait qu'il y eût des esprits. Il ne croyait qu'à l'existence des corps.

Presque tous les médecins professent ce symbole.

APOLLONIUS de Thyane. La philosophie pythagoricienne d'Appollonius aboutit au spinosisme ; il ne reconnait d'autre Dieu que le monde.　　*Olearius. Philost. page 402 in-f°.*

APULÉE. *Voyez* sa sublime Invocation à la Nature.

Métam. liv. XI.

APUSCORUS. Philosophe Babylonien, entiché d'athéisme, ainsi que Diogène, Marmaridius..... etc.

ARABES. (les) Cette nation spirituelle compte beaucoup d'Athées, et répond parfaitement à ces demi-philosophes qui prétendent que l'Athéisme éteint toute imagination.

ARC. (le Chevalier d') Il est peut-être plus facile à la philosophie de réprimer les penchans vicieux qu'à la religion même. *Mes loisirs page 37.*

N. B. A quoi donc celle-ci peut-elle servir? Pourquoi multiplier les êtres sans nécessité ?

ARCÉSILAÜS, philosophe Grec, pyrrhonien aimable et généreux. Pour n'avoir querelle avec personne, sur-tout avec l'ordre sacerdotal, tout puissant alors sur l'esprit du peuple, il professa un doute universel. Le doute est le manteau des Athées qui aiment la paix. Arcésilaüs eut une école nombreuse qui lui était fort attachée.

ARCHÉLAÜS, élève d'Anaxagore. Ce philosophe de la Grèce fut l'un des premiers qui introduisit la physique dans le sanctuaire de la philosophie. On lui fait un crime d'avoir avancé que le juste et l'injuste sont choses indifférentes. On ne dit pas qu'Archélaüs parlait ainsi pour montrer la monstruosité des conséquences où mènent les théologiens et les politiques, en donnant pour base à la morale publique et particulière, un Dieu, véritable mannequin que les prêtres et les magistrats posent et font mouvoir dans le sens qu'ils veulent.

ARÉTIN, (P.) dit le *Fléau des princes,* n'avait épargné Dieu dans sa publique médisance, que pour ce qu'il n'en connaissait point. *Lamothe Levayer.*

Arétin ne composait des œuvres de piété que pour appaiser les dévots irrités contre lui. *La Monnoie.*

N. B. Nous citons Arétin, comme l'un des cent mille exemples qui prouvent la nécessité d'une doctrine double, tant que les lois feront la guerre à la pensée.

ARGENS. (d') Le consentement général de tous les peuples à reconnaitre la divinité, qu'on cite non-seulement comme une preuve de l'idée innée de Dieu, mais même comme une démonstration évidente de son existence est une preuve non-seulement faible et peu solide, mais même fausse....
Philos. du bon sens. tom. 2.

Dès qu'il y a eu des gens qui ont su faire des statues, il y a eu chez les peuples des divinités. *Lettres Chin.* XXXII.

Convenons que c'est à la seule révélation que nous devons les connaissances de tout ce qui regarde l'éternité, la nature divine.....etc. *Note sur Ocellus.*

ARGENSON ('d') disait : La religion est la philosophie du peuple. *Art. fourni par Lalande.*
Quelle philosophie !

ARISTAGORAS, philosophe Athée, de l'île de Mélos, et maître de Socrate.
Des critiques le confondent avec Diagoras, Mélien aussi, et qui donna des leçons au sage d'Athènes.

ARISTARQUE, astronome Samien, qui vivait avant Archimède ; il fut poursuivi par les prêtres comme Athée.

N. B. Beaucoup de savans astronomes ont cherché Dieu dans le ciel et ne l'y ont pas trouvé.

ARISTIPPE. (le jeune) Ce philosophe Grec n'admettait pour ses dieux que la douleur et le plaisir, soutenant qu'il n'y avait point d'autre divinité que ce double mouvement d'impulsion et de répulsion physique et morale.

Cette sorte d'Athéisme, déguisé tantôt sous les noms de Dieu et du Diable, tantôt sous ceux du Génie du Bien, du Génie du Mal, tantôt sous ceux d'Oromase et d'Arimane, ou des deux Principes de Manès, se retrouve partout.

ARISTON, philosophe, insulaire de Co.

Divinarum rerum parùm studiosus videtur fuisse..... etc.

Lescalopier.

Il disait que la nature de Dieu n'est pas intelligible. Cela porte à croire qu'il négligeait absolument les choses divines. Car puisqu'il abandonna la physique à cause qu'il n'y pouvait rien comprendre, il est vraisemblable que par la même raison, il abandonna la théologie.

Il était dans l'habitude de dire : *Quæ suprà nos, nihil ad nos.* « Ce qui est au-dessus de nous, ne nous regarde pas. » On attribue aussi ce mot à Socrate.

Excepté la vertu, tout était indifférent au sage Ariston. Il abandonnait Dieu aux disputes des hommes, sans s'en mêler. *Que m'importe ! disait-il.*

ARISTOPHANES. Le savant J. Leclerc et Ant. Muret, ont écrit le nom de ce poète avec un charbon noir, sur la liste des Athées.

ARISTOTE. Les idées qu'il se forme de la divinité tendent indirectement à la renverser et à la détruire.

L'incrédulité est la source de la sagesse, disait-il.

Aristote fut Athée selon toutes les apparences, et enseigna clairement la mortalité de l'ame.

D'Argens, Mém. sec. de la Rep. des lett.

Il a soutenu l'éternité de l'univers.....

Aristote pour assurer la liberté de l'homme, croyait ne pouvoir mieux faire que de nier la Providence. En fallait-il davantage pour armer contre lui les prêtres intéressés du paganisme ?   *Encyclop.* au mot *Aristotélisme.*

Aristote fut accusé, de son vivant, d'impiété, et obligé pour ce sujet de s'enfuir d'Athènes.   *Diog. Laert.* **V.**

Dans la préface de l'*Anti-Spinosa*, de Wittichius, 1690, et dans celle de l'*Investigatio épist. ad Hebr.* 1691, Hassel a soutenu, en Hollande, que la doctrine d'Aristote ne diffère pas beaucoup du spinosisme.

Si nous pénétrions bien dans Aristote, peut-être que nous trouverions qu'il a donné dans cette pensée, (La grande ame du monde.)   *Bernier. Mém. sur le Mogol.*

Aristote dit que tous les premiers habitans du monde ont cru la matière existante par elle-même, et indépendante d'aucune cause extérieure.   *Physic.* 1

Aristote a tellement attaché son Dieu aux nécessités naturelles dans la direction et le gouvernement de l'univers, que la plupart a estimé qu'il ne reconnaissait pas d'autre Dieu que la Nature même.   *Lamothe Levayer.*

Pomponace soutint qu'on ne pouvait accorder l'immortalité de l'ame avec les principes d'Aristote.

Valérien Magni, publia, en 1647, un ouvrage sur l'Athéisme d'Aristote.

ARNAUD, élève d'Abailard, moine Italien, fut brûlé vif à Rome pour avoir prêché dans les montagnes de la Suisse, que si Dieu existait, son règne et celui de ses ministres n'étaient point de ce monde, par conséquent que le clergé ne devait posséder aucuns biens fonds.

S. Bernard est obligé de convenir, en parlant de l'éloquence d'Arnaud que c'était un homme à tête de colombe .....

ARNAUD, (Antoine) dit le Grand Arnaud. (1)

(1) Il s'agit ici de *Arnauld* (et non pas *Arnaud*) docteur en Sorbonne, né en 1612, si connu par ses disputes théologiques, et auteur d'un livre sur la *fréquente communion.*

Il mourut à Bruxelles en 1694. *Edit.*

Ce n'est pas sans quelque raison que ce théologien célèbre est rangé par Hardouin au nombre des Athées ; l'auteur de ces paroles : *Ens synonimè convenit Deo et creaturœ,* (c'est-à-dire , » l'être est un terme, une expression convenable à Dieu et à la créature. ») ne peut échapper au spinosisme.

ARNAUD , (François) de l'Académie Française , mort à Paris, en 1784, et l'un du très-petit nombre de ceux auxquels on peut appliquer l'épigraphe de ce Dictionnaire : *Ecce* Vir.

ARNOBE. N'est-il pas beaucoup plus juste de ne croire aucuns Dieux , que de leur imputer des actions infâmes ?

Arnobe n'est ici que l'écho de Plutarque et de plusieurs autres écrivains de bons sens.

ARTHUR. (Jean) Anglais , des montagnes de Galles, près Birmingham , mécanicien , qui remporta, à la société d'émulation de Paris, le prix pour une voiture inversable. Il professa aussi l'horlogerie et fut très-connu par sa belle manufacture de papiers peints.

Athée par principes et très-prononcé , pour en propager la doctrine , il fit réimprimer la belle Invocation à la Nature, qui occupe les dernières pages du *Système de la Nature.*

Il survit à son fils , Athée aussi, guillotiné dans l'affaire de Robespierre.

ASCLÉPIADE. Grand médecin de Pruse, en Bithynie , et contemporain de Mithridate. D'après l'inspection raisonnée du corps humain, il ne croyait pas que l'ame fût distincte de la matière.

N. B. L'anatomie a fait bien des Athées.

ASPASIE... Fut aussi Aspasia accusée de ne point croire aux Dieux. Tout le crédit de Périclès put à peine la sauver.

Plutarque-Amiot.

Elle mérita d'avoir Socrate pour disciple.

N.B. Intenter un procès criminel à une femme pour cause d'athéisme!...
On ne reconnait pas dans ce procédé le peuple aimable d'Athènes. C'est
que le fanatisme religieux dénature tout.

ATHANASE (S.) nous enseigne, *ad serapion*, que la
divinité ne se persuade point par des raisonnemens.

Huet, Évêq. d'Avranches.

N. B. En ce cas, il ne reste qu'un parti à l'homme raisonnable : ne
point croire à ce dont il n'est pas convaincu.

ATHÉE. L'athéisme est fort ancien. Aristote, dans sa
métaphysique, assure que plusieurs de ceux qui ont les
premiers philosophé, n'ont reconnu que la matière pour la
première cause de l'univers, sans aucune cause efficiente et
intelligente. . . .   *Formey.*

Le X⁰ livre des lois de Platon, Sextus Empiricus, et les
lettres du rhéteur Alciphron, nous apprennent que le
nombre des *Athées* était considérable.

Peut-être que tout ce qu'on a écrit sur ce sujet, (*Dieu*)
pour ou contre n'est d'aucune utilité. Je crains bien qu'en
parlant de l'existence de Dieu nous ne ressemblions à ceux
qui combattent la chimère. . . .

Croyez, au reste, que s'il était des preuves claires
de l'existence de la divinité ceux qu'on nomme *Athées*
deviendraient les plus zélés partisans de cette opinion, qui ne
peut que flatter l'amour-propre et la paresse ; ils n'attendent
que la démonstration. Et par quelle fatalité s'obstine-t-on
à la leur refuser, si elle est possible ; ou à les persécuter
si le fait n'est pas vrai ?

Dialogues sur l'ame par les interloc. de ce temps là.
1771. *Dial. VII. page* 170. *ad finem.*

N. B. Si les femmes entendaient leurs intérêts, elles préféreraient
pour ami ou pour époux, un Athée à tout autre homme.

ATOMISTES. (les) De la philosophie ou du système

des Atômes, comme des flancs du cheval de Troyes, sont sortis tous les genres d'athéismes connus.

Nous nous servons de la métaphore d'un savant Allemand, historien des Athées.

ATTICUS, (Titus Pomponius) était de la secte d'Épicure : on peut défier les plus ardens défenseurs du dogme qui établit que sans la crainte d'une Providence il est impossible d'égaler, par rapport aux bonnes mœurs, ceux qui ont reconnu un Jupiter.... etc., de montrer un plus honnête homme qu'Atticus.   *Bayle.*

AUGUSTIN. (S.) Dieu est un être dont on parle sans en pouvoir rien dire.

..... En ce cas, grands docteurs, brûlez donc tous vos livres.

Ce père de l'église croit en outre à la fatalité, car il pense que l'homme est déterminé invinciblement au mal ou au bien.

AURÉLIEN. Cet Empereur Romain ne reconnaissait d'autre Dieu que le Soleil. C'est être spinosiste.

AURÉOLUS. (P.) Cet Archevêque d'Aix a soutenu l'impossibilité de la création. C'est être matérialiste.

AVERROÈS, qui se surnomme le commentateur par excellence d'Aristote, comme celui qui a le mieux reconnu son génie, n'a jamais reconnu de cause première ni pu comprendre cette divinité.   *Lamothe Levayer.*

Quelque fondée que l'opinion d'Averroès puisse être sur Aristote, elle est dans le fond impie.... puisqu'elle conduit à croire que l'ame, qui est proprement la forme de l'homme, meurt avec le corps.

Averroès niait que la création fut possible... Avicènne était du même avis.

Averroès s'écriait : *Moriatur anima mea, morte philosophorum!*

C'est-à-dire : que mon ame meure de la mort des philosophes !

Il est sûr qu'il n'admettait point de peines et de récompenses après cette vie; car, à proprement parler il enseignait la mortalité de l'ame humaine.

B.

BACON. (Le Chancelier.)

L'athéisme n'ôte pas la raison, ne détruit pas les sentimens naturels, ne porte aucune atteinte aux lois ni aux mœurs....

Un Athée loin de brouiller, est un citoyen intéressé à la tranquillité publique par l'amour de son propre repos......

Essais moraux.

Les temps inclinés à l'athéisme, comme le temps d'Auguste et le nôtre, ont été temps civils et le sont encore là où la superstition bouleverse plusieurs états.

Un physicien doit faire dans ses recherches une entière abstraction de l'existence de Dieu, pour suivre son travail en bon Athée, et laisser aux prêtres, le soin d'appliquer les découvertes à la démonstration d'une Providence, et à l'édification des peuples. *Augm. scient. III. 5.*

Tout ce qui a le moindre rapport à la religion, est sujet à caution. *Nov. organ. 1. 2.*

De toutes les erreurs, la plus dangereuse, c'est l'erreur divinisée.

Parmi les causes de l'athéisme, le philosophe anglais assigne les siècles éclairés et un temps de paix.

Prenons acte de l'aveu et concluons : Donc, l'athéisme n'est point le produit des ténèbres ni l'enfant de l'ignorance. Cela doit rassurer.

L'athéisme laisse à l'homme le sens, la philosophie, la piété naturelle, les lois, la réputation, et tout ce qui peut servir de guide à la vertu.

L'athéisme ne troubla jamais les états, mais il en rend l'homme plus prévoyant à soi-même comme ne regardant pas plus loin.   *Bacon* cité par *Lamothe Levayer*.

N. B. Le ci-devant Supérieur d'un séminaire (Emery) vient de publier en 2 vol. in-8°, *Le Christianisme de Bacon*. Ces deux volumes in-8° joints à nos citations en sens contraire, prouvent que Bacon, ainsi que Pascal, et presque tous les philosophes de l'antiquité et de notre âge, ont cru et croient encore devoir professer deux doctrines en même temps ; ce qui n'est pas le plus beau côté de leur histoire.

BAGAVADAM. (L'Auteur du) Plusieurs passages du Bagavadam ne nous permettent pas de douter que l'existence de l'ame du monde et le panthéisme, sont les principaux dogmes de la philosophie et de la religion des Indiens.

Le panthéisme a fait le tour du globe.

BALBUS, (G. L.) stoïcien. Rien n'existe que l'univers. Le monde est Dieu.

BALLIN. Mathématicien Français.

S'il était un Dieu dans le ciel, il n'y aurait point de tyrans sur la terre .... Quand un législateur annonce une loi, sans se mettre en peine de consulter celles de la nature, et qu'il veut la faire exercer au nom de Dieu, c'est qu'il sait que ce vain fantôme ne le démentira pas. ....

Puissent donc les peuples s'armer d'assez de courage pour braver et faire rentrer dans le néant la monstrueuse chimère dont les imposteurs ont fait le tyran du ciel !

Ext. des Manusc. de ce philos. modeste du XVIIIe siècle.

BANNIER. L'athéisme a commencé avant le déluge.

Mythol. tom. 1er *in-4°, pages* 154. *et* 155.

BARBARA. Imperatrix Hungriæ.

Quùm ab omni relligione destituta foret, superos et inferos esse negabat ..... et post mortem, cum nihil supersit, nullam deorum animorumque curam esse subeundam.

C'est-à-dire : Cette Impératrice de Hongrie, sans religion aucune, niait tout à plat qu'il y eût une divinité au ciel ou dans les enfers. Selon elle après la mort, le néant; elle concluait qu'il ne fallait donc point se mettre en peine de son ame, pas plus que craindre un Dieu...

BARON. (Théodore) Ce médecin de Paris, qui y mourut aveugle en 1788, professait l'athéisme dans l'intimité de ses amis.

Ubi tres medici, duo Athei.

Le docteur Baron, ancien doyen des médecins de Paris, disait que le proverbe serait plus vrai ainsi amendé : *tres medici, quatuor Athei.*

Trois médecins valent quatre athées.

BARONIUS. (C.) Napolitain, bibliothécaire du Vatican.

Les siècles les plus savans ont été les plus infidèles... *sine fide.*

N. B. La foi ou la croyance en Dieu ne serait donc que le digne fruit des siècles ténébreux ou barbares ! Il faut bien qu'il en soit quelque chose, car cette opinion n'a point l'évidence pour caractère. Dieu, enfant de la nuit, selon l'expression d'Hésiode, doit nécessairement se dissiper comme un fantôme à mesure que le jour de l'instruction s'insinuera dans les yeux de l'homme. Plus nous grandirons, plus nous ferons d'infidélités à la théologie.

BARTHOLIN. (Thomas) S. Anselme, Archevêque de Cantorbery, se croyant près de la mort à l'âge de 76 ans, souhaita un petit délai, afin d'achever une question très-obscure qu'il avait commencée sur l'ame.

S'il eût obtenu encore 76 ans de vie, dit Bartholin, je doute qu'il eût pu venir à bout d'une question si obscure.

Bertholinus, de leg. libris. dissert. VI.

N. B. Quand on en est encore au doute sur l'ame, quelle idée peut-on se faire d'un Dieu?

BASNAGE, ministre de l'évangile. (1)

Quelque générale que soit l'idée de la divinité, il faut avouer que les lois du bien et du mal sont encore plus profondément imprimées dans le cœur.... C'est pourquoi on a vu quelquefois des impies dont la morale ne laissait pas d'être assez pure.

N. B. Prenons acte de l'aveu et concluons : Donc, il ne faut plus d'échafaudage, quand la maison est bâtie; donc, la conscience et l'instruction publique sont deux leviers puissans qui suffiraient pour remuer un grand peuple, qui compte plusieurs siècles de civilisation, Quoiqu'on en dise, une grande erreur, un préjugé sublime, ne vaudra jamais la plus commune des vérités.

BASSOMPIERRE, (Le Maréchal Fr.) n'était pas fort chargé de religion.   *Encyclop. Méth.*

N. B. Mais il avait un caractère généreux et beaucoup d'esprit.

BATTEUX, (L'abbé Ch.) de l'Académie française.

« La pierre qui se détache de la montagne, m'étonne, si
» elle connait les lois qu'elle suit en tombant; elle m'étonne
» encore plus si elle les ignore.... »
                              Préface de l'Hist. des caus. prem.

N. B. Certes Spinosa n'eût point désavoué cette assertion hardie.

BAUDDISTES, (les) sorte de Brahmanes, dont l'opinion de la métempsycose a été universellement reçue, sont accusés d'athéisme.   *Lettres édif. XXVI.*

Budda fut leur fondateur.

(1) Henri Basnage de Beauval, de Rouen, avocat en Hollande, auteur d'un écrit intitulé : *De la tolérance des religions.* Mort, en 1710. *Edit.*

BA....U, (1) de la secte politique des *Économistes*. Athée très-prononcé.

BAYLE, (2)

> Sera des bons esprits à jamais respecté.
>
> *Voltaire. Epit. sur l'Envie.*

Bayle a fait une dissertation pour justifier les Athées.

On a ôté de l'édition de son *Dictionnaire* de 1697, plusieurs articles sur les Athées.

Les philosophes qui niaient l'existence divine, n'ont jamais dogmatisé en faveur du crime ; ordinairement ils se sont piqués de morale.

> *Rep. aux quest. d'un provinc. V. 16.*

La crainte des hommes, fait que l'on s'abstient de mille choses dont on ne s'abstiendrait pas, si on ne craignait que la vengeance divine. *Diction. P. Arétin note. AA.*

C'est aux métaphysiciens à examiner s'il y a un Dieu ; les chrétiens doivent supposer que c'est une chose déjà jugée.

Il y a des erreurs plus grossières que de nier la Providence.

Il n'y a jamais eu de malheur moins à craindre que l'athéisme.

La religion n'est pas nécessaire.

Le doute sur l'existence de Dieu n'est pas le défaut du peuple ; il est trop sot.

Surement ce n'est pas le vice des femmes que l'athéisme.

Un prince qui se conduirait envers ses sujets, comme Dieu envers les hommes ne remplirait pas l'idée que nous avons de la bonté. *OEuvres div.*

---

(1) Baudeau, fameux économiste, coopérateur de Quesnay, Mirabeau le père, Dupont, etc. *Édit.*

(2) Bayle, né dans le comté de Foix, persécuté pour ses principes, jusques après sa mort, s'était retiré en Hollande où il mourut en 1706. De tout temps cette contrée offrit un asyle à la philosophie. *Édit.*

Si les démons étaient Athées, ils seraient beaucoup moins méchans qu'ils ne sont.

Je suis protestant, car je proteste contre toutes les religions.

Il n'est pas vrai que les payens eussent les mêmes secours que les Athées pour conserver le repos de la république.

Rép. aux quest. d'un prov. tom. IV. pages 15. 19.

Les Athées peuvent se croire obligés à se conformer aux idées de la raison, comme à une règle de bien moral distingué du bien utile.   *Cont. pens. sur la com. 152.*

Une société d'Athées pratiquerait les actions civiles et morales; ils renonceraient aux voluptés du corps et ne feraient tort à personne.   *OEuv. div. in-f.° tom. 3. p. 109.*

Bayle a essayé sa logique contre Spinosa; et Bayle est lui-même spinosiste. *Boulainvilliers, Analyse de Spinosa.*

Pomponace, Cardan, et Bayle s'accordent en ce point, que l'athéisme ne rend pas les hommes plus mauvais qu'ils ne seraient, s'ils avaient d'autres principes.

Encycl. Méthod.

N. B. Les mœurs de ce philosophe (*Bayle*) étaient à la hauteur de ses principes; il n'a point démenti dans sa conduite la noble idée que que ses écrits font concevoir d'un véritable Athée.

BEAUSOBRE. On humilie peut-être l'homme en donnant à la matière la force de penser; mais je ne puis démontrer qu'une idée humiliante soit une erreur.   *Pyrrhonisme.*

N. B. Or,

Qu'a-t-on besoin d'un Dieu, si la matière pense.

BÉCANUS. (Martin) Jésuite.

Encore que les Athées ne croient pas une Providence, ils ne laissent pas de suivre en bien des choses, les règles de l'honnêteté. Ils ne dérobent ni ne tuent, ils abhorrent le mensonge, ils gardent la foi promise, ils détestent les guerres injustes, ils aiment la paix.   *Opuscul. théolog. tom. I.*

N. B. Un pareil témoignage n'est pas suspect. Que peuvent faire de plus les déistes?

BÉDAS. (les) Ces tribus, dans l'île de Ceylan, unies pour la défense commune, ont toujours vaillamment combattu pour leur liberté et n'ont jamais attenté à celle de leurs voisins.

On sait peu de chose de leur religion. Il est douteux qu'ils aient un culte.   *Raynal. Hist. phil. du com.*

BELLARMIN (Robert) ne croyait rien de ce qu'il fesait imprimer; c'était un franc Athée.   *In Scaligeranis.*

N. B. Mais non un honnête Athée. C'est ce jésuite qui soutint que les premiers magistrats d'une nation sont comptables à d'autres encore qu'à Dieu.

BELOT. (J.) Avocat au Conseil, sous Louis XIV.

.... On trouvera sujet d'étonnement et d'admiration en examinant combien la connaissance de la théologie a fait d'Athées.   *Apol. de la lang. latine.*

N. B. C'est à cause de cela que les théologiens mettent tous leurs soins à recommander la foi aveugle, ou le non usage de la raison. Le simple bon sens est la pierre de touche infaillible pour reconnaître le mauvais titre de cette vieille monnaie qui circule au type d'un Dieu.

Les déistes ou les théistes, comme on voudra, qui ne sont que des théologiens honteux de l'être, semblent redouter moins les suites de la discussion; mais pour l'ordinaire au troisième argument, ils passent dans le camp des Athées, ou capitulent, afin d'éviter d'être confondus avec les docteurs qui combattent plus pour leurs autels que pour leur Dieu.

BEMBO* (P.) noble Vénitien, cardinal et poète.

Il a été accusé d'avoir parlé de la parole de Dieu avec beaucoup de mépris.

Omitte, (dit-il à Sadolet) *omitte has nugas; non enim decent gravem verùm tales ineptiæ.*

C'est-à-dire : « Laissez là ces niaiseries ; elles siéent mal à un homme grave. » Bembo ne croyait pas à l'immortalité de l'ame.

N. B. Ce n'est pas comme de véritables Athées et dignes de l'être que nous citons des cardinaux, des prêtres, des théologiens pris en flagrant délit, et abjurant avec leurs amis la doctrine qu'ils prêchent au vulgaire. Mais les autorités de ces gens là prouvent du moins qu'ils n'étaient pas dupes, avant d'en faire. Elles expliquent en outre comment les préjugés se propagent; c'est qu'il est des gens qui en vivent. C'est que la société civile est si mal organisée, que dans son sein et sous sa sauvegarde, il y a tout à gagner à être l'apôtre du mensonge, tout à craindre à se montrer l'ami de la vérité.

BERGAMASQUE. (l'Auteur du) Bien des Athées étaient parfaitement honnêtes hommes, entr'autres Epicure, La-Mettrie, Spinosa, Hobbes, Bayle, etc.

Page 35 du Bergam. ou l'homm. bon. La Haye 1791. *in-12.*

Le préjugé est si fort que malgré l'expérience de tous les jours, l'on ne peut persuader qu'un Athée soit un honnête homme. Habitué à ne faire le bien que par crainte, le vulgaire s'imagine que l'esprit humain n'a pas d'autre mobile... Comme si la vertu n'était pas à elle même sa récompense... Comme si un génie assez fort pour secouer les préjugés, n'annonçait point un caractère assez sublime, une ame assez noble pour faire le bien....

Un véritable Athée abandonne la religion, parce qu'il la croit humaine, et par conséquent fausse; mais il respecte la vertu.... etc.... *Idem.*

BERIGARD. (Claude) Subtil philosophe du XVIIe. siècle, né à Moulins. Malgré toutes ses précautions, il fut accusé d'irreligion et même d'athéisme; mais heureusement il n'était plus. *Diderot.*

Villemandy le considère comme un grand fauteur du pyrrhonisme.

Quò tendit assumpta hæc Anaximandri hypothesis, quam

Berigardus, in circulis pisanis, Aristotelicæ longè præfert, nisi eo ut in supremi numinis ejusque Providentiæ locum, infinitam quamdam materiam, infinitis corporibus dissimilaribus, ex seipsis mobilibus conflatam; hoc est in veri Dei solam cœcam naturam substituat?

C'est-à-dire : à un Dieu suprême, à la Providence, Berigard substitue la Nature, ou la matière organisée de façon à produire tous les mouvemens à l'aide de ses propres élémens.

Universam mundi fabricam sine providentiâ architectrice, extruxisse se putat philosophus.

Samuel Parker, *Disput. de Deo et Provid.*

C'est-à-dire : ce philosophe pensait que le grand édifice de l'univers ne supposait pas un Dieu architecte.

Il prit la liberté de soutenir l'opinion de J. Zarabella, savoir: que l'existence d'un premier moteur ne peut se démontrer par aucune raison naturelle.

BERNARD. (P. J.) Le *gentil Bernard* dit Voltaire. Poète, épicurien de principes et de mœurs.

BERNIER, (Fr.) médecin. (1) Le *joli philosophe*, dit St-Evremond.

Élève de Gassendi il tenait pour Épicure.

BERKELEY. (G.) Évêque Irlandais. Son hypothèse, ou plus généralement la philosophie des *Idéalistes*, poussée aussi loin qu'elle peut aller, conduit très-directement à l'athéisme.

BERTHOLLET, de l'Institut national de France.

BÈZE, (Théodore) Bourguignon, né à Vérelai, en 1529. Sturmius appliquait à Théodore Bèze, par une gentille

(1) Surnommé le *Mogol*, parce qu'il fut huit ans médecin de l'Empereur des Indes.

9

parodie, ce dicton de Socrate : *Hoc unum me scire scio, quod nihil scio :*

Hoc unum me credere credo, quod nihil credo.

Garasse, *doctr. cur.*

C'est-à-dire : je ne crois qu'une chose, c'est que je ne crois rien.

Bèze ne voit pas plus un Dieu dans le ciel que dans le calice, dit un plaisant du temps.

BIBLIOTHÈQUE RAISONNÉE. (Le Rédacteur de la)
Tout ce qu'il y a eu de grands génies dans l'antiquité, et presque tous les auteurs, surtout les philosophes, n'ont point de foi.   *Tom.* 1 *page* 73.

Le despotisme est fondé sur la religion.   *Idem.*

N. B. C'est pour cela que le gouvernement et le clergé ont presque toujours fait cause commune.

BIEL, (Gabriel) théologien.

Il y a longtemps qu'un très-fameux scholastique (*Biel*) a déclaré que toutes les preuves que la raison peut fournir de l'existence de Dieu, ne sont que probables.

G. Biel déclare que l'on ne connait pas évidemment qu'il faut qu'il y ait un premier être. *Dissert.* 2. *quest.* 10.

N. B. De tels aveux, de la part des gens du métier, doivent multiplier beaucoup les incrédules.

BILFINGER, disciple de Leibnitz.

Natura est vis activa seu motrix; hinc natura etiam dicitur vis totius mundi, seu vis universa in mundo.

De Deo, animâ et mundo; dilucid. phil.

La Nature est une force active et motrice. On pourrait appeler la Nature la force universelle.

N. B. Spinosa avouerait ce passage du théologien Bilfinger.

BION de Scythie, ou le Borysthénien.

Dixisse audivimus, re verâ, nihil esse Deos. Diog. Laërt.

C'est-à-dire : nous lui avons entendu dire que, dans le vrai, Dieu n'était rien.

Bion prétendait que la doctrine de l'empire de Dieu sur toutes choses, renferme des contradictions... *Plutarque.*

Il se permettait les bons mots, la plupart dirigés contre la religion.

On raconte que ce philosophe chanta la palinodie, en rendant le dernier souffle. Cela prouve seulement que dans l'homme, le flambeau de la raison peut s'éteindre avant celui de la vie.

BLANCHET, né dans le bourg d'Angerville, au pays Chartrain, en 1707, mort à Saint Germain en Laye en 1784; connu par la vie qu'en donna son ami Dussaux, qui se fit l'éditeur de ses ouvrages.   (*Apol. orient. Variet. mor.*)

C'était un homme vertueux par caractère..... Il répondit à M. de Mérinville, Évêque de Chartres, qui lui offrait un Canonicat, sous la condition qu'il se feroit prêtre : « Monseigneur ! je suis trop honnête homme pour cela. »

Cette phrase, susceptible peut-être de deux sens, n'en a qu'un, quand on saura, d'après son biographe, qu'en fait de religion Blanchet éprouva de grandes perplexités. *Il voulait croire* ..... reste à savoir s'il crut en effet. Certains endroits de ses œuvres ne semblent pas favoriser l'affirmative.

BLOUNT, (Charles) philosophe Anglais et sceptique.

Les hommes en général sont autant de perroquets religieux; ils ont appris à dire qu'ils croient en Dieu ; ...... mais ils ne savent ni pourquoi ni comment. Tout ce qu'ils savent, est que le ministre de leur paroisse leur a ordonné de croire...

Il professait le même symbole religieux que le célèbre *Herbert*, l'un des plus forts incrédules des trois Angleterres.

BOCCACE. (J.) Pour la religion, je crois que Boccace n'en avait pas et qu'il était parfait Athée.   *G. Naudé.*

N. B. Boccace aimait trois choses : l'indépendance, le travail et les plaisirs. L'athéisme n'éteignait point en lui l'imagination et la gaîté.

V. Ses œuvres.

BODIN.(J.) Il se moquait également de toutes les religions. Aussi n'en avait-il pas lui-même.....

Bayle, Répub. des lettres.

D'autres assurent que Bodin mourut comme un chien, *sine ullo sensu pietatis,* sans être ni juif, ni chrétien, ni turc,

Idem, eod. loco. 1684, *Juin.*

Bodin était un étrange compagnon en fait de religion.

Patin.

Il a composé des dialogues qui se trouvent en manuscrit dans la bibliothèque du Roi de Prusse,

Jean Dicmanus nous a donné une connaissance parfaite de cet ouvrage dans un livre qui a pour titre : *De Naturalismo cum aliorum tum maximè joh. Bodini ex opere ejus mspto et usque adhuc anecdoto : de abditis.....*

Dans son traité *de la République* il veut que le législateur consulte le climat avant de donner un culte à une nation. Bodin soumet Dieu aux localités.

BOÉCE. (A. M, T. S.) Consul de Rome et chrétien, affirme l'éternité et l'incorruptibilité du monde ; ou ce qui revient au même, un cours des choses constant et invariable.

N. B. Il voulut concilier Aristote et Jésus; de cet amalgame il résulta que Boëce ne fut ni tout-à-fait philosophe, ni tout-à-fait religieux. Cependant, les premières impressions qu'avait faites sur son esprit le génie d'Aristote prévalurent comme malgré lui, sur les principes de spiritualité de la nouvelle secte que cet infortuné magistrat crut devoir embrasser.

BOINDIN, (Nicolas) né à Paris en 1676 et mort en 1752;

il professait publiquement l'athéisme. La sépulture lui fut refusée : un peu plutôt, Boindin eût été brûlé vif ; un peu plus-tard, il en eût été quitte pour les petites persécutions réservées aux philosophes.

Boindin » fut athée, dit-on ; il n'y a rien d'impossible à cela, » de la part d'un homme qui pense : mais il fut bienfesant, » généreux, bon ami : ce seroit là son excuse, s'il en avait » besoin chez un peuple qui a reconnu solennellement la » liberté des opinions. » *Alman. des Rep. page 62.*

Boindin, Procureur-général des Trésoriers de France, mort en 1752, fesait profession publique d'athéisme. Cela l'empêcha d'être de l'Académie Française.

Note fournie par Lalande.

BOLYNGBROCKE. (Pawlet) La théologie est la boîte de Pandore. (1) *OEuvres posthumes.*

BONCIARIUS (Marc Antoine) littérateur du XVIe siècle. Il est auteur d'un livre intitulé : *Epicurus, sive Dialogus de antiquâ philosophiâ.* Il y démontre qu'aucun ancien philosophe ne s'est plus approché de la vérité qu'Épicure.

Or, on sait qu'Épicure était Athée. *V. son art.*

BONIFACE VIII. *Voir* Vie à venir.

BON-SENS, (L'Auteur du) livre qui ne saurait être trop lu. Dès les premières pages on trouve ce mot plein de sens : « La théologie n'est que l'ignorance des causes « naturelles, réduite en système ».

(1) « Les *Athées*, disait-il, sont moins dangereux que les théologiens. » Donc, selon lui, les *Athées* ne laissaient pas que d'être dangereux.

Bolyngbrocke n'était rien moins qu'*Athée*. Il s'élevait contre la théologie et les théologiens, mais non contre la divinité. Que de noms, on pourrait justifier de l'imputation de Maréchal en établissant cette distinction, ou même en lisant en entier les ouvrages qu'il cite.

Edit.

Et quelques lignes plus bas ;

« La notion de cet être sans idée (*Dieu*), ou plutôt le mot
» sous lequel on le désigne , serait une chose indifférente, si
» elle ne causait des ravages sans nombre sur la terre. »

Et plus bas encore : » Pour démêler les vrais principes
» de la morale , les hommes n'ont besoin ni de théologie ni
» de Dieu. »

Les docteurs de l'école ont trouvé à répondre , tant bien
que mal, au philosophe métaphysicien ; ils n'ont eu rien à
répliquer aux argumentations du bon sens.

BONZES. Parmi eux , il y a une secte particulière d'Athées,
fondée sur les dernières paroles de *Foë*, leur maître, à ses
derniers momens. *Voyez Foë.*

S. François-Xavier rapporte que les Bonzes du Japon ne
voulaient point croire qu'il y eût de Dieu, parceque disaient-
ils , s'il y en avait un , les Chinois ne l'auraient pas ignoré.

*Quòd si esset unum verum omnium principium , profectò
Sinas , non fuisse ignoraturos.*

Les Bonzes du Japon enseignent des choses qui ont beaucoup de rapport à l'opinion de Spinosa.

On ne peut admirer assez que cette idée ait pu se former
dans l'ame de tant de gens si éloignés les uns des autres , et
si différens entr'eux en humeur , en éducation, en coutumes
et en génie.   *Bayle.*

BORCH, (Le Comte de) Polonais.
Auteur de l'*Orichtographie*.

BORNO. Les peuples de Borno , n'ont ni loi , ni religion.
                                                          Dapper.

N. B. Ils n'en sont ni moins sages ni moins heureux.

BOSC, (d'Antic) fils d'un médecin et naturaliste.

N. B. Plus on étudie, mieux on connait la Nature et plus on

méconnait un Dieu. On ne sait qu'en faire, dans un ordre de choses où tout se range de soi-même à sa place.

BOSSUET. On prétend que ce grand homme avait des sentimens philosophiques différens de sa religion. (1)

Voltaire. Siècle de Louis XIV.

Bossuet avoue que : les nations les plus éclairées et les plus sages, étaient les plus ignorantes et les plus aveugles sur la religion.

N. B. C'est tout ce que pouvait dire un prélat qui s'était constitué le père de son église.

Les *Pensées de derrière la tête* de Pascal (V. ce nom) doivent mettre en garde sur la doctrine ostensible des théologiens qui ont un état dans le monde. *Voyez* Fénélon.

BOSSULUS, le Bossu (Jacobus) docteur en théologie, de Paris, sous Henri III.

Selon lui, le paganisme était un véritable athéisme.

N. B. Voilà notre Dictionnaire bien étendu.

BOUGAINVILLE. Non pas le traducteur de l'*Anti-Lucrèce*, mais le voyageur, membre de l'Institut.

BOULANGER *, (N. A.) philosophe Parisien.

Dieu est un hors d'œuvre. *Despot. oriental.*

Toute loi surnaturelle énerve et affaiblit les lois naturelles, sociales et civiles. Celles-ci n'ont jamais tant de force et tant de vigueur que lorsqu'elles régissent seules le genre humain.

Eod. loco.

La physionomie de Boulanger ressemblait à celle de Socrate. Il en avait aussi les mœurs. *Dict. des honn. gens.*

Après avoir vécu en philosophe on le fait mourir en homme

_____

(1) On a prétendu aussi qu'il était marié à une demoiselle Desvieux, mais sans avoir d'autres preuves à cet égard, qu'un contrat de mariage resté secret.

crédule. Cela peut être ; et nous répéterons ici qu'on n'en doit rien conclure.

BRACMANES, ou Brames. (les) Ils croyaient que la matière est la propre essence de Dieu.

Ils prétendent que les ames ne sont autres choses que les germes ou les semences des êtres. Ils disent aussi dans leur symbole, *l'ame est Dieu. V.* Sonnerat, *Voyage aux Indes.*

Brames ou *Brahmes* vient du mot *Brun*, qui, dans la langue savante des Indes, signifie un homme éclairé, prudent, qui sait se conduire lui-même.

Deslandes, Hist. crit. de la philos. tom. 1.

N. B. Ces philosophes de l'Inde se piquent de pouvoir marcher droit, sans s'appuyer sur le bras invisible d'un Dieu.

Tout ce qui parait à nos yeux, n'est qu'une seule et même chose , qui est Dieu même , comme tous les nombres 10 , 20 , 100 , 1000 , etc. ne sont qu'une même unité répétée.

Cette théologie numérique n'a point échappé à Pythagore, dans ses voyages aux Indes.

BRÉDENBURG , qui a réfuté Spinosa dans l'ouvrage intitulé : *Arcana atheismi revelata*, est mort lui-même spinosiste. *Rec. de lit. et de philos. Amst.* 1730. *in-12.*

N. B. Ces conversions sont assez fréquentes ; mais on n'ose pas toujours en convenir.

BRÉSIL. Les habitans du Brésil n'avoient point de religion : *nullos omninò colunt Deos.*   Maffée.

BRIENNE. Les prélats accusent l'Archevêque de Toulouse, (Brienne) ami de d'Alembert , de ne pas croire beaucoup en Dieu.   *L'Observ. Angl. tom* 1.

BRISSOT. Acteur malheureux dans le drame de la révolution Française.

C'était un philosophe en théorie comme dans la pratique, et digne d'un autre siècle. Il contribua de tout son pouvoir à la propagation des idées anti-religieuses.

BROWN (Thomas) voyez *Religion.*

BRUNE. (le Général) Dans le temps qu'il était imprimeur à Paris , il professait l'opinion des hommes éclairés et honnêtes. Sans doute , il n'a point changé.

BRUNUS, (Jordanus Redividus) philosophe Napolitain.
L'immensité de Dieu n'est pas un dogme moins impie dans Jordanus Brunus que dans Spinosa ; ces deux écrivains sont unitaires outrés : ils ne reconnaissent qu'une seule substance dans la Nature.   *Bayle.*

D'habiles gens prétendent que Descartes a pris de Brunus quelques unes de ses idées.

Huet, l'Évêque d'Avranches, est de cet avis.

Si l'on rassemble ce que Jordan-Brun a répandu dans ses ouvrages sur la nature de Dieu, il restera peu de chose à Spinosa qui lui appartienne en propre. *Encycl. Méthod.*

J. Brunus fut brûlé vif à Rome , l'an 1600 , pour avoir enseigné que la vertu était la seule bonne , la seule véritable religion.

On donne le plan exact d'une ville , on crayonne le portrait ressemblant de l'empereur ; l'effigie du souverain Être et la carte du ciel nous manquent et vraisemblablement nous en serons privés à jamais.

Avert. de Jord. Brunus Red. ou Traité des err. pop. 1771

Le premier bruit qui se répandit dans le monde sur l'existence de Dieu, dut jeter l'univers dans la plus profonde perplexité......Ses partisans ont eu tout le temps convenable pour porter à sa perfection une hypothèse qui, ayant pour objet le bonheur de tous les hommes, sans exception , doit être d'une simplicité, qui soit telle , que tous la puissent comprendre.

Il n'y a donc rien d'odieux dans le procédé d'un homme qui , de bonne foi , demande des preuves de l'existence d'un être inconnu qu'on lui annonce... etc.

Jord. Brunus Red. p. 42 et 43.

BRUTUS. (Marcus Junius) Le principal des Justiciers (meurtriers) de César.

On a blâmé ses dernières paroles contre la vertu. Il n'avait pas tout le tort que l'on s'imagine. Malheureuse vertu ! (s'écria-t-il) que j'ai été trompé à ton service !. ...

Bayle.

Certes, un théiste ne se serait pas exprimé ainsi.

BUCHANAM (G.) fut parfaitement épicurien pendant sa vie, et vrai athéiste à sa mort. ...

Il expira en récitant l'élégie de Properce : *Cinthia prima.*

Garasse. *doctr. cur.*

Moréri le fait mourir autrement , mais toujours en Athée.

BUDDA. Le plus célèbre et le plus ancien des Samanéens (philosophes de la Bactriane) fut , sans doute, Boutta ou Budda. Ses disciples l'honorent comme un Dieu....

Avant que de rendre le dernier soupir, il fit venir ses plus chers disciples , (connus sous le nom de Bauddistes,) et leur assura qu'il avoit caché jusques à ce moment la vérité sous des expressions figurées et métaphoriques ; mais qu'il ne reconnaissait réellement d'autres principes éternels que la Nature , d'où tout était sorti, où tout retournait.

Obs. prél. de l'Ézour-Védam. Hist. des Huns. t. 2. p. 224.

N. B. Le curé Meslier crut devoir suivre, en France, l'exemple de Budda. S'il y a peu de courage dans cette conduite, du moins, il y a de la franchise.

On demanda un jour au législateur des premiers Indous :

« Pourquoi n'admets-tu pas un Dieu ? » Il répondit : « La
« matière occupe toutes les places ; je ne saurais où le
« mettre. »

BUDÉ, (Guill.) de Paris, estimait que disputer sur les
questions les plus graves, les plus importantes de la théologie,
était perte de temps mal employé.   *Est. Pasquier.*

N. B. Donc celui qui ne veut ni perdre son tems, ni le mal employer,
doit laisser là Dieu. Dieu ne mène à rien.

BUDDEUS. (J. Fr.) *Quid verò mirum, quòd successu ferè
careant susceptæ contrà atheos disputationes, cum fortè
plerique qui contrà atheos disputant in eamdem classem sint
referendi, licet ipsi hoc non credunt, nec sibi persuadeant.*

                    V. de spinosismo antè Spinosam.

C'est-à-dire : l'athéisme n'a pas encore été victorieusement
réfuté, par la raison que la plupart de ceux-là même qui se
mettent en devoir de le faire sont Athées dejà, sans le savoir.

Prenons acte de ce naïf aveu.

          V. sa dissert. *De Pietate philos. seu de relligione nat.*

BUFFIER, (Cl.) né en Pologne, mort à Paris. (1)
L'idée de Dieu, n'est point innée.

                    Traité des prem. vérit. page 33.

N. B. Honorables lecteurs ! nous vous abandonnons le soin de tirer
vous-mêmes les conséquences de cette vérité première.

BUFFON disait qu'il fallait une religion au peuple ; qu'il
se servait par cette raison du mot *créateur*, au lieu de *la nature*
et qu'il donnait satisfaction à la Sorbonne.

C'était un persifflage, ajoute Lalande dans ses notes
manuscrites communiquées.

(1) Auteur d'un ouvrage intitulé : *Mémoire artificielle*. Voltaire dit
de lui que c'est le seul jésuite qui ait mis une philosophie raisonnée dans
ses ouvrages.

Il est mort en 1737.   *Edit.*

N. B. La terreur qu'inspiraient l'Inquisition à Rome et la Sorbonne à Paris, a fait écrire bien des sottises aux meilleures têtes pensantes de l'Europe.

BULIDON né à Paris......

BUONAPARTE, de l'Institut national.

En 1798, les Anglais disent que Buonaparte est le Général des Athées. *Note comm. par Lalande; V. le Merc. Brit.*

Les Anglais se seraient-ils cru autorisés à parler ainsi de Buonaparte, d'après son expression familière : *le Dieu de la fortune m'accompagne?* César s'exprimait de même et César n'était rien moins que religieux. (1) Voyez *le Grand Condé.*

BURRHUS, (Fr. Jos.) de Milan, condamné à Rome, en 1672, aux Galères à perpétuité pour ses opinions, qui respiraient l'athéisme.

N. B. Jadis, les Rois envoyaient aux carrières le sage qui les contredisaient. Les prêtres se sont constitués les singes des rois.

BUSBEC, (Auger Gislen de) né à Commines, en 1522.

Politique excellent, grave et prudent, il aima aussi beaucoup les belles-lettres, et il fut surtout *très-curieux de la philosophie naturelle.*

Non solùm politicus excellens, gravis ac prudens, sed mansuetiarium etiam musarum amantissimus; ac imprimis RERUM NATURALIUM *cognoscendarum* CUPIDISSIMUS.

Melchior Adam, *Miscell.* et Quenstedt, *de Pat. Vir. illust.*

N. B. Le lecteur saura apprécier ces trois mots soulignés.

Le gout des sciences exactes et des choses naturelles a enlevé bien

---

(1)» Quoi qu'en puissent dire les ATHÉES de Paris, je vais aujourd'hui, avec grand plaisir, assister au *Te Deum* qui va être chanté dans la Cathédrale de Milan. »

  Lettre de Bonaparte aux consuls, 14 *Juin* 1800, *à l'occasion de la bataille de Marengo.*   *Edit.*

des partisans aux idées religieuses. Il a servi en même temps à caractériser, sans les compromettre, tous ces bons esprits qui, sans heurter de front les préjugés populaires, ont consacré au naturalisme un culte assidu et paisible ; c'est-à-dire : mettant de côté toute abstraction, ont cultivé la science des corps et professé les vertus purement humaines

Ces bons esprits deviennent esprits forts, quand l'occasion se présente de rendre à la vérité un courageux témoignage.

C.

CAAIGUES (les) au Paraguay.

Reperi eam gentem nullum nomen habere quod Deum et hominis animam significet ; nulla sacra habet, nulla idola.

Nicol. Eltheco.

C'est-à-dire : ce peuple, sans idoles, sans culte, n'a pas même dans sa langue, d'expressions pour rendre ce qu'on croit entendre ailleurs par *ame* et par *Dieu*.

CABANIS,* médecin. Dans un ouvrage intitulé : *Du Dégré de certitude de la médecine*, il dit, page 52 :

« La cause qui meut le monde dans son ensemble et dans
» chacune de ses parties, n'est autre chose que le principe
» général du mouvement, la puissance active, personnifiée
» chez la plupart des peuples sous le nom d'Être éternel et
» infini, mais dont il est impossible de se faire d'autre idée
» que celle qui résulte directement des phénomènes de
» l'univers. »

CABOMONTÉ. (les Nègres de) Le voyageur Bosman demanda aux Nègres de Cabomonté quelle était leur religion ? Ils répondirent qu'elle consistait à bien obéir au roi et à leurs gouverneurs ; et qu'ils ne se mettaient en peine de rien autre chose. XXIIe *lett.*

CÆSAR. (J.) *Ne relligione quidem ullâ à quoquam inceptò absterritus unquam vel retardatus est.*   Suétone.

C'est-à-dire : La religion ne fut jamais pour lui un obstacle...

César, en plein sénat, décide nettement et sans la moindre réserve, que la mort met fin à tous nos biens et à tous nos maux; c'est nier tout court l'immortalité de l'ame.

Ultrà neque curæ, neque gaudio locum esse.   Bell. catil.

C'est-à-dire : après la mort, il n'y a ni peine à craindre ni plaisir à espérer. Si le passage de Salluste est une preuve que César ne croyait point la Providence, il faut dire aussi que Cicéron ne la croyait point non plus, lui qui, en pleine audience, assura aussi nettement que César, que la mort fait cesser toutes nos misères.

CALDERINUS, (Domitius) Véronais et littérateur à Rome, vers la fin du XVe siècle. Bayle dit qu'il n'avait point de religion. Il appelait Dieu, *communem errorem*; l'erreur populaire.

CALIGULA. (C.) Il se trouve dans ce Dictionnaire, non pas comme Athée, tout au contraire; on donne ici cet Empereur Romain pour exemple que les plus perdus scélérats dont l'histoire fasse mention, ont reconnu la divinité. *Bayle.*

L'homme vertueux, seul, a le droit d'être Athée.
                    Sylvain. Lucrèce français.

CALLAIQUES. (les) *Callaïcos Hispanos*, (les Peuples de la Galice.) *nihil de Diis sensisse perhibent.* Strabo. *Geogr.III.*

Quelques auteurs rapportent, que les Callaïques, peuple de l'Espagne, étaient Athées.

CALMET. (Aug.) Le nom de Dieu renferme toutes choses.
                    Dict. de la Bible au mot *Jehovah.*

N. B. C'est ce que Spinosa disait avant dom Calmet. (1)

(1) Calmet ne pense point, mais il donne beaucoup à penser, disait Voltaire.   *Édit.*

. CALVINISTES, (les) dans des thèses publiques ont avancé cette opinion : « Tout ce qu'on dit en faveur de l'immortalité » de l'ame , est une invention pour faire bouillir la marmite » du clergé. »

» *Ad statuendam suam culinam excogitatum.* »

CAMPANELLE ,* (Thomas) de la Calabre.

Cyprianus croit que dans le fond Campanella n'avait pas de religion....

Il n'avait pas assez d'étoffe pour être Athée , dit Naigeon.

Son livre , *Atheismus triumphatus* serait mieux intitulé : *Atheismus triumphans.*

Loin de combattre et de vaincre l'athéisme , il le ménage et le fait même triompher.

Vingt-sept années de prison et sept tortures , empêchèrent Campanella d'aller aussi loin qu'il aurait pu le faire.

CANARIES. La Nature était l'unique divinité des anciens habitans des Canaries.   *Herbert, Voyag. angl.*

CANAYE. (P.) *Point de raison, c'est la vraie religion!* fait dire St-Evremond au Père Canaye , conversant avec d'Hocquincourt.

CAP-VERD. Il serait sans doute mal aisé d'assurer quelle est la religion des peuples du Cap-Verd; il vaudrait peut-être mieux dire qu'ils n'en ont aucune. *Dellon, tom. I. page* 10.

N. B. On devrait appliquer textuellement cette observation à presque toutes les nations de la terre, tant anciennes que modernes.

On pourrait dire aussi que presque toujours, presque partout, le peuple professe un culte et n'a point de religion.

CARAMUEL. L'ignorance de Dieu est quelquefois invincible.

N. B. Cet aveu naïf est précieux.

CARDAN, (Jérome) *Homo nullius relligionis ac fidei, et*

inter Clancularios, (voyez Clamculaires) *atheos secundi ordinis œvo suo facilè princeps.*

Théop. Raynaud, *De bonis ac malis libris.*

Cardan ayant comparé entr'elles et fait disputer l'une contre l'autre, les quatre religions générales, finit sans se déclarer pour aucune. « Je laisse au hasard à décider de la victoire. »   *Liv. II. de la subtilité.*

Cardan avait composé un livre, de la *Mortalité de l'ame,* lequel il montrait quelquefois à ses bons amis. Ce livre n'a jamais été imprimé; au contraire, le public a un ouvrage de Cardan touchant l'*Immortalité de l'ame,* où l'on trouve mauvais qu'il ait dit que le destin et les conseils lui défendaient de déclarer tout ce qu'il pensait sur cette matière. C'est un signe, ajoute-t-on, qu'il ne publia ce livre que par politique....

Del Rio, *disquisit.* Th. Raynaud, *erotem. de malis libris.*

Quelques paroles du traité de Cardan sur l'immortalité de l'ame sont la pure impiété d'Averroës.   *Scaliger.*

Cardan agite la question : *Videamus an fortè ad benè beatèque vivendum, animæ immortalitatem credere plurimùm conferat....*

C'est-à-dire : Examinons si l'opinion de l'immortalité de l'ame contribue beaucoup à nous faire vivre avec honnêteté et agrément.

Voici sa conclusion, elle est négative : *atque ut video, nec in hoc utilis hæc est opinio.* C'est-à-dire : cette opinion ne me parait pas utile à cet objet.

CARNÉADE, philosophe Grec, de Cyrène. Défenseur de l'incertitude aussi ardent qu'Arcésilas, il était de ceux qui disaient qu'on ne peut rien comprendre.

Hormi la morale, dit Moréri, Carnéade négligeait toutes les autres choses.

N. B. C'est le parti auquel il faudra tôt ou tard revenir.

CARRA*, l'homme est pour l'homme l'être par excellence.. C'est sous ce rapport que l'homme a conçu l'idée de la divinité.... *Nouv. princ. de phys.* 1781. *Tom. I. page* 1.

La philosophie, disent les poètes, est fille du ciel; elle est pour moi fille du génie et de la vertu.   *Idem.*

CARTÉSIENS. Les plus subtils d'entre ces philosophes soutiennent que nous n'avons point d'idée de la substance spirituelle.

N. B. On voit où cela mène.

On soupçonne d'irréligion les Cartésiens... de sorte que, selon le sentiment d'une infinité de personnes, les mêmes gens qui ont dissipé dans notre siècle les ténèbres que les Scholastiques avaient répandues par toute l'Europe, ont multiplié les esprits forts et ouvert la porte à l'athéisme ou au pyrrhonisme.

N. B. Cela ne pouvait guère être autrement.

CASSIUS, (Caïus Longinus) l'un des justiciers (meurtriers) de César.

Il croyait selon les principes d'Épicure, la mortalité de l'ame du monde.

CATINAT, (Nicolas) Maréchal de France, et philosophe épicurien, de l'école du temple, à Paris.

CATON, d'Utique. On ne voit pas que Caton d'Utique, cet homme si parfait, se soit appliqué à connaître la divinité, et à lui rendre quelques devoirs.

                Hist. de la philos. anc.

N. B. C'est qu'il n'avait pas besoin de cela pour devenir parfait.

CATONS (les deux) sont placés par des hommes d'une autorité grave au nombre des panthéistes, ou matérialistes.

CATULLE. (G. V.) Voici son brevet d'Athée.

> Soles occidere et redire possunt
> Nobis , cùm semel occidit brevis lux ,
> Nox est perpetuò una dormienda.

C'est-à-dire :

> La nuit sans fin succède aux jours de notre vie.

Voyez Anacréon.

N. B. Car il n'est pas nécessaire d'avoir composé des in-f°, comme Bayle, des in-4° comme Spinosa pour être admis au portique des *hommes-sans-Dieu* : une morale douce , une philosophie pratique et quelques vers aimables , enfans d'une imagination libre et dégagée de tout préjugé , doivent suffire pour caractériser l'Athée , ami des seuls plaisirs que donne la Nature en dédommagement des maux de la politique.

CAVALCANTE , gentilhomme Florentin , de l'ancienne famille des Cavalcanti , si féconde en grands hommes. Il avait beaucoup d'esprit , de valeur et de prudence.

Il était épicurien de mœurs et de principes.

CAVALCANTE , (Guido) son fils , poète Italien , contemporain du Dante, Il mourut à Florence sa patrie , en **1300** , soupçonné de pencher secrètement vers l'athéisme.

Il avait épousé la fille de Farinata.   (Voy. *ce nom.*)

Ce noble Florentin était un homme fort méditatif , habile philosophe , et qui témoigna beaucoup de constance dans ses malheurs. L'on disait que ses profondes spéculations avaient pour but de prouver qu'il n'y avait point de Dieu.

Bayle.

Boccace le soupçonne d'avoir des doutes un peu trop forts sur la divinité.   <i>Moreri, Dictionn.</i>

CAYLUS..... Les divinités sont les hommes bienfesans et les rois courageux qui obtinrent, dans les premiers siècles , des autels longtemps après leur mort.

Antiquités, préface, tom. V in-4°.

N. B. Ce savant respectable n'en pouvait dire plus dans le tems où il écrivait. Une censure, qui n'était point celle de Caton, pesait alors sur la plume des amis de la vérité.

CELIUS.

Nullos esse deos, inane cœlum.

Affirmat Celius, *probatque*.... Martial, *epig. IV.*

C'est-à-dire : Celius affirme et prouve qu'il n'y a point de Dieu....

CENRAVACH. La secte de ce nom, chez les Indiens, tient qu'il n'y a ni Dieu, ni paradis, ni enfer.

Monconys, schouten.

CERINTHE, disciple de Simon dit le magicien, publia sa doctrine, à Antioche, vers la fin du premier siècle de l'ère chrétienne.

Il soutenait que le monde n'est pas l'ouvrage de l'Être suprême, mais d'une espèce de force motrice, distinguée de Dieu, qui avait arrangé les différentes parties de la matière.

CÉSALPIN (A.) renversa non seulement la Providence, mais aussi la distinction entre le créateur et la créature. Il s'est attaché au sens d'Aristote. Ses principes ne diffèrent guère de ceux de Spinosa ; ce qui confirme la conformité de Spinosa avec Aristote.   *Bayle.*

L'auteur de la *Bibliographia curiosa* compte Césalpin parmi les plus grands génies. Il prétendait que l'ame des bêtes est une portion de la substance de Dieu.

Ce savant Athée était médecin.

CHALDÉENS. (les) La croyance de ce vieux peuple était pur spinosisme ; ils disaient le monde éternel ; et ils opinaient pour une grande ame, infusée dans la matière.

V. Philon et Diod. de Sicil.

CHAMPEAUX. (Guillaume de) Le sentiment de Guillaume de Champeaux était dans le fond un spinosisme non développé.

Abailard fut son élève.

CHAPELLE, (E. Luillier) poète épicurien, Français, né à la Chapelle près Paris.

Il fut le maître de Chaulieu. *Voyez Catulle.*

CHARRON , (le théologal P:) Parisien ; sage comme son livre de la sagesse. *Dict. des honn. gens.*

Le soleil était le Dieu sensible de P. Charron.

Toutes les religions ont cela , qu'elles sont étranges et horribles au sens commun. *De la sagesse.* 11-5.

Le P. Garasse accuse Charron de dire ouvertement que la religion est une sage invention des hommes pour contenir la populace dans son devoir.

Tout le discours de Charron, (dit le même) porte l'esprit de ses lecteurs à secouer la créance de Dieu.

.... Cette espèce-d'athéisme , (c'est-à-dire, de ceux qui tout à plat; nient la déité , et par discours veulent résoudre n'y avoir point du tout de Dieu ,) première, insigne, formée et universelle, ne peut loger qu'en une ame extrêmement forte et hardie.....

Certes ! il semble qu'il faut autant, et peut-être plus , de force et de roideur d'ame à rebuter et résolument se dépouiller de l'appréhension et créance de Dieu, comme à bien et constamment se tenir ferme à lui.

Des trois vérités.

Il faut être simple , obéissant et débonnaire , pour être propre à recevoir religion.... assujettir son jugement et se laisser mener et conduire à l'autorité publique.

C'est un abus de penser trouver aucune raison suffisante et démonstrative assez pour establir évidemment et nécessairement que c'est que déité : de quoi l'on ne se doit pas esbahir ; mais il faudroit s'esbahir s'il s'en trouvait...

Dieu, déité, éternité, toute puissance, infinité, ce ne sont que mots prononcés en l'air et rien de plus......

Des trois vérités 1. 5.

Beaucoup de gens s'élevèrent contre le livre *de la sagesse* et le décrièrent comme un séminaire d'impiété !

Le président *Jeannin* dit haut et clair que ce livre n'estait pour le commun et bas estage du monde, ains (mais) qu'il n'appartenait qu'aux plus forts et relevés esprits d'en faire jugement ; et qu'il estait vrayement livre d'estat.

CHATELET. (La marquise du) Dans *l'avant-propos de ses institutions de physique*, le chapitre II a pour titre : *De l'existence de Dieu.* Il renferme ce qu'on a dit de mieux sur cette fameuse question. Il faut lui rapprocher le n° 86 du du chapitre V, désigné par ces mots : *De l'utilité des abstractions.*

« Notre esprit, dit la savante du Chatelet, a le pouvoir » de se former par abstraction des êtres imaginaires qui » ne contiennent que les déterminations que nous voulons » examiner.... etc. »

N. B. Que pouvait-on dire de plus significatif pour des lecteurs qui savent lire ?

CHAULIEU. Ce poète épicurien n'avait pas plus de religion qu'Anacréon. Cela nous valut de charmantes poésies qui survivront à *l'Anti-Lucrèce*, aux deux poèmes de Racine le fils ; aux vers sacrés de Lefranc de Pompignan, et aux œuvres posthumes du Cardinal de Bernis.

Dieu n'a jamais été si bien servi par les poètes, que l'Amour.

Chaulieu chanta le plaisir et l'amitié, sur les genoux de la philosophie.   *Alm. des rep. p.* **119.** (1)

CHAUSSARD. Votre grand Être ressemble bien fort à la Nature. — C'est elle-même. Vos prêtres ont menti.
                    Le nouveau diable boit. tom. I. page **137.**

Le génie et la vertu brillent encore sur l'humanité. Voilà la seule Providence.   *tome II. page* **55.**

CHAUSSIER, professeur d'anatomie à l'école de santé.
                    Voy. sa table synopt. de la force vit.

S'il faut entendre par *Athée* l'homme tolérant qui s'élève au-dessus des préjugés; qui n'est d'aucune secte religieuse, qui n'admet d'autre culte que celui des lois; dont la vie consiste dans l'exercice des vertus sociales; la probité, la

---

(1) Chaulieu fit plusieurs pièces sur la Mort ; l'une dans les principes du *Christianisme*, l'autre dans les principes du *Déisme* et la dernière dans ceux d'*Épicure*. Dans la troisième il s'exprime ainsi :

> Aux pensers de la mort accoutume ton ame :
> Hors son nom seulement ; elle n'a rien d'affreux.
> Détaches-en l'horreur d'un séjour ténébreux,
>   De démons, d'enfer et de flamme,
>   Qu'aura-t-elle de douloureux ?
> La mort est simplement le terme de la vie :
> De peines ni de biens elle n'est pas suivie :
> C'est un asyle sûr, c'est la fin de nos maux,
> C'est le commencement d'un éternel repos;
> Et pour s'en faire encore une plus douce image,
>   Ce n'est qu'un paisible sommeil,
>   Que par une conduite sage
>   La loi de l'univers engage
>   A n'avoir jamais de réveil.

J'ai fait, dit-il à ce sujet, la première sans être, par malheur, *dévot*. La seconde sans être *socinien*, et la troisième dans les principes d'Épicure, sans être impie ni *Athée*.

Pourquoi malgré cette protestation, Maréchal le fait-il figurer dans son Dictionnaire ? Est-ce parcequ'il est mort avec courage ? Est-on donc *Athée* par cela seul qu'on sait mourir ?   *Edit.*

philantrophie, la recherche du vrai, la perfection de la raison.... Certes le *Dictionnaire des Athées* comprendra les philosophes de tous les temps, de tous les pays.... .etc. Jusques à présent, ces mots d'*Athée* et d'*Athéisme* ne sont réellement que des dénominations vagues, indéfinies, insignifiantes, qui ont servi de prétexte à toutes les sectes, à tous les sots, pour calomnier et persécuter ceux qui ne partagent pas leurs opinions, ceux qui n'encensent pas leurs idoles.

CHERCHEURS. Philosophes anglais, s'occupant sans cesse à *chercher* la véritable religion et condamnant toutes celles qui sont établies. Ils n'en suivent eux-mêmes aucune, en attendant qu'ils aient trouvé la véritable.

Stoup assure que de son temps il y avait encore de ces philosophes en Angleterre et en Hollande.

Espèce de secte Anglaise, qui, sans avoir pris parti en matière de religion, était toujours en haleine pour trouver la vérité. *Hist. des trembleurs. liv. II.*

CHÉRÉMON, et les plus savans prêtres de l'Egypte, étaient persuadés, comme Pline, qu'on ne devait admettre rien hors le monde. *Dupuis, Orig, des cultes.*

Les dieux, dit Chérémon, sage d'Egypte, ne sont que les vertus de la Nature répandues dans tous les corps qui la composent. *Porphyr. ad Janeb. epist.*

CHEVRIER. L'existence d'un Dieu est le plus enraciné des préjugés, et je crois avoir découvert sa source. La matière a toujours été présente à nos yeux, et nous avons toujours été trop curieux, pour ne pas chercher à la connaître ; l'amour-propre souffrait trop à nous ignorer nous-mêmes. Nous nous sommes imaginé un Dieu créateur, principe de toutes choses. Il est bien vrai que nous ne comprenons pas mieux son origine que nous ne comprenons la nôtre ; mais il est plus éloigné de

nous ; nous ne sommes pas obligés d'être toujours avec lui ,
comme nous sommes avec nous et la vanité se sauve par là.
Nouv. libertés de penser.

CHILI. (Les peuples du) *Chilinses neque Deum norûnt ,
neque illius cultum...... post obitum nihil hominis putant
super esse.*   Murgravius VIII.

C'est-à-dire : Ils ne reconnaissent ni Dieu ni culte. Après
la mort, il ne reste rien de l'homme.

Dans le recueil des *Costumes civils actuels de tous les peuples
connus*, in-4° 1788, (1) on lit, à l'article des mœurs et
coutumes des Indiens habitant les déserts du Chili, dans
l'Amérique méridionale :

« Quant à la religion c'est le moindre de leurs soucis. Le
» présent seul les occupe; ils ne sont pas plus jaloux de savoir
» d'où ils viennent, que d'apprendre où ils iront. Les causes
» finales n'excitent pas plus leur curiosité, que leurs origines.
» Ils existent, cela leur suffit. Le comment ni le pourquoi ne
» s'est jamais présenté à leur cerveau. »

N. B. Beaucoup de gens en Europe pensent à peu près de même qu'au
Chili sans en rien dire.

CHINOIS.... Leur religion n'est après tout qu'un amas
confus d'athéisme et de politique.....
Bossuet, prom. faites à l'Egl.
Plus de la moitié de ce peuple est Athée.
J. J. Rousseau. Rep. au Roi de Pol.
Trois sectes partagent la Chine : la troisième, la seule
autorisée par les lois de l'état et professée par les savans,
ne reconnait d'autre divinité que la matière ou plutôt la
Nature.   *Deslandes. Hist. nat. de la philos.*
Les Chinois ont aussi leurs spinosistes, dont c'est là le

(1) Le texte de cet ouvrage est de Sylvain Maréchal; on y reconnait
toujours et partout son idée prédominante.   *Edit.*

principe , *omnia sunt unum* ; et ils sont en grand nombre au rapport même de Trigault.

Tous les missionnaires , si on en excepte les jésuites , ont enseigné que les Chinois étaient Athées ; encore y a-t-il plusieurs jésuites qui l'ont écrit.

CHORIER. Voyez *Meursius.*

CHRÉTIENS. (les) Quelques chrétiens , théologiens de leur métier , ont nommé Dieu , *tout ;* comme quand ils affirment que l'univers n'est autre chose que Dieu répandu partout. *Introd. Hist. univ. tom. I.*

Quelques sectes modernes de chrétiens font profession aujourd'hui de croire la matière incréée , dans la supposition des stoïciens, qu'il n'y a dans l'univers d'autre substance que le corps. *Cudwort, Intell. system. p.* **197.**

CHRISTIANISME dévoilé , (l'Auteur du) levant enfin le masque , a déclaré nettement qu'il ne faut point d'autre religion que les lois civiles et l'autorité du gouvernement.

CHRYSIPPE. On voit clairement que selon ce philosophe stoïcien , Dieu est l'ame du monde , que le monde est l'extension universelle de cette ame, que Jupiter est la nécessité fatale, et par conséquent, que l'ame de l'homme est une portion de Dieu. *Cicéron, de Nat. Deor.*

La seule définition que Chrysippe donne de Dieu, suffit à faire comprendre qu'il ne le distingue point de l'univers.

Bayle.

Chrysippe reconnaissait le monde pour Dieu.

Dupuis, Orig. des cultes.

CHRYSOSTOME (S.) dit , *Homel.* 22. *in Epist. ad El.* qu'on ne sait point , par la raison , si le monde a été créé du néant et si Dieu n'a point eu de commencement.

Huet, Évêq. d'Avranches.

CHUN, l'un des premiers Empereurs de la Chine.

Ce Prince était spinosiste ; il fit composer un grand nombre d'hymnes religieux, qui s'adressent au ciel, au soleil, aux astres, enfin à la Nature dans ce qu'elle a de plus brillant.

La mémoire de ce monarque philosophe est en vénération.

CICERON.* Si l'on ne peut comprendre que ce qui tombe sous les sens, on ne se formera nulle idée de Dieu.

                              Tusculan. L. d'Olivet.

Virtutem nunquàm Deo acceptam nemo retulit, nimirùm rectò.

» Jamais personne n'a cru que la vertu vint de Dieu, et » on a eu raison. »

Cicéron abandonnait à sa femme et à ses enfans le soin de prier Dieu. . . . .   *V. Epist. Terentiæ et Tulliol.*

Atque illum quidem parentem hujus universitatis invenire difficile ; et quùm jam inveneris indicare in vulgus nefas.

          Timœus, *sive de universo fragm. cap. 2.*

C'est-à-dire : il est difficile de trouver le père de l'univers ; et après l'avoir trouvé il n'est pas permis de le montrer au peuple.

Ceux que l'on appelle Dieux, dit Cicéron, ne sont que les natures des choses.

Cicéron ne pouvait comprendre un être purement spirituel. Quand on demande : Y a-t-il des Dieux ? N'y en a-t-il point ? J'avoue qu'il est difficile de nier qu'il y en ait, quand on parle en public et devant une assemblée nombreuse. Mais telle question s'agite-t-elle en particulier et avec des philosophes instruits ? Rien n'est plus aisé que de le nier. *De Nat. Deor. 1.*

N. B. Malheureuse nécessité d'une double doctrine ! Combien tu as retardé les progrès de la perfectibilité humaine !

Magna stultitia est rerum Deos facere effectores, causas rerum non quærere.   De divinatione, 11.

C'est-à-dire : c'est une grande folie d'aller à la quête des

Dieux fabricateurs de toutes choses, au lieu d'en rechercher les véritables causes.

Quelques personnes, et entr'autres Saint Augustin (*Cité de Dieu*, *V. 2.*) ont soupçonné que, dans le cœur, Cicéron penchait vers l'athéisme.

D'Olivet, add. à sa trad. de la Nat. des Dieux.

N. B. Consultez tout l'ouvrage de la *Nature des Dieux* de Cicéron. C'est là qu'on trouve un arsenal où les Athées pourront s'armer de pied en cap. Il semble, dit Isaac Jaquelot, que Cicéron ne l'ait composé que pour affermir l'athéisme sur ses bases.

Robustus animus et excelsus omni est liber curâ et angore, cum et mortem contemnit, quâ qui affecti sunt, in eâdem causâ sunt, quâ antequàm nati. Fin. bon et mal.

C'est-à-dire : un esprit ferme et éclairé est sans inquiétude ; il méprise la mort qui remet les hommes au même état où ils étaient avant que de naître.

CLAMCULAIRES. Nom des philosophes qui prétendent que dans les discours publics sur la religion, on ne doit pas s'écarter de la façon de penser commune et ordinaire ; et qu'il faut réserver les opinions particulières, pour les entretiens privés.

Leur nom vient du mot latin *Clàm*, qui signifie *en secret*.

N. B. Et voilà comme nous ne parviendrons jamais à la vérité ! Le chapitre des considérations fait bien du tort à l'esprit humain.

CLARKE, (Samuel) Anglais.

Descartes, Pascal, le docteur Clarke lui-même, ont été accusés d'athéisme par les théologiens de leur temps.

Clarke, Mallebranche, et plusieurs autres, ont soutenu que notre intelligence ne pouvait venir que d'un être intelligent lui-même, qui nous l'avait communiquée. Ce principe me semble conduire au spinosisme.

De la Nature, par Robinet, V. partie.

Vouloir que Dieu ne soit pas même tout ce qu'il y a de plus subtil ; insister sur son immatérialité absolue ; en faire un esprit pur ; c'est l'égaler à rien , c'est nier son existence , c'est être Athée. Clarke , dans ce sens, et tous ceux qui pensent comme lui sont des Athées.

Philosop. de la polit. t. 2. p. 2. par F. L. Descherny,
Comte du St. Emp.

CLAVIGNY , (sainte Honorine) écrivain catholique.

Moins nous avons de lumières, plus nous montrons de soumission pour la foi.

N. B. On a observé déja, que selon Hésiode , Dieu est fils de la nuit.

CLÉANTHES, disciple de Zénon.

Ipsum mundum Deum dicit esse.....

Cléanthes admettait le dogme de la divinité de l'univers.

Chrysippe fut l'un des principaux élèves de ce stoïcien , philosophe dans ses actions, comme dans ses paroles.

CLITOMACHUS. Philosophe académicien ; il était d'Afrique.

A Theophilo, lib. III, ad Autolycum, iis connumeratus qui varia , et periculosa de Atheismo intulerunt.

C'est-à-dire : Théophile le range parmi ceux qui ont avancé des opinions d'athéisme....

Clitomaque avait quarante ans , quand il fréquenta l'école de Carnéade. C'est l'âge d'être philosophe.

CLOOTZ , (Anacharsis) neveu du savant Paw, qui prenait le titre *d'Orateur du genre humain* , guillotiné en 1794 , à Paris.

La religion ne réprime pas les femmes, quoique faibles et crédules.... Les Espagnols , Portugais , Italiens sont dévots ; mais faute de lois et de police , ils assassinent.....

Ce n'est pas l'incrédulité qui, dans les croisades , porta les chrétiens aux débauches et aux excès les plus horribles....

Lett. manusc. à mad. Cheminot.

La religion naturelle, tout comme la religion révélée, peut être une affaire de géographie.

Cert. des preuv. du Mahom. tome 2.

CLOUET, le chimiste, fondateur d'un établissement à la Guyanne.

CODE DE LA NATURE. (l'Auteur du) Ce n'est point le spectacle de l'univers, ni les réflexions sur notre intelligence et la sienne, qui nous mènent à l'idée de quelque chose de divin.   *Page 162. in-12.*

COLLINS, (A.) philosophe Anglais, devenu impie par bonté de caractère, disent ses biographes.

N. B. En effet, il n'y a que les ames sensibles et profondément pénétrées des maux que l'homme endure par sa crédulité, qui puissent prendre chaudement le parti de la raison, dans l'espérance de ramener sur ses pas les vertus naturelles, depuis si longtemps exilées de la terre.

COLUMELLE (L. J. M.) croyait à l'ame du monde, à un esprit de vie ; il appelle les grands secrets de la nature, l'union de l'univers avec lui-même, sans faire mention aucune d'un être surnaturel.   *Voy. son Trait. d'agric. Initio.*

COMMINGES, de Toulouse, imprimeur à Paris. A son sujet, ont été composés les vers suivans, qui se trouvent vers la fin du *Lucrèce Français.*

> Premier des arts, si cher à la philosophie !
> Sublime invention ! Vaste Typographie !
> Tu ne devais servir qu'aux seules vérités.
> Hélas! dès ton berceau, les prêtres éhontés,
> Au mensonge pieux t'ont donné pour organe.
> De sots inquisiteurs déclarèrent profane,
> Condamnèrent au feu de la terre et du ciel,
> Le hardi Typographe, audacieux mortel,

Propageant la raison par des canaux sans nombre.

Le lévite ombrageux et le despote sombre,

Pour remuer le monde, en se l'asservissant,

S'emparèrent bientôt de ce levier puissant.

    De la pensée humaine, ô vous! Types mobiles !

Vous êtes devenus les instrumens dociles

Aux ordres de la fraude , aux ordres des tyrans ;

Des coupables erreurs, complices innocens.

    Artistes libéraux ! Compagnons du génie!

Liguez-vous , fiers enfans de la Typographie!

Jurez de consacrer vos bras industrieux ,

Aux méditations du sage studieux,

N'écrivant qu'au flambeau de la seule évidence.

Refusez de donner le jour et l'existence

A l'œuvre ténébreux des imposteurs sacrés.

De la vérité sainte, amans jaloux, jurez

De réduire plutôt vos presses en poussière ,

Que de les profaner, en mettant en lumière

Les sophismes honteux des esclaves gagés.

Jurez guerre éternelle à tous les préjugés !

CONDÉ (le Grand) n'avait point de religion. Il dit un jour à un prêtre : » Passez! passez monsieur; vous êtes un homme sans conséquence. »

CONDILLAC. * Ce grand métaphysicien n'a pu prouver autrement l'existence de Dieu, qu'en le comparant à un horloger et le monde à une montre. C'est de cette seule comparaison qu'il tire tous ses argumens. Il s'y attache tellement , qu'il semblerait que , s'il n'y avait pas de montre, l'existence de Dieu ne pourrait être prouvée.   *Lablée.*

CONDORCET. Voyez sa *Lettre à un théologien* et sa correspondance avec Voltaire.

On assure que la *Veuve* de cet infortuné philosophe , partage ses sentimens.

CONFUCIUS. On attribue au philosophe Confucius quatre livres qui sont d'une grande autorité parmi les Chinois.

Dans les trois premiers, l'on ne trouve que l'athéisme; car c'est le ciel qui y tient lieu de la plus haute divinité; et on n'y promet d'autre bonheur que dans cette vie.

Dict. hist. et crit. par l'abbé Baral, **1758.**

Quelques uns de vos auteurs (Jésuites), disent qu'ils ne sont tombés (les *lettrés* Chinois) dans l'athéisme que pour avoir laissé perdre les belles lumières de leur philosophe Confucius : mais d'autres, qui ont étudié les matières avec plus de soin, comme votre Père Longobardi, soutiennent que ce philosophe a dit de belles choses touchant le monde, mais qu'à l'égard de Dieu, il a été comme les autres.

Arnaud.

Les ouvrages mêmes de Confucius confirment le sentiment de ceux qui croient qu'il ne connaissait point de Dieu, puisque le suprême être, selon lui, est le ciel, le ciel matériel.

La Loubère prouve (*Voyage de Siam, t. I.*) que Confucius n'avait point d'idée de la divinité.

CORBINELLI. (J.) L'on ne savait de quelle religion était Corbinelli; c'était une religion politique, à la florentine; mais il était homme de bonnes mœurs et de merveilleux jugement.

Thuana.

On le regardait comme un homme du caractère de ces anciens romains, pleins de droiture et incapables de la moindre lâcheté. Il eut beaucoup de part à l'estime du Chancelier de l'Hôpital.

CORDILIO, philosophe stoïcien, qui préféra l'estime de Caton d'Utique, aux faveurs de la cour.

Alm. des Rép. p. **60.**

CORNIADES, l'un des amis d'Épicure; épicurien voluptueux.

COSMO-THÉISTES. (les) Appelons Pline.... un Cosmo-théiste; c'est-à-dire : qui croit que l'univers est Dieu. De ce sentiment, ont été presque tous les grands physiciens.
Poinsinet, not. sur le 2e liv. C. I. de l'Hist nat. de Pline.

COTTA, (C. A.) de la secte des académiciens, et ami de Cicéron.

Cicéron met dans la bouche de Cotta, cet argument contre l'existence de Dieu : « Comment pouvons-nous le concevoir, ne lui pouvant attribuer aucune vertu ? Car dirons-nous qu'il a de la prudence ? Mais la prudence consistant dans le choix des biens et des maux, quel besoin peut avoir Dieu de ce choix, n'étant capable d'aucun mal ? Dirons-nous qu'il a de l'intelligence et de la raison ? Mais la raison et l'intelligence nous servent à découvrir ce qui nous est inconnu : or, il ne peut y avoir rien d'inconnu à Dieu. La justice ne peut aussi être en Dieu, puisqu'elle ne regarde que la société des hommes ; ni la tempérance, par ce qu'il n'a point de voluptés à modérer ; ni la force, parce qu'il n'est susceptible ni de douleur ni de travail, et qu'il n'est exposé à aucun péril. Comment donc pourrait être Dieu, ce qui n'aurait ni vertu ni intelligence ? »   *De la Nat. des Dieux, liv, III.*

Equidem arbitror multas esse gentes.... apud eas nulla suspicio Deorum sit.   Cicero. *de Nat. Deor.*

C'est-à-dire : je pense bien qu'il existe beaucoup de nations qui ne soupçonnent pas même l'existence des Dieux.

CRABUS. Une affreuse sécheresse désolait la Lydie. Moxus, Roi des Lydiens, pour appaiser les Dieux, résolut de détruire la ville de Crabus dont les habitans fesaient profession ouverte de l'athéisme. Ils soutinrent le siège avec beaucoup de courage ; la place néanmoins fut prise d'assaut, et on noya dans le lac voisin ceux qui la défendaient.
Sevin, tom. 5 p. 252 des mém. de l'Acad. des Inscr.

CRÉMONIN (César) a passé pour un esprit fort, qui ne croyait point à l'immortalité de l'ame. **Bayle, Dict.**

Il était éloigné de toute religion. **Idem, eod. loc.**

Voici l'épitaphe qu'il se choisit lui-même :

CÆSAR CREMONIUS HIC TOTUS JACET.

C'est-à-dire : *César Crémonin gît ici tout entier.*

CRITIAS. Il y a un Père de l'église (Théophile) qui a mis Critias , disciple de Socrate , au rang des Athées. Il n'en avait pas les mœurs pures.

Critias prétend que les anciens législateurs voulant empêcher que personne ne fît du tort en cachette à son prochain, feignirent qu'il y a une Providence..... et c'est ainsi, concluait-il , qu'un habile homme fit accroire aux autres l'existence d'une divinité. **Sextus Empiricus.**

Nonne utilius erat Carthaginensibus jam indè ab initio Critia vel Diagora ad condendas leges adhibito decernere nullum esse Deum , nullum genium : quàm talia sacra facere, qualibus illi Saturno operabantur.

C'est-à-dire : Combien encore eût-il été meilleur pour ceux de Carthage, d'avoir eu pour leurs premiers législateurs, un Critias et un Diagoras qui ne croyaient ni Dieu, ni esprit, que de faire à Saturne les sacrifices qu'ils lui fesaient.

CRITOLAUS de Phasclide. Selon ce philosophe , Dieu n'était qu'une portion très-subtile d'Éther ; l'espèce humaine datait de toute éternité; le monde existait de lui-même....etc.

Dogma de sempiternitate mundi defendit.

C'est-à-dire : Il soutint la *sempiternité* du monde.

CUBIERES * (Dorat) serait Athée , dit-il , mais il nous faut des Dieux à nous autres poètes.

N. B. En effet , les Muses ne vivent que de fictions.

CUDWORTH, (Rod.) savant Anglais, a proposé contre l'existence de Dieu et de la Providence, des objections si fortes, que bien des gens prétendent qu'il n'y a nullement répondu. *Dryden, n. du trad. de Schaftsbury t.* 1. *p.* 207.

Les lexiques peignent Cudworth comme assez incertain dans ses opinions religieuses.

CUJAS. (J. A.) Ce grand jurisconsulte Toulousain, était d'avis que le magistrat ne devait pas se mêler de la religion ; *nihil hoc ad edictum prætoris.* Cela ne le regarde pas plus que la couleur des habits qu'on porte. Dieu n'est devenu une puissance dans l'ordre social, que par l'importance que ses ministres ont eu l'adresse de lui faire donner.

CUPER, (Fr.) de Rotterdam, auteur d'une espèce de justification, sous la forme d'une réfutation, du système de Spinosa. *Arcana Atheismi Revelata. Rotterd.* 1672.

CYCLOPES. Esprits forts de la haute antiquité ; métallurgistes qui, semblables à nos minéralogistes, à nos chimistes modernes, croyaient d'autant moins aux Dieux, qu'ils étudiaient davantage les forces vitales de la Nature.

CYPRIEN, (S.) Évêque Africain.
De Deo etiam vera dicere periculosum.
C'est-à-dire : Il y a des inconvéniens à dire la vérité touchant un Dieu.

N. B. Tous ces savans timorés n'ont pas avancé la science.

S'il est avec le ciel des accommodemens, *Molière, Tart.* on ne devrait pas s'en permettre aux dépens de la raison.

CYRANO* (Sav.) répandit dans son *Agrippine*, tragédie, quelques impiétés, qui la firent interdire.

En voici un échantillon.

AGRIPPINE.

D'un si triste spectacle , es-tu donc à l'épreuve ?

SEJANUS.

Cela n'est que la mort , et n'a rien qui m'émeuve.

AGRIPPINE.

Et cette incertitude où mène le trépas ?

SEJANUS.

Etais-je malheureux lorsque je n'étais pas ?
Une heure après la mort , notre ame évanouie,
Sera ce qu'elle était une heure avant la vie. etc.

Ce poète se montra sectateur d'Épicure.

CYROPHANÈS.... Les Dieux sont nés de la première
statue faite à la ressemblance d'un homme. Cyrophanès,
le premier des statuaires Égyptiens , peut passer pour le
fondateur du premier culte.   *Fulgentii mythol.*

Et Cyrophanès était loin de croire à des Dieux, son ouvrage.

CYRUS , (le grand Roi de Perse.)
Voici quelques unes des dernières paroles qu'il proféra
en mourant «.... Pour mon corps , mes enfans , lorsqu'il
» sera privé de la vie , rendez-le promptement à la terre...
» Conviez tous les peuples et mes alliés , de venir autour
» de ma tombe , pour se réjouir avec moi , de ce que
» désormais je serai en état de ne plus rien craindre , que
» je m'en aille avec les Dieux, ou que je sois réduit au
» néant. »   *Cyropédie , liv. dern.*

N. B. Cyrus et César étaient matérialistes....

D.

DAHRIENS, où *Eternalistes ;* nom de quelques savans Mahométans qui professent l'opinion de l'éternité du monde. Ils passent en même temps pour incrédules et Athées.

D'herbelot, Bibl. Or.

DAME *Nature à la barre de l'Assemblée Nationale ,* (l'Auteur de) 1791 , in-8°.

On a mêlé la religion à la morale , comme on jette des épices dans les viandes d'un homme qui a le palais blasé.

Page 21.

La piété filiale est la seule religion qui convienne aux hommes. Une divinité invisible, et composée d'abstractions, ne laisse aucune prise à des êtres matériels. La religion est un alliage funeste aux bonnes mœurs. *Pag.* 22.

DAMILAVILLE. * Dans son *Mercure Britannique* n°. XIV. volume 2. pag. 358. in - 8° , (Mars 1799) Mallet Dupan donne pour auteurs au *Système de la Nature*, Diderot et *Damilaville.*

DAMIS. Les anciens mettent encore au nombre des Athées *Damis* , *Diogène le Phrygien* , *Hypon* , *Sosias* etc. dont on ne sait presque rien, sinon qu'ils n'ont point connu de Dieu.

DANGEAU *voyez* THÉOPHILE.

DANTON. Au tribunal révolutionaire , on lui demande sa demeure ? « Bientôt *dans le néant* , et mon nom au panthéon de l'histoire. »

DARTIGNY. L'astronomie cultivée dès les premiers

siècles, par les philosophes de Chaldée et d'Égypte est la
véritable source des *superstitions*.

Nouv. mém. tom I. *in-12.*

ERRATA.

Dans les livres imprimés sous le règne des censeurs de
police, partout où se trouve le mot *superstition*, lisez
religion.

DAVID, de Dinant, élève d'Amaulry. Jordan-Brun
montre dans un de ses dialogues, que David de Dinant
avait raison de considérer la matière comme Dieu.

Asseruit Deum esse materiam primam.

Au commencement du XIIIe siècle, David de Dinant ne
mettait nulle distinction entre Dieu et la matière première.

DAVISSON, Anglais. L'on est incertain si l'on doit plus
admirer l'aveuglement des peuples, ou la hardiesse de
ceux qui les trompent.   *A true picture of Popery.*

Tableau fidèle des Papes. *Initio.*

DEBRAS (Charles) Bourgueville, de Caen.

.... D'aucuns philosophes anciens n'ont eu
connaissance de Dieu.... et ils ont tant vertueusement
vescu.....   *Proëme de l'Athéomachie in-4°.* 1564.

Atheos est un terme Grec, lequel terme en français
vaut autant à dire comme *dénie Dieu.*   Idem.

DÉISTES. (les) Le Déisme n'est que l'athéisme déguisé,
a dit quelqu'un.

DELACROIX (Louis Etienne.) .... Où le sieur Collet
(docteur et professeur en théologie) a-t-il vu que la
connaissance de Dieu fût naturelle ?

Pourquoi tant d'Athées, de matérialistes, si la connaissance de Dieu est naturelle, est propre à l'homme ?

La Vérité rétab. 1778. *in-12. p.* 121.

Il y aurait bien moins d'Athées s'il n'y avait point de philosophes.   *Idem. p.* **217.**

Dieu est la végétation, la gravitation, le poids qui fait tomber la pierre.... (*Voyez* Batteux.) Dieu se charge en nous des fonctions animales ; de sorte que c'est lui qui digère et non l'estomac.... Il est cette ame animale admise en nous par les Grecs.   *Idem. p.* **195.**

DELAULNAYE. Si l'homme fût toujours demeuré dans l'état de simple nature, il est plus que probable que jamais il n'eût conçu l'idée de la divinité.
                Disc. prélim. de l'hist. des relig. in-8. pag. 4.

DELEYRE, mort en **1797**, homme de lettres, ami de J. J. Rousseau, et Député à la Convention Nationale. Il publia *l'Analyse de Bacon*.... etc.

DELISLES DE SALLE, de l'Institut national de France. Les peuples en tout temps se sont persuadés que plus on approchait de la démence et de la stupidité, plus on était propre à entrer en commerce avec la divinité.
        Ess. phil. sur le corps hum. 3 vol in-12. 1774. Paris.
L'indifférence est la religion de celui qui n'en a point. Elle conduit à l'athéisme.   *Philos. de la Nat. éclairc.*

N. B. En ce cas, que d'Athées dans le monde !

S'il *pouvait* y avoir un Athée véritable, ce serait *peut-être* un sceptique déterminé, qui, voyant des difficultés dans tous les cultes, n'en admettrait aucun.   *Philos. de la Nature.*

DÉMOCRITE. Le système de Démocrite était composé de l'ancienne philosophie des Atomistes, et de la pensée où il était qu'il n'y a dans le monde que des corps. Cette manière de philosopher est un pur athéisme.   *Naigeon.*

Il soutenait qu'il n'y a rien de réel que les Atomes, et que tout le reste ne consiste qu'en opinion.

Il n'était rien moins qu'orthodoxe ; touchant la nature divine.

Il pensait, suivant Lucien, que l'ame meurt avec le corps.

Démocrite est suspect d'athéisme aux payens mêmes.

D'Olivet

Les pas que Démocrite et les autres antagonistes de la Providence, fesaient dans l'investigation des effets de la nature, étaient plus rapides et plus fermes, par la raison même qu'en bannissant de l'univers toute cause intelligente, et qu'en ne rapportant les phénomènes qu'à des causes mécaniques, leur philosophie n'en pouvait devenir que plus rationnelle...... *multò solidior fuisse, et altius in naturam penetrasse.* Bacon. *Augm. scient. III. 4.*

Il s'est trouvé aussi des Athées de système chez les philosophes. Démocrite est mis dans ce rang par l'épicurien Velléius.

Il admettait bien le nom de Dieu ; mais c'était pour en rejeter la réalité. Il donnait ce nom aux images des objets et à l'acte par lequel notre entendement les connaît.

J'ose bien dire, (s'écrie Bayle à ce sujet) que cette erreur ne sera jamais celle d'un petit esprit, et qu'il n'y a que de grands génies qui soient capables de les produire.

N. B. Il eut les honneurs des funérailles publiques et d'une statue ; ce qui est assez rare dans l'histoire des Athées pour être remarqué.

DENARE, de Cavantous, médecin à Vierson, et Athée, disait, à Orléans où il séjournait en 1770 : » le saut d'une » puce cause un ébranlement dans tout l'univers. »

Ce philosophe Périgourdin naquit vers 1730.

DENIS, d'Halicarnasse, ne parait pas très-persuadé de l'immortalité de l'ame. Quand il en parle il ajoute : *comme quelques-uns le disent.* Antiq. Rom. liv. VIII.

DENIS. D'abord membre de l'Aréopage, puis Évêque d'Athènes :

» Dieu est tous les êtres; et pas un des êtres. »
Spinosa eût avoué cette opinion.

DESBARREAUX. (Jacques Vallée) Conseiller au
parlement de Paris, où il naquit en 1602, mort en 1674.

Il passait pour un homme sans religion. Ce furent les
liaisons de Desbarreaux avec le poète Théophile qui le
rendirent impie. (1)

Voici son épitaphe :

> Ci-dessous gît le fameux Desbarreaux,
>   Patriarche des indévots ;
> Et qui, mourant pieux comme un apôtre,
> Croyait en Dieu, tout comme un autre.

On me vient de dire que Desbarreaux est mort, belle
ame devant Dieu, s'il y croyait !.... Au moins, il parlait
bien comme un homme qui n'avait guère de foi pour les
affaires de l'autre monde ...... Sa conversation était bien
dangereuse.... Desbarreaux a vécu de la secte de
Crémonin ; point de soin de leur ame. *Lett. de Guy Patin.*

Desbarreaux était un honnête homme, homme d'honneur,
il avait un bon fond d'ame et de cœur, il était officieux,
charitable......

Desbarreaux prétendait qu'il n'y avait rien de si difficile à
un homme d'esprit que de croire.   *Bayle.*

N. B. Aussi, on ne nous recommandait rien tant que le sacrifice de

_____

(1). On sait cependant que le fameux sonnet qui lui fut attribué,
finissant par ces vers :

> Tonne, frappe, il est temps ; rends moi guerre pour guerre ;
> J'adore en périssant la raison qui t'aigrit,
> Mais dessus quel endroit tombera ton tonnerre
> Qui ne soit tout couvert du sang de Jésus-Christ.

n'était pas de lui, mais de l'abbé de Lavau, encore jeune.

Il faut également rejetter comme n'étant pas de lui plusieurs mots
contre la religion, qu'on lui prête avec aussi peu de motifs.   *Édit.*

notre raison; d'où est venu sans doute ce mot : *Croire est une courtoisie.*

C'est *l'obsequium fidei* des théologiens.

DESCARTES, * (Réné) philosophe Tourangeau, a fait croire que la religion ne *le* persuadait pas. *St.-Evremond.*

Descartes estimait qu'un particulier ne devait jamais entrer en dispute contre les Athées, s'il n'était assuré de les convaincre.   *Baillet, Vie de Descartes.*

Pour ce qui est de l'état de l'ame après cette vie, j'en ai bien moins de connaissance que M. Digby ..... Je confesse que par la seule raison naturelle, nous pouvons bien faire beaucoup de conjectures à notre avantage et avoir de flatteuses espérances ; mais non point aucune assurance.
        Lettre de Descartes à la Princ. Elisabeth.

Je dis hardiment qu'il est très-aisé à quiconque suit entièrement le système de Descartes de devenir spinosiste...
            Philos. du bon sens, tom. I.

Lorsque Spinosa se fut tourné vers les études philosophiques, il se dégoûta bientôt des systèmes ordinaires et trouva merveilleusement son compte dans celui de Descartes.

» Dieu n'est que l'être ; l'être de tout ce qui a l'être ;
» l'être de tout ce dont on peut dire : *cela est.....* en
» physique, mathématique, morale....

» Dieu c'est l'être. L'être c'est Dieu.

» L'être est son nom essentiel. »

D'après ces propositions, certes ! Hardouin a raison ; Descartes est Athée, si les spinosistes le sont.

Hardouin appelle les principes de Descartes, *la philosophie des Athées.* (1)

(1) Voltaire combat fortement le reproche d'être Athée qui fut fait à Descartes par ses ennemis. Cependant il mourut à Stockolm en 1650, loin de la France qui le repoussait. Que de génies n'a-t-elle pas ainsi éloignés de son sein, par esprit de fanatisme.   *Edit.*

14

DESCOUTURES , (le Baron) traducteur de Lucrèce ; il pensait comme ce philosophe sur la plupart des premiers principes des choses.

Il croyait la matière éternelle, à l'exemple de tous les Anciens. *Voltaire. S. de Louis XIV.*

DESHOULIÈRES. N. Hainaut, poète et Athée, a montré à madame Deshoulières tout ce qu'il savait. On prétend qu'il y parait dans les ouvrages de cette dame ; par exemple :

> Nous irons reporter la vie infortunée,
>   Que le hasard nous a donnée
> Dans le sein du néant d'où nous sommes sortis.
>
> *Bayle.*

DESIVETEAUX , (N. Vauquelin) poète Français, épicurien de principes et de mœurs. Il mourut au son de la musique, disent les uns, au sein de la religion , disent les autres. Mais alors, il était nonagénaire.

DESLANDES, (A. F. B.) né à Pondicheri, bon philosophe et bon citoyen. *Dict. des honn. gens.*

Il mourut en incrédule, comme il avait vécu, sans se démentir.

Lorsque c'est la religion qui fait haïr , il n'y a point de haine plus forte , ni plus injurieuse.

Hist. de la philos. tom 2. p. 226.

Plusieurs philosophes anciens ont préféré l'athéisme à la superstition. *Tom. IV.*

C'est ordinairement à force d'étudier sa religion qu'on se trouve engagé à ne rien croire.

N. B. C'est pourquoi les théologiens bien avisés ont introduit sur leurs bancs la trop fameuse formule de l'école pythagorique : *Jurare in verba magistri.* Le maître l'a dit : *magister dixit.*

DEVOIRS. (l'Auteur des) Presque tout le monde est

Athée de fait, les trois quarts de sa vie ; et j'avoue que le moindre mal aux dents, m'est infiniment plus sensible que la présence de Dieu.

Pag. 313 de l'ouvrage imp. à Milan, en 1780, in-8°
au monast. Imp. de S. Ambroise.

DIAGORAS, EVHEMÈRE, HIPPON, NICANOR, THÉODORE, philosophes dont la vertu a paru si admirable à S. Clément d'Alexandrie, qu'il a voulu en décorer la religion et en faire autant de théistes, quoique l'antiquité les reconnaisse pour *Athées* décidés.

Diagoras, l'un des plus francs et des plus déterminés Athées du monde, n'usa point d'équivoques ni d'aucun patelinage et nia tout court qu'il y eût des Dieux. Il donna des lois aux Mantinéens aussi justes que celles de Solon et de Lycurgue. *Bayle.*

Les Athéniens firent promettre, à son de trompe, un talent à celui qui tuerait Diagoras, et deux talens à celui qui l'amènerait vivant. Ce décret fut gravé sur une colonne de bronze. Athènes persuada à toutes les villes du Péloponèse d'en faire autant.

Diagoras devint Athée, dit le scholiaste d'Aristophane, parce que les Athéniens avoient subjugué sa patrie.

Diagoras, l'Athéiste par excellence, se moquait publiquement des Dieux, et dogmatisait qu'il n'y avoit point de divinité au monde autre que la bonne Nature..... On a voulu soutenir que cet Athéiste avait fort bon esprit, et que d'introduire l'athéisme n'est pas marque de bêtise.

Garasse.

Diagoras alla plus loin que Protagoras ; il ne douta pas simplement s'il y avait des Dieux, il nia positivement leur existence. Il fit un livre, dans lequel il rendit raison de ses sentimens.

Diagoras fut un impie. Il ne renferma point sa façon

de penser, malgré les dangers, auxquels il s'exposait en la laissant transpirer. Le gouvernement mit sa tête à prix.....

Notre Athée donna de bonnes lois à la ville de Mantinée et mourut tranquillement à Corinthe. *Diderot.*

DICÉARQUE, géographe et philosophe Sicilien, élève d'Aristote.

Cicéron et son bon ami Atticus Pomponius en fesaient grand cas ; et même leur estime s'étendait jusques sur l'ouvrage où il combattait l'immortalité de l'ame. Selon Dicéarque, l'ame n'est point distincte des corps ; ce n'est qu'une vertu également répandue sur toutes les choses vivantes, et qui ne fait qu'un seul et simple être avec les corps qu'on nomme vivans.....

Il croyait que l'ame était l'harmonie des quatre élémens.

Selon ce sage de Messine, le genre humain n'a point commencé, et l'ame périt avec le corps.

Il tenait pour maxime qu'on doit faire ensorte d'être aimé de tout le monde ; mais qu'il ne faut lier une amitié très-étroite qu'avec les honnêtes gens.

DIDEROT * était Athée et même un Athée très-ferme et très-réflechi. Il était arrivé à ce résultat d'une bonne méthode d'investigation, par toutes les voies qui conduisent le plus directement et le plus surement à la vérité ; c'est-à-dire, par la méditation, l'expérience, l'observation et le calcul. *Naigeon.*

Dans le livre du *Système de la Nature* (Voir ce mot) par d'Holbach, en 1770, il y a un bel article de Diderot. *Note manusc. de Lalande.*

Celui qui ne croit pas en Dieu, n'en est que plus obligé d'être honnête homme et bon citoyen.

Ent. sur le Fils nat.

Pour être convaincu qu'il y a du profit à être vertueux, il n'est point nécessaire de croire en Dieu.

Ess. sur le mérite et sur la vertu, p. **118.**

Les lumières de la conscience peuvent subsister dans l'esprit de l'homme, après même que les idées de l'existence de Dieu en ont été effacées.

La morale peut être sans la religion.

La pensée qu'il n'y a point de Dieu n'a jamais effrayé personne. *Pensées.*

Qu'est-ce que Dieu ? Question qu'on fait aux enfans, et à laquelle les philosophes ont bien de la peine à répondre.

Idem.

Les doutes en matière de religion, loin d'être des actes d'impiété, doivent être regardés comme de bonnes œuvres.

Idem.

DIEU. Il est difficile de démontrer, par les seules lumières de la raison, l'existence de Dieu. *Pyrrhonisme du sage.*

Non est philosophi recurrere ad Deum. Ax. lat.

Les prêtres eux-mêmes sentent l'insuffisance de la divinité qu'ils mettent en jeu, en plaçant dans la bouche de leur Dieu ce proverbe : *Aide-toi et je t'aiderai.*

Pens. lib. sur les prêtres p. **33** (1).

Quand quelqu'un veut exprimer une action mal faite ou faite avec tiédeur, il dit : *comme pour l'amour de Dieu.*

D'après ce proverbe, aura-t-on bonne grace de dire que le peuple est né religieux; que pour le contenir, il faut l'idée d'un Dieu qu'il craigne et qu'il aime ? De quel frein peut servir au peuple la divinité sur le compte de laquelle il se permet de penser et d'agir ainsi ? *Idem.*

La plus grande atteinte qu'on ait pu porter à la liberté naturelle des hommes a été de supposer un Dieu.... etc.

(1) Par sylvain Maréchal.

Entre les partisans d'une première cause , il en est peu qui soient d'accord sur sa nature et sur ses attributs. Et cette diversité n'est pas une faible présomption de la vanité de leur hypothèse.

Dial. sur l'ame, par les interloc. de ce temps là, **1771.**

Il est bien plus aisé de faire un Dieu , qu'un code.

Sylvain , Lucrèce français.

Quel fut le téméraire ou l'insensé qui le premier osa faire un Dieu à la ressemblance de l'homme ? Cette conception hardie coûta cher à l'espèce , et eut les plus fatales conséquences. De cette époque naquit la superstition , et le despotisme qui en est la suite.

Préf. des fragm. d'un poèm. sur Dieu , ou Lucrèce français.

LIVRE A FAIRE.

Histoire philosophique et politique de Dieu....
Ce livre est sur le métier.

DIODORE, de Sicile, qui commence son ouvrage (*Biblio. univ.*) par le dénombrement de tout ce qui se disait alors de plus raisonnable touchant l'origine de l'univers, ne dit pas un mot de la divinité , et ne fait pas même mention d'un auteur intelligent. *Hume , Hist. nat. de la religion.*

La religion est une supercherie employée par tous les législateurs , chez tous les peuples du monde.

Bibl. hist. liv. IX. IV.

DIOGÈNE , d'Apollonie. Il résulte de son système de philosophie, qu'il ne différait presque point du spinosisme.

Bayle.

Ce philosophe Crétois prit des leçons d'Anaximène.

DIOGÈNE , le Babylonien, rapportait toute la Mythologie à la Nature ou à la physiologie. *Dupuis , Orig. des cult.*

N. B. Il n'était pas philosophe seulement dans ses opinions.

DIOGÈNE , le cynique , disait :

Cuncta plena sunt Deo : tout est plein de Dieu. Ces trois mots renferment tout le système des spinosistes.

Le principe, dit Bayle, par où il prouvait que tout appartient aux sages, ne m'empêcherait pas de croire qu'il ne fut Athée.

» Tout appartient aux Dieux.

» Or , les sages sont les amis des Dieux, et toutes choses » sont communes entre les amis ; donc tout appartient aux » sages. »

Dans la bouche d'un moqueur tel que Diogène, ce raisonnement ne garantit pas sa religion.

Remarquez bien que cet homme dont la foi à l'égard de l'existence de Dieu est , en effet, très-incertaine , n'a pas laissé de donner de très-excellens préceptes de morale.

Sénèque l'appelle *Virum ingentis animi.*

Diogenes, cynicus, dicere solebat Harpagum , qui temporibus illis prædo felix habebatur, contra Deos testimonium dicere, quòd in illâ fortunâ tam diù viveret....

Improborum igitur prosperitates redarguunt, ut Diogenes dicebat , *vim omnem Deorum et potestatem.* Cicéron.

C'est-à-dire : la longue prospérité d'Harpagus , le brigand, porte témoignage contre l'existence de Dieu.

DISSERTATIONS mêlées (l'Auteur des), Amsterdam 1740, in-12.

Le nombre des philosophes qui ont eu recours à un être véritablement intelligent pour la formation du monde est très-considérable. *tom. I. P. 44.*

DIVINITÉ. (la) En dernière analyse, tous les noms de la divinité reviennent à celui d'un objet matériel quelconque..... *Volney, les Ruines, note* 81.

DOLET , (Etienne) né à Orléans , brûlé à Paris , place

Maubert, le 3 août 1546, fête de St. Etienne, son jour natal.

Calvin et Prateolus parlant des Athées, associent E. Dolet à Diagoras, Evemerus, Théodoret, Agrippa, Villeneuve.

Dans la poètique de Scaliger, on voit Dolet puni du dernier supplice, non pas pour ce qu'on appelait luthéranisme, mais pour athéisme.

DRUIDES, (les) dans la forêt des Carnutes, (aujourd'hui Chartres) ne reconnaissaient qu'une divinité, *la Vierge qui enfante* ; et c'est ainsi qu'ils désignaient la Nature.

N. B. Les prêtres catholiques ne se doutent peut-être pas qu'ils ne sont que les échos des prêtres Gaulois, leurs devançiers; *l'Eucharistie* semble être la fille perdue de la doctrine secrète des Druïdes. Ce pain consacré, qui est Dieu, et les miettes de ce pain rompu entre les doigts du célébrant, qui sont autant de Dieux, n'offrent-ils pas l'hiéroglyphe de la Nature, divinité suprême des Druïdes, et des élémens, Dieux subalternes de la nation Gauloise, et fractions du grand Tout divinisé....

DUCHOSAL, poète et littérateur Français.

DUDOYER du Castel, auteur dramatique; Athée avec ses amis, pyrrhonien en public.

DUHAMEL, (J. B.) de Vire, en Normandie, secrétaire de l'Académie des sciences, en 1666. Ce savant, (qu'on appelait le saint prêtre) professait le doute philosophique ; c'est une espèce d'athéisme. Le sage Duhamel posait toutes les questions sur l'ame humaine, sur les passions, et se fesait comme un devoir de rester flottant au milieu des opinions diverses . . . .

DUJON, (Franç.) professeur en théologie à Leyde, fut pleinement Athée,   *Bayle.*

Il comparait la religion à une p . . . . n.

Lui et son fils méritèrent l'estime universelle pour la pureté de leurs mœurs, leur amour du travail, et leur érudition.

DUMARSAIS , philosophe Français , l'un de ceux qui , depuis cinquante ans, travaillaient dans le silence à émanciper l'esprit humain.

Toutes les opinions religieuses et politiques des hommes ne sont que des préjugés. *Essai sur les préj.*

La morale est fondée sur l'intérêt du genre humain; fondez-la sur la religion, vous la rendez vague , incertaine et flottante. *Idem.*

En matière de religion, les hommes n'ont jamais raisonné.
Idem.

DUMAS , l'ingénieur Hydraulique.

DUMAS , (L.) grammairien et philosophe de Nismes ; il était l'ami de Boindin.

DUMOULIN. (Pierre).... Je n'estime que toutes les raisons que nous avons alléguées puissent prouver que cette énonciation : *Il y a un Dieu*, soit du nombre de celles , qui sont connues de leur nature ....

Le tout est plus grand que ses parties. Il n'y a personne qui se puisse jamais persuader le contraire. Or, l'énonciation, *il y a un Dieu*, n'est point de cette nature. Car, il s'y en est trouvé , qui entendant la signification des mots, ont nié qu'il y eût un Dieu. *Trad. par Drelincourt.*

DUPERRON. (le Cardinal) Au dîner du Roi , Duperron fit un brave discours contre les Athéistes, et comme il y avait un Dieu, et le prouva par plusieurs belles raisons..... Duperron , s'oubliant, va dire au Roi : « Sire, » j'ai prouvé aujourd'hui, pour bonnes raisons, qu'il y avait » un Dieu; demain, s'il plaît à Votre Majesté , je prouverai » par raisons meilleures, et vous montrerai qu'il n'y a » point *du tout* de Dieu. »

Le Cardinal Duperron était le plus ardent et le plus incrédule des convertisseurs. *Agrip. Théod. d'Aubigné.*

N. B. Il était d'usage dans les écoles de souffler ainsi le froid et le chaud , pour exercer l'entendement. Il arrivait de là qu'en quittant les bancs, on était devenu ergoteur et pointilleux. Mais les têtes saines y trouvaient l'avantage de reconnaître la vanité des opinions religieuses et la nécessité de s'en tenir aux seules vérités de fait. On n'a jamais argumenté pour ou contre les quatre règles de l'arithmétique.

DUPLESSIS, (Lucile) l'épouse infortunée de l'infortuné Camille-Desmoulins , disait souvent : « je ne conçois pas » que mon mari , homme d'esprit, ait la sottise de croire » en Dieu..... »   *Note commun. par Peyrard.*

N. B. On a prétendu qu'il fallait de bonne heure parler d'un Dieu aux enfans; que les idées religieuses sont la pierre angulaire d'une bonne éducation , comme de toute autre institution humaine. L'intéressante femme dont le nom se trouve ici, fut élevée loin de tout culte ; elle assistait quelquefois au service divin, comme à un spectacle populaire, sans y prendre d'autre part que celle de la curiosité. Tous les devoirs , toutes les vertus domestiques étaient pratiquées par elle, sans contrainte, sans efforts; c'était l'ouvrage de sa mère. Dieu n'y fut pour rien.

DUPONT, * (Jacob) des Jumeaux, mathématicien.

Le 14 Décembre 1792, à la tribune de la Convention Nationale de France, il s'est déclaré Athée. Voici l'extrait de son discours , d'autant plus remarquable , que depuis César et Cicéron, tous deux matérialistes en plein sénat, personne n'avait osé en faire une profession de foi plus solennelle.

Copie tirée du Moniteur, 1792. n° 351.

.... Le grand livre de la Nature , ouvert à tous les yeux et où tous les yeux peuvent et doivent lire leur religion..... Quoi ! les trônes sont renversés, et les autels restent debout encore ! (*Murmures subits de quelques membres. L'abbé Ichon demande que l'opinant soit rappelé à l'ordre.*) Des tyrans outragent la Nature, brûlent sur les autels des Dieux un encens impie ! (*Mêmes rumeurs ; la grande majorité de l'assemblée les couvre par des applaudissemens*) ... Croyez-vous donc, Citoyens Législateurs , fonder et consolider la République avec des autels, autres que ceux de la patrie ? (*De nombreux applaudissemens s'elèvent dans toute l'assemblée et dans les tribunes. Quelques membres s'agitent avec violence. On demande que les Évêques qui interrompent soient rappelés à l'ordre. Vous nous prêchez la guerre civile , s'écrie l'abbé Audrein. J. Dupont veut continuer. Mêmes interruptions de la part d'un petit nombre de membres : Ducos : Je demande que la liberté des opinions soit prohibée, attendu qu'elle pourrait être extrêmement funeste à certaines personnes.*) J. Dupont : La Nature et la Raison , voilà les Dieux de l'homme ; voilà mes Dieux. *L'abbé Audrein : — On n'y tient plus— Il sort brusquement de la salle. On rit.* Admirez la Nature , cultivez la Raison ; et vous , Législateurs ! si vous voulez que le peuple Français soit heureux, hâtez vous de faire enseigner ces principes dans vos écoles primaires..... Il est plaisant de voir préconiser une religion dans laquelle on enseigne qu'il vaut mieux obéir à Dieu qu'aux hommes..... Les prêtres sont d'autres tyrans qui étendent leur domination à une autre vie , dont ils n'ont pas plus d'idée que des peines éternelles, auxquelles des hommes ont la trop grande bonté d'ajouter quelque croyance. (*Applaudissemens*) En vain Danton nous disait-il piteusement , il y a quelques jours, à ce sujet, que le peuple avait besoin d'un prêtre pour rendre le dernier soupir. Eh bien ! pour détromper le peuple , je lui dirais : Danton veut vous laisser asservi à la volonté de ce prêtre qui vous trompe et qui ne trompe pas Danton ; et pour vous prouver que ce prêtre n'est pas toujours nécessaire à la dernière heure , contre l'avis de Danton , je lui montrerai Condorcet fermant les yeux à

d'Alembert. (*Mêmes applaudissemens*) Je l'avouerai de
bonne foi à la Convention , je suis Athée. (*Il se fait une
rumeur subite ; les exclamations de plusieurs membres pro-
longent le tumulte — peu nous importe — s'écrie un grand
nombre d'autres , vous êtes honnête homme.*) J. Dupont :
Mais je défie un seul individu parmi les vingt-cinq millions
qui couvrent la surface de la France , de me faire un
reproche fondé. Je ne sais si les Chrétiens pourraient
se présenter à la face de la nation avec la même confiance ,
et oseraient faire le même défi. (*On applaudit.*)..... Avec
quel plaisir je me représente nos philosophes , qui ont tant
rendu de services à l'humanité, à la révolution , et qui en
rendront tant encore à la République, malgré la calomnie !
Avec quel plaisir je me représente , dis-je, nos philosophes,
dont les noms sont connus dans toute l'Europe , Pétion ,
Sièyes , Condorcet et autres, entourés dans le Panthéon
comme les philosophes Grecs à Athènes , d'une foule de
disciples venus des différentes parties de l'Europe , se
promenant à la manière des Péripatéticiens, et enseignant,
celui-là, le système du monde, développant ensuite les
progrès de toutes les connaissances humaines; celui-ci ,
perfectionnant le système social...... (*de nombreux
applaudissemens s'élèvent dans l'assemblée presqu'entière et
dans les tribunes, etc.*)

Depuis, J. Dupont donna , sur les places publiques , des
leçons de morale et d'athéisme.

N. B. Il n'en résulta aucun désordre. Ce fait répond à bien des
calomnies.

DUPUIS, * de l'Institut national , professeur au Collège
de France , et auteur de *l'Origine des cultes* , III. vol. in-4°.

Dans *l'Abrégé* de cet ouvrage, I. vol. in-8° 1798, ce
philosophe savant, établit, page 417, que la religion est
inutile et même dangereuse.

Dupuis parait Athée. Il dit, p. 385, de son *Abrégé de l'Origine des cultes ,....La chimère d'un Dieu.* N. de Lalande.

Dans le grand ouvrage, on lit : Il est certain que tout le cérémonial religieux des Anciens, était fondé sur les phénomènes de la Nature.   *Tom.* 1.

N. B. Cela devait être ainsi, les Anciens n'ayant d'autre divinité qu'elle.

Ce sont les femmes, les enfans, les vieillards et les malades , c'est-à-dire, les êtres les plus faibles, qui sont les plus religieux, parceque chez eux la raison décroit en proportion de l'affaiblissement du corps.

Le culte ne peut jamais être qu'une invention moderne dans l'éternité.

La religion, telle qu'elle a presque toujours existé est incontestablement le plus grand fléau qui ait affligé les hommes.   *Note*, *qqqq. tom*, 1. *Orig. des cult.*

N. B. Le nombre des livres augmente dans une progression effrayante. Dans peu, il faudra nécessairement y porter le *flambeau* de la critique. On commencera sans doute par les monstrueuses bibliothèques de la théologie. *L'Origine des cultes* dédommagera amplement de ce sacrifice. Cet ouvrage renferme tout ce qu'il importe de savoir sur Dieu , et sur les religions, filles verbeuses d'un père muet.

DUVERNET. (J.) Pourquoi cette longue querelle entre les philosophes et les théologiens ? Le voici :

Les sages, les hommes instruits de tous les pays, ont dit à tous les théologiens du monde : parlez clairement, parlez raisonnablement, et nous vous croirons.

Il ne s'agit pas ici de raison , ont toujours répondu les théologiens.

N. B. Pouvaient-ils répondre autre chose ? Qu'ont de commun, en effet, la raison, le bon sens, avec un Dieu incompréhensible à ceux-là mêmes qui se consacrent à l'étude des choses divines ?

Il faut être Athée ou Sorbonniste.

E.

ÉBUMOSTEM. Ce personnage célèbre qui parvint à transférer le Califat, de la famille des Ommyades à celle des Abbâs, passe pour avoir cru que toutes choses finissent par retourner dans un principe commun, ou *Dieu.* Opinion que les anciens Arabes appellent la métempsycose de la résolution, et que nous qualifions de pur matérialisme.

N. B. Nous croyons avoir déjà remarqué que les Arabes sédentaires, peuple éclairé depuis longtemps, ont professé la plus haute philosophie. C'est de l'Orient que nous vient la lumière.

ECBATANE, (les Mages d'), ville de Perse. Ils ne reconnaissaient point d'êtres supérieurs à la lumière.

Foucher, *Mem. de l'Acad. des Inscr.*

Ils fesaient profession de ne voir, de n'admirer dans la nature que la Nature.

N. B. Ils avaient une moralité aussi pure que leur doctrine. C'étaient de véritables sages.

ÉCÉBOLE; l'un des instituteurs de l'Empereur Julien. Indifférent sur le chapitre des religions, pour vivre tranquille, il se tourna toujours du côté de la dominante; c'est n'en avoir aucune. Cette sorte d'athéisme a toujours compté beaucoup de partisans. On craint plus les hommes que Dieu. Beaucoup d'honnêtes gens aiment à reposer la tête sur leur oreiller, sans avoir l'appréhension d'en être arrachés par des fanatiques. C'est ce qui empêcha toujours une foule de bons Athées de se déclarer.

N. B. Nous l'avons éprouvé dans la rédaction de cette honorable nomenclature.

EFFENDI, (Mahomet) Turc Athée, éxécuté à

Constantinople, dit en mourant, « qu'encore qu'il n'eût » aucune récompense à attendre, l'amour de la vérité » l'obligeait à souffrir le trépas pour la soutenir. »

L'athéisme a eu aussi ses martyrs, dit le Chancelier Bacon.

EGNATIUS, (J. B.) savant littérateur Vénitien du XVIᵉ siècle.

Peu de tems après son trépas, arrivé à l'âge de quatre-vingts ans, on publia une lettre où on l'accuse de n'avoir eu nulle religion, ni pendant sa vie, ni à l'heure de sa mort.

Il avait reçu des leçons de A. Politien.

N. B. Ils sont deux fois sages ceux-là qui se conduisent de manière à ne craindre la persécution qu'autour de leur tombeau ; mais ils ne sont sages que pour eux.

ÉGYPTIENS. (les) Jablonski, à l'article du *Phtha*, dépeint les Égyptiens comme Athées, dont le système ressemblait tellement à celui de Spinosa, qu'il n'est pas possible, dit-il, de s'y tromper, pour peu qu'on ait de pénétration.

Ægyptiorum scandalosus est atheismus potiùs quàm theologia.   Eusebius, præpar. Evang.

Olent spinosismum.   Reimmanus.

Les Égyptiens ne remontaient pas au-delà du monde visible, dans la recherche des causes.   *Chérémon.*

N. B. Est-ce pour cela qu'ils ont été qualifiés de sages ?

La philosophie égyptienne suppose que l'homme et les autres animaux avaient toujours été avec le monde ; qu'ils étaient un de ses effets, éternels comme lui.

Euseb. præpar. Evang. 1. 7.

Les Égyptiens ont deux théologies, *l'ésotérique* ou secrète, et *l'exotérique* ou externe : la première consistait à n'admettre d'autre Dieu que l'univers, d'autres principes des êtres que la matière et le mouvement. *Diderot. Encyclop.*

N. B. C'est cette doctrine qu'on dévoilait aux initiés, après les plus rudes épreuves, pour s'assurer de leur discrétion. Car, dès ce temps là, comme encore aujourd'hui, on ne trouvait pas qu'il fût prudent de tout dire au peuple. On produisait pompeusement sur les autels l'erreur et le mensonge; on cachait la vérité au fond des puits creusés tout exprès derrière le sanctuaire des temples de Memphis et de Thèbes.

Politique misérable ! Elle ne tend qu'à distribuer la pauvre espèce humaine en deux castes : celle des dupes, et celle des fourbes.

L'instruction publique ! L'instruction publique ! Voilà le cri de guerre de tous les bons esprits.

EKCLES, (Salomon) habile musicien Anglais : après avoir été *Quaker*, il reconnut lui-même la vanité de ses prophéties, et passa le reste de ses jours dans le repos, mais sans religion.   *Hist. des trembleurs. III.*

N. B. Son exemple a fructifié.

ÉLÉATES. (les) Les philosophes de ce nom étaient tous matérialistes, ainsi que les pythagoriciens avec lesquels on les confond, à cause de la conformité de leurs principes.

ELH-ELTAHKIK, ou *gens de certitude, hommes de vérité :* secte Mahométane.

Il n'y a point d'autre Dieu que les quatre élémens.....
Il n'y a pour tout que les quatre élémens qui sont Dieu, qui sont l'homme, qui sont toutes choses......

EMPÉDOCLES, poète, médecin, et philosophe de la secte pythagorique. Suivant lui, les Dieux immortels ne sont que les sages après leur mort. Sa grande divinité était l'Éther pur où l'ame des hommes allait se perdre. Lucrèce en fait le plus grand éloge.

Vix humanâ videatur stirpe creatus. Nat. Rer. lib. I, *V.*727

ENCYCLOPEDISTES. (les) Le fanatisme a fait beaucoup plus de mal au monde que l'impiété. *Dict. V. Fanatisme.*

Sur cet article, (la religion) l'intolérance, le manque d'une double doctrine, le défaut d'une langue hiéroglyphique et sacrée, perpétueront à jamais les contradictions, et continueront à tacher nos plus belles productions. Un homme s'enveloppe dans des ténèbres affectées ; ses contemporains mêmes ignorent ses sentimens.

Tom. V. au mot Encyclopédie. page 648, *in-f.*

N. B. Les Encyclopédistes ont prêché d'exemple : écrivant sous le règne d'une double inquisition, politique et religieuse, ils ont mis tout leur art à dire à peu près tout ce qu'ils devaient dire, sans trop se compromettre ; et ils n'ont pas toujours réussi.

L'expérience nous force à croire que plusieurs philosophes anciens et modernes ont vécu et sont morts dans la profession d'*athéisme*.

ENFANT. Un nombre infini de gens se persuadent qu'un enfant élevé exprès, sans lui enseigner aucune chose, ou exposé dans un désert, parviendrait de lui-même à connaître Dieu....

L'expérience combat cette prétention ; et Bayle à ce sujet rapporte l'histoire du jeune homme de Chartres, en 1703, citée par Fontenelle, dans les mémoires de l'Académie des Sciences.. *V. Rep. aux quest. prov. tom. IV, chap.* 16.

ENNIUS, (Q.) poète épicurien. Il pensait comme Evhémère, que les Dieux du peuple ne furent d'abord que des hommes célèbres..... La reconnaissance pour les services rendus par eux pendant leur vie, leur valut un culte après la mort.

N. B. Cette origine des Dieux n'est pas seulement poétique. On a dit.

Le premier qui fut Roi fut un brigand heureux, (1) *Volt.*

(1) Voltaire dit : fut un *soldat* heureux. La moindre réflexion fait voir qu'il n'a pu dire *brigand*. Nous voulons bien croire que Maréchal

on pourrait dire aussi avec autant de justesse :

Le premier qui fut Dieu fut un père adoré.

La piété filialé fut la première et devrait être la seule religion.

ÉPICHARMIS. * Philosophe et poète Sicilien.

Cet élève du sage Pythagore appelle Dieux, le soleil, les astres, la terre, l'eau, le feu ; en un mot, il divinise l'univers.

ÉPICTÈTE. Ce célèbre philosophe, stoïcien parfait, d'Hiérapolis, en Phrygie, désigne la Nature sous les noms de Génie, Démon, Dieu-physique.

Il dit que la mort n'est que le moment où les matériaux dont l'homme est composé, vont se résoudre dans les élémens d'où ils ont été originairement empruntés.....

ÉPICURE était un véritable homme de génie. On lui donna de grands éloges, en avouant qu'il était un grand Athée. *Encycl. art. Épicuréisme.*

Il disait qu'il y avoit des Dieux, par pure politique, et pour ne pas exciter la haine qu'un athéisme reconnu lui aurait attirée. *Naigeon d'après Posid. le stoïc.*

Nullos esse Deos Epicuri videri, quœque ille de Diis immortalibus dixerit, invidiœ detestandœ gratiâ dixisse.....

Ce sage semble ne reconnaitre des Dieux que pour plaisanter. *Deos Jocandi causâ, induxit Epicurus.....*

L'athéisme ne parait ordinairement que masqué.

Naigeon.

Il est difficile de nier qu'il y ait des Dieux : oui, en public ; mais discourant en particulier, rien de si facile.

Nous avons vu que Cicéron était du même avis qu'Épicure.

était toujours de bonne foi dans ses citations ; mais nous avons été à même de nous appercevoir qu'il n'était pas toujours exact. Nous n'avons point relevé ses erreurs, ce travail nous eût conduit au-delà des bornes que nous nous étions prescrites. *Edit.*

N. B. Presque tous les philosophes ont sacrifié à la peur. Presque tous du moins ont préféré leur tranquillité personnelle au triomphe de la raison. C'est ce qui fait que la philosophie ancienne , et la moderne aussi , sont pleines de tant de contradictions. Il faut une clef, pour pénétrer dans le vrai sens des systèmes de la plupart des sages. On les croit inconséquens ; ils ne sont que dissimulés. Ils ont peur.

Tertullien et S. Augustin soutiennent qu'Épicure disait que la nature divine était composée d'atomes.

Ce qu'Épicure enseigne sur la nature des Dieux est très-impie. . . .

On ne saurait dire assez de bien de l'honnêteté de ses mœurs , ni assez de mal de ses opinions sur la religion.

Une infinité de gens sont orthodoxes et vivent mal ; Épicure et plusieurs de ses sectateurs , au contraire. . . .

Bayle.

Épicure , (dit Garasse dans son style) Épicure , qui était tout de lard , croyait que l'ame fût matérielle et corporelle.

Le plus grand et le plus parfait Athée de l'antiquité , qui avait banni toutes les raisons de l'existence de Dieu , y substitua celle du consentement général , pour tromper et abuser le peuple. Il la croyait d'autant plus mauvaise , qu'il avait un très-grand mépris pour l'autorité populaire et le consentement universel. Mais l'appréhension qu'il avait de l'Aréopage l'obligeait à quelque ménagement.

D'Argens. Phil. du B. sens. tom. II.

Parmi les apologistes d'Épicure , il y en devait avoir , ce me semble , quelques uns qui , en condamnant son impiété , s'éfforçassent de montrer qu'elle coulait naturellement et philosophiquement de l'erreur commune à tous les payens sur l'existence éternelle de la matière. *Bayle.*

Après un passage de Cicéron sur la secte d'Épicure (*de finib.* I. 20) , Bayle s'écrie : qu'on nous vienne dire, après cela , que des gens qui nient la Providence ne sont nullement capables de vivre en société, que ce sont nécessairement des traitres, des voleurs, etc.

Toutes ces belles doctrines ne sont-elles pas confondues par ce seul passage de Cicéron ? Une vérité de fait, comme celle que Cicéron vient d'alléguer, ne renverse-t-elle pas cent volumes de raisonnemens spéculatifs ? Voici la secte d'Épicure, dont la morale pratique ne s'est nullement démentie pendant quelques siècles ; et nous allons voir qu'au lieu que les sectes les plus dévotes étaient remplies de querelles, etc. celle d'Épicure jouissait d'une paix profonde.

N. B. Appliquons au sage Épicure l'*ecce* VIR de notre épigraphe.

Cudworth traite Épicure d'Athée et d'homme qui ne parlait des Dieux que pour éviter la haine du peuple.

Épicure disait de Chérestrata, sa mère, qu'elle avait eu dans son corps cette quantité d'atomes, dont le concours est nécessaire pour former un sage.   *Plutarque.*

ÉPICURIENS. Selon eux, un législateur, plus rusé que tous les autres, imagina les Dieux. *Plutarque, de plac. aph.*

Les Épicuriens niaient toute Providence.
                    J. J. Rousseau. Rep. au R. de Pol.

ÉRASME. Luther dans ses colloques de table, page 377, parle bien mal d'Érasme. Il le dépeint comme un Épicurien et un Athée.

Il en était quelque chose.

ESCHERNY, (F. L. d') Comte du Saint Empire.
Le penseur qui parvient à l'athéisme par la route de la méditation, peut être un homme très-estimable.... Il a pu conserver une morale et des principes purs et irréprochables.
                    De l'Egalité, tom. II. p. 154.
Il est certain que l'idée de Dieu nous échappe de tous côtés, quelle se dérobe à toutes nos recherches.....
                    De l'Egalité, ou la philos. de la pol. tom. II. p. 4.

J'ai vécu avec bien des Athées..... Je leur aurais confié mon honneur, ma vie, ma fortune. Je n'en dirai pas autant des dévots.   *Idem. p. 9.*

L'Athée peut se passionner pour la vertu. *Idem. p. 63.*

N. B. Non seulement il le peut; mais il le doit même, pour être conséquent à ses principes.

ESCHYLE, le poète tragique Grec.

Il ne ménagea pas assez la religion dans ses tragédies; ce qui le fit condamner comme un impie, à être lapidé. On lui fit grâce, à cause d'une main qu'il avait perdue au service de la République d'Athènes.   *Bayle.*

Le docte Saumaise, rebuté des difficultés qu'il rencontrait dans les pièces d'Eschyle, déclare que ce poète est plus obscur que l'écriture sainte.

ESPAGNE, (Jean d') Ministre protestant au XVIIe siècle.

Nous l'honorons d'une place dans ce Dictionnaire, sous la condition qu'il ait parfaitement rempli le titre d'un de ses opuscules : *Erreurs populaires èz points généraux qui concernent l'intelligence de la religion.*

Nous n'avons point vu ce livre, dont l'étiquette est si philosophique. L'auteur nous est recommandé par Bayle, puisqu'il le juge assez digne d'être lu.

ESPAGNOLS. (les) Parmi les Espagnols, on compte une foule d'Athées, qui ne croient rien absolument rien, et qui soutiennent tout haut que l'existence de Dieu est un préjugé.   *Delangle, Voyage en Espagne, tom. II. p. 11.*

Ils ont un proverbe qui pourrait servir d'axiôme aux matérialistes : *Dios es todo ; y lo demas nada.*

C'est-à-dire : Dieu est tout, le reste n'est rien.

ESPÉRANCE. (Cap de Bonne) Mandelslo et Thomas

Rhoé prétendaient que les habitans du Cap de Bonne Espérance étaient sans religion, et n'avaient aucune connaissance de Dieu.

Je n'ai remarqué, dit G. Schouten, aucune trace de religion parmi eux.

ESPRIT (l') des esprits, ouvrage qui parut en **1777**, in-12.

Un peuple ne croirait point du tout en Dieu, si on ne lui permettait d'y croire mal. *194e. pensée, p. 97.*

ESPRITS FORTS. (les) C'est le nom que l'on donne aux Athées; ils ne le désavouent pas. Il leur faut en effet une certaine force d'esprit, pour lutter contre un préjugé devenu imposant par sa haute antiquité, et par son influence presque générale. Mais,

L'erreur pour être vieille, est-elle moins l'erreur?

ÉTHIOPIENS. (les) *Ex iis qui Torridam habitant, nonnulli sunt qui Deos esse non credunt.* Strabo. *Geogr. III.*

Quelques Éthiopiens croyent qu'il n'y a point de Dieu.
Diod. de Sicil. Bib. hist. III.

L'Éthiopien s'est entendu quelquefois traiter *d'homme sans Dieu*, parceque dans l'une de ses provinces, on ne consacre un culte qu'aux seuls bienfaiteurs de la nation.
Strabo. Geogr. lib. XVII.

N. B. Idée toute naturelle ! .... Malheureusement on lui donna trop de latitude. La reconnaissance envers les mortels bienfesans, dégénérée en religion envers des immortels que l'on crut sur parole, fut le premier pas vers la dégradation de l'homme, laquelle suivit les progrès de la civilisation.

ÊTRE SUPRÊME. L'un de ces nombreux Athées qui se contentent de l'être, sans se soucier de le paraître, visitait la Cité, le plus ancien quartier de Paris. Il y rencontre un vaste édifice public ; et sur le frontispice, il lit , en lettres dorées :

A L'ÊTRE SUPRÊME

PROTECTEUR DE LA RÉPUBLIQUE FRANÇAISE.

L'honnête homme plia les épaules , disant : J'aimerais mieux qu'on m'eût donné à lire :

AU BON SENS

LÉGISLATEUR DE LA RÉPUBLIQUE FRANÇAISE.

Consultez une excellente brochure où Naigeon , l'Athée , démontre l'inconvenance de la formule banale : *Sous les auspices de l'Être Suprême*, à la tête de la Constitution d'un peuple éclairé.

EUCLIDE , * de Mégare , disciple de Socrate :
Lui et Eubulide , Alexinus , Diodore, ses élèves , (car il fit école) , enseignaient qu'il n'y a point de puissance séparée de son acte ; c'est-à-dire , qu'une cause qui ne produit pas actuellement un effet , n'a pas le pouvoir de le produire. C'est un des paradoxes impies des spinosistes.

Quelqu'un lui demandait quelle était la nature des Dieux. Je l'ignore répondit-il. Ce que je sais , c'est qu'ils haïssent les curieux.

ÉVHÉMERUS.... *Planè rejecit non tantùm gentilium Deos, sed omne numen.*   Perizonius.

C'est-à-dire : Evhémère , surnommé Athée , rejetait , non pas seulement les Dieux des Gentils , mais même toute divinité.   *Voyez* Diagoras.

EUPHRATE. Ce philosophe du bas empire de la philosophie , eut la folie de vouloir concilier la Trinité des chrétiens avec le *Monde* unique d'Ocellus Lucanus, dont il avait adopté le système. *V. le Dict. des hérésies par Pluquet.*

EURIPIDE. * Célèbre poète dramatique , Grec.

Aristophane introduit une bouquetière qui dit : « Depuis » qu'Euripide a persuadé aux hommes , par ses vers impies , » qu'il n'y avait point de Dieux, je ne vends plus de » couronnes. »

Plusieurs ont observé qu'Euripide fit souvent paraître dans ses tragédies , qu'il suivait les opinions d'Anaxagoras , son maître.

Il fut nommé *le philosophe du théatre.*

Il aimait à débiter plusieurs sentences , pleines d'une bonne morale; et il se peignait lui-même par là. Car c'était un homme grave et de mœurs sévères.

Brown, dans sa *Religion du médecin* fait passer Euripide pour Athée.

L'*Athée Euripide*, n'osant marquer sa pensée , parce-qu'il craignait l'Aréopage , l'insinua en introduisant Sisyphe qui niait qu'il y eût des Dieux.

Plutarque , Opin. des Anc. sur Dieu.

Plutarque attribue absolument le même système de Critias à Euripide, qu'il fait débiter sur le théâtre.

Il n'y a rien de plus utile aux hommes qu'une sage incrédulité. *Hélène. Sc. V.*

EXAMEN *de la nature humaine.* (le gentilhomme , auteur Anglais, de l') Londres, chez Wiston , 1779. in-8. seconde édition.

On ne peut pas démontrer l'existence d'un créateur , qu'on ne démontre auparavant que la matière ne peut être éternelle et qu'elle peut s'anéantir.

EXAMEN *impartial des principales religions du monde* (l'Auteur de l')

Dieu n'est qu'une opération de notre esprit.

Page 164. voy. ci après Fréville.

F.

FABRE D'ÉGLANTINE, très-habile poète dramatique Français, était Athée d'opinion ; il n'en pratiquait pas les mœurs irréprochables.

FAMILLE D'AMOUR. (la) Société d'épicuriens Anglais, soutenant que l'ame des hommes du peuple meurt avec celles des femmes et des chevaux.

Nous n'avons pas de plus amples détails touchant ce cercle de philosophes qui n'existe plus en Angleterre ; ils n'ont laissé de traces que dans les sarcasmes qu'on s'est permis contre eux, et dans les souvenirs de la reconnaissance ; car ils fesaient beaucoup de bien. *Voyez Maison.*

FAMILLES. — Nous connaissons plusieurs familles, (nous pourrions les citer), dont les enfans ont été et sont élevés dans l'ignorance absolue d'un Dieu ; la pureté des mœurs est le doux fruit de cette éducation anti-religieuse. Une ville entière, tout un peuple d'Athées vertueux, a paru aux bons esprits dans l'ordre des choses possibles et très-naturelles ; l'expérience journalière confirme cette conjecture dans l'intérieur de plusieurs ménages : car enfin, une nation, une cité, n'est qu'une grande famille, ou la réunion de plusieurs familles.

FARIABI, (Al.) philosophe Mahométan, et Athée, ou de la secte des éternalistes. (*Dahriens.*)

Plusieurs l'ont accusé d'impiété, dit Herbelot. On le range avec Avicenne, son disciple, parmi les philosophes qui ont cru l'éternité du monde.... Ce qui passe chez les Mahométans pour un pur athéisme.　　*Bibl. Or.*

N. B. Malgré ses opinions anti-religieuses, Fariabi jouit d'une haute estime et d'une grande renommée parmi ses compatriotes.

FARINATA, Chevalier Florentin, de l'illustre famille des Uberti, chef des Gibelins.

Doué d'un grand courage, de beaucoup d'esprit et de sagacité, il donnait dans des idées singulières et impies. Il croyait que l'ame périt avec le corps.

Le Dante place Farinata, dans son *enfer.*

Voyez Chant VI.

FATALISTES. (les,) S'il y a un mot vide de sens, dans la langue de ceux qui admettent le *Fatalisme*, c'est certainement celui de *Providence,* ou plutôt celui de *Dieu*, dont la providence n'est qu'un attribut. *Naigeon.*

Le dogme du fatalisme est le principe destructif de toute religion. *Helvétius, de l'Esprit.*

FAUSTO DA LONGIANO, auteur Italien.

J'ai commencé un autre ouvrage, intitulé : *Le temple de la Vérité....* On y verra la destruction de toutes les sectes, de la juive, de la chrétienne, de la mahométane, et des autres religions, à prendre toutes ces choses dans leurs premiers principes. *Lettre à l'Aretin.*

N. B. L'ouvrage n'a pas été achevé, mais l'intention de l'auteur est suffisamment connue ; il ne voulait d'autre culte que celui de la vérité.

FEMMES. Bayle pense qu'il n'y a que quatre ou cinq femmes en France qui aient donné dans l'athéisme.

Ménage a remarqué que l'histoire parle de très-peu de femmes Athées ou Incrédules.

N. B. Cela n'est pas surprenant ; d'ailleurs, les femmes ne doivent pas plus avoir d'opinion en théologie qu'en politique. Qu'elles se contentent d'être l'idole du premier sexe, la divinité tutélaire des bons ménages et la providence de leur naissante famille ! Elles n'ont d'autre culte à remplir que celui du temple de l'hymen. Des questions métaphysiques sont tout-à-fait étrangères à leur esprit léger, à leur ame sensible. La piété filiale, la tendresse conjugale et l'amour maternel composent la seule religion digne de leur cœur.

> Belles ! où courez vous, dès le lever du jour ?
> Eh, quoi ! vous connaissez d'autres Dieux que l'Amour !
> L'Amour et son bandeau, Vénus et sa ceinture,
> Du flambeau de l'hymen la flamme égale et pure,
> Voilà les seuls objets dignes de votre cœur.
> Qu'allez-vous faire aux pieds d'un prêtre suborneur ?
> Si l'on vous interdit l'arbre de la science,
> Conservez sans regrets votre douce ignorance,
> Gardienne des vertus et mère des plaisirs.
> A des jeux innocens consacrez vos loisirs,
> Et dédommagez-nous des maux du fanatisme.
> Sous votre empire aimable, on ne voit aucun schisme.
> On doute.... On doute encor de la divinité,
> En tous temps, en tous lieux, on crut à la beauté.
> La superstition vous doit son origine.
> Sans peine la beauté parut chose divine :
> D'entre vous la plus belle eut les premiers autels.
> Mais la beauté périt, et des Dieux immortels
> Furent imaginés pour remplir votre place.
> Votre empire détruit, dupes de cette audace,
> O femmes ! On vous vit adorer à genoux
> Un Dieu précaire et vain qui tenait tout de vous ;
> Et l'erreur fut, depuis, par vous accréditée :
> L'homme serait, sans vous, peut-être encore Athée.
>
> *Sylvain, Lucrèce Français.*

FÉNÉLON et BOSSUET, (François Salignac de la Motte)

L'abbé Irail, dans son livre des *Querelles littéraires* avance que Fénélon et Bossuet avaient sur la religion des sentimens bien différens de ceux qu'ils ont professés, une façon de penser toute philosophique ; et que s'ils étaient nés à Londres, ils auraient donné l'essor à leur génie et déployé leurs principes, que personne n'a bien connus.

N. B. Ils avaient, comme Pascal, *leurs pensées de derrière la tête*

D'ailleurs, ils étaient tous deux archevêques, tous deux à la Cour, tous deux contemporains de Molière, persécuté pour son *Tartufe*. L'un né ambitieux, voulait se conserver la dictature de l'église Gallicane. L'autre, doué d'une ame plus douce, d'une imagination plus poètique, avait besoin d'illusions. Et puis, les hommes de génie, pour la plupart, tels que Corneille, Racine, le bon Lafontaine et autres, tout occupés de leurs conceptions sublimes, ne daignent pas descendre de la hauteur où ils sont placés, pour éplucher les articles de foi de leur enfance. Ils aiment mieux croire sur parole, et s'en rapporter à l'opinion commune. Cela est plus commode et plus sûr. Ils ont besoin de tranquillité. *Pacem amant Musæ.*

Helvétius a dit : La crédulité des hommes est l'effet de leur paresse.   *De l'Esprit, disc. III.*

Suivant le même philosophe, bien peu de gens osent dire ce qu'ils pensent.   *Eod. Loc.*

FEU. Les habitans de la terre de Feu occupent un petit archipel voisin du pays des Patagons.

Une heureuse insouciance les a empêchés jusques à présent d'imaginer des Dieux...

FITCHE, professeur en l'Université de Berlin, destitué de sa place à cause de son opinion.

N. B. En ce moment, dit-on, (la fin du XVIIIᵉ siècle) l'empire littéraire de l'Allemagne est divisé pour et contre Dieu.

FLORENTINS.... Parmi les Florentins, il y a une société secrète de hardis penseurs ; mais ils ne se distinguent de leurs compatriotes que par leur amour pour l'étude, le goût de la retraite, la tolérance et la retenue. Bornés à leur sphère obscure, mais paisibles, on ne les rencontre pas sur le chemin de l'intrigue, dans l'antichambre des gens en place. Ils aiment à méditer dans le silence.

Costum. civ. act. de t. les peuples connus. in-4. 1788.

FLUD, (Robert) *de Fluctibus*, philosophe Écossais du XIVᵉ siècle.

La grande ame du monde était sa doctrine.....

Membre de la société anglaise des *Chercheurs,* (*voyez* ce mot.) il se porta le défenseur des frères *Rose-croix.*

FO. Foi, ou Foë, Chinois célèbre qui mourut à soixante dix-neuf ans.

A sa mort, il commença de déclarer son athéisme.

La doctrine intérieure de ses disciples est qu'il n'y a qu'une seule et même substance.

Foë est antérieur à Confucius de beaucoup, et compte ce moraliste illustre parmi ses disciples.

FONTENELLE, (Bovier) sage digne de servir de modèle aux philosophes, disait :

Il y a des momens pour croire.

Le témoignage de ceux qui croyent une chose établie, n'a point de force pour l'appuyer ; mais le témoignage de ceux qui ne la croyent pas, a de la force pour la détruire.

Hist. des Oracles. (1)

(1) Cette *Histoire des Oracles* lui suscita une querelle assez violente avec les jésuites, *compilateurs de la vie des saints* ; et quelques années après, le Père Le Tellier, confesseur du Roi, la renouvella et dénonça à Louis XIV, Fontenelle comme un Athée. Ce ne fut que par le crédit du Marquis d'Argenson, alors lieutenant de police, qu'il évita la persécution prête a éclater sur lui.

Le reproche le plus juste que l'on puisse faire à Fontenelle, est d'avoir fait l'apologie de la révocation de l'Édit de Nantes, blessure que la France n'a point encore cicatrisée. N'avons-nous pas vu, de nos jours, justifier la St. Barthélemy !   *Édit.*

N. B. Nous laissons à nos lecteurs, le soin de l'application à la croyance en Dieu.

L'auteur du *Dictionnaire critique* insinue que Fontenelle manque de religion. Il était de la secte nombreuse des *prudens*.

FOPPIUS. *De Atheismo philosophorum gentilium celebrorum.*

FOUCAULT du Viviers, élève du médecin Petit ; Athée prononcé. Il a laissé manuscrit un commentaire sur Spinosa. Il mourut jeune, (à 30 ans.) vers l'année 1774.

FOUR, (du) femme aimable, élève de Beaulieu, l'économiste. Poursuivie par le chagrin, elle se poignarda, à Paris, agée de près de trente ans.

FOURCROY, savant chimiste, de l'Institut national de France.

N. B. D'ordinaire, les savans ne croyent pas ; mais ils seraient bien aises qu'il n'y eût qu'eux d'incrédules. Semblables aux amans exclusifs et jaloux, on dirait qu'ils ne craignent rien tant que de voir leur doctrine devenir populaire. L'amour-propre, plus que l'amour de la vérité, est le premier chapitre de leur philosophie.

Faciamus experimentum in animâ vili, disent quelques Athées avec les médecins ; et c'est mal. La vérité, ce semble, ne saurait être trop, ni trop-tôt connue.

FRANCE. J'ai connu en France quelques Athées, qui étaient de très-bons physiciens.   *Voltaire, Dictionn.*

Ce n'est pas seulement aux études de la philosophie que l'on impute l'irreligion, c'est aussi à celle des belles-lettres ; car, on prétend que l'athéisme n'a commencé à se faire voir en France que sous le règne de François 1er.

Bayle et Clavigny.

FRANCKLIN, (Benjamin) le Pythagore du nouveau

monde , et le second fondateur de la liberté Américaine.

FRANÇOIS, né dans le Duché de Luxembourg, peintre de portraits , à Paris, et quelquefois poète.

FRANCS-MAÇONS. En Allemagne et ailleurs encore , quelques Athées ; amis de la paix , prennent ce nom pour se réunir sans causer d'ombrage et sans essuyer de persécution.

N. B. On peut bien croire que dans leurs *aparté ,* il n'est pas question de ces ridicules épreuves, admises dans les loges maçonniques ordinaires.

FRASSEN , Cordelier. *Ce maître en divinité ,* (on appelait ainsi les théologiens de métier , ou docteurs en théologie) n'ayant rien changé à la doctrine de Scot, (*voyez* le capucin Casimir de Toulouse) a donc professé un spinosisme non développé.

FRÉDÉRIC II, fils de Henri VI, élu lui-même Empereur en 1218.

Il avait l'esprit extrêmement pénétrant. Il était courageux, magnifique.

Pour faire voir que Frédéric était impie jusqu'à l'athéisme , on lui imputa le livre des trois imposteurs.
Moreri , Dict.

FRÉDÉRIC II, * (le Grand) Roi de Prusse. Ce Prince ne gardait point de mesure sur le chapitre de la religion , et heurtait toutes les convenances. A ses repas du soir , la liberté de penser se donnait carrière , sans presque point de bornes. Aucun préjugé n'y était respecté.
Galer. univ. in-4. pages **10** *et* **11.**

La crainte donna le jour à la crédulité. *Frédéric II.*

Apôtre décidé de l'athéisme , il appelait *Vieilleries* l'opinion de l'existence d'un Dieu.

Frédéric le Grand , Roi de Prusse , composa l'éloge funèbre de La Mettrie , l'Athée , et le fit prononcer dans une séance publique de l'Académie de Berlin par un secrétaire de ses commandemens.

N. B. L'athéisme entrait dans ses vues politiques.

FRENAIS , homme de lettres , traducteur estimable de plusieurs ouvrages anglais. Il avait été attaché à la maison du Cardinal de Rohan.

N. B. Plus on s'approche des prêtres , plus on s'éloigne de l'idée d'un Dieu.

FRÉRET , (Nic.) de l'Académie des Inscriptions , philosophe Parisien , l'élève de Bayle , dont il étudia les principes pendant sa detention à la Bastille.

Quelles que soient nos opinions sur la divinité, substituons la morale de la raison à celle de la religion.

Lettres à Eugénie.

Si nous examinons sans préjugés la source d'une infinité de maux dans la société , nous verrons qu'ils sont dûs aux spéculations fatales de la religion, etc. *Idem.*

Le temps des grands crimes est toujours le temps de l'ignorance : c'est dans ce temps où communément aussi l'on a le plus de religion. 1ere *Lettre à Eugénie.*

Que dirons-nous des Athées ? Sera-t-on en droit de les haïr ? Non sans doute.... L'éducation, l'opinion publique et les lois , bien mieux que les chimères de la religion, montreront à l'homme ses devoirs. ..... Les notions surnaturelles n'ajoutent rien aux obligations que notre nature nous impose. *Lettres à Eugénie.*

J'ai parcouru toutes les contrées de l'univers ; j'ai examiné les mœurs, les usages, les coutumes de tous les pays qui le composent ..... J'ai rencontré l'homme partout et n'ai trouvé Dieu nulle part.

N. B. Ce mot philosophique est tout aussi éloquent pour le moins que le passage de Bossuet tant de fois cité ; il s'agit de la religion Egyptienne : « Tout était Dieu, exepté Dieu même. » *Hist. univ.*

FRÉVILLE ,* l'Économiste et le traducteur d'ouvrages anglais. Il professait *l'athéisme* à Paris, dans les cercles, dans les cafés. Il laissa quelques manuscrits sur cette matière.

Voici un de ses argumens :

L'objet d'une idée abstraite intellectuelle n'existe pas ;

Or, Dieu est l'objet d'une idée abstraite intellectuelle ;

Donc Dieu n'existe pas.....

N. B. Et voici le développement ou plutôt la démonstration de ce raisonnement, auquel le fameux métaphysicien de Genève, Charles Bonnet, qui en eut communication pour y répondre, ne répondit point cathégoriquement. Cette pièce inédite, nous a paru digne de l'attention des bons esprits.

De l'Existence de Dieu.

Les objets de nos idées sont réels ou idéaux.

Il est une règle certaine, pour juger de la réalité ou de l'idéalité de ces objets. Il suffit, pour en juger, de connaître la nature de l'idée.

Il est deux classes d'idées ; les idées sensibles et les idées abstraites.

Une idée sensible est le pur résultat de l'action d'un objet sur les organes des sens. L'objet de l'idée sensible est donc un être réel, un être qui a une existence individuelle ; car, pour agir, il faut exister.

Une idée abstraite se forme de la comparaison des idées sensibles, par la réflexion. L'objet de l'idée abstraite est nécessairement un être idéal ; c'est que l'idée ne résulte plus de l'action de l'objet, mais de la comparaison que nous fesons entre nos idées sensibles.

Dans cette comparaison, nous appercevons le rapport

18

qu'ont entr'elles ces idées sensibles. Ce rapport, nous parvenons, par un acte de notre attention, à le séparer des idées comparées, à le représenter par un signe, ou à l'exprimer par un terme ; et ce rapport, ainsi détaché des idées sensibles, représenté par un signe ou exprimé par un mot, est l'objet de l'idée abstraite.

Il est évident que ce rapport, auquel le signe ou le terme qui le représente, donne une sorte d'existence, ne peut réellement exister que dans l'entendement.

On conçoit donc que l'idée abstraite consiste dans la perception et l'expression du rapport qu'ont entr'elles deux ou plusieurs idées sensibles. L'objet d'une telle idée n'est donc jamais qu'un être idéal, dont l'exemplaire n'existe point dans la nature.

Dès lors, l'existence de Dieu cesse d'être un problême. Montrons en la solution.

L'idée de Dieu est une idée abstraite. Il est impossible de n'en pas convenir. En voici l'origine et la formation.

En dernière analyse, l'idée de Dieu, est celle de l'être que nous croyons être la cause de toutes les choses qui sont.

L'idée de Dieu n'est donc que l'idée de l'être, unie à celle de la cause.

L'idée de Dieu est donc une idée abstraite complexe, ou composée de deux idées générales ; les rapports qui sont les objets de ces idées sont faciles à découvrir.

Le premier de ces rapports est la qualité d'être, commune à toutes les choses qui existent : et il n'est point entre les êtres divers de rapport plus général. A l'aide de l'attention, on sépare ce rapport des objets ; on désigne par le terme *être*, la perception de cette qualité commune à toutes les choses existantes, et l'on a dans l'esprit l'idée générale de l'être.

Le second rapport est celui de *cause*. Nous exprimons par ce terme, la capacité d'agir, que nous observons être commune à tous les corps. Nous détachons des corps cette qualité commune ; nous l'exprimons par le mot *cause*, qui en devient le signe représentatif, et par là, nous parvenons à fixer dans notre entendement, l'idée de la cause en général.

L'idée générale de cause, ainsi que celle d'être, ne sont que deux idées abstraites ; mais c'est de la réunion de ces deux idées, qu'on se forme l'idée complexe, que nous disons être l'idée de *Dieu*.

L'idée de Dieu ne nous représente donc qu'un être idéal, composé de deux rapports généraux, que l'entendement découvre dans les divers êtres qui agissent sur les organes des sens.

Ces idées abstraites, l'esprit ne les acquiert que par la comparaison qu'il fait entre ces idées sensibles, les objets de ces idées ne sont que les rapports qui existent entr'elles. Les objets de ces idées ne sont donc pas des êtres réels, mais seulement des êtres idéaux.

Or, l'idée de Dieu, comme on vient de le voir, est de la classe des idées abstraites. Si quelqu'un pouvait en douter, je ne voudrais, pour l'en convaincre, que lui faire comparer cette idée, avec quelques unes des idées sensibles dont elle est tirée.

Il vous est aisé d'observer, lui dirais-je, que tous les objets qui vous environnent, ont une qualité commune, celle d'être. Dirigez votre attention uniquement sur ce rapport général que soutiennent entr'eux les objets divers : détachez ce rapport des objets ; exprimez-le par le terme *être*. Alors vous aurez l'idée de l'être en général.

Remarquez ensuite, que tous les corps qui s'offrent à vos yeux, en agissant les uns sur les autres, produisent des effets divers. La propriété de produire certains effets est donc une propriété commune à tous les corps. Détachez par un acte de votre attention, ce rapport général qui existe entre tous les corps; désignez-le par le terme *cause*, et alors vous aurez dans l'esprit l'idée abstraite de la cause, ou l'idée de cause en général.

On comprend donc comment on peut s'élever, de la considération d'un corps particulier, aux idées générales *d'être* et *cause*.

Or, remarquez, ajouterais-je, que c'est de la réunion de ces deux idées, qu'on forme l'idée de Dieu. Vous êtes donc forcé de reconnaître que l'idée de Dieu est une idée abstraite. Donc, devez-vous conclure, Dieu est l'objet d'une idée abstraite. Donc, Dieu n'est qu'un être idéal. Donc, Dieu n'a point une existence individuelle. Donc, l'existence de Dieu n'est qu'une idéalité. Donc, l'existence réelle d'un tel être est impossible.

Ceci est d'une parfaite évidence : car il est impossible que le même être soit à la fois idéal et réel.

Mais c'est là ce qui arriverait à l'égard de Dieu. Par la supposition, cet être serait une réalité ; et ce même être, étant l'objet d'une idée abstraite, ne serait, par la nature des choses, qu'une idéalité. Il faudrait donc que cet être fût et ne fût pas en même tems, ce qui implique contradiction.

Il est donc démontré que Dieu n'est point un être qui ait une existence individuelle. Les philosophes qui ont eu l'idée de Dieu n'ont réalisé l'objet de cette idée abstraite, que parce qu'ils n'ont pas fait attention à l'origine et à la génération de cette idée ; ils n'ont pas vu ce qu'elle est dans la nature des choses; mais ils ont cru le voir et ils n'ont eu qu'une vision !

N. B. *Quod erat demonstrandum*

FRÉVILLE, l'instituteur. Dans son *Temple de la morale* ou *Recueil de pensées gnomiques*, il a inséré, avec une sorte de prédilection, quantité de vers de la plus haute philosophie, tirés des *Fragmens sur Dieu* et dans le genre de celui-ci :

Non, je n'ai pas besoin d'un Dieu pour être sage. (r)

FUEGO. Les habitans de la *terre del-Fuego*, n'ont pas la moindre étincelle de religion..... *Voy. Feu.*

G.

GAFFAREL, (Jacques) bibliothécaire du Cardinal Richelieu.

Il y a beaucoup d'apparence qu'il avait des opinions *fort particulières*, dit Bayle... en parlant de la religion de ce savant.

N. B. Cela veut dire, dans la langue de Bayle, que Gaffarel, mérite les honneurs de notre Dictionnaire.

Dans le sien, Bayle se sert souvent d'expressions propres à le mettre à l'abri de l'animadversion des ministres du saint évangile. Leur intolérance l'obligeait à certaines circonlocutions, à certaines formes préservatrices de la liberté de sa plume et de sa personne.

GALADIN, (Mahomet) Empereur du Mogol, illustre par ses belles qualités personnelles, et par son administration toute paternelle, n'eut vraisemblablement pas de religion, car il mourut l'an 1605, sans qu'on ait jamais pu savoir de quel culte il avoit été.

N. B. Un homme d'État, digne de ce titre, ne doit croire qu'à la vertu des lois. Malheur à une nation dont les magistrats suprêmes n'auraient d'autre frein que la crainte de Dieu ! Ce serait le règne des prêtres.

(1) On sait que cet ouvrage est de Sylvain Maréchal, lui-même.

Édit.

GALIEN, (Cl.) de Pergame, n'a pas seulement douté de l'immortalité de l'ame, mais il l'a même nié en plusieurs endroits de ses écrits.   *La Rel. du méd. note , page* 89.

Immortalitatis animæ negator. Naturalista , Epicureus, enfin, *Atheus* disent les lexigraphes.

. . . . Voilà la véritable science, (la philosophie hermétique) que Galien et ses sectateurs, n'ont pu ni voulu connaître, puisque , *ne reconnaissant pas un Dieu, auteur de la nature,* ce grand mystère leur a été et sera pour toujours caché.   *Eclairc. sur la phil. hermet.*

N. B. Pour l'ordinaire, les alchimistes et les astrologues sont dévots ; les chimistes et les astronomes ne le sont pas.

GANGE. (les philosophes du)

Les Brahmes (successeurs des Gymnosophistes, sur les bords du Gange.), croyent le monde éternel et sans principe. Un pur esprit ne leur parait pas possible.

Anquetil, note du disc. prél. Zendavesta. p. 139.

Quand on leur demande à voir Dieu, ils tracent un cercle , comme pour dire : Dieu n'est autre chose que le grand cercle de la Nature.   *Voy. les Voyag. de Dillon.*

Ils disent que nos ames sont des parcelles de l'ame générale, comme nos corps sont des parties de l'univers.

Brucker, Hist. philos.

Les lettres jésuitiques sur ce qui se passe en Orient, datées de l'année 1626, témoignent qu'il se trouve encore aujourd'hui des peuples sur le Gange , lesquels ne reconnaissent aucun esprit supérieur.

Lamothe Levayer, de la Divin.

N. B. L'athéisme s'est prononcé dans l'Inde et à la Chine , plus que partout ailleurs. Les lumières datent, chez les Orientaux, d'une époque à laquelle les autres nations ne peuvent atteindre.

Voy. Lett. de Bailly à Voltaire.

GARASSE, (Fr.) Jésuite, auteur de la *Doctrine curieuse des beaux esprits de ce temps*. Il sut en peu de temps que, selon le jugement du public, son livre était bien plus propre à fomenter l'athéisme qu'à le ruiner. *Bayle.*

N. B. Le tort de Garasse et de Hardouin n'est pas la calomnie. Ceux qu'ils donnent pour Athées le sont en effet, soit au positif soit indirectement, par suite de leurs principes. Mais nos deux jésuites intolérans sont coupables d'avoir transformé une opinion en délit; et ils ont légué leur mauvais esprit à beaucoup de leurs successeurs.

GARAT, littérateur Français, de l'Institut national de Paris.
On nous assure qu'il est digne de se voir placé dans cette honorable nomenclature.

GARNIER, de Lyon; poète Français. Il vécut en épicurien et mourut en Athée, à Paris, en 1783 ou 84. Il était jeune encore.

GARTH, (Samuel) excellent poète et médecin Anglais, né au Comté d'Yorck, mort le 18 janvier 1719.
Pope l'appelle : le meilleur des hommes. On l'a accusé d'irréligion pendant sa vie et à sa mort.

GASSENDI. (P.) Morin publia hautement que Gassendi n'avait point de religion, et qu'il déguisait ses sentimens par pure politique et dans la crainte du feu. *Metû atomorum ignis.*
La philosophie de Gassendi n'est qu'un développement, une réparation du dogme d'Épicure.
D'Argens. Philos. du Bon Sens. Tom. II.
Gassendi, au lit de mort, après s'être bien assuré que personne ne pouvait l'entendre, dit à un ami : « Je ne » sais qui m'a mis au monde, et j'ignore pourquoi l'on » m'en retire. »
Réflex. sur les Gr. hom. morts en plaisantant, page 97.

On révoque en doute ce récit ; il est peut-être inexact, mais l'athéisme est une conclusion du système embrassé par ce savant recommandable ; et ceci est applicable à plusieurs autres systèmes de philosophie.

GAULARD, gentilhomme Bourguignon, dont Tabourot, Seigneur des Accords, célébra les naïvetés, disait : « Si » j'étais Roi, je défendrais qu'on parlât de Dieu dans » mon royaume, ni en bien ni en mal. »

N. B. En Allemagne et en Suisse, plusieurs gouvernemens embrassèrent autrefois ce parti, sans doute pour prévenir les querelles religieuses, qui ressemblent au festin des Lapithes : on finit presque toujours par ne plus s'entendre et par se battre.

Il faudra bien un jour faire main basse sur la métaphysique, sur l'ontologie, la psychologie, l'idéologie.... etc. et réduire toute la philosophie à la physique expérimentale, à la morale pratique. Pour nous entendre, simplifions nos études, émondons l'arbre des connaissances humaines ; et c'est à quoi tend l'athéisme.

GAULOIS. Le premier objet du culte des Gaulois, à l'exemple des plus anciens peuples, fut l'univers entier.

Béneton, Elog. hist. de la chasse. page 18.

La religion des Gaulois n'était dans le fond qu'une espèce de spinosisme.

Bib. Germ. Tom. XXXVII. page 147. 1733.

N. B. Nos théologiens Français sont encore Gaulois sur ce chapitre, mais sans le savoir, ou du moins sans en vouloir convenir.

GAUTIER, Abbé de St Victor.

Ecoutez-les, (les théologiens) vous ignorerez bientôt s'il y a un Dieu ou s'il n'y en a point.

GÉANTS. (les) *Gigantes, Impia gens, Deos negans.*

Macrob, Saturn. C. 20.

C'était vraisemblablement une société d'hommes instruits et courageux, véritables héros, qui voulurent renverser l'échafaudage de la religion, et rappeler l'homme à la nature. (1)

N. B. Un véritable Athée, au milieu de la gent crédule est un Géant parmi les nains.

GÉBELIN, (Court de) né à Nismes ; auteur du *Monde primitif.*

L'abbé Legros prouve, dans l'*Analyse* de ce grand ouvrage, 1786, in-8°. que Gébelin, qui ne reconnait rien de spirituel dans l'espèce humaine, doit être placé à la suite des pyrrhoniens et des matérialistes, à la tête des *déistes physiques.* Page 227.

Dans le système de Gébelin, tout rentre dans la sphère des choses matérielles. Tout est matière et ressort purement mécanique. Page 126.

GEOFFRIN, (la veuve) l'amie de D'Alembert ; philosophe Française, morte à Paris en 1777.

N. B. On essaya de tourner en ridicule jusques aux bienfaits de cette femme, parce qu'elle ne fesait pas le bien au nom de Dieu.

GERLE. (Dom) Ce procureur des Chartreux qui figura un moment dans la révolution, s'occupe, depuis plusieurs années, d'un ouvrage dans lequel il renverse toute espèce d'opinions religieuses. *Note comm. par Peyrard.*

GERMANUS. (Moses) Ce juif professa l'athéisme sous le voile de la cabale.

Il eut des imitateurs.

GERSCHOM. (Levi Ben-) Ce rabbin soutint publiquement, dans des livres imprimés, l'éternité du monde..... etc.

_____

(1) Cette opinion appartient toute entière à Reimannus *Edit.*

N. B. L'éternité du monde , comme on sait , est un Athéisme. Dieu et l'univers , *co-éternels*, répugnent. Il faut reconnaître un Dieu matière , ou la matière sans Dieu.

GESSIUS, célèbre médecin du Ve siècle. Nous le réclamons, puisqu'il a dit que le monde vient nécessairement. de Dieu , comme l'ombre d'un corps.

Docuit disertè mundum ab æterno fuisse et fore in æternum, cùmque necessariò à Deo esse productum , ut umbra à corpore.

GILBERT de la Porée , Évêque de Poitiers; sa ville natale.

A force de vouloir analyser Dieu , ce théologien le réduisit à une pure abstraction ; c'est-à-dire à rien.

.... Il examina quelle différence il se trouve entre l'essence des personnes et leurs propriétés, entre la nature divine et Dieu, entre la nature et les attributs de Dieu. Gilbert estime que l'essence ou la nature de Dieu, sa sagesse, sa bonté , sa grandeur, n'est pas Dieu, mais la forme par laquelle Dieu est Dieu. Il regarde les attributs de Dieu, et la divinité, comme des formes diffé-rentes ; et Dieu , ou l'être souverainement parfait comme la collection de ces formes. Voy. *Pluquet, Dict. de Her.*

N. B. Notre théologien abstrait ne manqua pas d'être condamné par le concile de Rheims et de se rétracter. Il y allait au moins de sa prélature.

GLISSONIUS , (Fr.) médecin Anglais.

Voyez le livre in-4° qu'il publia à Londres sous le titre : *de Naturá substantiæ* energeticâ, *sive, de vitâ Naturæ.* 1672.

GNOSIMAQUES. Ce nom composé de deux mots Grecs , (*Gens qui combattent la science*) fut donné à certains philosophes qui condamnaient toutes sortes d'études et de recherches , surtout celles qui avaient pour objet la religion. Ces *Athées-pratiques* prétendaient que l'homme doit se borner à faire de bonnes œuvres.

Bénis soient les Gnosimaques !

GNOSTIQUES. (les) Espèce de philosophes pythagoriciens dont le système *sapit spinosismum,* sent le spinosisme.

Nous ne parlons que des premiers Gnostiques. Les autres, d'une morale relachée, ne sont pas dignes de figurer ici.

GONTAUT, (Armand et Charles de) Ducs de Biron. Le père n'avait guère de religion.

Le fils, (dit V. Cayet) s'est moqué plusieurs fois de toute religion.

GORDON, (Th.) philosophe Anglais . . . . Je crois qu'on ne sera point damné pour ne pas croire ce que l'on ne peut point croire. *Symbol. d'un laïque*, 1720.

GOUSSIER, principa. auteur de *La physique du monde,* dont le second titulaire est Le B. Marivetz,

Mort agé de soixante-dix-sept ans, à Paris, où il était né en 1722.

GRAMMONT. (le Duc de) Colonel des Gardes Françaises, prit chaudement le parti de La Mettrie, violemment persécuté à cause de son livre de *l'Histoire naturelle de l'ame,* où l'impiété respire à chaque page.

GRAPPIUS. (Zach.) *An Atheismus necessariò ducat ad corruptionem morum dissertatio ?*

C'est-à-dire : L'opinion de l'athéisme conduit-elle nécessairement à la dépravation des mœurs ?

N. B. Bayle et mieux encore que lui, les bonnes mœurs des véritables Athées de tous les siècles et de tous les pays, ont répondu à cette question impertinente.

GRECS. (les) Il faut que la question de l'immortalité de l'ame soit dangereuse à approfondir, car jamais il ne s'est vu un plus grand nombre d'Athées et d'incrédules parmi les Grecs qu'au temps où cette question y était le plus agitée.. etc.

Dans ce temps, parurent ces fameux Athées, qui osèrent se roidir contre le torrent des opinions populaires et les refuter par leurs raisonnemens ; un Evhémère, un Théodore, un Protagore, un Diagoras, si connu par ses bons mots impies, un Hippon de Mélos.....

La savante Grèce était pleine d'Athées.

J. J. Rousseau, Rep. au R. de Pol.

Les anciens Grecs n'ont aucune notion de l'être immatériel. *Du Monde, son Orig. ... etc.*

La première idée que les hommes ont eue de l'ame, est celle d'un être matériel. *Eod. loc.*

N. B. Et de Dieu aussi, l'une tient à l'autre.

GRÉGOIRE *de Naziance* surnommé le *théologien.* Il ne faut que du babil pour en imposer au peuple. Moins il comprend, plus il admire....

Nos pères et docteurs ont souvent dit, non ce qu'ils pensaient, mais ce que leur fesaient dire les circonstances et le besoin. *Lett. à Jérome.*

N. B. Le bon Grégoire rapporte les nouvelles de l'école. Son témoignage n'est pas suspect, il était initié.

GRÉGORIUS. (D.) *Deus manet intrà omnia......* *Interiùs penetrans.* Homel. XVII, *sup. Ezech.*

Le bon Saint Grégoire était assurément spinosiste, quand il écrivait ceci : Dieu réside en toutes choses ; il pénètre dans l'intérieur de l'univers....

GRESSET, (J. B. L.) poète d'Amiens, de l'Académie Française.

Dans sa comédie de *Sydney*, il transporta sur le théâtre les maximes d'une philosophie hardie....

GRÉTRY, de Liège; s'il n'est point de la force de la
plupart des illustres incrédules de l'Institut national de
France, ce célèbre compositeur a du moins prêté, de la
meilleure grâce du monde, le charme de sa musique aux
paroles d'un opéra joué sur le grand théâtre, et parmi
lesquelles on lit : (1)

UN INTERLOCUTEUR.

Que mettrons-nous à la place des prêtres?

RÉPONSE.

De bons magistrats, point menteurs.

L'INTERLOCUTEUR.

A la place des Dieux tant craints de nos ancêtres?

RÉPONSE.

De sages lois, de bonnes mœurs.

GRIFFET DE LA BAUME, petit neveu du P. Griffet,
jésuite; et homme de lettres à Paris.

GRIFFITH, écrivain Anglais. On a défini l'homme de
plusieurs façons : on l'a appelé un Animal... *religieux*...
J'y ajouterais, moi, le titre de *consciencieux*, et je le
crois moins équivoque que l'autre.

> 1re *note de la scène VIII de l'acte V de la vie et de*
> *la mort de Richard III. par Shakespeare.*

GRINGORE, (Pierre) vieux poète, moraliste Français,
mort à Paris, au commencement du XVIe siècle. Il avait
pris pour devise :

> *Tout par raison; raison partout.*

GROTIUS, (Hugues) savant de Hollande. Grotius a
judicieusement remarqué qu'il y aurait quelque obligation

---

(1) L'auteur de cet opéra est Maréchal.   *Edit.*

naturelle, quand même on accorderait qu'il n'y a point de divinité. *Leibnitz.*

On dit qu'au lit de mort, il ne répondait à celui qui l'exhortait que par un *non intelligo.*

Grotius était de la *religion des prudens*, c'est-à-dire de ces sages qui ne croyent que ce qu'ils jugent convenable, et qui ne s'en vantent pas.

Dans la *Bibliothèque Polonaise*, une de ses lettres au socinien Crellius, donne de violens soupçons sur sa religion. Il était sur ce chapitre d'une indifférence tout-à-fait philosophique.

La religion de Grotius était un problême pour bien des gens. *Burigny. Vie de Grotius.*

Grotius est mort comme un Athée, sans avoir voulu faire profession d'aucune religion.
Voy. l'Esprit de M. Arnaud. (1)

GRUET, (J.) de Genève ; décapité dans cette même ville, au milieu du XVI. Siècle, à cause de ses opinions fortement prononcées, non pas seulement contre Calvin, mais contre toute religion quelconque.

GRUNEBERG. (Joh. Petr.) *de Atheorum relligione prudentûm.* Ce livre est à traduire.

GRUTER, (Jean) ou JANUS GRUTTERUS. Ce savant d'Anvers..... dans le *forum* de la conscience, ne rendait un culte qu'à la vertu. Ostensiblement on pouvait le croire de la religion dite protestante.

Gruter fut accusé d'irreligion. *Notus est quippe ejus atheismus.* Ph. Paretus.

Sa froideur pour la religion et son athéisme sont connus. *Theologiæ ignarus.* Idem.

(1) Voir Reinerius. *Édit.*

GUARDIAN, (les Auteurs Anglais du) ou le *Mentor moderne.*

N'est-il pas certain que presque toutes les disputes savantes roulent plutôt sur des sons, que sur des idées ? Toutes les controverses des théologiens ne concernent-elles pas les différens sons qu'on peut donner aux paroles ?

Disc. XXXV. tom. **1.**

GUDIN, de la Brunelerie, homme de lettres et l'ami de Beaumarchais, n'est que pyrrhonien. *Note de Lalande.*

GUÈBRES. (les) Encore aujourd'hui, ils révèrent dans la lumière le plus bel attribut de la divinité.

Le feu, disent-ils, produit la lumière, et la lumière est Dieu.   *Dupuis, Orig. des Cultes.*

GUETTARD, médecin, matérialiste dans ses excellens mémoires imprimés au recueil de l'Académie des Sciences, dont il était membre; et par une inconséquence qui n'étonne pas de la part des hommes, janséniste dans sa vie animale.

GUICCIARDINI, (Fr.) historien, né à Florence : Possevin le blâme d'attribuer au destin et à la fortune les révolutions des Etats ; il veut bien lui faire grâce de croire que ce style n'est point en lui un effet de quelque *erreur* de *l'entendement.*

On sait où tend un reproche de cette nature. Guicciardini est soupçonné d'irreligion, quoi qu'il fut toujours très-circonspect dans ses paroles comme dans ses actions.

GUYTON DE MORVAU, chimiste et membre de l'Institut national de France.

GUNDLINGIUS. Ce savant a soutenu thèse pour prouver l'athéisme du père des médecins, Hippocrate.

Voyez ce nom.

GYMNOSOPHISTES. (les) Plusieurs d'entre les Gymnosophistes Indiens fesaient profession ouverte d'athéisme,
et vivaient avec beaucoup de retenue.

Cette secte d'Athées subsiste encore.

Deslandes, Hist. de la philos.

Toujours accusés d'athéisme, et toujours respectés pour
leur sagesse, les Gymnosophistes remplissaient avec la
plus grande exactitude, les devoirs de la société.

Helvétius. De l'Esprit, disc. III.

N. B. Les Athées doivent être de meilleurs citoyens que le reste
des membres d'un État politique ; par la raison qu'ils n'obéissent
point à deux maîtres, Dieu et la loi : ils ne reconnaissent que
celle-ci au-dessus d'eux.

H.

HACHETTE, professeur à l'école Polytechnique.

Note comm. par Peyrard.

HAGUET, (Guillaume) sectaire Anglais, du XVIe. siècle.

Hæc fuit ultima oratio :

Deus cœli, potentissimè Jehovas, alpha et omega, domine
dominorum, rex regum, æterne Deus, ... Libera me
ab inimicis meis : sin minùs, cœlos succendam, et te à
throno detractum manibus meis lacerabo.

C'est-à-dire : Voici la prière qu'il fit en mourant :

« Dieu du ciel, très-puissant Jéhovah ! L'Alpha et
» l'Oméga de l'univers, Seigneur des Seigneurs, Roi des
» Rois ; éternel Dieu ! Délivre-moi de mes ennemis :
» sinon j'embrâserai les cieux, et t'arrachant de ton
» trône, je te dilacérerai de mes propres mains. . . . . »

N. B. Cette éjaculation donne la mesure de la religion de

Haguet, et prouve qu'il n'était point dupe. Les ames pieuses ne traitent pas ainsi leur idole.

HALL, (Joseph) Évêque Anglais, surnommé le Sénèque de l'Angleterre. Son indifférence pour les religions en fit un prélat modéré et tolérant. Il disait que le livre le plus utile à faire serait celui-ci : *De paucitate credendorum.*

C'est-à-dire : Du petit nombre des articles de foi.

Que pouvait dire de plus un évêque sans se compromettre?

HANNIBAL. Voyez ANNIBAL.

HARDOUIN, (le P.) prétend que les ouvrages des *Pères de l'Église* et particulièrement ceux de S. Augustin, ont été faits par une société d'Athées, qui voulaient détruire le christianisme.

Il a fait un in-f.° d'une bonne grosseur pour prouver qu'Arnaud, Pascal, le P. Thomassin, Ambroise Victor, Descartes, étaient des Athées parfaits et plus dangereux que Spinosa.... *D'Argens, Philo. du Bon Sens.*

Le P. Hardouin a joint à tous ces Athées, Nicole, Jansénius, Quesnel, Antoine Legrand..... (1)

Voy. ces diff. noms ; voy. aussi Garasse.

N. B. Jean Hardouin aurait dû clore par son propre nom, la liste de ses *Athées découverts. Athei detecti.* Car, en reprochant à ses compagnons d'école qu'ils font de Dieu une abstraction, que, veut-il donc qu'il soit ?

_____

(1) Le père Hardouin n'était qu'un cerveau bizarre, qui prétendit également que *l'Énéide* et les *Odes d'Horace* avaient été composées par des moines du treizième siècle. Celui qui voit Jésus-Christ dans *Ænée*, et la religion chrétienne dans *Lalagé*, maîtresse d'Horace, est assez fou pour voir des Athées dans le P. Quesnel, dans Mallebranche, Arnauld, Nicole et Pascal. Portées par des Hardouin, des Garasse et autres esprits systématiques de ce genre, de telles accusations auraient-elles jamais dû causer tant de maux ? *Édit*

20

Si Dieu n'est point une abstraction, il est donc un corps. Il faut opter. Dans les deux cas Hardouin et ses adversaires sont Athées ou spinosistes

HARLAY, (le Président Achille de) mort en **1712.**

Ce grave magistrat s'égayait parfois aux dépens de ce qu'on appelle vulgairement l'être suprême ; il disait : *Dieu soit loué, et nos boutiques aussi.*

N. B. Peu de sujets fournissent davantage à la plaisanterie. Une opinion, pour quelque grave qu'on la donne, si elle est absurde, si elle répugne à la nature, prête le flanc au sarcasme.

HÉBERT. Au sujet de la fête de la Raison, imaginée par Hébert et autres meneurs de la trop fameuse Commune de Paris, (1) un poète déiste fut converti à l'athéisme et s'écria ;

Je ne veux plus d'un Dieu qu'un Hébert peut proscrire.

HELVÉTIUS, (Cl. Ad.) philosophe Parisien.

On ne finirait pas, si l'on voulait donner la liste de tous les peuples qui vivent sans avoir l'idée de Dieu.

De l'Esprit.

Les peuples sans idée de Dieu, peuvent vivre en société plus ou moins heureusement, selon l'habileté plus ou moins grande de leur législateur. *Idem.*

Il est peu de gens que la religion retienne. *Eod. loc.*

Peu de philosophes ont nié l'existence d'un *Dieu physique,* il n'en est pas ainsi du *Dieu moral.* De l'Homme.

Rien de commun entre la religion et la vertu.

Eod. loc.

N. B. Et c'est ce qu'il faut répéter jusques à la satiété. Dans aucune circonstance, dans aucune saison de la vie, l'homme pour être sage et heureux n'a que faire d'autres divinités que sa tête et son cœur.

---

(1) Maréchal lui-même avait fait des cantates pour la fête de la Raison. Voir sa Vie. *Édit.*

L'homme est son Dieu. Rien de commun entre ce qui se fait au ciel et se passe sur la terre.

L'homme, disait Fontenelle, a fait Dieu à son image et ne pouvait faire autrement.   *Helvétius, de l'Homme.*

.... Si par Athées, on entend des hommes guidés par l'expérience et le témoignage de leurs sens, qui ne voyent dans la Nature que ce qui s'y trouve réellement; si par Athées, on entend des physiciens qui, sans recourir à une force chimérique, croyent pouvoir tout expliquer par les lois du mouvement... Il n'est pas douteux qu'il existe bien des Athées, qu'il y en aurait bien davantage, si les lumières de la saine physique et de la droite raison étaient plus répandues.

Pages 74 et 75 du vrai sens du système de la Nature, ouvrage posth. d'Helvétius. Lond. 1774.

Dans l'enfance du monde, le premier usage que l'homme fait de sa raison, c'est de se créer des Dieux.

De l'Esprit, disc. II.

La religion payenne n'était proprement que le système allégorisé de la Nature.   *De l'Homme.*

Voy. La relig. univers. par le savant Dupuis.

Hélvétius dit que tous les hommes de lettres sont Athées.

De l'Esprit. tom. 1.

Il ajoute que tous les jésuites, qui certainement n'étaient pas des sots, avaient soutenu cette opinion.

Helvétius appelait la morale, la seule religion du monde entier.

Il disait : le mal que font les religions est réel, et le bien imaginaire.

Les religions sont utiles, mais c'est aux prêtres et aux tyrans.

Helvétius mérite le mot : *ecce* VIR.

HÉNAUT, (N.) Ce poète se piquait d'athéisme. Il avait

fait le voyage de Hollande, tout exprès pour voir Spinosa.

Voici de ses vers :

> On meurt et sans ressource et sans reserve aucune ;
> S'il est après ma mort quelque reste de moi,
> Ce reste, un peu plus tard, suivra la même loi,
> Fera place à son tour à de nouvelles choses,
> Et se replongera dans le sein de ses causes.

Hénaut avait composé trois différens systèmes de la mortalité de l'ame. Cette matière était de son goût. Dans une épître dédicatoire, il s'exprime ainsi :

.... » Vous savez que je suis un homme tout intérieur, que je ne me félicite guère de l'opinion d'autrui, que mes maximes ou mes erreurs sont assez différentes de celles du reste du monde. »

Voici encore quelques autres vers de ce poète Athée :

> Tout meurt en nous, quand nous mourons ;
> La mort ne laisse rien, et n'est rien elle même ;
> Du peu de tems que nous durons,
> Ce n'est que le moment extrême.

M. Hénaut, (imprima-t-on, à la tête de quelques unes de ses poèsies) était estimé de tout le monde.... C'était un parfaitement honnête homme.

Ce poète philosophe, qui avait entrepris la traduction française de Lucrèce, brûla ce qu'il en avait fait par déférence pour son confesseur ; et c'est une grande perte, à en juger d'après la belle Invocation qui nous reste.

N. B. Le vandalisme des prêtres a fait bien du mal aux muses et aux lettres. (1)

---

(1) Il s'agit ici de Jean Hesnault, (et non pas *Henaut*) connu dans la littérature par plusieurs pièces et entr'autres le sonnet de *l'Avorton.*

Edit.

HÉRACLITE. Philosophe Éphésien.

Il avait écrit *de la Matière*,

de l'Univers,

de la Théologie....

Comme ses opinions sur la nature des Dieux n'étaient pas conformes à celles du peuple et qu'il craignait la persécution des prêtres, il avait eu la prudence de se couvrir d'un nuage d'expressions obscures et figurées,

Diderot.

N. B. Diderot lui-même ne l'a que trop imité.

Héraclite disait : Qu'est-ce que c'est que les hommes ? Des Dieux mortels. Qu'est-ce que les Dieux ? Des hommes immortels.

HÉRAUT de Séchelles. *Voyez* son Voyage à Montbard.

Mag. encycl. 1795.

HERBERT, (E.) non pas le poète et curé de ce nom, mais le philosophe Anglais, précurseur de Hobbes, de Blount et de Spinosa dans la carrière du *Naturalisme.*

HERIMANN. (Conrard) *Ordines Belgii prestantissimos atheismi præfidenter arcessit (Conr. Herimannus), nec relligionem curæ habere dicit, nisi quàtenus ad ampliandum imperium utilis esse videtur.* Berneggerus, Tuba pacis.

D'après ce passage, il parait que par-tout et toujours la religion ne fut considérée par les administrateurs politiques, que comme un lévier pour remuer le peuple à leur profit.

N. B. Ne serait-il pas bien temps que ce charlatanisme indécent et grossier cessât, pour faire place enfin à une bonne législation ? Point de mœurs, tant qu'on tolérera publiquement les *filles* et les *prêtres*.... Qu'on ne se récrie pas sur cet accouplement. Les ministres du Christ n'ont-ils point divinisé l'adultère ? Marie est-elle autre chose que la patronne des épouses infidèles ? Joseph, le patron des maris trompés ? Quand donc finira ce scandale ?

HERMIAS, le Galate, soutenait le matérialisme de Dieu et l'éternité de l'univers. L'enfer, aux yeux de ce philosophe, n'était autre chose que ce monde dans lequel, en effet, les philosophes ne sont pas très à leur aise. La résurrection que la nouvelle secte du Christ, fondée par S. Paul, commençait à prêcher, (c'était au II° siècle de l'ère commune) la résurrection de la chair n'était, selon Hermias que le mariage ou la propagation des familles. Hermias fit école.

HERMITAÏTES. (les) Sectaires partisans de la doctrine d'Hermias. Ils eurent quelque temps une existence dans le pays des Galates. Ils voulaient rapprocher les nouveaux dogmes des Christolâtres, de l'opinion des stoïciens matérialistes.

HERMOGÈNES était un philosophe matériarien. *Voyez* ce mot.

Stoïcien d'abord, il embrassa par la suite le Christianisme, ou plutôt il espéra pouvoir concilier les deux doctrines. Il en résulta un Athéisme mitigé, que Tertullien réfuta comme il put.

Il faut distinguer notre savant Africain du Rhéteur qui porte le même nom.

HÉRODOTE. Plutarque accuse Hérodote d'impiété.

Ce premier des historiens connus dans la Grèce, professait la doctrine commune à tous les Anciens.

HERTZBERG, (le Baron de) qui succéda au Comte de Finckenstein, dans le ministère des affaires étrangères à Berlin.

HÉSIODE, dont les écrits, avec ceux d'Homère, composent le système canonique du paganisme, pose en fait que les Dieux et les hommes sont également produits par les forces inconnues de la Nature.

Hume, Hist. nat. de la religion.

Hésiode avait dans le fond les mêmes principes que les Athées matérialistes.   *Naigeon.*

HIÉROPHANTES, (les) souverains Pontifes à Thèbes, disaient à leurs initiés : « Toute la sagesse Égyptienne » consiste dans l'étude et l'admiration des choses naturelles. » Nous n'admettons que l'existence d'une seule matière » organique; et c'est là notre divinité, si l'on exige que » nous en ayons une. »
Voy. Regnaut, Orig. anc. de la physique nouv. t. I. p. 36.

HIPPOCRATE semblait reconnaître pour Dieu, la chaleur qui est répandue par-tout le monde : ce système approchait de celui de Spinosa...   *Philos. du Bon Sens, t. I.*

Hippocrate avait sur l'ame des idées peu *spirituelles* : il la confondait avec les esprits animaux. *Voyez* Pline.

HIPPON, de Mélos. Ce philosophe fit trophée de son athéisme, même après sa mort.

Il ordonna que l'on mit sur son tombeau cette épitaphe ironique composée par lui-même :

Ci-git Hippon,
Que la Parque,
En le privant du jour,
A rendu semblable
Aux Dieux immortels.

V. Clément d'Alex. coh. ad. gent. et du Monde et de l'Ame. (1)

HIRE. (Philippe de la) Ce savant et malheureux mathématicien de l'Académie des Sciences de Paris, avait,

(1) Voyez aussi Diagoras.

dit Fontenelle, la *circonspection*, la *prudente timidité* des Italiens. Il avait contracté ce caractère lors de son voyage à Rome, contrée où l'on croyait le moins, où l'on feignait de croire davantage. La Hire était fort réservé et s'arrêtait tout court au point où la religion empiète sur la physique. Notre académicien aimait à vivre en paix.

HEYRNHAYM. (Jérome) Sans la révélation, ce chanoine de Bohême eût douté de l'existence divine; selon lui, point de milieu; croire tout ou ne rien croire. Une telle opinion mènerait bien des gens droit à l'athéisme.

HOBBES, * (Th.) était bon citoyen, bon parent, bon ami, et ne croyait point en Dieu.

> *Diderot, trad. des Recher. sur la vertu,*
> *de Shaftesbury. note* **21.**

Si dans une république où l'on ne reconnaîtrait point de Dieu, quelque citoyen en proposait un, je le ferais pendre.

Hobbes, en parlant de Dieu, dit :

Tout ce qui n'est ni corps, ni accident d'un corps, n'existe point. Il n'y a point de substance distincte de la matière.

Tout ce que nous concevons est *fini*, dit très-bien Hobbes : le mot *infini* est donc vide d'idées. Si nous prononçons le nom de *Dieu*, nous ne le comprenons pas davantage. *De Homine, cap.* **3.**

Hobbes définit la *théologie*, avec sa précision ordinaire, *regnum tenebrarum*, le royaume des ténèbres.

Hobbes mit tout en œuvre pour nous faire voir qu'il n'y avait rien qui nous portât naturellement à une vie religieuse. *Shaftesbury, Essai sur la raillerie.*

Il pensait avec beaucoup de liberté et s'exprimait avec

beaucoup de hardiesse. Il haïssait tous ceux qui cherchent à entretenir la crédulité populaire....

Deslandes, Gr. homm. morts en plaisantant.

Le monde est corporel; il a les dimensions de la grandeur, savoir : longueur, largeur et profondeur. Toute portion d'un corps est corps et a ces mêmes dimensions : Conséquemment chaque partie de l'univers est corps, et tout ce qui n'est pas corps n'est point partie de l'univers, mais comme l'univers est tout, ce qui n'en fait point partie n'est rien et ne peut être nulle part.

Leviathan, chap. XLI.

N. B. On dit que Hobbes mourut dévot; il était plus que nonagénaire. Nécessairement le génie se ressent de la caducité du corps, et cela même confirme et justifie le matérialisme du philosophe.

La Religion est une affaire de législation et non de philosophie.   *Hobbes, Encycl. méthod.*

Toute religion, fondée sur la crainte d'un pouvoir invisible, est un conte.   *Hobbes.*

S'il ne fut pas Athée, il faut avouer que son Dieu, diffère peu de celui de Spinosa.   *Diderot.*

De toutes les vertus morales, il n'y a guère que la religion qui fut une matière problématique dans la personne de Hobbes....

Il a passé pour Athée.   *Bayle.*

Sa longue vie a toujours été celle d'un parfaitement honnête homme. Il aimait sa patrie..... Il était bon ami, charitable, officieux. *Ecce* Vir.

HOLBACH, (Paul Thierry, Baron d') né dans le Palatinat, mort à Paris le 11 janvier 1789, a composé :

Catéchisme du citoyen ou *Dictionnaire de la Nature,* 1790. ouvrage posthume. (1)

(1) Pour les autres ouvrages de d'Holbach, V. *Naigeon.*   *Édit.*

HOLCROFT, (Th.) poète Anglais, né vers 1760.

HOMÈRE peut être regardé comme Athée, puisqu'il donnait pour origine aux Dieux l'Océan ou la matière fluide.

Théodoret assure que non seulement Diagoras, Théodore, Evhémère, qui ont pleinement nié qu'il y eût des Dieux, sont Athées, mais qu'Homère, Hésiode, etc. le sont aussi.
De Curat. Græc. affect. Serm. III.

Homère en annonçant la toute-puissance du Dieu des Dieux, fit connaître qu'il le regarde comme la matière subtile.   *Martin de Bussy.*

HONNÊTES GENS du paganisme. (les)
Deos eâ facie novimus quâ pictores et fictores voluerunt.
« Nous ne connaissons les Dieux que par le visage
» qu'il a plu aux peintres et aux sculpteurs... » disaient les honnêtes gens du paganisme.
Bayle, Dictionn. flora.

HOQUINCOURT. (le Marquis d') Le diable m'emporte, si je croyais rien. Depuis...... je me ferais crucifier pour la religion. Ce n'est pas que j'y voye plus de raison; au contraire, moins que jamais ; mais je ne saurais que vous dire, je me ferais crucifier sans savoir pourquoi.

N. B. Persiflage ou non, ces paroles conviennent à beaucoup d'autres encore qu'au Marquis d'Hoquincourt.

HORACE. Ce poète épicurien appartient aux Athées. Son seul Dieu était le plaisir.

Il tira tout le meilleur parti possible de la vie ; bien convaincu qu'elle n'est point suivie d'une autre.

HORN. Les insulaires de Horn, sont sans connaissance de Dieu et sans religion. *Mercure Franç.* 1617, *p.* 154.

HOTMANN, (Fr.) Jurisconsulte, né à Paris en 1524.

On lui reprocha d'être un élégant maître de l'athéisme de Cicéron. Hotmann ne répondit point à cette accusation.

HOTTENTOTS. (les) Ils refusent d'adorer Dieu , parceque disent-ils , s'il fait souvent du bien , il fait souvent du mal.

Laloubère raconte qu'il a vu un grand nombre d'Hottentots, mais qu'il n'en a point trouvé qui eussent la moindre idée de Dieu..... Les Anglais en prirent un, le baptisèrent, le ramenèrent en son pays ; mais alors il dépouilla avec ses habits les sentimens de la religion. Toute la raison qu'on put tirer de lui, c'est que le Dieu d'Angleterre n'était pas mauvais, mais qu'il valait mieux encore n'en avoir point du tout. *Voyage de Laloubère.*

Je n'y ai vu (chez les Hottentots , en Afrique ,) aucune trace de religion , rien qui approche même de l'idée d'un être vengeur et rémunérateur. J'ai vécu assez longtemps avec eux, chez eux, au sein de leurs déserts paisibles ; j'ai fait avec ces braves humains des voyages dans des régions fort éloignées; nulle part je n'ai rencontré rien qui ressemble à de la religion.

Là, où il n'y a ni religion ni culte , il ne peut exister de superstition.... Il n'y a ni médecins ni prêtres ; et dans l'idiôme Hottentot, aucun mot n'exprime aucune de ces choses. *Voyage de Levaillant*, 1790. *tom. I et II.*

N. B. Ni Dieu ni médecine!..... Que nous sommes petits, nous autres nations policées , à côté des Hottentots !
Proposons aux grammairiens un nouveau synonime :
Sage et Sauvage.

HOURN, de Birmingham , auteur Anglais.
L'athéisme ne nous donne point de motifs pour être vicieux et méchans.

L'athéisme ne nous rend point ennemis du genre humain ;

il ne nous fait point haïr ceux qui ne pensent point comme nous ; il n'anéantit pas les principes de la morale humaine.   *Sermon publié à Londres , en* **1735.**

HOUTEVILLE. (l'abbé)

Dieu n'est point corps à la manière des substances étendues ; cependant, il en a tout le positif, toute la vérité.... Il est tout enfin....

N. B. Ceci sent fort le spinosisme. L'embarras des théologiens est remarquable. Souvent l'épaisseur d'un cheveu sépare à peine leur doctrine de celles des plus grands impies qu'ils ont fait assassiner ou brûler.

Nos arrières neveux répugneront de croire ce que nous avons vu, ce que nous voyons encore se passer dans la politique tant profane que sacrée.

HUET , Évêque d'Avranches.

Quoique par la raison nous ne puissions acquérir aucune connaissance plus certaine que la connaissance de Dieu,.... néanmoins cette certitude n'est pas entièrement parfaite.

Sed quid singula persequor cùm perpaucœ reperiri possint gentes, quarum animos non aliqua imbuerit Dei notitia : perpaucas *dixi, nam falluntur qui* nullas *dicunt.*

Alnet. *Quœst. p.* **101.**

C'est-à-dire : Il est *peu* de nations dont l'esprit n'ait quelque teinture de l'existence divine ; je dis *peu,* car ceux qui disent qu'il n'y en a *aucune* se trompent.

Son traité de la *Faiblesse de l'entendement humain ,* n'est pas l'œuvre d'un prêtre. Huet s'y montre sceptique , tout au moins.

HUMAIN. Soldat Français. *Voyez* POURDEAUX.

HUME. (David) Historien et Philosophe écossais.

Il est incontestable que l'empire que toute sorte de foi religieuse exerce sur l'entendement est un empire chancelant et peu assuré : il dépend beaucoup de l'humeur et des caprices de l'imagination. *Hist. nat. de la religion.*

La religion primitive du genre humain doit sa principale origine aux craintes que l'avenir inspire. *Idem.*

Les théologiens ont trouvé la solution du fameux problême d'Archimède , un point dans le ciel , d'où ils remuent le monde. *Idem.*

HYLOBIENS. (les) Sorte de sages , près du Gange , qui n'écrivent jamais et ne lisent point ; ces hommes doutent de tout , excepté de ce qu'ils voient et de ce qu'ils palpent eux-mêmes. Ils dédaignent la renommée... Étrangers aux révolutions politiques , ils ne s'occupent que d'eux et de leur famille , et se maintiennent neutres pour tout le reste. Ils vivent à l'écart , et ne travaillent que pour exister : enfin , ils ont des mœurs et point de culte.

HYLOZOISTE. (l') Philosophe professant l'espèce d'athéisme qui consiste à attribuer de la vie à la matière.

N. B. Dans cette hypothèse , on se passe d'un Dieu et l'on abrège les difficultés. Ce n'est qu'en simplifiant qu'on parviendra à s'entendre.

I.

IDÉALISTE, (l') secte de philosophie. S'il veut être conséquent, il doit faire un pas de plus et dire nettement : « Non seulement les corps extérieurs et la matière en » général n'existent point , mais Dieu lui-même n'est » qu'un phénomène , une illusion de mes sens. »

Naigeon.

ILES (les trente-deux) découvertes sur la fin du siècle dernier, au sud des Marianes.

*De summo ac primo rerum auctore, mirum apud omnes
Sinas silentium : quippe in tam copiosâ linguâ ne nomen
quidem Deus habet.*   **Martini, Hist. Sin. lib. I.**

C'est-à-dire : les Chinois gardent un silence vraiment
admirable sur le suprême auteur de toutes choses, et
dans leur langue si pleine de mots, il ne s'en trouve pas
un pour exprimer *Dieu.*

N. B. L'observation de Martin est applicable aux habitans des
trente-deux Iles voisines de la nation Chinoise.

IMPIE. Rien de moins déterminé que la signification
de ce mot, auquel on attache si souvent une idée vague
et confuse de scélératesse. Entend-on par ce mot un
Athée ?. . . .

Pour que ce mot d'*Athée* ou d'*Impie* rappelle à
l'esprit quelque idée de scélératesse, à qui l'appliquer ? aux
Persécuteurs !   *Helvétius.*

INCRÉDULE. Le mot *raisonnable* est aujourd'hui devenu
synonime d'*incrédule.*   Helvétius, *De l'homme.*

INCURIOSI. Les Insoucians.

C'est le nom d'une académie ou société de philosophes
Italiens, établie dans la ville de Rossani, professant
l'insouciance la plus complette, touchant les opinions et
les institutions humaines, principalement sur le chapitre
de Dieu et du culte.

INDIENS. * Plusieurs passages du *Védam* ne permettent
pas de douter que l'existence de l'ame du monde et le
panthéisme, sont les principaux dogmes de la philosophie
et de la religion des Indiens.

Ces passages, réunis aux fragmens des ouvrages publiés
par Holwell et Dow, démontrent le matérialisme des
Indiens.   *Encycl. méthod.*

INDIFFERENTI. Les Indifférens.

C'est le titre d'une société de philosophes Italiens, fondée à Bologne ; véritable académie d'Athées épicuriens.

A peu près sous le même nom ,.... Péruse vit aussi se former dans ses murs, un cercle d'hommes qui se piquaient de la plus parfaite neutralité en fait de religions. Ils n'en adoptaient aucune.

INITIÉS. (les) Aux mystères d'Éleusis, de Samothrace et de Lemnos, je suis persuadé qu'on prêchait l'athéisme à un petit nombre d'Initiés, en qui on reconnaissait des dispositions favorables. J'en prends à témoin Cicéron.

Larcher , Note sur Hérodote , livre VIII tom. V.
Rerum natura magis cognoscitur quàm Deorum.

Cic. *Nat. Deor. ad fin.*

C'est-à-dire : Le secret des mystères apprend aux initiés bien moins la nature des dieux que celle des choses.

INSTITUT national de France, (l') est composé de dévots et d'Athées. *Chap. XIX du Cont. social des Répub.*

(ouvrage qui vient de paraître.)

N. B. En effet, sur les mêmes fauteuils, siègent tour-à-tour, les Bernardin de St-Pierre, les Collin d'Harleville, les Louis Mercier, les Delisle de Salles, les Lareveillère-Lépaux, les Jussieu , etc. à côté des Lalande, des Naigeon, des Monge...... etc. Cette savante confrérie donne , au moins en cela, l'exemple de la tolérance des opinions. La concordance des principes serait peut-être tout aussi édifiante. Cela viendra. L'Institut est jeune encore ; lui vienne la barbe, nous le verrons sans doute déposer la robe de l'enfance, pour endosser le manteau du philosophe.

En attendant, que de scandales cette compagnie de tant de beaux esprits a donnés déjà dans ses lectures publiques, dans ses séances particulières !..... S'il est temps de proclamer toute la vérité , l'Institut ne devrait-il pas en prendre toute l'initiative solennelle ? A quel autre corps est donc réservé le soin de dénoncer et poursuivre au tribunal de l'opinion les vieilles corporations religieuses? L'école d'Athènes bravait les considérations.

L'Institut est loin de tout cela ; plusieurs de ses membres vont encore à la messe. Corneille, et je crois même Tournefort, y allaient bien, nous le savons; mais nous savons aussi que les temps ne sont plus les mêmes.

C'est pitié de voir cent hommes choisis parmi les doctes de toute une grande nation et délivrés de la triple inquisition sacerdotale, parlementaire et ministérielle, faire si peu, se prononcer si faiblement contre les préjugés de leur pays et de leur siècle, et s'empresser de rappeler les poids et les mesures à l'unité, avant de l'avoir introduite dans la morale publique.....

IONIQUE. (la secte) Depuis Thalès inclusivement, jusques à Anaxagoras exclusivement, la secte Ionique fut Athée.

IRÉNÉE, (S.) Grec, Évêque et martyr.

Les ames, selon ce Père de l'église, ayant commencé d'être, il serait naturel qu'elles finissent de même......

Cum ipso corpore mori.   Adv. hæres. l. II.

Il est égal de dire que l'ame est mortelle, ou d'assurer qu'elle est corporelle   *Mirabaud, le monde....*

N. B. Voilà un matérialiste sans le savoir, martyr du spiritualisme qu'il croit comprendre. L'histoire de l'esprit humain est pleine de ces inconséquences.

ISAIE, le prophète Juif. Selon lui la divinité ne peut être que matérielle et nécessaire.....

Martin de Bussy, Rem. sur le poème de l'Ether.

ISIAQUES, (les prêtres) en Egypte, à Rome... étaient de véritables matérialistes ; car, dit Macrobe :

Isis nihil aliud est quam natura rerum. Saturnal.

C'est-à-dire : Isis n'est autre que la nature des choses.

N. B. Les monumens antiques représentent cette divinité à plusieurs mamelles, allaitant un jeune enfant assis sur ses genoux : symbole de la Nature, vierge, mère et nourrice, se suffisant à elle-même, trouvant en elle seule la faculté d'engendrer et de nourrir ce qu'elle a produit.

Les Christolâtres ne soupçonnent pas que leur culte à la Vierge Marie, leur vient ces bords du Nil et du Tibre.

Sub sole, nil novum. Il n'y a rien de nouveau sous le soleil. Toutes les religions ne forment entr'elles qu'un cercle vicieux.

ISLANDAIS. (les) Dans l'Edda (Mythologie) des insulaires de l'Islande, Dieu, ou Odin, est appelé *le père universel, le père de tout....* la terre est sa fille et sa femme.

C'est le dogme d'un Dieu suprême, l'ame du monde, s'unissant à la matière : dogme, d'une très-grande ancienneté, (dit Mallet, *Remarques sur l'Edda*) et reçu généralement de toutes les nations Celtiques.

ITALIE. Depuis longtemps, il existait en Europe, et surtout en Italie, une classe d'hommes qui, rejetant toutes les superstitions, indifférens à tous les cultes, soumis à la raison seule, regardaient les religions comme des inventions humaines, dont on pouvait se moquer en secret, (en Italie, on ne pouvait pas faire autrement,) mais que la prudence de la politique ordonnait de respecter. *Condorcet, Esquisse des prog. de l'esprit hum.*

L'Italie a toujours été la véritable pépinière des Athées.

Note de Pio.

ITALIENS. (les) Je ne trouve pas d'Athées chez nous, en France, avant le règne de François 1er ; ni en Italie, qu'à la dernière prise de Constantinople.

Clarigny de Ste. Honorine, Usage des liv. suspects.

Ce qu'il y a de certain, c'est que la plupart des beaux esprits et des savans humanistes qui brillèrent en Italie, lorsque les belles-lettres commencèrent à renaître, n'avaient guère de religion. *Bayle.*

22

N. B. Et toujours, honorables lecteurs, toujours les lumières et l'athéisme allant de compagnie. Les bonnes lettres commencent par dégrossir l'esprit humain ; la philosophie, sur leurs pas, lui donne de la hardiesse. On rit d'abord des ridicules religieux ; puis on en vient aux préjugés, on attaque corps à corps le fantôme qui les renferme tous. On le terrasse, ou plutôt on le dissipe et la révolution est faite.

J.

JACOB, le Patriarche. Il lutta toute une nuit contre Dieu. *Fortis contrà Deum fuisti.* Genèse **XXXII.**

N. B. Serait-ce pour nous apprendre en style oriental, que le patriarche Jacob fut Athée, ou tout au moins se fit violence pour croire ?

JACQUELOT, avoue qu'il y a dans le cœur de l'homme un penchant secret à recevoir avec applaudissement les moindres objections qu'on peut former contre les principes de la religion.....

Le monde est plein de gens qui nient et combattent *l'existence de Dieu.*

Le lecteur est naturellement incrédule sur cette grande question.....

Tel qui parle de Dieu, n'a pas d'autre idée de sa divinité, que celle de la matière de l'univers.

Dissert. sur l'exist. de Dieu, préface.

Rien n'aide la raison à se pénétrer de l'idée de cet objet.

Idem.

Les plus sages des payens se servaient de cette pensée, qu'il y a des Dieux, autant qu'ils la croyaient propre à retenir le peuple dans la crainte et dans le respect.

Exist. de Dieu. in-4°.

Ainsi donc, Dieu n'est que l'enfant adultère d'une politique déréglée.

JACQUES, Roi d'Angleterre, était bigot et connaisseur en ce genre ; il ne croyait point à l'humanité des prêtres.

« Il est très-difficile, disait-il, d'être à la fois bon » théologien et bon sujet. » *Helvétius, de l'homme.*

N. B. Il est à ce sujet un problême à résoudre, qui ne fait point l'éloge de la judiciaire humaine. En France, pourquoi marquait-on beaucoup d'attachement et de respect au culte divin et très-peu au ministre de ce même culte ? L'aumonier d'une grande maison, tous les matins, voyait son maître à ses pieds. Hors de sa chapelle, tout le reste de la journée, il n'en était guère mieux traité que tout autre valet. Il faut dire aussi que ce pontife domestique ne professsait pas des mœurs plus pures et des sentimens plus relevés que ceux d'un homme à gage. C'était d'ordinaire, (pour nous servir de l'expression du Roi Jacques), un assez mauvais sujet. Le mépris motivé pour la personne des prêtres, a conduit bien du monde à l'insouciance pour leur Dieu.

JANSÉNISTES. (les) La théorie des Jansénistes, mène à l'athéisme, m'a dit un Évêque du midi de la France.

JANSÉNIUS, (Corn.) Évêque d'Ypres.

In Jansenii scriptis qui atheismum non videt, cœcum hunc et hebetem esse nihil veremur affirmare.

..... Agnoscet esse Jansenium planè Atheum.

C'est-à-dire : Il faut être aveugle, et même hébété, pour ne pas lire l'athéisme dans les écrits de Jansénius.... qui n'est qu'un franc Athée.

Et le P. Hardouin cite en preuve ces paroles du théologien :

Deus non alius est quàm lex justitiæ.

C'est-à-dire : Dieu n'est autre chose que la loi de la justice.

Hardouin a raison. Jansénius ne voyait en Dieu, ne fesait de Dieu, qu'une abstraction.

JAPON, ce pays renferme une secte qui n'espère d'autre vie que celle-ci, et ne connait point d'autre substance que celle qui frappe les sens..... elle enseigne des choses qui ont beaucoup de rapport à l'opinion de Spinosa.

JAUCOURT, (L.) philosophe laborieux et paisible, médecin et littérateur ; il coopéra pour beaucoup d'articles à l'Encyclopédie, à cette première Encyclopédie, dans laquelle à travers une infinité d'erreurs et de préjugés, on trouve cependant tant de choses utiles et tant de vérités hardies.

JEAN. (S.) Nous ne pouvons guère refuser une place ici à cet évangéliste apocalyptique. Le début de son livre sera son titre : Dieu est la parole. *Deus est verbum.*
Plus loin, Jean se dit venu pour rendre témoignage à Dieu, qu'il appelle *la lumière.*   Chap. I.
Zoroastre et les Guèbres ne s'expliquent pas autrement.
Ainsi donc, selon l'un des quatre Évangélistes les plus authentiques, Dieu n'est qu'un mot, *verba et voces ;* Dieu n'est que la lumière, *lux.*
Les hommes-de-Dieu demanderont grâce, à cause du style oriental, lequel ne dit jamais les choses par leur nom ; mais, où en sommes-nous, s'il faut nous livrer aux conjectures des commentateurs ? les élémens d'Euclide n'en ont pas besoin.

JELLIS, (Jarig.) Flamand, disciple et intime ami de Spinosa ; accusé des mêmes impiétés, il publia, pour se mettre à l'abri, une profession de foi, qu'approuva même son maître.

JÉSUS-CHRIST, enfant illégitime, né à Bethléem,

dans la Judée, d'un père qui n'était pas le mari de sa mère.

Ceci est mon corps, ceci est mon sang, dit Jésus-Christ en présentant à ses apôtres du pain et du vin.

Et nous dirons : Ceci est du matérialisme tout pur. Un *Dieu pain*, *du pain Dieu*. Certes Spinosa n'a jamais poussé si loin les vertus de la matière.

Jésus préférait dans ses paraboles l'incrédule Samaritain au dévot Pharisien.   *Helvétius, de l'homme.*

Jésus semble regarder la divinité comme l'auteur du mal.
                    Idem, Conclus. de l'homme.

Il semble que Jésus-Christ ait voulu nous faire entendre que ces hommes, qu'on appelle communément *Déistes* ou *Athées* et qui n'ont pas l'esprit gâté et perverti par la superstition, sont plus charitables et infiniment meilleurs que ceux qui l'ont corrompu par les vices et les cruautés qu'inspire la superstition....

            Albert Radicati, Com. de Passeran, Recueil
                de pièc, cur. Londres 1749 in-8 p. 23.

Jésus-Christ n'avait pas le moindre principe de physique ; et la métaphysique lui était absolument inconnue.
                        Exam. des relig. p. 153.

Jésus-Christ et ses apôtres étaient gens ignorans.
                            Idem p. 155.

Quant à la morale, Jésus-Christ était un monstre.
                            Idem. p. 190.

N. B. Il est certain que les mœurs et la doctrine de ce Dieu le fils, ont dégoûté de Dieu le père. L'examen du Christianisme a fait beaucoup d'Athées. Il n'y a peut-être jamais eu de système religieux plus indécent, plus impertinent, plus révoltant que celui de Jésus. On ne voudra pas croire un jour que les hommes aient porté si loin la stupidité. Il est vrai que les peuples ne sont plus des hommes.

JOB. Qui me donnera de connaître et de trouver Dieu ?

Si je vais en Orient, il ne parait point; si je vais en Occident,
je ne l'apperçois point; si je me tourne à gauche, je ne
puis l'atteindre ; si je vais à droite, je ne le verrai point.

Chap. XXIII. 3, 8, 9.

*Multa cum amicis disseruit atheismum indirectum
spirantia.... probavimus.*

C'est-à-dire : Job, avec ses amis, se permettait des discours
qui sentaient fort l'athéisme.

Histor. theolog. Judaïc. J. Fr. Reimmanni.

Toute la bible est pour les Athées une mine à exploiter.

JODELLE. (E.) Poète Français, de Paris : Voëtius
raconte avoir lu que Jodelle était épicurien et Athée.....

JORDAN. Cet instituteur, d'autres disent l'ami, du
Roi de Prusse, Frédéric II, ne contribua pas peu à effacer
de l'esprit de ce Prince toute idée religieuse.

Jordan n'était point ferme sur ses étriers. L'approche
de la mort culbuta sa raison.

Il ne faut rien conclure des derniers momens de la vie.

JOSEPH. (l'Historien) Il fit le prophète et l'inspiré pour
sauver sa vie... Toute son histoire est pleine de son
Athéisme.   *Longueruana, tom. II.*

JOVÉA, (André) Portugais, a passé pour Athée.

JUAN. (Don) *Voyez* Molière.

JULIEN. (l'Empereur) surnommé *l'Apostat*, par les
Chrétiens.

Nous l'appellerons le *Matérialiste* à cause de sa belle
Invocation au soleil.

Ce Prince philosophe, cassa un corps d'agens de police,
vils espions chargés par ses prédécesseurs de fouiller dans
le secret des familles et des consciences, pour dénoncer
au gouvernement les incrédules et les impies.

JULIEN négociant, à Paris.

Dieu... mot vide de sens, employé par la politique pour endormir les sots.

Les pédans de ma paroisse me dirent à ce sujet : *Si vous ne voulez pas croire, n'empêchez pas les autres.*

  Ext. d'une lettre, au rédact. du Dict. des Athées.

JULIEN (Bernard Valière, veuve) née près de Lyon.. (1)

On dit : Dieu est immense, Dieu est par-tout, Dieu remplit tout. Si cela était, Dieu seul pourrait exister dans l'univers ; car si d'autres que lui existaient ils ne pourraient exister que dans Dieu, qu'avec Dieu, que comme Dieu. Ils ne pourraient exister que dans Dieu, puisqu'il est immense ; ils ne pourraient exister qu'avec Dieu, puisqu'il est par-tout ; ils ne pourraient exister que comme Dieu, puisqu'il remplit tout, et qu'il faudrait qu'il y eût quelque chose où Dieu ne fût pas, n'agît pas, pour qu'un autre pût y être, pût y agir. Il faut donc nécessairement ou qu'il n'y ait point de Dieu, ou que tout soit Dieu.

JULIUS. (Canus) Ce bon citoyen de Rome, condamné à mort par Caligula, dit à ses amis, en souriant : Pourquoi vous affliger ? Vous cherchez si l'ame subsiste après notre mort, je le saurai bientôt.....

  Sènèque, De tranquil. animi. XIV.

JURIEU, (P.) Ministre protestant.

Dieu, non seulement ne peut punir un Athée de bonne foi, qui dogmatise contre la divinité, il lui doit récompense : car il suit la loi éternelle et immuable, qui oblige l'homme, sous peine du plus grand péché mortel qu'il puisse commettre, d'agir selon le dictamen de sa consience.

Il y a des Athées qui vivent moralement bien.

(1) Fille du Marquis de Valière, à St. Georges de Benin en Beaujolais.   *Édit.*

Pourquoi y a-t-il des Athées de profession plus honnêtes gens que les Sociniens ? *Tableau du Socinianisme.*

Cette proposition, *il y a un Dieu*, se peut démontrer comme je crois ; mais ce n'est pas par une démonstration qui soit sensible à un esprit vulgaire, comme on peut faire sentir à tout esprit, quelque bas qu'il soit, que six font la moitié de douze. *Jurieu, de la Nature et de la Grâce.*

JUSTIN, (S.) martyr. Ceux qui suivent la raison peuvent être regardés comme très-religieux, même quand ils seraient Athées.

Quicumque cùm ratione vixerunt, christiani sunt quamvis Athei, quales inter Græcos fuêre Socrates et Heraclitus, *atque ii similes..... quamvis nullius numinis cultores habiti sunt.* Apolog.

S. Justin décide qu'on ne doit pas dire que l'ame soit immortelle. *Dial. cum. Tryph.*

JUVÉNAL. (D. J.) *Fata regunt homines......* etc. Satyr. IX.

De la fatalité nous sommes les esclaves......

Tanneguy Lefèvre, range ce poète vigoureux parmi les Athées.

K.

KAMTSCHADALES, (les) peuples à l'extrémité orientale de l'Asie.

Les observateurs qui nous les ont fait connaître, assurent très-positivement, *qu'ils n'aiment ni ne craignent Dieu*, et que *l'idée d'une Providence leur parait ridicule*.....

Ne se refusant rien en ce bas monde, ils ne font aucun cas de l'autre vie.

KENDI , (Al.) philosophe Mahométan et Athée, ou de la secte des Éternalistes. *Voyez* DAHRIENS.

KEPLER , (Jean) l'astronome.

Vossius remarque que les plus sages dirent que la terre était ou un animal, ou une partie du grand animal, qu'on appelle le monde.

Kepler n'a pas été éloigné de ce sentiment. On dirait qu'il a donné à la terre une ame douée de sentiment.
Selon lui toutes les étoiles sont animées. *Gassendi.*
Remarquez bien qu'il serait assez difficile de réfuter la supposition de Kepler. *Bayle.*

KNUTZEN , (Math.) né à Oldensworth , dans le Sleswich, composa, en 1674, une lettre latine et deux dialogues allemands, contenant les principes d'une secte qu'il voulait établir, sous le nom des *Consciencieux*, c'est-à-dire , de gens qui fesaient profession de ne suivre en toutes choses que les lois de la conscience et de la raison.
Ce chef des *Consciencieux* niait l'existence de Dieu.. etc.
Cet Athée se vantait d'avoir fait un grand nombre de disciples. Il en avait , dit-il , sept cents dans la seule ville d'Iena, en Saxe. Il répandit aussi sa doctrine à Altdorf. Sa *lettre* se trouve toute entière, en latin et en français, dans les *Entretiens de La Croze.*
Vers 1673 , Mathias Knutzen , d'Oldensworth , dans le Sleswich, professa publiquement l'athéisme, à peu près comme Boindin et Dumarsais l'ont fait de nos jours.
Knutzen répandit les premières semences de son athéisme, à Konisberg , en Prusse. Ce brave homme ne voulait reconnaître d'autre divinité que la conscience.
Il ajoutait :
La piété filiale est la seule religion digne de l'homme libre. *Alm. des répub. p. 54.*

23

Les folies de cet Allemand nous montrent que les idées de la religion naturelle, les idées de l'honnêteté, les impressions de la raison, en un mot, les lumières de la conscience peuvent subsister dans l'esprit de l'homme, après même que les idées de l'existence de Dieu et la foi d'une vie à venir en ont été effacées. *Bayle.*

Précis du système de Mathieu Knutzen.

Non esse Deum neque Diabolum.............. Loco magistratûs et loco sacerdotum esse rationem et scientiam cùm conscientiâ conjunctam, quæ docent honestè vivere.

C'est-à-dire : Il n'y a ni Dieu ni Diable....

A la place des magistrats et des prêtres, il ne faut pour vivre honnêtement que la raison et la science, subordonnées à la conscience.

KOORNHERT, (Théodore) d'Amsterdam..... Grand défenseur de la liberté de conscience. Rien ne lui parut plus contraire à la raison que de persécuter ceux qui ne sont pas de la religion de l'État. *Bayle.*

KORTHOLT, (Christian) professeur en théologie, a publié l'ouvrage latin dont voici le titre :

De tribus impostoribus magnis, liber,
Edoardo Herbert,
Thomæ Hobbes,
Benedicto Spinosæ, 1701. in-4o.

N. B. C'est assez la logique et la méthode des théologues Allemands et autres, de traiter d'imposteurs les philosophes. Injurier, est chose plus facile que de répondre.

KOVAM. Nom d'une ancienne peuplade d'Égypte, qui vit sous des tentes, hors des villes, sans professer aucune sorte de religion : On ne dit pas que cette nation soit turbulente et sans mœurs. Bien au contraire.

Voyez Herbelot, Bibl. Or.

N. B. Nous avons cité les noms de plusieurs peuplades Athées et nous aurions pu en inscrire un bien plus grand nombre. En général, le peuple, civilisé ou non, quelle que soit sa croyance, vit, dans le fait, comme s'il ne reconnaissait pas de Dieu. Les seuls objets qui lui tombent sous les sens, l'affectent réellement. Le vulgaire n'est pas métaphysicien.

L.

LABLÉE, de Beaugency, poète et littérateur Français.

Dieu : mot abstrait et inintelligible. Vaste sujet de dispute ; signal de proscriptions.

On ne croit point en Dieu. La croyance est un sentiment éclairé qui fait voir ce que l'esprit peut comprendre.

Hors de lui, l'homme ne voit, ne comprend que la matière.

Ce Dieu, selon vous, est un être moral, un pur esprit. Mais le moral ne résulte-t-il pas d'une organisation physique? Et de bonne foi, voyez-vous le moral séparé de la matière ? Là-dessus, vous faites des distinctions fines, ingénieuses. C'est ainsi que vous vous tirez de l'embarras de faire à une demande très-simple, une réponse simple, claire et précise.

Sur tous les objets soumis à l'intelligence humaine, les idées se sont simplifiées, éclaircies, à mesure qu'on s'en est occupé ; sur le mot *Dieu*, au contraire, elles se sont compliquées et obscurcies, ce qui arrive toujours quand on parle d'une chose sans la comprendre ou qu'on se sert de mots dont on ignore la signification.

Vous appelez Ordre, le cours périodique des saisons. Le bel Ordre, que le retour constant des mêmes désastres et des mêmes maux !

LABORDE. Les philosophes Égyptiens regardaient le monde comme un vaste *Tout*, qui est *Dieu*.

Essai sur la musique. in-4⁰.

LABRUYÈRE. (J.) Autant de têtes, autant de religions.(1)

N. B. La Bruyère était très-réservé, et fort attentif à ne pas blesser les convenances ; Dieu ne se soutient dans le monde que par là. En général, les meilleurs esprits, les têtes les plus saines se piquent de montrer leur prudence, en sacrifiant à l'erreur, quand l'erreur est dominante. Si la vérité perce dans leurs écrits ou dans leurs paroles, c'est comme malgré eux, ou à leur insçu.

LACROZE. (2) Une longue méditation, une étude profonde, de bonnes mœurs et un renoncement parfait aux préjugés, peuvent conduire un grand génie à l'athéisme : c'est donc assurément à tort qu'on veut persuader aux hommes que rien n'est plus évident que les preuves de la divinité. *Entretiens sur divers sujets*.

LACTANCE opine sur la nature de l'Ame, à peu près comme Arnobe, son maître.

---

(1) Cela ne devrait pas suffire pour le ranger dans la classe des Athées, car La Bruyère, à la fin de son livre des *Caractères*, parle contre eux ; et ce morceau est estimé, quoique La Bruyère ne fût pas un théologien. Dans son chapitre des *Esprits forts*, il s'exprime ainsi : « Quel plaisir d'aimer la religion et de la voir crue et » soutenue, par les Bacon, les Descartes, les Newton, les Grotius, » les Corneille, les Racine, les Boileau, les Turenne, les » Daguesseau, l'éternel honneur de l'esprit humain. » Il y a loin de là à l'athéisme, et La Bruyère en écrivant cela, n'avait pas de pensée de *derrière la tête*, comme Montaigne, comme Pascal, ou comme Escobar et Loyola. *Édit*.

(1) Mathurin Veissière de la Croze, Bénédictin de Paris, né à Nantes en 1661, mort en 1739, à Berlin, où il s'était retiré pour *penser librement*. *Édit*.

Il compare le corps à une lampe, le sang à l'huile ; l'ame est la flamme ou la lumière.

Anima sicut lumen oleo.... De opif. Dei, XVII.

N. B. Étendez cette comparaison : appliquez-la au monde, à Dieu, à l'Ame universelle ; vous avez le spinosisme tout pur.

LAFARE , (Ch. Aug.) poète épicurien Français.

LAFONTAINE, (Jean de) *le fablier.*
Les véritables Athées réclament le bon Lafontaine. Il vivait parfaitement, sans éprouver le besoin d'un Dieu. C'était le moindre de ses soucis. Sa belle ame, toute à la nature, était étrangère à ces idées factices, inventées par des fourbes, pour contenir, disent-ils, les méchans, mais bien plutôt pour faire des dupes.

    La Fontaine est mort comme un saint,

a dit Linière.

Qu'importe ! Il avait soixante-quatorze ans ; sa verve était éteinte. Ce n'était plus Jean

    Qui s'en alla comme il était venu ;

du moins il se l'était bien promis : c'était Monsieur de La Fontaine catéchisé, *embété*, (pardon, honorable lecteur.) par Monsieur le Vicaire de S. Roch.

LAGRANGE , de Paris. L'instituteur des enfans du Baron d'Holbach, l'ami de Diderot, et le traducteur de Lucrèce et de Senèque.

LAGRANGE , célèbre géomètre, de l'Institut national de France.
Je crois impossible de prouver qu'il y a un Dieu.

N. B. S'il est raisonnable, s'il est digne de l'homme de ne croire que ce qu'on lui prouve, tous les géomètres doivent être Athées.

LAINEZ, (Alex.) poète et philosophe ; épicurien

Français. (1) Il fit le voyage de Hollande tout exprès pour s'entretenir avec Bayle.

Lainez, prêt à cesser de vivre, (en **1719**; il demeurait à Paris) demanda à être transporté à la campagne, pour y contempler la nature avant de fermer les yeux. Au mépris de ses dernières volontés, un prêtre lui apporta le viatique.

LALANDE, * (Jérome) l'astronome, et de l'Institut national a reclamé lui-même une place dans ce Dictionnaire, en ces termes :

» Je ne veux pas qu'on puisse dire un jour de moi:
» Jérome Lalande, qui ne fut pas l'un des derniers
» astronomes de son âge, ne fut pas l'un des premiers
» philosophes Athées. » (2)

Dans quelques unes de ses lettres à ses amis, il signe *Lalande, Doyen des Athées.* . . .

Cousin croit que mon athéisme m'a sauvé en **1794**.

Note de Lalande.

Lorsque je fais un calcul, il s'opère dans mon cerveau et dans ma main un mouvement qui est sans doute matériel.

Un mouvement quelconque de la matière peut être produit par l'action d'une autre matière agissante, stimulante, attirante ou poussante, de quelque manière.

Concevons que ce mouvement du cerveau et de la main, soit excité par une matière analogue, et appropriée à nos organes, comme le serait une épingle pour irriter une

---

(1) Alex. Lainez était né dans le Hainaut, en 1650. Il passa pour un poète singulier et fut mis par Titon du Tillet au rang des plus illustres, entre ceux qu'il plaça sur son *Parnasse Français*. Cependant, il reste peu de chose de lui, et il n'est guère aujourd'hui connu, comme le Marquis de Saint-Aulaire, que par un madrigal qu'il fit pour madame de Martel.   *Édit.*

(2) « La religion est fille de l'astronomie; un astronome Athée ne peut être qu'un insensé, » dit Young.   *Édit.*

fibre engourdie, et que le même mouvement soit excité par cette épingle sur les fibres nerveuses du cerveau, alors certainement, le calcul sera parfait.

Il n'y a donc pas besoin de l'ame pour faire mon calcul, puisqu'une cause matérielle peut le produire ; nous ne saurions jamais concevoir l'action d'une substance immatérielle sur notre matière.

La religion est une faiblesse de plus ajoutée aux autres faiblesses de l'humanité. Un théiste me dît : je ne me fierais pas à vous dans un bois. Je lui répliquai : et moi encore moins ; car dès que vous croyez la morale insuffisante, et que vous n'y substituez, selon moi, qu'une bêtise, je serai toujours tenté de croire qu'elle ne vous suffira pas dans les momens où vous aurez grand intérêt à la mettre de coté. Il ajoute : vous êtes inconséquent, si vous ne vous permettez pas tout, car vous n'avez pas de motifs. Je répondis, que mon intérêt et mon habitude, ma gloire et mon estime, mes principes et ma morale, sont plus forts qu'une espérance ou une crainte toujours un peu conjecturales.

C'est aussi l'intérêt qui vous fait recourir à la religion ; mais le mien est pressant ; le mien se rapporte à tout ce qui m'environne ; le vôtre est dans un avenir au moins problématique et ridicule pour moi.

Il est bien vrai que je ne comprends pas l'infinité et l'éternité du monde ; cela me tourmente quelquefois, mais je sens bien que cela ne peut être autrement, car le commencement et la fin sont évidemment impossibles.

Si vous donnez une ame à l'homme, il en faut donner au chien, qui est aussi sensible et plus attaché. Si vous en donnez une au chien, il faut en donner à l'huitre ; mais elle approche si fort de la plante que vous serez obligé d'en donner à la sensitive. Cette suite d'ames spirituelles, pour mouvoir la matière qui se meut par-tout, me parait une imbécillité.

La persuasion de la plupart des hommes ne prouve rien, puisque le plus grand nombre est incapable de connaître, d'étudier, de discuter, et de s'élever au-dessus des préjugés dont on a, de bonne heure, étouffé leur raison et leur bon sens.

Si Dieu existait, il serait essentiellement présent à nos sens, à nos ames, à nos esprits, à nos cœurs; ou bien il serait la cause de notre erreur et de notre aveuglement; et cela est impossible dans l'hypothèse d'un Dieu parfait.

Ext. de ses notes manusc. V. Journ. de Paris, 29 avril 1797.

On a retenu ce mot heureux sur notre Athée astronome, qu'on lit dans *Paris littéraire* : » Son œil perçant n'a pas encore tout vu dans le ciel, *Dieu* par exemple. »

Page 91.

Quatre vers de l'astronome Lalande
sur Dieu.

Je voudrais comme vous qu'il existât un Dieu.
Mon plus ardent désir serait de le connaître.....
Mais personne jamais n'eût pu le méconnaitre
Et son immensité percerait en tout lieu. (1)

LAMBERT, de Prusse. Souvent l'on croit croire plus qu'on ne croit réellement. *Novum organum.*

N. B. Les trois quarts et demi des croyans n'ont jamais examiné leur croyance. On se passe *Dieu* de main en main, et sur parole, comme une monnaie qu'on soupçonne tout au moins douteuse, et remplie d'alliage. Mais si on a été trompé en la recevant, on n'est pas fâché que d'autres le soient aussi. Et voilà comment Dieu a fait le tour du monde.

(1) Mallebranche fit deux vers en sa vie, pour lesquels il réclamait l'indulgence, au moins en faveur de la rime; le quatrain de Lalande, a, pour le même motif, droit à la même bienveillance. Lalande n'était pas poète. *Édit.*

LA METTRIE, (J. Offray de) médecin et philosophe Français, mort en 1752.

L'univers ne sera jamais heureux, à moins qu'il ne soit Athée..... etc.   *L'Homme-Machine.*

Après tout, il est égal pour notre repos que la matière soit éternelle ou qu'elle ait été créée ; qu'il y ait un Dieu, ou point. Quelle folie de tant se tourmenter pour ce qu'il est impossible de connaître, et qui ne nous rendrait pas plus heureux, quand nous en viendrions à bout ! *Idem.*

Dieu n'est pas même un être de raison.
                    Traité de L'Ame, voy. *l'Homme-Plante.*

La Mettrie crut que ce qu'on nomme *ame*, baissait avec le corps et se flétrissait avec lui.
                    Voyez son Hist. nat. de l'Ame.

N. B. On a traité La Mettrie de fou. C'est plutôt fait que de prouver qu'il avait tort.

LAMMANON. (Paul) Ce Naturaliste ardent et courageux professait l'athéisme, à Paris, au sein de ses amis, avant de partir avec La Peyrouse, dont il a partagé le malheureux destin.

Il était l'ami de Reth, savant distingué.

LAMOTTE HOUDART, (Antoine) littérateur Parisien.

Le projet d'un corps de preuves en faveur de la religion, qu'on lit parmi ses œuvres devait servir à détourner le soupçon d'incrédulité qui plana sur sa tête : malgré toute sa prudence, il donna lieu à l'épigramme dont voici la pointe :

> Et priant Dieu tout comme un autre,
> Il y croyait sans doute ? — Oh ! Non.

LAMOTHE LEVAYER, philosophe Parisien.

La régularité, l'austérité, la sagesse de Lamothe Levayer,

n'empêchèrent pas qu'on ne soupçonnât qu'il n'avait nulle religion.....

Il est soupçonné, dit Patin, d'un vice d'esprit dont étaient atteints Diagoras et Protagoras. *Bayle.*

Les Athées éludent tous les argumens dont ils soutiennent n'y en avoir aucun démonstratif, ce qui leur est rendu assez facile par les règles d'une exacte logique.

Tous conviennent entr'eux que les plus grands législateurs ne se sont servis de l'opinion vulgaire sur ce sujet, (laquelle ils ont non seulement favorisée, mais accrue de tout leur possible), que pour emboucher de ce mors le sot peuple, pour le pouvoir après mener à leur fantaisie.

Dial. de la divinité.

N. B. Ces philosophes, qu'on dit surannés, sont loin de mériter cette disgrâce. Assurément le vulgaire *baillonné avec un Dieu*, présente une image aussi juste qu'énergique.

Frappé de la contrariété des opinions, il en vint à conclure que la sceptique était, de toutes les philosophies, la plus sensée. *D'Olivet.*

LAMPRIAS, de Chéronnée, ville de la Béotie ; ayeul de Plutarque et philosophe épicurien.

Son neveu cite l'une de ses réparties, qui mène à prouver son matérialisme : « A table, la chaleur du vin fait sur mon » ame, le même effet que produit le feu sur l'encens. »

LAOTAN. Bien avant Épicure, il y avait en Chine, une nombreuse société d'épicuriens, fondée par Laotan.

LAPEYRÈRE, (Isaac) natif de Bordeaux, était le meilleur homme du monde, le plus doux et qui, tranquillement, croyait fort peu de choses.

N. B. Pour l'honneur de l'espèce, on rencontre encore assez souvent dans la société des hommes de cette trempe.

LAPLACE, de l'Institut national de France, qui est géomètre, mais qui n'est ni superstitieux ni crédule, a fait voir, dans son système du monde, comment on peut expliquer, par l'attraction et la mécanique, la projection des planètes.   *Notes de Lalande.*

Le géomètre Laplace est d'avis que l'athéisme convient aux seuls savans.   ***Autre note comm.***

N. B. C'est comme si l'on disait : le soleil ne convient qu'aux seuls astronomes ; la vérité ne convient qu'aux seuls Membres de l'Institut national de France. Excepté une centaine d'hommes un peu plus instruits *peut-être* que les autres, tout le reste de l'espèce doit continuer à se vautrer dans la fange de l'ignorance et dans les ornières des préjugés. Il me semble entendre les prêtres dire aux savans : « Messieurs de l'Institut, ne croyez pas en Dieu, vous ! à la » bonne heure ! Nous consentons à vous laisser tranquilles, pourvu » toutefois que vous nous promettiez de garder votre opinion pour » vous seuls, et de ne point venir porter votre faulx dans nos moissons. » Nous vous passons l'athéisme, laissez-nous les autels et leur desserte.»

LAROCHE, (Martin de) éditeur des œuvres d'Helvétius, son ami.

LAROCHE, (le Chevalier de) partisan déclaré du système d'athéisme de Fréville, l'économiste.

LASALLE. A Dieu ne plaise que je traite tous les Athées de malhonnêtes gens....

Je dirais même très-volontiers, que j'ai eu, quant à moi, beaucoup plus à me louer des matérialistes que des chrétiens. ....   *Balance natur.*

LATINS. (les) Cette ancienne nation d'Italie, n'a eu aucune notion de l'être immatériel.

Du Monde, son orig..... etc.

N. B. Le peuple est trop matière pour se faire une idée de l'esprit suprême. Ses facultés intellectuelles sont trop obtuses pour lui permettre de pénétrer et de se perdre dans les abstractions. Il lui faut un Dieu qu'il voie, qu'il palpe et qu'il mange. Au surplus, s'il est vrai qu'il faille opter, je l'aime beaucoup mieux *Théophage* qu'*Antropophage*.

LATITUDINAIRES, (les) philosophes Anglais, tolérans par principes; pour éviter la dispute et les aigreurs qui s'en suivent, ils donnent une telle *latitude* aux opinions religieuses, que tous les sectaires en viennent à se toucher nécessairement dans la main, et finissent par marcher dans le même sentier. Ce qui mène droit au doute, et de là, à l'athéisme, l'heureux terme où se trouvent la concorde, la paix et la philosophie.

LAU, (Théodore Louis) né à Konigsberg, en Prusse, mort à Altona en 1740,

Il défia toutes les hiérarchies ecclésiastiques, de lui faire connaître ce que c'est que Dieu. *B. du Bon Sens, t. VIII.*

N. B. Le gant n'a pas été ramassé.

Th. Lau est le complice des vérités hardies, professées par Spinosa.   *Dict. des rép. p.* 110.

Ce spinosiste du dix-huitième siècle, conseiller du Duc de Courlande, est l'auteur du traité imprimé à Francfort, en 1717, *Meditationes philosophicæ de Deo, mundo, homine.* Ce livre fut proscrit; il est très-rare en latin. En voici un extrait:

« Dans mon système, je regarde Dieu comme un océan, et moi comme un ruisseau;

Dieu comme l'eau, et moi comme une goutte;

Dieu comme le feu, et moi comme une étincelle;

Dieu comme la terre, et moi comme un grain de sable;

Dieu comme le soleil, et moi comme un rayon;

Dieu comme un corps, et moi comme un membre.... »

Médit. theologico-phil.

Deus est materia simplex, ego materia modificata.....,
Deus oceanus, ego fluvius..... Deus terra, ego gleba.... etc.
Paragr. IV.

LEBLANC, poète Français, de l'Institut national et traducteur de Lucrèce.

Dans ses tragédies, *les Druides, Manco-Capac,* etc., la muse de Leblanc se montre dégagée de tous ses préjugés.

LEBRET, le commentateur de Molière.

L'Athée ne peut être que difficilement converti par des moyens humains. *Observ. sur le Festin de pierre.*

LEBRUN. Le Pindare de l'Institut national et l'auteur d'un poème de *la Nature,* dont on ne connaît encore que plusieurs beaux fragmens.

LEBRUN, de Grenoble.

Les femmes, et les hommes qui leur ressemblent, auront toujours besoin d'un être *ex naturel,* d'un Dieu....

Mais l'homme robuste et bien constitué, dont le bon sens est cultivé, finira par s'attacher fortement à son intérêt bien entendu, sans s'embarasser de l'existence supposée d'un être hors de la nature..... etc.

L'anti-Prêtre ou coup-d'œil sur les rapp. de la relig.
avec la politiq. et la morale. Paris, an VI.

LEBRUN ou *Debrun,* professeur de grammaire générale, à l'école centrale du département de l'Aisne, à Soissons. Chaud partisan de tous les principes d'Helvétius.

LECAMUS, médecin de Lyon, auteur de plusieurs mémoires sur l'histoire naturelle, dans lesquels il s'est fortement prononcé sur l'éternité de la matière.

LECLERC. Ceux qui font le plus profession de dévotion, ont quelquefois besoin de leur foi, pour reconnaître

une sagesse suprême, et sont tentés de juger peu
avantageusement de la Providence et de la justice de sa
conduite... etc. (1)   *Bibl. ch., tom. XXIII, p.* 96.

LECLERC, des Vosges, né le 6 Auguste 1766.

Extrait d'une Épître philosophique.

Mortel, faible mortel, sur ce globe jeté,
Vil atôme d'un jour, par le temps emporté;
Assemblage confus d'orgueil et de bassesse,
De vices, de vertus, d'audace et de faiblesse;
Être imparfait, qui crois, en mesurant les cieux,
En gravissant des monts les sommets sourcilleux,
En sondant de la mer les cavernes profondes,
Avoir trouvé l'auteur des innombrables mondes;
Mortel, faible mortel, réponds-moi : qu'as-tu vu?
Le Dieu que tu cherchais a-t-il enfin paru?
A-t-il pu t'expliquer si notre ame est pensante,
Ou, dès l'éternité, la matière agissante?
Dit-il qu'après la mort, pour qui tout est égal,
Il frappe ou récompense ou l'homme ou le cheval?
   Ces globes que tu vois suspendus sous l'espace
Ont pris, avec les temps, leur éternelle place :
Rien ne peut désormais en arrêter le cours;
Ils se prêtent, l'un l'autre, un mutuel secours.
Le temps et les destins ont tracé leurs limites,
Et fixé chaque corps dans ses bornes prescrites.
Tu roules sous leurs mains, mortel audacieux :
Le temps seul est ton maître, et les destins tes Dieux.

Quelqu'un admirait devant Leclerc des Vosges, un beau
ciel d'azur, et s'extasiait sur l'éclat argenté de la lune. Ces
étoiles scintillantes, ce firmament, cette lune, tout cela,

---

(1) Jean Leclerc, né à Genève en 1657, mort à Amsterdam en 1736,
était auteur d'une *Bibliothèque universelle*, dans laquelle il approcha de
Bayle, qu'il cherchait à imiter. C'est son meilleur ouvrage.   *Édit.*

disait-il, prouve bien qu'il y a un Dieu. Non, répondit Leclerc : tout cela prouve qu'il y a une lune et des étoiles.

LÉENHOFF, (Frédéric Van) ministre de l'Église réformée de Zwoll, province d'Over-Issel, et auteur du *Ciel sur la terre ;* il fut poursuivi comme spinosiste en 1704.

Selon lui dans toutes les choses du monde, la liaison des causes est éternelle et nécessaire.

Tout ce qui se fait, se fait suivant des règles certaines, et provient des causes secondes. Ce n'est que dans un sens impropre qu'on parle de Dieu, comme d'un roi, d'un législateur, d'un maître, d'un juge. L'auteur de l'Écriture Sainte a voulu en cela s'accommoder à la portée du peuple....

La nature était le Dieu de Van Léenhoff.

Journ. des Savans. 1708.

Consultez ses livres :

Catena theologiæ biblicæ, 1682.

De Cœlo in terrâ, 1703.

De nubilatione cœli et terræ, 1704.

LEGRAND D'AUSSY, (1) Athée, dans les *notes manusc. de Lalande.*

LEIBNITZ (Guill. God.) était du sentiment de Bayle, quoiqu'il voulut paraître l'attaquer..... Comme Bayle, il ne faisait aucun exercice de religion..... Ses pasteurs lui avaient fait, au sujet de sa façon de penser, des réprimandes publiques et inutiles. *Le P. Niceron.*

Mais il portait toujours sur lui un chapelet, précaution qui n'était point inutile. Sans elle, un jour, dans une tempête, des matelots le jetaient à la mer, pensant avoir sur leur bord un Athée puni du ciel.

_____

(1) De l'Institut national. Il se glorifiait d'être Athée. *Lalande.*

N. B. Plusieurs Athées portent et disent encore aujourd'hui leur chapelet. (1)

Il y a dans ce qu'il a publié sur la métaphysique, des vues profondes, des idées très-philosophiques, dont on peut même déduire les conséquences les plus fortes et très-contraires aux préjugés les plus généralement reçus.

Encycl. méthod.

On peut dire qu'il y a un dégré de droit naturel et de bonne morale, qui peut avoir lieu, même par rapport à un Athée.

Il y aurait quelque obligation naturelle, quand même on accorderait qu'il n'y a pas de Dieu.

Un Athée peut être homme de bien.

Voy. tom. 5, in-4°, de ses œuvres.

LEMAIRE, * éditeur de la *Contagion sacrée,* à Paris, an V.
Il faut une religion au peuple.

J'aimerais autant qu'on me dît : Il faut tromper le peuple.
Moi je dis : Il faut enseigner la morale au peuple.

Note 2, page 70. Sec. part. in-8°

LEM..YES, médecin, né vers 1760, département de...
Celui-ci a pris une part fort active à la révolution française.

---

(1) « Platon et Cicéron, chez les Anciens, Clarke et *Leibnitz,*
» chez les Modernes , ont prouvé métaphysiquement et presque
» géométriquement, l'existence du Souverain Être ; les plus grands
» génies, dans tous les siècles, ont cru à ce dogme consolateur. »
Tel est le jugement de M. de Chateaubriand dans son *Génie du Christianisme,* sur ces grands hommes jugés aussi par Maréchal ; après cela qui croira-t-on ? qui décidera si Platon , Cicéron , Clarke et Leibnitz figurent à juste titre dans ce Dictionnaire ? Bien d'autres s'y trouvent encore, en faveur desquels on pourrait apporter de semblables témoignages. Mais c'est ainsi qu'on écrit, quand on écrit sous l'influence d'une passion. *Ab uno disce omnes.*   Édit.

LENGLET DUFRESNOY. (Nic.) Nous réclamons ce savant, à cause de la hardiesse et de l'indépendance de ses idées. Philosophe dans sa conduite, ainsi que dans plusieurs de ses nombreux écrits, il ne partageait pas au-dedans de lui-même, les préjugés vulgaires au sein desquels il fallait bien qu'il passât sa vie.

LÉON X. *Pape.*
Malgré ses apologistes, il passe pour Athée. Il avait pris des leçons d'A. Politien.

LÉONIN, (Elbert) jurisconsulte du XVIe siècle, se gouvernait un peu trop cavalièrement sur le chapitre de la religion.

Ille honestate civili contentus, relligionem omnem sùsque dèquè habebat. C'est-à-dire : se bornant à remplir ses devoirs de citoyen, il rejetait toute religion.

Sainte Aldegonde lui écrivait ainsi : *Nihil est in te quod non sit suavissimum, si hoc unum demas, quod nimiùm es Atheologus.*

C'est-à-dire : tout est louable en vous, si ce n'est que vous êtes un peu trop Athée.

LÉONTIUM, philosophe Athénienne. Elle eut Épicure pour maître et ses disciples pour amis.

Dict. des honn. gens.

LÉQUINIO, député, professa l'athéisme à la Convention, comme Jacob Dupont l'avait fait.

Note de Lalande.

Au surplus ouvrez ses livres.

L'ESPINASSE. (Melle.) L'amie de Made. Geoffrin, de d'Alembert, qui la lui fit connaître, d'Helvétius, etc.

LESSING, poète Allemand.

LETTRÉS *Chinois.* (les) Longobardi, dans son *Traité
-sur quelques points de la religion des Chinois, parag. XVI*,
nous apprend que les Lettrés de la Chine, lui avaient
déclaré, sans détour, sans déguisement, qu'ils étaient de
vrais Athées.

A la Chine, il y a beaucoup de Lettrés Athées.

Voltaire, Dict.

Les plus habiles missionnaires de la Chine...soutiennent
que la plupart des Lettrés sont Athées, et qu'ils ne sont
idolâtres que par dissimulation, comme beaucoup de
philosophes payens.....

La création d'un Dieu n'est que la déification de l'ignorance humaine, disent très-bien les Lettrés de la Chine.

Beaucoup de Lettrés sont tombés dans le matérialisme,
(à la Chine) mais leur morale n'en a point été altérée.
Ils pensent que la vertu est si nécessaire aux hommes,
et si aimable par elle-même qu'on n'a pas même besoin
de la connaissance d'un Dieu pour la suivre.

Voltaire. Hist. univ. tom. 1. Chine.

LETI (Grégorio) historien Milanais.

On a débité beaucoup de choses dures contre sa
personne et ses écrits. Serait-ce pour le punir de n'avoir
point eu de religion? Ce procédé est assez d'usage.

LEUCIPPE. Cette philosophie mêlée dont Leucippe,
Démocrite et Protagore furent les fondateurs, et que
Épicure continua à enseigner, n'était autre chose que
l'athéisme revêtu d'une forme philosophique. *Naigeon.*

Il avait pris la métaphysique en une telle aversion,
que pour ne rien laisser, disait-il, d'arbitraire dans sa
philosophie, il en avait banni le nom de *Dieu.*

N. B. Ce mot de moins opérerait la révolution la plus salutaire dans les sciences et dans les mœurs : C'est le cas de s'écrier avec un poète moderne :

Oh ! que le nom d'un Dieu, fit de mal à la terre !

L'HOSPITAL. (le Chancelier de)

Homo doctus, sed nulliûs relligionis, aut, ut verè dicam, Atheos.

Belcarius, *Comment. rerum Gall.* 428 n° 57.

C'est-à-dire : Homme docte, mais point du tout religieux ; Athée, pour parler avec vérité. S'il eût vécu dans l'ancienne Rome, il eût été stoïcien. Il en pratiquait les mœurs. Il en professait à bas bruit les principes....

LIBERTIN, synonime d'*Athée*, dans le Dictionnaire des *hommes-de-Dieu*.

N. B. Ne pouvant coudre tout-à-fait la bouche aux Athées, on a pris le parti de jeter de la boue sur leur manteau. Calomnions leurs mœurs, a-t-on dit, cela nous dispensera de répondre à leurs questions embarassantes, à leurs doutes sages.....

Et cette petite manœuvre sacerdotale a réussi.

LIÉVANISTES. *Voyez* PALATINAT.

LILAOKIUM. Fondateur d'une société d'Athées Chinois : car ses sectateurs reconnaissent un Dieu corporel.

LISLE DE SALLES. *Voyez* DELISLE.

LINACER, (Th.) Anglais : médecin et prêtre, il ne pouvait pas être fort crédule. Aussi son nom se lit sur la liste des hommes éclairés et impies.

LINGAM. (le) Au fond des temples les plus antiques de l'Inde se trouve encore aujourd'hui placée une figure colossale de douze coudées de haut, autant qu'il y a de signes dans le zodiaque. Cette statue, ou plutôt ce groupe, représente à la fois, un homme et une femme qui se tiennent ensemble, et sont en adhérence l'un à l'autre, tellement que les deux ne font qu'un ; si bien que la moitié de la tête, un bras, une main, un côté du corps, appartiennent à chacun d'eux. Chacun d'eux aussi porte son sexe, ostensiblement et parfaitement distinct l'un de l'autre. C'est le *phallus* des Égyptiens, des Grecs et des Romains.

Ce corps double est parsemé de montagnes et de mers, de fleuves et de poissons, d'animaux et de plantes. Sur la poitrine de l'homme, est peint le soleil. La lune sur le sein de la femme. Le visage est l'orient ; le côté droit est le septentrion ; le gauche est le midi.

Le peuple Indous adore dans cette caricature sa grande divinité.

Pour les hommes instruits des antiquités nationales, c'est le symbole du principe actif et du principe passif de la génération de tous les êtres ; c'est le caractèristique de la Nature, qui possède et renferme en elle la cause et les effets; qui n'a besoin que d'elle-même pour être, et être toujours. C'est l'image de l'éternité, de la toute-puissance et de l'universalité de la Nature ; c'est le Monde : c'est en un mot l'Univers, le grand Tout, le Dieu Pan ou le Dieu Tout de la Grèce et de Rome. Enfin c'est le spinosisme ; ou plutôt c'est l'Athéisme personnifié.

LINGUET. Suivant Linguet, la religion n'est qu'une invention sublime   *Essai phil. sur le monachisme.*

N. B. *Sublime !.....* Si l'on peut prostituer cette expression au charlatanisme des anciens législateurs. Le génie de ces premiers hommes d'État eut été sublime en effet, si calquant leurs lois sur celles de la Nature, ils eussent donné pour base à leurs *établissemens* politiques, l'intérêt éclairé sur les besoins réciproques ; d'où résultent les droits et les devoirs de l'homme en famille, ou membre d'une société plus nombreuse. Mais tout le monde n'eût pas trouvé son compte à cette législation naturelle.

LINIÈRE, (François Pajot de) né à Senlis l'an 1628, mort en 1704.

L'irreligion de Linière l'a fait appeler l'Athée de Senlis. Despréaux disait qu'il n'avait d'esprit que contre Dieu.

Linière mourut comme il avait vécu et presque octogénaire. L'aimable Deshoulières prit le parti de ce poète philosophe épicurien et caustique.

On n'a point recueilli ses vers. Ses vaudevilles impies étaient, dit-on, fort gais. L'athéisme n'est pas aussi triste, aussi désolant qu'on voudrait bien le faire croire. Cette opinion comporte tous les charmes de la poésie legère, ainsi que tout le sublime de l'ode.

LINUS. Les Panthéistes croient de la cause et de l'origine des choses, ce qu'en a cru Linus le très-ancien et très-saint prêtre de la science, et ils disent avec lui : *Les choses viennent de tout, ou Dieu ; et le tout est le composé des choses.*

Ils ont sans cesse ce vers à la bouche.

Voyez le Panthéisticon de Toland.

LIPSE. (1) (Juste) *Mi Schlufferburgi.... omnis relligio et nulla relligio sunt mihi unum et idem* ; disait Juste Lipse.

C'est-à-dire : mon cher ami, avoir ou n'avoir pas de religion, est pour moi à-peu-près la même chose.

Boëclerus, Diss. de polit. Lipsii.

In re theologicâ aut quocùmque modo ad relligionem pertinente, lubricus, anceps, vagus, in omnes formas mutabilis.

Ce savant était tellement girouette en fait de religion

(1) Né à Isque près Bruxelles en 1547, mort à Louvain en 1606.
Édit.

qu'il donna à penser qu'il n'en avait pas du tout. Il a bien des imitateurs.

J. Lipse s'est proposé de rétablir toute la doctrine stoïcienne, tant à l'égard de la physique que de la morale. . Il a proposé les choses les plus diamétralement opposées à la religion.   *Formey.*

On a de plus graves reproches à faire à ce Belge savant. Il était intolérant, et peu philosophe dans ses mœurs.

LISZINSKI, (Casimir) gentilhomme Polonais.

Dieu n'est pas le créateur de l'homme : mais l'homme est le créateur d'un Dieu qu'il a tiré du néant.

Il fut décapité et brûlé à Grodno, comme Athée, le 30 Mars 1689.

C. Liszinski, martyr Polonais, brûlé vif pour avoir cru davantage à cette proposition $2+2=4$, qu'à l'existence de Dieu.   *Dict. des rép. pag.* **112.**

LITANIES. L'Auteur d'un *Commentaire sur les Litanies de la Providence, au Paraclet et à Paris*, 1783, *in*-12, semble avoir imité Buffon. (*Voyez* cet article.) Qu'on ajoute le terme *Nature* au mot *Providence*, ce petit traité devient très-philosophique.

LOCKE, (J.) philosophe Anglais.

La doctrine de l'Immatérialité, de la Simplicité, et de l'Indivisibilité de la substance qui pense, est un véritable athéisme, uniquement propre à fournir des appuis au spinosisme.

Voyez *l'Entendement humain,* 5ᵉ *part. IV, page* 415 ; ouvrage de la métaphysique la plus hardie et favorable aux matérialistes, disent les biographes.

L'idée de Dieu n'est point innée.

          Entend. hum. p. **70.** *par.* ***VIII.***

Les lumières naturelles ne prouvent point clairement l'immortalité de l'ame : on ne peut pas démontrer que l'ame est immatérielle.

Locke osa avancer que nous ne serons peut-être jamais capables de connaître si un être purement matériel peut penser ou non.

Ce discours sage parut à plus d'un théologien une déclaration scandaleuse que l'ame est matérielle et mortelle. C'était une question purement philosophique. Il importe peu de quelle substance soit l'ame, pourvû qu'elle soit vertueuse.

Lett. phil. sur Locke; Phil. du Bon Sens, t. II. Réfl. IV.

Le P. Lami, le P. Bussier, Loescher, le docteur Sherlock et plusieurs autres savans, se sont élevés contre le sentiment de Locke sur l'origine des idées et prétendent que son système favorise l'athéisme.

Locke a avancé que la vertu est le meilleur culte.

N. B. Craignons de lui donner un rival dans nos cœurs.

Sylvain, Lucrèce Franc.

LOMBARD, (Pierre) dit *le Maître des sentences.*

Est-ce par malice, est-ce par gaucherie que ce théologue trop fameux se propose des questions qu'il se garde bien de résoudre, telle que celle-ci :

« Le mal arrive-t-il par le vouloir d'un Dieu ? »

Et cette autre :

« Avant la création du monde où donc était Dieu ? »

LONGUERUE. (l'Abbé) Si l'on mettait dans les deux bassins d'une balance le bien et le mal que les religions ont fait, le mal l'emporterait sur le bien.

LUBIN, (Eilh.) théologien, ou plutôt philosophe à Rostock.

Voyez son *Phosphorus de causâ primâ et Naturâ mali*, 1596. Il y adopte tout ce qu'Aristote avance sur la matière première. Lubin semble mettre sur la même ligne *le Néant et Dieu*.

LUCAIN, (M. A.)

Jupiter est quodcunque vides, quodcunque moveris. Phars. VIII.

.... *Sunt nobis nulla profectò*

Numina, cum cœlo rapiantur omnia casu..... IX.

C'est-à-dire :

Il n'est point d'autre Dieu que la fatalité.

Dans un autre endroit, le poète semble placer, comme Sénèque, le sage au-dessus de la divinité :

Causa Diis placuit victrix, sed victa Catoni.

IMITATION :

Dieu fut pour le vainqueur, Caton pour les vaincus.

LUCIEN, de Samosate, contemporain de Trajan ; le Momus des philosophes.

Le bon Rollin lui reproche de faire paraître dans ses ouvrages une irreligion trop marquée. Le Chancelier Bacon met Lucien au rang des Athées contemplatifs.

Ce malin polygraphe était de l'école d'Épicure ou plutôt de celle dont les élèves mieux avisés choisissaient, comme l'abeille prudente, ce qu'il y a de meilleur dans chaque opinion.

LUCRÈCE, (T. C.) né à Rome, un siècle avant l'ère commune : le chantre de la Raison et le poète des philosophes. *Dict. des honn. gens.*

Lucrèce chante l'athéisme ; il le réduit en système et cherche à l'embellir des charmes de la poèsie : tout le monde applaudit à ses beaux vers ; il les dédie à son ami Memnius, sans que personne lui en fasse un crime :

on ne persécuta ni l'ouvrage ni l'auteur , parce qu'on sait que la liberté publique repose sur la liberté de la pensée.

Milton.

. . . . *Primus in orbe Deos fecit*

Timor.   De rer. nat.

Lucrèce le pensait : Il l'a dit dans ses vers :

La crainte imagina le Dieu de l'univers.

Valeour, le consistoire , poëme , Ch. IV.

Ses raisonnemens , disent les biographes, sont souvent très-dangereux. Jamais homme ne nia plus hardiment que ce poète , la Providence divine : il dit qu'une des choses qui l'encouragent le plus, est la louange qu'il espère de mériter en rompant les liens de la religion.

Liv. V. tom. I.

La mort n'est rien ; et ce qui la suit ne nous intéresse pas. *Nil igitur mors est ad nos neque pertinet hilum...* etc.

Nat. rer. III.

Corpoream naturam animi esse necesse est , corporeis quoniam talis ictuque laborat.   III.

C'est-à-dire : Il est nécessaire que l'ame soit de la même nature que le corps , sujette qu'elle est à toutes les vicissitudes matérielles.

Ceux qui ont écrit la vie de Lucrèce , assurent qu'il était parfaitement honnête homme.

Ce grand poète voulut concilier Anaximandre, Démocrite et Épicure , tous trois Athées à leur manière.

LUTHER. (M.) On lit dans le *Perroniana*, pag. 20 : Luther niait l'immortalité de l'ame et disait qu'elle mourait avec le corps.

Il professe cette opinion en plusieurs endroits de ses *Assertions.*

La prospérité des méchans et l'adversité des gens de bien sont des choses que notre raison goûte si peu , qu'elle en conclut ou que Dieu n'existe point ou qu'il est injuste...

Cette injustice est prouvée par des argumens à quoi aucune raison ni la lumière naturelle ne peuvent résister.

Hœc iniquitas Dei vehementer probabilis et argumentis talibus traducta quibus nulla ratio aut lumen naturæ potest resistere...etc.   De servo arbit.

Serait-ce d'après ce passage, que Garasse aurait dit : Luther a tant fait, qu'il est parvenu à la perfection de l'athéisme.....

Je ne crois rien, disait Luther, de ce que je prêche.
Doct. Cur.

N. B. Garasse a raison d'en faire un reproche à Luther. Un bon Athée doit abandonner l'hypocrisie à ses adversaires et ne parler que comme il pense, ou se taire tout-à-fait.

M.

MACHIAVEL, (N.) *fuit irrisor et Atheus.*
Paul Jove, Elog.
Machiavel vécut dans la misère, se moquant de tout, n'ayant nulle religion.   *Bayle.*

Machiavel ne voulait rien devoir à la religion, et la proscrivait même. C'était un de ces hommes qui percent tout et se moquent de tout.   *N. Dict. hist. in-8°.*

Quant à l'athéisme, il en fait gloire par ses escrits.
J. Bodin, préf. de sa Répub.
Blasphemans, evomuit improbum spiritum.
Th. Raynaud.
C'est-à-dire : Il mourut en proférant des blasphêmes.

L'homme a droit de tout penser, de tout dire, de tout écrire.   *Machiavel.*

N. B. L'opinion n'est jamais un délit.

MACKENSIE. (G.) Que la terre serait un séjour tranquille, si elle n'était habitée que par des hommes de la trempe de Th. Lau, le spinosiste, et Mackensie! Celui-ci était d'Écosse : il professa le stoïcisme. Voyez son traité de morale : *Le vertueux*, où dit-on, il s'est peint lui-même. *Alm. des répub. p.* **110.**

MACROBE, (Aur.) professe la même doctrine qu'Ocellus de Lucanie, Timée de Locres, et toutes les nations éclairées de l'antiquité.

Voyez ses *Saturnales* et *le Songe de Scipion.*

MADAGASCAR. Les naturels de cette île n'ont ni temples ni prêtres.

MAGUSÉENS (les) croyaient que la matière avait la perception et le sentiment. *Dupuis, Orig. des cult.*

MAHOMET dit que Dieu est un corps rond et grandement froid : ce qu'il a esprouvé en son voyage du Ciel. *Hist. de la Rel. des Turcs par Baudier,* **1641.**

N. B. Mahomet était matérialiste comme Moyse ; et ces deux imposteurs religieux ne s'en cachaient pas. Sans cela, ils n'auraient pu se faire entendre du peuple, qui ne croit fermement qu'à ce qu'il touche.

MAHOMET, second du nom, onzième Sultan des Turcs. *In arcano prorsùs Atheus haberetur..... nulli addictus relligioni, cunctorum hominum accuratas de Diis....... cogitationes irridebat.* P. Jovius, Elog.

Il n'y eut jamais de plus grand Athée que ce Prince, qui n'adorait que sa bonne fortune, qu'il reconnaissait pour l'unique divinité...... Il se moquait de toutes les religions. *Maimbourg.*

Il y a des gens qui ont écrit que ce Sultan était Athée; cela pourrait être vrai. *Bayle.*

MAHOMÉTANS. Pietro della Valle dans ses *Voyages,* fait mention de certains Mahométans qui croient qu'il n'y a pour tout que les quatre élémens qui sont Dieu, qui sont l'homme, qui sont toutes choses.

C'est une observation à faire, que les pays chrétiens, où les Mahométans ont fait le plus de séjour sont les plus sujets à l'athéisme.   *Encycl. méthod.*

MAILLET. (Ben.) Son système sur l'origine de la terre, exposé dans *Telliamed,* mène droit à l'éternité de la matière et au matérialisme.

MAIMON, (le docteur Ben.) Rabbin.

Sache que ce ne sont pas les passages où l'escriture parle de la création du monde, qui nous empeschent de dire que le monde a toujours esté, vû que ceux qui montrent que le monde a esté créé, ne sont pas en plus grand nombre que ceux qui enseignent que Dieu est corporel.   *Ch. XXV, part. II, du liv. de Nevochim.*

Ce juif savant s'était formé à l'école d'Averroës.

MAISON D'AMOUR. (la) Nom d'une association d'Anglais bienfesans, peu crédules et qui professaient la tolérance illimitée.

MALABAR. L'athéisme a ses partisans dans le Malabar : on y lit un poème où l'auteur s'est proposé de démontrer qu'il n'y a point de Dieu, que les raisons de son existence sont vaines.....   *Diderot.*

MALDONAT, (J.) jésuite Espagnol.

.... Votre métaphysicien Maldonat a voulu, par l'une de ses leçons, prouver un Dieu par raisons naturelles, et en l'autre, par mêmes raisons, qu'il n'y en avait point. Faire le fait et le défait sur un si digne sujet ! Je demanderais volontiers auquel il y a plus d'impiété et transcendance , ou en la première ou en la seconde?

Pasquier, Rech. sur la France, III, 43.

Il pensait par lui-même, et avait des sentimens assez libres..... *Dict. hist.*

MALHERBE. (Fr.) Il y a beaucoup d'apparence que Malherbe n'avait guère de religion.

Selon ce poète la religion des honnêtes gens est celle de leur prince.

Quand les pauvres lui disaient qu'ils prieraient Dieu pour lui , il leur répondait qu'il ne croyait pas qu'ils eussent grand crédit au ciel , vû le mauvais état auquel il les laissait dans ce monde..... *Bayle.*

Il ne respectait pas la religion. *Dict. hist.*

MALLEBRANCHE , (Nic.) Parisien , théologien par métier ; philosophe par nature.

J'ai résolu de ramasser dans les ouvrages de Mallebranche, quelques-uns des endroits où il établit l'athéisme. Je choisirai ceux où il insinue le plus visiblement ce dogme impie ; car si je voulais tous les rapporter j'aurais trop à faire. J'en citerai cependant assez pour prouver que, quelque grave que soit l'accusation d'athéisme, elle n'est point téméraire et avancée sans fondement.

Hardouin, Athei detecti, p. 43.

Pour être philosophe , il faut voir évidemment ; pour être fidèle il faut croire aveuglément.

Mallebranche , dit Helvétius , (*de l'homme*) ne s'aperçoit pas que de son fidèle , il fait un sot.

Le sentiment du P. Mallebranche , l'un des plus sublimes esprits de ce siècle , n'est qu'un développement et qu'une réparation du dogme de Démocrite. *Bayle.*

Bayle a osé mettre la théologie d'un saint prêtre en

parallèle avec celle d'un payen (Démocrite), suspect d'athéisme aux payens mêmes.

D'Olivet, Théol. des phil. Grecs.

Le système de Mallebranche sur les idées, ressemble assez, non-seulement à celui de Démocrite, mais est une espèce de spinosisme spirituel.

D'Argens, Phil. du Bon Sens, tom. II

Deslandes accuse Mallebranche de détruire la religion.

Hist. de la phil. tom. II, p. 512.

Mallebranche et ses disciples appellent Dieu, l'*Être universel.* Les spinosistes ne s'exprimeraient pas autrement.

D'Alembert, Mél. phil.

Antoine Arnaud veut que le système de Mallebranche nous conduise au plus outré pyrrhonisme.

Des vraies et des faus. idées, III.

L'esprit de l'homme est assez porté à l'étude, mais il n'est point porté à la piété.

Mallebranche, Rech. de la vérité, liv. II, prem. part., ch. VIII.

MALLET. S. Olaüs, Roi de Norwège, demandant à un guerrier qui lui offrait ses services, de quelle religion il était, le guerrier lui répondit :

« Je ne suis ni chrétien ni payen; mes compagnons et » moi, nous n'avons d'autre religion que la confiance en » nos forces, et dans le bonheur qui nous suit toujours à » la guerre; il nous semble aussi que c'est là tout ce qu'il » faut. » *Introd. à l'hist. de Dann., t. I.* Voy. *Soldats.*

MANDEVILLE. (le docteur B.)

Les Athées sont d'ordinaire des hommes studieux et paisibles; ils ne sont guère dangereux à la société. *P. 5.*

Dans tous les pays de la terre, quelle qu'en puisse être la religion dominante, le grand nombre est si fort maîtrisé par de vaines frayeurs et par la superstition, qu'il n'est pas possible que l'athéisme gagne jamais la masse d'un peuple libre.   *Pensées libres sur la religion, p.* **7.**

L'honneur et la religion ne purent jamais être associés : *nec in unâ sede morantur.*   **Fabl. des abeilles, t. III.**

MANÈS prétend que l'ame est répandue confusément dans tous les corps. Tout est esprit dans la nature. Lui et ses partisans soutenaient que tout est animé, jusques aux pierres mêmes.   **Ep. ad Men.**

Cette opinion est celle de tous les philosophes anciens, à quelques nuances près.   **Beausobre, tom. II.**

MANGENOT, (L.) Parisien, chanoine du temple.

Ce poète professait l'épicuréisme, dont ce lieu avait été une école avant lui.

MANICHÉENS. (les) Selon ces disciples de Manès, le monde est de toute éternité ; tout ce qui subsiste a toujours été et n'a changé que de façon.

C'est-là le sentiment de Spinosa.

MANILIUS, (M.) le poète.

> *Quâ pateat mundum divino numine verti,*
> *At ipsum esse Deum....*   Astron.

C'est-à-dire : .... Le monde est Dieu.....

Je chanterai, dit le même poète, *liv.* **II,** l'ame invisible et puissante de la nature, cette substance divine, qui unit entr'elles toutes les parties du vaste corps du monde.

N. B. Le poète *Aratus,* qui a exercé sa muse sur les mêmes sujets, professa la même opinion. Selon lui, Dieu remplit tout entier l'univers.

Manilius a célébré le souffle unique de vie, *spiritus unus,* ou Dieu, infus dans tous les membres du corps immense de l'univers.   ***Astron.***

MARC-AURÈLE. Représente-toi sans cesse le monde, dit ce Prince philosophe, comme un seul animal composé d'une seule matière et d'une seule ame.....

O univers! O Nature! tu es la source de tout, le dernier terme de tout.   *Pensées. IV liv.*

Il n'y a qu'un seul monde qui comprend tout, un seul Dieu qui est par-tout, une seule matière éternelle. *VII.* 8.

N. B. Est-il besoin d'avertir que dans ce passage, ainsi que dans presque tous les écrits des anciens, *Dieu, matière, nature, ame, monde, univers,* etc. sont synonimes?

..... Je puis à peine me résoudre de donner le titre de *Théisme* aux principes d'un Marc-Aurèle, d'un Plutarque, et de quelques autres philosophes du Portique ou de l'Académie.... Car enfin, ne peut-on pas dire que la doctrine de ces philosophes retranche la divinité.....?

                            Hume, Hist. nat. de la relig.

MARCELINUS. (Amm.)

Nulla vis humana vel virtus meruisse unquàm potuit, ut quod præscripsit fatalis ordo, non fiat.   XXIII, 5.

C'est-à-dire : aucune force humaine, la vertu même, ne peut déranger l'ordre actuel des choses.....

MARGUERITE *de Valois, Reine de Navarre :* l'auteur de l'*Heptameron.*

Sa curiosité à considérer une personne mourante, fait bien connaître qu'elle n'avait pas sur la nature de l'ame, les idées qu'on doit avoir. Mais il y a de fort grands esprits et de fort grands philosophes qui n'ont pas pensé mieux qu'elle sur cet important chapitre.   *Bayle.*

N. B. On raconte qu'à Paris, un de nos savans des plus recommandables et des plus humains, assistait régulièrement aux exécutions de la place de Grève, pour tâcher de voir l'ame à sa sortie du corps des patiens. Il expira, sans avoir cette satisfaction.

MARIANES. Le P. Gobien, jésuite, en parlant des peuples des îles Marianes et des îles voisines, dit :

Il n'a pas paru jusques à présent qu'ils aient aucune connaissance de la divinité, ni qu'ils adorent les images.

Hist. des îles Mar. p. 406.

MARNÉSIA.

Horace ne vit plus qu'au temple de mémoire.
Il n'est resté de lui que ses vers et sa gloire.
Pour l'ami qui survit, triste soulagement,
Mécène en ses jardins élève un monument !
   De ses bois fréquentés par tant d'hommes célèbres,
Il ne recherche plus que les cyprès funèbres.
Sous leur ombre lugubre il cède à ses douleurs
Et se livre au plaisir de répandre des pleurs.
Asyle de la mort, retraite taciturne,
Vous élevez son ame ! Appuyé sur une urne,
Du songe de la vie, il voit la vanité,
Et de son terme enfin, n'est plus épouvanté.
Il mesure l'abyme et veut, près d'y descendre,
Aux restes d'un ami qu'on unisse sa cendre ;
Il embellit la mort dans sa touchante erreur,
Et croit que dans la tombe il sentira son cœur.
Mais c'est en vain qu'il veut préserver sa poussière
De l'empire du temps sur toute la matière :
Rien ne reste de nous, quand nous ne sommes plus,
Si nous ne survivons par l'éclat des vertus.

Essai sur la Nat. champ. poèm. Ch. 2.

MARSAIS, (C. Ch. du) Marseillais.

C'était le La Fontaine des philosophes, il fut accusé d'irreligion ; et cette accusation est fondée. *Dict. hist.*

Les qualités dominantes de son esprit étaient la netteté et la justesse, portées l'une et l'autre au plus haut dégré.

Idem.

N. B. C'est précisément cette justesse d'esprit qui mena Du Marsais droit à l'athéisme. Du Marsais a été un des Athées les plus fermes et les plus hardis qu'il y ait jamais eu.

Ce philosophe avait, comme tous ceux qui pensaient à-peu-près comme lui sur ces matières, une doctrine secrète.   *Naigeon.*

Quelques lumières naturelles de raison, et quelques observations sur l'esprit et le cœur humain, ont fait voir que nul être suprême n'exige de culte des hommes... La religion n'est qu'une passion humaine, comme l'amour, fille de l'admiration, de la crainte et de l'espérance....

   Le Philosophe : ouvrage que d'Alembert appelait
      opus aureum

, Dumarsais fut l'un des Encyclopédistes.

MARSY, (Fr. Mar.) poète et savant de Paris. Nous réclamons dans ces notices, l'abréviateur de Bayle; celui qui rassembla en quelques volumes, sous le titre d'*Analyse de Bayle*, tout ce que ce critique philosophe a pensé le plus fortement.

MARTIN, (P. André) prêtre de l'Oratoire. Selon ce théologien, sous le nom d'*Ambroise Victor*, Dieu est-il rien autre chose que la vérité?
Deus igitur numquid nihil est veritas? Philos. christ.

N. B. Hardouin a raison. C'est être Athée que de reléguer Dieu parmi les abstractions; une abstraction n'est qu'une opération de l'esprit. Dieu ne serait donc qu'un enfant perdu de l'imagination humaine.

MARTIN de *Bussy*. Substitut au Gr. Conseil, né en 1724. *L'Éther* ou *l'Être Suprême élémentaire, poème philosophique et moral, à priori, en V ch. Paris*, 1796. in-8. 64 p.

Martin de Bussy, a fait en 1794, un poème sur la matière éthérée, qu'il met à la place de Dieu. *N. de Lalande.*

Osons donc publier que la religion
Naquit du fanatisme et de l'ambition ;
Que son unique objet, Dieu, n'est qu'une chimère,
Un fantôme impuissant, une ombre mensongère,
Qu'on ne prêche aux humains que pour les opprimer......

. . . . .

J'aime mieux imputer à la nécessité
Mon être et mes destins, qu'à la divinité........ 1er *chant.*

...... S'il est un Dieu qui règne au firmament,
C'est l'Éther, dont l'essence est d'être en mouvement. *Ch.IV.*

Le vrai culte n'est dû qu'aux hommes vertueux ;
Ils sont Dieux sur la terre, atômes dans les cieux. *Idem.*

Nous, pratiquons le bien, aimons-le pour nous-même ;
Voilà des bons esprits la science suprême ;
Fit-on jamais pour Dieu ce que l'on fait pour soi ! *Ch. V.*

Dans une ode, *la Nature*, le même auteur s'exprime ainsi :

Et puisqu'il n'est qu'une substance,
Disons que tout doit l'existence
A la matière, au mouvement.   *Strophe IX.*

Dieu, c'est le tact élémentaire.
Eh ! qu'un esprit eût-il pu faire ?
Il ne saurait même exister.   *Strophe VIII.*

MARVEIL, (Arnaud de) troubadour Périgourdin.

Après la saison d'aimer, Arnaud donna dans la philosophie. Il nous a laissé un poème renfermant ses principes
de morale, d'autant meilleurs, d'autant plus purs, qu'ils
ne les bâse point sur la divinité.

Ce poète mourut à la fin du douzième siècle.

MARULLE. (Michel) Les sentimens de M. Marulle,
poète penseur, (*Tarchaniote*, né à Constantinople.) en
matière de religion, étaient fort éloignés de l'orthodoxie.
Piérius Valérianus, rapporte que lorsqu'il mourut,
Convitia et maledicta in superos detorsisse.

Marulle disait qu'il fallait seulement lire les autres poètes, mais apprendre par cœur Lucrèce. Voici quelques-uns des vers qu'il fit à l'imitation de son modèle :

> *Sed neque fas, neque jura deos mortalia tangunt,*
> *Et rapit arbitrio sors fera cuncta suo.*
> *Nam quid prisca fides juvit, pietasque pelasgos !*
> *Nempè jacent nullo damna levante Deo.*

IMITATION.

> Ce monde est le jouët du sort impitoyable ;
> La vertu, la justice y réclament en vain ;
> La divinité même, et forte et secourable,
> Tout, dans cet univers, doit céder au destin.

MATÉRIALISTE. Les théologiens ont tant abusé du mot *matérialiste*, dont ils n'ont jamais pu donner d'idées nettes, qu'enfin ce mot est devenu synonime *d'esprit éclairé.*   Helvétius.

Les Matérialistes sont de véritables Athées. *Formey.*

Les Lettrés de la Chine sont Matérialistes par philosophie ; les gens du peuple le sont par ignorance.

MATÉRIARIENS. (les) Nom donné à quelques anciens chrétiens qui ont soutenu l'existence de la matière par elle-même.

MAXIME *de Madaure* prouve le panthéisme des Anciens, quand il dit, en parlant de la Nature :

Ità fit ut, dùm ejus quasi membra carptim variis supplicationibus prosequimur, totum colere profectò videamur.

C'est-à-dire : quand nous adressons nos invocations aux Dieux, c'est comme si nous rendions un culte au grand Tout, dont ils sont les membres.

MAYERNE, (Théod.) *d'Aubonne*, médecin Génevois, et calviniste pour la forme.

MÉCÈNE. (C. C.) Il y avait des Athées sous le règne d'Auguste ; car, parmi les conseils donnés à cet Empereur par Mécène, on remarque celui-ci :

« Ne souffrez point les Athées ; ils sont dangereux dans la monarchie...... »   *Dion Cassius, liv. XLII.*

N. B. Mécène, à ce qu'il parait, était meilleur courtisan qu'homme d'État.

MÉDECINS. Les philosophes et médecins sont ordinairement Athéistes.   *Vanini.*

Voyez Baron.

MÉGARIENS. (les) Disciples d'Euclide, philosophe de Mégare ; ils avaient quelques paradoxes des spinosistes.
                                                    Bayle.

MÉHÉGAN, (Guill. Alex.) écrivain éloquent et philosophe, né dans les Cévennes. Son ouvrage *sur les Guèbres*, porte un caractère de hardiesse remarquable pour le temps. (1752)

MÉLANCTHON. (Ph.) Il semblait avoir été nourri en l'eschole de Pyrrho ; car toujours mille doutes assiégeaient son ame, pour la crainte, disait-il, de faillir. Ses écrits étaient un perpétuel brouillis d'irrésolutions.
                                    Florimond de Raymond.

Il y avait bien des matières sur quoi son ame ne prononçait point : « Cela est ainsi et ne peut être » autrement. »

N. B. On sait ce que cela veut dire sous la plume de Bayle. Ces deux lignes valent un brevet d'athéisme.

Mélancthon enseignait que tout arrive nécessairement.

MELISSUS, Général des Samiens, Athée un peu plus circonspect que ses maîtres, Perménides et autres philosophes Éléates. Il croyait le monde infini, immuable, de toute éternité, en un mot, Dieu.

Cicero. Quæst. acad. IV.

Il y a apparence que son système différait peu du spinosisme.   *L'abbé Ladvocat.*

MEMMIUS, (Gem.) Chevalier Romain. C'est à lui que Lucrèce dédie son poème *de Naturâ rerum.*

MÉNANDRE, * élève de Simon, dit *le Magicien,* et lui-même chef d'opinion. Il reconnaissait, avec son maître, un être éternel, nécessaire, la source de l'existence, et la force par laquelle tout est. Les hommes sont produits par des Génies, enfans de l'Être suprême.

Tout cela n'est que le spinosisme ébauché.

MENDÈSIENS. (les) L'Isis des Égyptiens n'était dans le fonds que la nature universelle, principe de toutes choses, et que l'on a fait infinie aussi bien qu'éternelle; ce qui revient à l'erreur de nos spinosistes et des autres Athées.

Les Égyptiens dans leurs mystères ne connaissaient d'autre Dieu que le monde.... C'est cela même que les Mendèsiens d'Égypte, (habitans de la ville de Mendès) adoraient sous le nom de *Pan,* qui signifie l'univers.

Hist. des cult. par Jurieu, p. 527, *in-4°.*

MENIPPE. C'est ce philosophe Phénicien qui disait à Jupiter : « Tu prends ton foudre, au lieu de répondre; » tu as tort. »

N. B. Les valets ont imité leurs maîtres.

MERCIER, (Louis) Parisien, de l'Institut national de France.

On a répété ceci mille fois, mais il est bon de le redire encore : Oui ! la morale est la seule religion nécessaire à l'homme : il est religieux dès qu'il est raisonnable.

L'an 2240. 1775, *in-8°, p.* 158.

La théologie a tout gâté dans le monde. Elle a redoublé les terreurs de l'homme, au lieu de les calmer ; elle l'a rendu superstitieux, au lieu de le rendre raisonnable.

Tableau de Paris, tom. I, p. 160.

(En parlant des Arabes :) Le principe religieux n'est jamais aussi fervent dans l'esprit des nations libres, que dans celui des nations policées.

Not. clair. sur les gouv., tom. II, ch. 61.

N. B. Un philosophe avouerait ces trois citations.

Quel sujet à produire sur la scène, que l'Athée ! Et à quelles mains sûres et vigoureuses est réservé l'honneur d'écraser ce personnage !....

Note de la Maison de Molière ; *imité de Goldoni.*

N. B. Personne n'a encore osé ramasser le gant. On sent du moins toute la difficulté du sujet. C'est un hommage rendu aux principes de l'Athée.

MÉROË, (Gymnosophistes de) capitale de l'Éthiopie ancienne.

Parmi la multitude, il est des hommes ici, (en Éthiopie) qui n'ont point de culte.

Nous n'adorons, (c'est un des sages de Méroë qui parle) avec le peuple, autre chose que la lumière du jour ; et par cette expression hiéroglyphique, nous entendons ce que le peuple est loin de comprendre, LA VÉRITÉ ! Ne ressemble-t-elle pas en effet à l'éclat d'un beau jour ?

Voyez *Luciani opera..*

MERSENNE. * (le P. M.) Tous les anciens philosophes ont dit ce que nous disons en cette maxime de théologie, que Dieu est présent par-tout...... C'est pourquoi nous pouvons dire que Dieu est le monde.... C'est lui qui est cette nature *naturante.* *L'impiété des Déistes, sec. par.*

N. B. D'après ce passage, Spinosa peut compter Mersenne au nombre de ses partisans les plus prononcés.

Nos géomètres croient parfois que Dieu existe, mais ils confessent et assurent que par la raison, ils n'en peuvent être persuadés ou convaincus.

Epist. ad Flor. Crasium, 1645, *trad. par Bayle.*

Le Père Mersenne comptait, en 1623, jusqu'à soixante mille Athées à Paris. Il en trouvait jusqu'à douze dans une seule maison. Il pouvait ajouter : *sans me compter.*

On supprima dans son ouvrage, *Quœstiones celebres, in Genesim*, une liste des Athées de son temps, qui occupait cinq colonnes in-f°. *Liste imprudente et peut-être dangereuse,* disent les Biographes.

MESLIER, * (Jean) Curé Champenois et Athée.

Voyez ses notes sur le *Traité de l'existence de Dieu*, par Fénélon, elles ne laissent aucun doute sur ses vrais sentimens à cet égard. Il est impossible de professer l'athéisme d'une manière plus claire et plus franche.

Voyez aussi la seconde partie de son testament.

Naigeon.

DEMANDE : Qu'est-ce que l'ame? RÉP. Quand on m'aura bien expliqué le mécanisme du corps, je pourrai dire ce que c'est que l'ame.   *Cat. du C. Meslier, p.* 39, *in-*8°.

Il était le fils d'un ouvrier en serge, du hameau de Mazerni.

Tant qu'il vécut, il donna tous les ans à ses paroissiens pauvres, tout ce qui lui restait de son revenu ; et il savait vivre de peu. On lui fit cette épitaphe :

CI-GÎT

JEAN MESLIER,

CURÉ

D'ÉTRÉPIGNY, VILLAGE DE LA CHAMPAGNE,

DÉCÉDÉ EN MDCCXXXIII,

AGÉ DE 55 ANS.

A SA MORT, IL RÉTRACTA

CE QU'IL PRÊCHAIT PENDANT SA VIE,

ET

N'EUT PAS BESOIN DE CROIRE EN DIEU

POUR ÊTRE HONNÊTE HOMME. (1)

MÉTEMPSYCOSISTES. (les) Pythagore s'est déclaré en Grèce, le chef de cette opinion, qui existait bien avant lui, et qui lui survivra tant qu'il y aura de bons physiciens. La Métempsycose est le véritable système de la nature ; et Dieu n'a point de chapitre dans cette doctrine.

MÉTRODORE, maître de Diogène et d'Hippocrate.

Ce philosophe, médecin de Chios, enseignait l'éternité de l'univers ; car si l'univers, disait-il, avait commencé, il aurait été produit de rien ; ce qui répugne.

MEURSIUS, (J.) c'est-à-dire, Nic. *Chorier,* Dauphinois.

La religion, qui tient le premier rang dans la politique, dans la nature, n'en a aucun.   *Aloysia, V. interloc.*

MÉZERAY, (Fr. E.) l'historien de France.

..... Le menu peuple, plus il est ignorant, plus il veut se mêler des affaires de la religion.

(1) On a cru que Meslier dégoûté de la vie, s'était laissé mourir, en se refusant toute espèce d'alimens, parce qu'il ne voulut pas même prendre un verre de vin.

On trouva chez lui trois gros manuscrits en entier de sa main et signés de lui, intitulés : *Mon testament.* Sur l'enveloppe de l'un d'eux, il avait écrit et adressé à ses paroissiens ces paroles :

« J'ai vu et reconnu les erreurs, les abus, les vanités, les méchancetés » des hommes. Je les hais et je les déteste. Je n'ai osé le dire pendant » ma vie, je le dirai au moins en mourant et après ma mort ; et c'est » afin qu'on le sache que j'écris ce présent mémoire, afin qu'il puisse » servir de témoignage à la vérité, à tous ceux qui le verront, et le « liront si bon leur semble. »   *Édit.*

Cet écrivain hardi et libre, professa le pyrrhonisme toute sa vie.

MIDDLETON. Cicéron ne reconnut dans la religion, *avec tous les gens sensés*, qu'une invention humaine et un système de haute politique. *Vie de Cicéron, liv. XII.*

N. B. Mais tous les gens sensés n'osent pas encore en convenir tout haut. Ont-ils raison? Leur prudence est-elle louable et nécessaire? L'expérience ne prouve pas, ce me semble, qu'on gagne beaucoup à ne lever que le coin du voile. Après tant de siècles de ténèbres, d'erreurs et de mensonges, soi-disant officieux, le moment ne serait-il pas encore venu de dire enfin : *fiat lux!*

MILITAIRE PHILOSOPHE, (l'Auteur du) parle conditionnellement de l'existence de Dieu ; *s'il existe*, dit-il, page 77, il n'eût pas dit de sa personne : *si j'existe.*

L'auteur s'expose, dit-on, dans des lettres de **1770**, aux reproches les mieux fondés d'être Athée.

La géométrie et l'arithmétique ne causèrent jamais de guerres civiles. Pourquoi des guerres entre des religions? C'est que toutes sont fausses. S'il y en avait une vraie elle n'aurait besoin que d'être présentée ; tout le monde se rendrait ; tout ce qui fait dispute est nécessairement une fausseté ; ou tout au moins une incertitude.

Il n'est pas de religion à la quelle on ne puisse renoncer en conscience.

MILTON, (J.) poète Anglais. Quand il fut vieux, il se détacha de toutes sortes de communions, ne fréquenta aucune assemblée religieuse, et n'observa dans sa maison le rituel d'aucune secte ; il s'en tint à un profond respect pour le Dieu des philosophes.... à cause qu'il était persuadé qu'on peut être homme de bien, sans souscrire au formulaire d'aucun parti..... C'est pourquoi il se rangea du coté des *Indépendans* et professa une tolérance illimitée. (1)

MINUTIUS, (Félix) orateur à Rome. Quelques passages de son *Octavius*, semblent favoriser le matérialisme.

Par exemple, il ne répond pas ou répond fort mal à cette objection philosophique qu'il se fait proposer par Cécilius :

Ne remplissons pas le monde de vaines opinions et de fantosmes qui épouvantent les hommes. Car soit que les principes des choses soient de certaines semences qui naturellement se sont unies, ou que les membres de tout ce grand univers ayent été formés et arrangez fortuitement, pourquoi faire un Dieu ?

Qu'est-ce que l'homme et tous les animaux qui sont au monde, qu'un meslange d'élémens qui se dissoudent après, et retournent à leur premier estre, sans qu'il y ait d'arbitre, d'ouvrier, ni de conducteur de toutes ces choses....

Si le monde estait gouverné par une Providence, et par la puissante main de quelque Dieu ; certes ! Jamais Phalaris et Denis le tyran, n'auraient esté Rois... Jamais on n'aurait contraint Socrate à avaler du poison.

Pag. 11, 12, 14.

Entr'autres choses, Octavius répond à Cécilius :

Encore que nous connaissions Dieu, nous n'allons point dire publiquement nostre opinion, que quelque nécessité ne nous y oblige.   *Trad. de Dablancourt*, p. 60.

Minutius Félix a composé un autre Dialogue qui traite du *Destin*.

(1) Milton ne garda pas cette indépendance en politique. Secrétaire de Cromwell et son partisan déclaré, il fut l'un des plus ardens ennemis de Charles I. Il n'arriva point, de son vivant, à la célébrité à laquelle il avait aspiré longtemps ; il mourut pauvre, ignoré, sans gloire ; ce ne fut qu'après sa mort que l'Angleterre sut apprécier son génie.   *Édit.*

MIRABAUD, philosophe Provençal, de l'Académie Française; auteur de l'ouvrage intitulé : *Des Lois du monde physique et du monde moral*, dont l'objet et les principes sont les mêmes que ceux *du Système de la Nature.*

Mirabaud fut un incrédule décidé et même un Athée de système, tel que Spinosa, Hobbes, etc. etc.

Mirabaud a été précisément un de ces écrivains qui veulent enlever aux hommes la croyance de la divinité.

Il fut un homme probe.

MIRABEAU. (Le Marquis de) Toute religion, réduite au pur spirituel, est bientôt reléguée dans l'empire de la lune.

Notre postérité, jugeant de l'esprit du temps par les seuls vestiges qui en demeureront, croira devoir le jour à une race d'Athée.   *L'Ami des hom. in-4°.*

N. B. Mirabeau écrivait ceci en 1756.

La justice est indépendante des notions quelconques de la divinité.

La vertu a une base solide et la justice un but réel dans l'intérêt ; ce garant universel de nos engagemens respectifs.
                         Lett. de Cachet. tom. 1,

La pratique du bien moral est la seule religion obligatoire à laquelle l'homme puisse être contraint avec justice.
                         Idem.

MITTIÉ, (Stanislas) docteur régent de la ci-devant Faculté de Médecine de Paris, mort à Paris, agé de soixante-quinze ans. *Voy.* son *Nécrologe*, par son neveu.

Cinq ou six ans avant la révolution, ce médecin, qui avait de la réputation et qui la méritait, comptait parmi ses malades M. Fontaine, receveur-général des finances, gissant dans une maison de campagne à Vanvres. Les parens, bons chrétiens, firent venir, selon l'usage, le R. P. Gardien de la capucinière de Meudon. Mais le malade était peu d'humeur à l'entendre. On pria le médecin de l'y déterminer. Ce qu'il fit de cette manière : » Mon ami ! » La confession, c'est le mémoire de la blanchisseuse... » Pour vous en débarasser, ayez l'air de croire en Dieu, » comme je compte bien faire, quand j'y serai. »

Le savant Esculape n'eut pas cette peine. En dépit de sa femme, la famille écarta de son lit de mort, tous les importuns.

MITTIÉ, (Stanislas Cajetan) frère du précédent, né au château des Tuilleries, filleul du Roi de Pologne, Duc de Lorraine, et ancien receveur-général des domaines de la ci-devant généralité de Paris.

Peuples dupes et crédules, la religion de vos pères est de l'invention des représentans du ciel, qui d'accord avec les tyrans de la terre, disposent de vous, comme le fermier de son bétail.

Peuples ! Il est une religion, la seule véritable, c'est le code de la Nature qui prescrit à tous d'être juste, humain et bienfesant.

Révolut. du Paradis et de l'Enfer. Paris an VI. in-8°.

MNÉSARQUE, Chrysippe, Pline le naturaliste, pensaient que le monde est Dieu.

Cette liste de noms anciens et recommandables pourrait se prolonger à l'infini.

N. B. L e système du *Monde-Dieu* est aussi ancien et aussi universel que le soleil.

MODERNE (un) a dit : En matière de religion, les hommes ne sont que de grands enfans.

N. B. Mais *en jouant à la chapelle*, comme on dit, ces enfans mal élevés se jettent à la tête leur hochet divin, et rougissent leur idole de leur sang.

MOÏ, (Ch. Alex. de) ancien curé de Saint-Laurent, et député supplémentaire à l'Assemblée nationale.

Voyez son ouvrage *sur les Fêtes publiques* où il démontre la nécessité de proscrire le mot *Dieu*, qui a fait tous les malheurs du genre humain et de le remplacer par celui *Nature*.

MOLIÈRE, (J. B. P.) Parisien.

*Scène du Festin de pierre de Molière supprimée
à la seconde représentation.*

Don Juan rencontre un pauvre dans la forêt et lui demande à quoi il passe sa vie.

LE PAUVRE.

A prier Dieu pour les honnêtes gens qui me donnent l'aumône.

DON JUAN.

Tu passes ta vie à prier Dieu? Si cela est, tu dois être fort à ton aise.

LE PAUVRE.

Hélas! Monsieur, je n'ai pas souvent de quoi manger.

DON JUAN, *avec ironie.*

Cela ne se peut pas; Dieu ne saurait laisser mourir de faim ceux qui le prient du soir au matin : tiens voilà un louis d'or! Mais je te le donne pour l'amour de l'humanité.

N. B. L'Athée Espagnol Don Juan exista, mais non tel qu'il plut aux auteurs dramatiques de le travestir sur le théatre. La seule scène où l'original était fidèlement copiée, fut précisément celle que l'on proscrivit.

Molière a fait monter l'athéisme sur le théatre....
Molière ne peut parer au juste reproche qu'on lui peut faire d'avoir donné à tous ses auditeurs des idées de l'athéisme, sans avoir eu soin d'en effacer les impressions,

*Obs. sur une com. de Molière, intitul. le Festin de pierre,
Paris,* **1665.**

Molière rend la majesté de Dieu le jouet d'un maître et d'un valet de théatre, d'un Athée qui s'en rit, et d'un valet plus impie que son maître, qui en fait rire les autres.

Dans cette pièce qui a fait tant de bruit, un Athée foudroyé en apparence, foudroye en effet et renverse tous les fondemens de la religion   *Idem.*

Molière ne laissait pas d'être philosophe, mais d'une philosophie peu sèche et peu aride.   ***Deslandes.***

Molière avait étudié et traduit tout Lucrèce, et il aurait publié cette traduction ; mais son domestique en ayant pris un cahier pour faire des papillotes, Molière, dans le premier mouvement de sa colère, jeta le reste au feu, et ne tarda point à s'en repentir. Il en avait inséré un morceau dans son *Misanthrope.*

N. B. Lucrèce n'est point heureux dans notre langue. Trois poètes Français entreprennent la traduction de son poème ; le manuscrit des deux meilleurs, Hénault et Molière, est détruit par un valet et par un prêtre. Nous n'avons pour nous en dédommager, que le travail médiocre du Membre de l'Institut, Leblanc.

MON CHEF - D'OEUVRE. (l'Auteur de l'ouvrage) Berlin , **1762.**

Les Athées sont d'un commerce doux et poli ; les Chrétiens semblent avoir un esprit dur... C'est que les uns ne comptent que sur les hommes, les autres ne s'y fient point ; s'ils ne sont pas aussi politiques, ils sont du moins plus désinteressés.   *page* **15.**

MONDE, (l'Auteur de l'ouvrage le) *son origine et son antiquité,* **1751.**

Le nombre des philosophes qui ont eu recours à un être intelligent pour la formation du monde, est très-peu considérable... presque tous semblent n'en avoir attribué la cause qu'à la nécessité.

MONDES. (les deux) Le culte de la Nature doit être regardé comme la religion primitive et universelle des deux mondes.   *Dupuis, Or. des Cult.*

MONGE, de Montmajour, troubadour épicurien, qui préférait, comme il le dit lui-même, la table de ses bons amis aux autels d'un Dieu suprême.

Il fut surnommé le Fléau des poètes, *lou flagel dels trobadours,* et il mourut dans la ville d'Arles, en **1355.**

> *Vies des plus anciens poètes Provençaux*, mises en langue Française, par Jéhan de Nostre-Dame, procureur en la Cour de Parlement de Provence. A Lyon, **1575.** Chap. LXVIII.

MONGE, de l'Institut national de France....

MONGEZ *, l'antiquaire, Membre de l'Institut national de France, *a l'honneur d'être Athée ;* ce sont ses propres expressions.

MONIER ou *Meunier,* oncle maternel du rédacteur de ce Dictionaire.

Très-habile graveur de cachets, mort à Belleville, près Paris, au commencement de la révolution. Alchymiste indévot.

MONIER, (B.) Maire de la commune de Coutures sur Drot, près la Réole. La raison universelle, c'est là notre divinité par excellence ; c'est la seule qui ait été laissée aux hommes pour les guider.

Quand un torrent entraine les fruits de vos travaux, un Dieu vient-il vous rapporter autre chose que ce que votre raison, aidée de votre courage, vous en fait sauver elle-même ?

> *Pages 3, 4 et 5. d'un disc. pron. dans lad. Comm. et imp. à Bordeaux.*

MONTAIGNE *. (M.) La faiblesse de notre jugement nous y (la religion) aide plus que la force. *Essais II.*

Montaigne ridiculise les systèmes sur la divinité dans son grand chapitre sur Raimond de Sebonde. *P.* 402-527.

Note de Lalande.

Les choses les plus ignorées sont plus propres à être déifiées.... etc.

Qui retâtera son être et ses forces, et dedans et dehors, et verra l'homme sans le flatter, il n'y verra ni faculté ni efficace qui sente autre chose que la mort et la terre.

Les uns font accroire au monde qu'ils croient ce qu'ils ne croient pas, les autres en plus grand nombre se le font accroire à eux-mêmes, ne sachant pas pénétrer ce que c'est que croire.

Montaigne dit qu'il faut avoir une *arrière boutique* pour soi seul. Il flottait sans cesse dans un doute universel.

N. B. Quand Pascal se ménageait des *pensées de derrière la tête,* sans doute il avait connaissance de *l'arrière boutique* de Montaigne. Presque tous les grands hommes ont eu la petitesse de dissimuler leur opinion. Beaucoup ont emporté avec eux dans la tombe leurs véritables sentimens. Tel dont la mémoire se trouve flétrie par une réputation de dévot, était peut-être un incrédule parfait, mais timide. Oh! Combien d'habits de caractère ont pour doublure le manteau du philosophe !

MONTESQUIEU *....... nous voyons que le monde, formé par le mouvement de la matière, subsiste toujours.

Esprit des lois. liv. I. Ch. I.

Voyez aussi les *Lettres Persannes.*

Mais le philosophe se cachait sous la simarre du président. Cela n'empêcha pas qu'il ne fut dénoncé comme Athée par la Sorbonne. Il eut la faiblesse d'y être sensible ; mais il est faux qu'au lit de mort, Montesquieu ait rétracté les vérités d'état qu'il avait soutenues pendant sa vie.

MONVEL-, de l'Institut national.

.... Suprême intelligence ! Ame de la Nature , et qui peut-être es la Nature elle-même.....

P. 27. *d'un* Discours *pron. le* 10 *frim. an II.*

MORALE universelle. (l'Auteur de la) On est homme , avant d'avoir une religion.....   *Préface , page* 10.

A quelque dégré que l'on porte le doute ou l'incrédulité, quelles que soient les opinions des hommes sur la divinité, ces opinions ne changent rien à celles qu'ils doivent se faire sur la morale. Celle-ci a la raison et l'expérience pour bâse.   *Sect. IV. Ch.* 7.

MORAND , médecin de Niort , et membre du ci-devant Conseil des Anciens , Athée avec ses amis.

MORNAY , Anglais, médecin à Paris et à Belleville , né vers 1747.

MOSCHUS , philosophe de la ville de Sidon , en Phénicie , et antérieur à la guerre de Troye.

C'est le père de la philosophie des atomes , laquelle se passe d'un Dieu.

MOSCITES. (les) Dampierre ne put jamais remarquer dans ces Indiens ni religion ni superstition.

MOUGHAÏRE. (Ibn-Saïd) Ce magicien fameux , dans la doctrine qu'il débita l'an 119 de l'Eghire , (737.) sous le califat de Huscham 1 , présentait Dieu comme un être corporel , avec autant de membres qu'il y a de lettres dans l'alphabet Arabe.

MOYSE , législateur théocratique de la nation Juive.

Mosem fuisse Pantheistam ; sive , ut cùm recentioribus loquar, spinosistam incunctanter affirmat..... Strabo...
        Toland , *Origines Judaïcæ.*

C'est-à-dire : Dans ses Origines Judaïques, Toland se propose de rendre l'histoire de Moyse suspecte, par l'autorité de Strabon, et de prouver que le législateur Hébreux et Spinosa ont eu à-peu-près les mêmes idées de la divinité. *Voy. Adœisidemon.*

Voici le passage du géographe Grec; il est curieux et important.

Moyse, qui fut un des prêtres Égyptiens, enseigna que c'était une erreur monstrueuse de représenter la divinité sous les formes des animaux, comme fesaient les Égyptiens, ou sous les traits de l'homme ainsi que le pratiquent les Grecs et les Africains. Cela seul est la divinité, disait-il, qui compose le ciel, la terre et tous les êtres, ce que nous appelons le monde, l'universalité des choses, la Nature. *Géogr. Strabo. XXVI. liv.*

Dieu était au fond le panthéisme de presque tous les anciens, attribué par Strabon à Moyse même et renouvellé par Spinosa, qui ne refuse ni le nom de Dieu ni celui de Cause à la substance unique qui, selon lui, forme, par son développement, la collection de tous les êtres. *L'Abbé Canaye, memb. de l'Acad. des Insc.*

Nulle trace de l'immortalité de l'ame dans le système religieux de Moyse. *Exam. des Relig. page 66.*

MURET serait le meilleur chrétien du monde, s'il croyait en Dieu aussi bien qu'il persuaderait qu'il y faut croire. *Prima Scaligerana.*

MUSERINS. Nom que se donnent entr'eux, chez les Mahométans, ceux qui professent l'athéisme et dont la signification est : *nous avons le véritable secret.*

Ce secret n'est autre chose que de nier absolument la divinité; de soutenir affirmativement que c'est la Nature ou le principe intérieur de chaque individu qui dirige le cours ordinaire de toutes les choses que nous voyons.

Ricaut.

N. B. Et pourquoi donc faire un secret de cette doctrine ? Que dirons nos neveux de la circonspection puérile de leurs ancêtres ? Que de sujets de pitié nous apprêtons à la vénérable postérité !

MYTHOLOGUES. Les auteurs Mythologues, tant poètes que prosateurs, étaient spinosistes, composant leurs Dieux de toutes les parties de la Nature, personnifiées.

Les Mythologues avaient plus d'imagination et de bonne-foi que les Théologiens leurs successeurs.

N.

NAIGEON, * (Jacques André), né à Paris en 1739, de l'Institut national de France.

C'est parler en déclamateur et raisonner en sophiste que d'insinuer qu'il n'y a point de probité sans religion.

Encycl. méthod. Cardan.

Dans le livre du *Système de la Nature*, par d'Holbach, (1770) il y a beaucoup de notes de Naigeon, qu'il envoya à M. Michel Rey : cet imprimeur ne savait pas de qui était le *Système*. . . . . . .

Naigeon a composé *le Militaire philosophe.*

Il a traduit de l'anglais *l'Enfer détruit* et le *Traité de la tolérance*, par Crellin, socinien Polonais.

Voyez encore son *Adresse à l'Ass. nat.,* 1790, *in-8°.*

Il ne faut pas croire que tout le monde puisse se mettre au niveau de cette opinion, (l'athéisme) ; c'est au contraire celle d'un très-petit nombre d'hommes..... Pour être Athée comme Hobbes, Spinosa, Bayle, Dumarsais, Helvétius, Diderot et quelques autres, il faut avoir beaucoup observé, beaucoup réfléchi ; il faut joindre à des connaissances très-étendues dans plusieurs sciences difficiles une certaine force de tête....... Il doit donc nécessairement y avoir très-peu d'Athées...... *Encycl. Campanelle.*

Quelqu'un, en 1798, reprochait à Naigeon qu'il n'osait pas avouer son athéisme ; le membre de l'Institut répondit : « Voyez mon Dictionnaire de la philosophie ancienne et » moderne..... »

« J'ai dit positivement que Diderot était Athée, et que » cette philosophie était la seule vraie, la seule qui convint » à l'homme vraiment philosophe, puisqu'on arrivait à ce » résultat par la seule bonne méthode d'investigation, » savoir : par l'observation, l'expérience, la méditation et » le calcul. On peut voir les articles *ordre de l'univers,* » *fatalisme, fatalité, stoïcien, Cardan, Toland,* de la » nouvelle Encyclopédie, et autres, qui déposent de mes » sentimens sur cet article important de la philosophie » rationelle. » *Note communiquée.*

Naigeon est un de nos esprits forts les plus décidés, et qui ne reconnait pour philosophes que ceux dont la philosophie transcendante ne capitule avec aucun préjugé... *Palissot, 1799. — VIII.*

Diderot et Naigeon ont passé dix ans à faire imprimer les œuvres suivantes :

Le Bon Sens, par d'Holbach, (*opus aureum.*)

Le Militaire philosophe, par Naigeon.

Les Prêtres démasqués, traduit de l'anglais.

L'Esprit du clergé, traduit de Tindal et Gardon, Athées.

La Contagion sacrée, réimprimée par Lemaire.

Histoire naturelle de la superstition, par d'Holbach, 1770.

Essai sur les préjugés, par d'Holbach.

Lettres à Eugénie, par d'Holbach ; la préface est de Naigeon.

Lettres philosophiques de Toland à Séréna, traduit de l'anglais.

Essai sur la nature et la destination de l'ame humaine, traduit de Collins, Anglais, qui a fait le *Commercium epistolicum.*

Système social, (1) par d'Holbach.

La Politique naturelle, du même.

La Morale universelle, idem.

La Théocratie, idem.

Le Christianisme dévoilé; cru de Boulanger est de d'Holbach.   *Note de Lalande.* (2)

NAPLES. L'Italie, et surtout le royaume de Naples a produit un bon nombre d'Athées.

Encycl. méth. Jord. Brunus.

NATIONS. Plusieurs Nations qui ont été découvertes dans les derniers siècles n'ont aucune idée de Dieu, ni n'ont aucun culte.   *Hist. de la Phil. pay.*

NATURE. Il n'est peut-être pas absurde d'avancer que tous les êtres sont sortis du sein de la Nature, au moment de son développement, sans aucun secours de *cause* quelconque, et par les seules qualités et propriétés résultant du mélange des matières et du mouvement général.

Exam. des Relig., p. 18 et 19.

Il ne faut que le temps et les circonstances à la *Nature* pour produire ses modifications. Elle a pu, de tout temps, en de certaines circonstances, produire tous les êtres, comme et par les mêmes moyens que nous lui voyons employer incessamment pour les reproduire et les entretenir.   *Idem, p.* 139.

---

(1) *Voir* ce mot et celui *Système de la nature.*   *Édit.*

(2) *Le christianisme dévoilé* se trouve en entier dans les OEuvres de Boulanger, Paris, 1792, 8 vol. in-8°.   *Édit,*

La supposition de l'existence d'une première cause, d'un moteur de tous les êtres, n'est propre qu'à satisfaire des êtres superficiels.   *Idem, p.* 140.

La Nature toute entière a esté et est encore tenue par beaucoup pour le vrai Dieu.   *Lamothe Levayer.*

Quelques-uns la font mère de Jupiter. Les anciens philosophes croyaient que la Nature n'était autre chose que le monde, c'est-à-dire tout l'univers.

« Misérable opinion, (ajoute le lexique que nous » copions) qui a encore des partisans. » *Lisez* Pline et Buffon..... etc.

NATURE, (l'Auteur de Dame) à la barre de l'Assemblée Nationale, 1791, in-8°. (1)

Qu'on se taise un moment ! J'ai deux mots à vous dire. Enfans ! Écoutez votre mère ; laissez parler la Nature.....

Enfans! La piété filiale est la seule religion qui convienne aux hommes. La Nature a gravé dans le cœur des enfans ce précepte ineffaçable : tu honoreras ton père. Ainsi donc, n'ayez d'autre temple que la maison paternelle.   *P. 22.*

NAUDÉ, (Gabriel) natif de Paris, et bibliothécaire du Cardinal Mazarin.

Celui-là a raison qui condamne plutôt les livres *contrà bonos mores*, que ceux *contrà fidem ;* parce que l'hérétique, absolument parlant, n'est préjudicable qu'à soi-même, où le vicieux est la peste et le fléau de tout le monde..... etc.

L'intention des premiers est toujours bonne ; et celle des derniers toujours mauvaise. On ne châtie les auteurs des livres *contrà fidem* qu'en certains lieux, et on ne sait pas encore si c'est *jure vel injuriâ.*   Mascurat, *p.* 347, *in-4°.*

Naudé était un homme fort sage et fort réglé dans ses mœurs, très-sobre, ne buvant que de l'eau. L'étude fesait

(1) Voyez encore le mot *Dame* plus haut.   *Édit.*

sa principale occupation. Il parlait avec beaucoup de liberté, et cette liberté s'étendait quelquefois sur les choses de la religion, d'une manière qui pouvait faire concevoir de lui des idées désavantageuses. Il lui échappait des expressions trop libres, surtout dans les débauches philosophiques où il se trouvait quelquefois avec Guy-Patin et Gassendi.

Niceron.

N. B. On dirait que le génie irreligieux de Gabriel Naudé plane encore aujourd'hui sous les voutes de la bibliothèque publique dont il fut le premier conservateur. (1)

NAUTOLINES. Les Chinois ont une secte de religieux, appelés *Nautolines*, qui prêchent publiquement la mortalité des ames.   *Lamothe Levayer.*

NECKER, dans son livre des *Opinions religieuses*, appelle l'*idée sublime d'un Dieu*, *le doux refuge de l'ignorance*.

Il dit que l'existence d'un Dieu créateur et celle d'une matière éternelle, sont à une égale hauteur de notre intelligence; et que même l'existence éternelle de l'univers soulage encore plus notre réflexion.

C'est par l'orgueil de nos opinions que nous pouvons atteindre à l'être suprême.   *Necker.*

NEWTON. (Isaac)

Omni præsens est Deus non per virtutem solam, sed etiam per substantiam, nam virtus sinè substantiâ subsistere non potest...... In ipso continentur et moventur omnia...... Deus totus est oculus; totus auris; totus cerebrum, totus brachium; sed more minimè humano......

C'est-à-dire : « Dieu est non seulement par-tout, en vertu

(1) Gabriel Naudé est auteur d'une *Apologie des grands hommes accusés de magie*, le seul de ses ouvrages qui soit demeuré. On aurait fait, a-t-on dit à ce sujet, un livre bien plus gros des grands hommes accusés d'impiété depuis Socrate,   *Édit.*

de sa puissance, mais encore par sa substance; car, la puissance ne peut exister sans une substance réelle..... En lui est contenu et mu tout ce qui existe..... Dieu est tout semblable à lui-même : il est tout œil, tout oreille, tout bras, tout cerveau, mais d'une manière nullement humaine. »

Certes! Newton est spinosiste.

Ce savant philosophe mourut vierge, à 85 ans. Il jugeait les hommes d'après leurs mœurs et non d'après leurs opinions. Aimant le repos par-dessus tout, il ne voulut contredire personne et garda pour lui seul ses véritables sentimens.

Isaac Newton était arrivé à la fin de son livre des *Principia mathematica*, non seulement sans avoir parlé une seule fois de Dieu, mais même sans avoir senti un moment, dans le cours de son travail, le besoin de recourir à cet être inintelligible, pour rendre raison du mécanisme de l'univers. Un de ses amis l'avertit de cette omission et lui conseilla de dire *un petit mot de Dieu*. (C'est l'expression même dont il se servit.) Newton, qui avait procédé comme Démocrite, se rendit et inséra dans le *Scholium generale*, qui termine son livre, les preuves banales de l'existence de Dieu, qu'on y lit, et dans lesquelles on ne reconnait plus l'auteur immortel des *Principes mathématiques*.

Naigeon.

Qu'est-ce que l'espace pur, ou l'étendue spirituelle admise par Newton et Clarke? Ces hommes de génie se sont-ils contredits? *Delisle de Salle.*

NICANOR. La vertu des philosophes Diagoras, Théodore, Evhemère, Hippon et Nicanor a paru admirable à Saint Clément d'Alexandrie, quoique l'antiquité les reconnaisse pour des Athées décidés.

N. B. C'est ici l'occasion de rappeler ce vers d'un poète moderne : (1)

L'homme vertueux, seul, a le droit d'être Athée.

NICOLE, (P.) de Chartres..... Les lois naturelles sont Dieu même..... etc.

Ces expressions et beaucoup d'autres, extraites des OEuvres de ce théologien, par le Père Hardouin, lui ont mérité un brevet d'Athée, de cette sorte d'Athées qui ne font de Dieu qu'une abstraction, c'est-à-dire, à-peu-près rien : *Verba et voces, prætereàque nihil.*

Voyez *P. Ant. Martin.*

Les ouvrages de Nicole peuvent fortifier.... tous ceux qui ont du penchant vers le pyrrhonisme.   *Bayle.*

Ce passage par exemple : C'est le hasard qui décide de la religion de presque tous les hommes.... Il n'y a point de témerité égale à celle qui porte la plupart des hommes à suivre une religion plutôt qu'une autre.

Essais de morale, tom. II. chap.

NICTO, (David) Rabbin.

Dieu et Nature, Nature et Dieu, sont tout un.

Le Jessiva, ou l'École.

NINON, (A.) *de l'Enclos*, philosophe épicurienne de Paris.

Il faut qu'un homme soit bien pauvre en morale, quand il a besoin de la religion pour être honnête homme.

N. B. Ce mot d'une femme vaut tout un bon livre. Une autre femme en a composé un gros, pour prouver le contraire : mais dans les balances de la postérité, *Ninon* avec son petit bagage, l'emportera sur *Genlis.*

NOËL, brûlé à Metz, comme Athée. Il disait aimer

(1) Sylvain Maréchal.   *Édit.*

mieux croire qu'il n'y a point de Dieu, que de reconnaître celui des prêtres.

Voy. *la couronne mystique* de maître Jean Boucher,
liv. II. ch. 26.

N. B. Les principes et les mœurs de la gent sacerdotale ont fait bien des Athées.

NONNUS, poète Grec, né en Égypte, dans les premiers siècles de l'ère commune, auteur d'un long poème Égyptien dont le sujet est le *Panthéisme*, ou la marche de la Nature sous le nom de Bacchus-Soleil.

Ce poème épique, de quarante huit chants, renferme plus de vingt-un mille vers.

NOUGARET, * (P. J. B.) Littérateur né à la Rochelle, en 1742.

Voyez surtout, le chapitre I *du contrat social des répub.*

NUMA *Pompilius*, législateur de Rome.

Par Vesta, les Anciens entendaient le monde entier, ou l'univers, qu'ils honoraient comme l'unique divinité, tantôt sous le nom de *Pan*, qui signifie *le tout*, tantôt sous le nom de *Monas*, c'est-à-dire *L'unité.* C'est pour cela que Numa voulant représenter l'Univers, sous le nom de *Vesta* fit bâtir son temple de figure ronde, parce que l'univers est rond.

Numa était de la secte de ces philosophes dont parle Cicéron, qui disaient : les opinions religieuses ont été toutes imaginées, afin de conduire par ce moyen ceux que la Raison seule ne peut rappeler au devoir.
De Nat. Decr. I. 42.

N. B. Mais est-il donc bien prouvé que la Raison fut insuffisante, et ait besoin d'un supplément ? L'espèce humaine ressemblerait-elle au cheval de la fable, qui implore du secours ? Hélas ! en réclamant l'assistance divine, l'homme, en effet, s'est laissé brider, et a perdu son allure naturelle, pour devenir un misérable cheval de manège, tournant sans cesse, les yeux bandés, dans un cercle vicieux, sous la verge des hommes d'État et des hommes de Dieu.

O.

OANNÈS, le Moyse ou l'Hermès des Chaldéens, croyait la nature du monde éternelle.   Voyez *Bérose.*

OCELLUS *Lucanus*, l'un des nombreux élèves de Pythagore.

Le monde est éternel, parce qu'il y a de la contradiction à dire que l'univers a eu un commencement; puisque s'il avait eu un commencement, quelqu'autre chose le lui aurait donné; ce qui est impossible, puisque qui dit l'univers, dit tout, n'y ayant rien au-delà.

Le monde ayant toujours existé, il est nécessaire que ce qui est en lui, ce qui a été ordonné en lui, ait toujours été.... Donc le ciel, avec tout ce qu'il a maintenant; la terre, avec ce qu'elle produit et ce qu'elle nourrit; enfin l'espace aérien, avec tous ses phénomènes, ont toujours existé.... Malgré ses révolutions physiques, jamais il n'est arrivé que sa constitution fut entièrement détruite, et cela n'arrivera jamais.

Voyez le traité *de Mundo*, l'un des plus anciens parvenus jusques à nous.

Ocellus écrivait près de six cents ans avant notre ère commune.

D'Argens et Le Batteux ont traduit ce philosophe.

OCHIN. (Bernardin) Il composa quelques dialogues pleins d'athéisme et mourut Athée.   *Desponde.*

Moréri est du même avis. Il le fait mourir abandonné de tout le monde et Athée.

OCTAVIEN, Cardinal, de la maison des Ubaldini, de Florence, disait que s'il avait une ame, elle serait damnée. Il passa pour un épicurien et un Athée.

ODIN. Nom d'un soldat Scythe qui, chez les nations Celtiques, se fit passer pour un Dieu, et qui ne reconnaissait d'autre divinité que son cimeterre. Voyez *Islandais.*

OKAIL ou *Lebid*, Arabe ; c'était le poète de Mahomet. Voici la plus remarquable des maximes chantées par sa muse :

« Tout ce qui n'est pas Dieu, n'est rien ; car Dieu est tout. »

N. B. Spinosa a eu des précurseurs chez toutes les nations.

Okail mourut à Coufah, plus que centenaire.

Herbelot, Bibl. Or.

OR. (l')

Il est un Dieu, sans doute, à qui tout est possible :
» A ses rares vertus tout mortel est sensible :
» Du sceptre à la houlette, en honneur en tous lieux,
Ce Dieu, le mieux servi, père des autres Dieux,
Compte aussi ses martyrs, fait aussi ses miracles.
Sa présence fait taire ou parler les oracles.
Qui touche à son autel est guéri de ses maux ;
» Comblé de ses faveurs on n'a plus de défauts ;
» Ses plus chers favoris peuvent tout sans scrupule.
Ce Dieu n'a pas encore rencontré d'incrédule.
» Tout célèbre à l'envi cette divinité ;
» La vertu, les talens et même la beauté,
» Ne valent que par lui, sans lui sont peu de chose :
» De tout ce qui se fait, c'est la première cause ;

» L'homme dans le néant sans lui serait encor.......

Fléchissez le genou, Mortels ! Ce Dieu , c'est L'OR. (1)

Sylvain, Lucrèce français.

ORCHOË , (les prêtres Chaldéens d') *ville de Babylonie , sur les bords de l'Euphrate.*

..... La religion est fille de la nuit..... Le premier des cultes , la source de tous les autres , naquit dans la Chaldée, au sein des ténèbres ; et le premier des astronomes en fut le père.....

Le monde est éternel. C'est ce que l'étude des astres a appris..... Peut-être n'y a-t-il pas d'autres Dieux..... ou plutôt l'univers lui-même est la seule divinité.

Voyez *Juste-Lipse.*

ORIGÈNE. Il avait un grain de spinosisme.

Il disait que le globe est un gros animal , capable de bien et de mal.

Dans sa quatrième *Homélie* sur Ézéchiel , il s'efforce de démontrer que la terre est animée.

Il prit les leçons de Clément d'Alexandrie , son compatriote. On a reproché à Origène d'avoir été favorable au matérialisme.

Extrait d'un Édit de l'Empereur Justinien :

..... Quiconque dit ou pense que le ciel, le soleil, la lune , les étoiles et les eaux , qui sont au-dessus du

---

(1) Tous les vers marqués d'un » ne se trouvent point dans la première édition de ce *Dictionnaire.* Après avoir plusieurs fois délayé cette pensée, qui depuis Horace n'est plus nouvelle, Maréchal la restreignit enfin à ce quatrain :

Il est un Dieu , sans doute , à qui tout est possible ;
L'homme dans le néant , sans lui , serait encor ;
A ses rares vertus tout mortel est sensible :
Fléchissez le genou, Mortels ! Ce Dieu, c'est l'or.

Et elle n'en est pas plus mauvaise.   *Édit.*

firmament, sont animés ou doués de raison ; que ce sont des intelligences unies à la matière, qu'il soit anathème ! Anathème à Origène, qui a avancé ces choses, et à sa criminelle, impie et exécrable doctrine ! Anathème à quiconque la suit ou la défend !...

N. B. Honte éternelle à la mémoire des hommes d'État, assez ineptes et despotes pour proscrire une opinion et celui qui la professe.

ORIOL, (Petrus Aureolus) théologien Picard, au XVIe siècle, Archevêque d'Aix.

Il a soutenu fort adroitement l'impossibilité de la création.

ORNATUS. Ce philosophe appelle la Nature, la multitude, ou l'assemblage des Dieux physiques.

Stobée ; Églog. seconde.

ORPHÉE, dans sa Théologie, garde un profond silence sur un être intelligent. Est-ce pour cela qu'il fut nommé le *théologien par excellence* ?

Il disait : Dieu est toutes choses.

Timothée, le Chronog.

Selon ce poète antique, Dieu sortit d'un œuf....

N. B. Un œuf existait donc avant Dieu. Hélas ! l'œuf d'Orphée est la véritable boîte de Pandore.

Le premier qui ait donné de la divinité à la nature, ça esté Orphée, qui la qualifie *Deum-Naturam*, c'est-à-dire, Dieu physique. *Garasse.*

Voyez les hymnes qu'on lui attribue : quel qu'en soit l'auteur, il est évident qu'il n'a chanté que la nature.

Dupuis, Abr. de l'Orig. des cultes.

Orphée, qui chanta que Dieu fit le ciel, ne le traite que de *premier né* de toutes les créatures et lui donne l'air pour père. *Bayle.*

Orpheus quibusdam spinosismi videtur postulandus.

Orphée passe pour spinosiste dans l'esprit de plusieurs savans.

OSIANDER, (André) théologien Bavarois, qui naquit à la fin du XVe. siècle et prit les premières leçons de Luther.

Selon lui, nous vivons par la vie substantielle de Dieu.

N. B. Spinosa n'en a pas dit plus.

OVIDE. (P.)

> *Cùm rapiant mala fata bonos, (ignoscite falso)*
> *Sollicitor nullos esse putare Deos.*   Eleg. am. 9.

IMITATION :

> Quand je rencontre un sage malheureux
> Je suis tenté de ne plus croire aux Dieux.

La mort de Tibulle donna lieu à ces deux vers impies.

Les *Métamorphoses* offrent le spinosisme des Anciens, paraphrasé en vers ingénieux.

.... Enfin l'homme naquit.... soit qu'il ait été formé d'une semence divine, soit que la terre eût assez de vertu pour faire naître son monarque. *Métam. liv. II. fab. II.*

OZANAM, (J.) Bressois, (1) de l'Académie des Sciences de Paris.

Je ne me permets pas, disait-il, d'en savoir plus que le peuple en matière de religion.

N. B. Le Dictionnaire des Athées a droit de réclamer un savant mathématicien, qui s'exprime ainsi. Le vrai sens de ces paroles n'est pas une énigme. Elles nous expliquent, d'ailleurs, comment le système d'un Dieu a fait fortune dans le monde, et a prévalu sur la véritable théorie de la nature; et il prévaudra, tant qu'il y aura du peuple pour croire, des prêtres pour vivre aux dépens des crédules, et des savans qui n'oseront se permettre de parler plus haut que le peuple et ses prêtres.

(1) Il était de Bouligneux près Villars.

P.

PACUVIUS, ce vieux poète latin, neveu d'Ennius, était spinosiste, comme les autres.

Voyez un fragment de son Panthéisme : *fragmentum aureum*, dit Toland. Il est cité par Cicéron, *de Divin. n.* 56.

PAYENS. Leurs Dieux étaient aussi chimériques que la divinité de Spinosa. *Bayle, Agésipolis.*

PALATINAT. Jacques Curio, en sa chronique de l'an **1550**, dit que le Palatinat se remplissait de tels moqueurs de religion, nommés *Liévanistes*, gens qui tiennent pour fables les livres sacrés de tous les peuples.
Florimond de Remond, Conseil. au Parl. de Bordeaux.

PALÉARIUS, (Aonius) *de Verulo.*
Muret regrettait Aon. Paléarius qui, à ce qu'il disait, avait été brûlé pour son indiscrète ingénuité sur les matières de religion. *Mém. de De Thou, liv. I*

PALINGEN. (Marcel)
.... *Utilitas facit esse Deos.* ....
C'est-à-dire : C'est le besoin qu'on crut avoir des Dieux, qui fit imaginer les Dieux. *Zodiac vitœ hum.*
Le savant G. Naudé faisait grand cas de ce poème.
Les théologiens reprochent au poète de trop faire valoir les difficultés des impies contre la religion.

PALINGÉNÉSISTES, philosophes anciens, qui pour ne pas multiplier les êtres sans nécessité, accordaient à la Nature la faculté régénératrice. On attribue, cette opinion spécialement à Démocrite et à Leucippe.

La métempsycose des Pythagoriciens était une sorte de palingénésie.

PAN. Rien de plus commun chez les Anciens, que la figure allégorique du grand *Pan*, ou *Dieu-nature-universelle.*

Voyez *Macrob. Somn. Scip. II,* 12.

Les Arcadiens décernaient un culte particulier au *Dieu-Tout,* ou à Dieu, ne fesant qu'un avec la nature de toutes choses.

PANARD, (Ch. Fr.) le La Fontaine du Vaudeville, a dit quelqu'un.

Ce poète épicurien n'avait d'autre divinité que la bonne Nature, d'autre culte que celui des Muses et des Grâces. Sa philosophie, sans prétention, atteignait le but sans efforts, sans disputes.....

PANÆTIUS a soutenu que le monde est éternel.

N. B. Donc point de création! Donc point de créateur!

Ce stoïcien, l'ami de Scipion et l'honneur du Portique, plaçait l'étude de la physique en tête de la philosophie.

Suivant ce sage Rhodien, jamais opinion ne fut moins fondée que celle de l'immortalité de l'ame.

Horace et Cicéron faisaient grand cas de Panætius.

PANTHÉISME. Chez les premiers métaphysiciens, le terme *Dieu* n'était, à parler exactement, qu'une expression vague, indéterminée.... C'était un mot consacré à exprimer l'idée abstraite de vertu, production, puissance, causalité, qu'on répandait d'abord sur tous les êtres, et qui ensuite détachée d'eux par l'extrait qu'on en fesait, devenait un être à part, distingué de tous les autres. Par là l'effet et la cause portaient également le nom de Dieu, mais dans des sens différens; c'était le *Panthéisme....* Voyez *Moyse.*

Lacannaye, Mém. Acad. Inscr., tom. X.

PAOLO. Le cardinal Palavicin dit des livres de Fra-Paolo, (frère Paul) qu'on n'y trouve pas une miette de dévotion , *non sei mica di devozione.*

PARIS. « Dans *Paris,* soubs le règne de Charles neufviesme, l'an 1573 , il y eut un homme , lequel ayant esté surpris sur le fait , dogmatisant en secret pour l'athéisme , fut déféré au Parlement , et comme impie , condamné.... Il soustenait qu'il n'y avait autre Dieu au monde , que de maintenir son corps sans souillure : et en effect , à ce qu'on dit , il était vierge.... Il avait autant de chemises qu'il y a de jours en l'année.... Il estait ennemy de toutes les ordures , et de faict et de parole , mais encore plus de Dieu.... Il vomissait d'estranges blasphêmes, quoyqu'il les proferast d'une bouche toute sucrée , et d'une mine doucette.... Par commandement du Roy , on en fit un beau sacrifice à Dieu , en la place de Grève et fut bruslé à demi-vivant.... »

Le nom de cet infortuné ne nous est pas connu.

N. B. Les détails de ce récit font dresser les cheveux. Pauvre espèce humaine ! comme on te traitait au XVIe siècle ! Et tu n'en es pas quitte au XVIIIe.

PARISOT. (Patrocle) Voyez son œuvre intitulée : *la Foi dévoilée par la Raison*, in-8° , 1681. L'auteur y combat non seulement la religion et ses mystères , mais encore l'existence et la nature de Dieu.

PARMÉNIDE , Éléate. Ce philosophe poète avait composé deux ouvrages; l'un pour les savans, où il donnait son véritable système ; (Parménide ne crut qu'un seul être.) l'autre pour le peuple , où il parlait des Dieux suivant les règles vulgaires. *Simplicius.*

N. B. Ne pourra-t-on jamais dire ce que l'on pense ? La franchise , bannie des palais et des temples , ne devrait-elle pas se retrouver au moins dans les écoles de la philosophie ? Pourquoi le manteau du sage est-il de deux pièces ?

C'est que, presque par-tout, presque toujours, le gouvernement ne permet de dire à ses gouvernés que ce qu'il veut bien qu'ils sachent.

Parménide croyait que Dieu était quelque chose de rond ; c'est-à-dire, sans doute, le monde. Élève de Xénophante, il appelait les premiers hommes les enfans du Soleil.

Si quelque chose existe, disait-il, outre tout ce qui est, ce ne serait pas un être. Or, ce qui n'est pas, n'existe point dans la nature des choses. *Eusèbe, præpar. evang.*

PAROLES *secrètes* (l'Auteur des)

C'est un volume dont les Brachmanes, ou philosophes Indiens étaient dépositaires.

Ce livre se trouve aujourd'hui entre les mains des Brahmes.

Le chapitre de *Dieu* n'y est pas long ; il consiste en un triangle tracé dans un cercle.

Voyez le Christ. des Indes, par La Croze.

Dans un autre endroit, Dieu est appelé le père et la mère des hommes et de toutes choses.

Generandi vim activam. Principium generationis passivum.
On y fait Dieu synonime à l'organe générateur.

PASCAL, * (Blaise) Clermontois.

« Vertueux fou, misanthrope sublime, » dit Voltaire.
Pascal, homme de génie, né trop tôt.

Alm. des rép., p. 70.

La raison ne nous donne aucune connaissance démonstrative de l'existence de Dieu.

.... Il faut avoir une pensée de derrière et juger du tout par-là, en parlant cependant comme le peuple.

N. B. Sur un autre papier Pascal avait écrit :
« J'aurai aussi mes pensées de derrière la tête. » (*Voyez* l'arrière-

boutique de *Montaigne.*) A ce qu'il parait les philosophes modernes n'ont pas été plus courageux que les anciens. Les uns et les autres ont cru s'acquitter, en brûlant sur les autels de la Vérité, un encens furtif. Ils ont eu honte de dire vrai, comme on a honte de faire mal.

Nous ne connaissons ni l'existence ni la nature de Dieu.

Je n'entreprendrai pas de prouver par des raisons naturelles, ou l'existence de Dieu ou l'immortalité de l ame, parce que je ne me sentirais pas assez fort pour trouver dans la nature de quoi convaincre des Athées.

Par raison, vous ne pouvez dire que Dieu est.

Pascal dit expressément de Dieu, qu'on ne sait ni ce qu'il est, ni si il est. *Philos. anc., Toland, p.* 657.

Parmi les *pensées* de Pascal, il s'en trouve un assez grand nombre qu'un Athée signerait sans peine. *Encycl. méthod.*

Hardouin met Pascal dans la liste des Athées.

Voltaire.

Le raisonnement de Pascal ne servirait qu'à faire des Athées. *Voltaire, Rem. sur les Pensées de Pascal.*

PASQUIER, (E.) Parisien, et l'auteur des *Recherches sur la France.*

Un de ses contemporains a écrit qu'il n'avait jamais su reconnaitre *l'air de sa religion*.....

PATAGONS (les) n'ont point de religion.
Paw. Rech. sur les Amér., t. I, pag. 211.

PATERCULUS. *Sed profectò ineluctabilis fatorum vis, cujuscunque fortunam mutare constituit, consilia corrumpit.*

II, 57, 5.

C'est-à-dire : C'est qu'en effet, la force des destins est inévitable, et que quand ils ont résolu de ruiner la fortune de quelqu'un, ils pervertissent ses conseils.....

N. B. Est-il nécessaire de répéter ici que le système de la fatalité, suivi par tous les Anciens et qui compte encore aujourd'hui tant de sectateurs, détruit toute idée religieuse? Un fataliste conséquent est nécessairement Athée.

PATIN, (Guy-) Médecin.

Ses *Lettres* témoignent en particulier que le symbole de l'auteur n'était pas chargé de beaucoup d'articles, dit Bayle, avec sa finesse et sa prudence ordinaires.

Il avait beaucoup de penchant à l'impiété, dit un autre lexicographe, moins bon critique ; mais cette accusation, ajoute-t-il, n'a point été prouvée.

Encore une fois, voyez les *Lettres* de Guy-Patin.

PATRU, (Olivier) orateur Parisien, et de l'Académie Française.

Il se contenta, disent les historiens de sa vie, de vivre en honnête homme et en philosophe sceptique.

Voici ses dernières paroles ; elles sont de poids :

DIALOGUE.

L'Évêque BOSSUET.

On vous a regardé jusqu'ici, monsieur, comme un esprit fort. Songez à détromper le public par des discours sincères et religieux.

Le Sage PATRU.

Il est plus à propos que je me taise. On ne parle dans ses derniers momens, que par faiblesse ou par vanité.

PAVILLON, (Étienne) poète, né à Paris et membre de l'Académie Française. Neveu d'un évêque presque saint, Pavillon vécut en philosophe presque Athée. Il professa du moins un paisible épicuréisme, qui le mit à l'abri des persécutions et de la haine.

PAUL, (S.) Juif, fils d'un Pharisien.

Spinosa lui-même s'étaye de l'Apôtre, qui dit que nous

vivons dans Dieu, que nous marchons, que nous sommes dans lui. *In ipso vivimus, movemur et sumus.*

Voilà la vraie métaphysique que S. Paul nous a apprise.

Dieu est en tout, opère tout en tout, se rapporte non seulement au spirituel, mais au temporel.

L. E. Delacroix, Vérité rét., p. 432.

PAUL-ÉMILE, Général d'armée et philosophe stoïcien.

De toutes les divinités, Paul-Émile disait qu'il ne craignait que la fortune.

PAUSANIAS. Cet historien voyageur nous apprend que par toute la Grèce, on retrouvait les traces du culte primitif rendu à la Nature.

PAUW. La Religion n'a par elle-même aucune influence sensible sur la vertu des nations.

Recherc. phys. sur les Grecs, t. II.

Le peuple est par toute la terre de même. C'est un enfant incapable de *témoigner*; et les philosophes ne devraient non plus s'arrêter à son témoignage, qu'un juge à la déposition d'un imbécille.   Rech. phil. sur les Amér., t. II.

N. B. Qu'on applique ce passage à la preuve de l'existence de Dieu, tirée du consentement unanime des peuples!

PÉLISSON, (P.) de Beziers. (1)

Pélisson mourut sans avoir voulu entendre personne sur le sujet de la religion.   *Gazette de Rotterdam.*

On parlait diversement de la religion de Pélisson. Les uns disaient qu'il n'en avait aucune, qu'il ne fesait que

---

(1) Pélisson mourut en 1693. Les Protestans, dont il avait quitté la religion, ont prétendu qu'il était mort avec indifférence; les Catholiques, dont il avait adopté la croyance, ont prétendu le contraire; mais tous sont d'accord sur ce point qu'il mourut sans sacremens. Qu'est-ce que cela prouve?   *Édit.*

s'accommoder au temps. Ce qu'il y a de certain... à l'heure
de sa mort il n'en professa aucune.

Riencourt, *Hist. de Louis XIV*.

C'était un parfait honnête homme.

Pélisson est mort en impie.   *Épig. de Linière*.

PÉLOPONÈSE. Il y avait beaucoup d'Athées dans le
Péloponèse, malgré la sévérité qu'on exerçait contre eux.

PENDETS. (les) Indous.

La doctrine de beaucoup d'anciens philosophes touchant
la grande ame du monde, est la doctrine comme universelle
des *Pendets*, gentils des Indes..... Ils comparent Dieu
ou cet être souverain, à une araignée.....

Bernier, *Mém. sur le Mogol*.

PENSÉES *libres sur les prêtres*. (L'auteur des)
Voici l'une de ces *pensées* :
Quand bien même l'existence divine serait démontrée aussi
parfaitement qu'elle l'est peu, que faudrait-il en conclure ?
Que pourrait-il en résulter ? L'honnête homme n'en a que
faire. Pratiquerait-il mieux pour plaire à Dieu, les mêmes
vertus qu'il pratique par amour seul pour elles ? La crainte
du châtiment, l'espoir de la récompense ne sont pas des
motifs pour lui. Quand bien même le soleil aurait un créateur,
en deviendrait-il plus ou moins beau aux yeux de ceux qui
le croient une brillante parcelle d'un monde incréé ? Un
Dieu de plus mettrait-il quelque chose de plus dans l'univers ?
Cette idée abstraite ajoute-t-elle quelque chose à l'idée de
l'ordre qu'inspire le spectacle de la nature subsistant par
elle-même, et ne reconnaissant d'autre agent qu'elle ? Un
dieu inconnu, impalpable, frappe-t-il autant nos sens que
le bien et le mal physique ? Un homme qui aime son père, sa
femme et ses enfans trouve-t-il dans son cœur de la place

pour un être surnaturel? Une épouse sensible, une mère tendre, prend-elle l'ordre d'un Dieu pour aimer son mari et sa famille? Deux amis ne sont-ils pas la divinité tutélaire l'un de l'autre? Faut-il de gros traités bien subtils, pour prouver aux hommes l'existence des vertus domestiques? Faut-il un catéchisme pour honorer son père? Le nouveau né qui sait de lui-même trouver le téton de sa mère, apprend-il à la caresser, à la distinguer parmi plusieurs autres femmes? Devons-nous donc quitter la terre d'où nous sommes sortis, sur laquelle nous existons, dans laquelle nous devons rentrer, pour nous élancer vers le ciel où nous ne trouvons rien à palper, où l'imagination elle-même se perd? Restons plutôt en paix sous l'œil de la Nature et ne nous cherchons pas de maître hors d'elle.

PEREIRA, (G. Gomezius) médecin Espagnol du XVIᵉ siècle.

La liberté de philosopher était pour lui un grand charme; il s'en servit amplement et jusqu'à l'abus...... Il attribuait aux élémens la même simplicité que l'école d'Aristote attribue à la matière première.

Pereira était bien avant sur le chemin du spinosisme.

PÈRE *de l'Église*, (un) S. Augustin je crois, a dit :
On ne passe jamais de l'athéisme à l'impureté.
                              Dict. apost., tom. III, p. 95.

N. B. Prenons acte de l'aveu. Le docteur pouvait ajouter : *ni de l'impureté à l'athéisme*. Cette opinion généreuse suppose dans le cœur autant de netteté que dans l'esprit.

Les Pères de l'église croient à peine, que celui-là connaisse Dieu, qui ne le connait que par la raison et non par la foi.... Ils ne comptent presque pour rien la connaissance de Dieu que l'on a par la raison.
                              Huet, évêq. d'Avranches.

N. B. Honorables lecteurs ! Défiez-vous d'un système religieux ou autre, qui récuse le tribunal de la raison. Ce système, tout au moins, est suspect.

Un Père de l'église a dit avec autant de solidité que d'éloquence :

» *Deum quodammodo negat, qui hunc rationibus humanis metitur.* »

C'est-à-dire : c'est en quelque façon nier Dieu, que de vouloir en donner connaissance par des raisonnemens humains.　　　　　*Mém. de Trévoux ; Avril ,1705*

Il est plus clair que le jour que tous les premiers Pères de l'église, ont fait Dieu corporel, et que leur doctrine a été perpetuée chez les Grecs, jusques dans ces derniers siècles.　　　　　*Phil. du Bon Sens, tom II.*

La plupart des Pères de l'église ont soutenu que *Dieu était matière.*　　　　Page XVI, *préf. de l'Éther, poème.*

PÉRICLÈS , disciple d'Anaxagore , fut soupçonné d'athéisme.

Doctorem audivit in philosophiâ quidem Anaxagoram ; undè etiam, Antyllo teste, Atheus paulatim haberi cœpit, quod illius philosophiœ disciplinam avidiùs hausisset.

On le croyait dans les mêmes sentimens qu'Anaxagore et Aspasie.

Dis-moi qui tu hantes, je te dirai qui tu es. *Prov.*

PÉRIERS. (Bonaventure des)

A propos du *Cymbalum mundi*, Voët observe qu'il est possible qu'un homme sème l'athéisme dans des ouvrages badins et pleins de fictions , et qu'on se serve de cette ruse , afin que si l'on était poursuivi, l'on eût des échappatoires.

Ce livre aussitôt qu'il parut, en 1537, fut censuré par la Sorbonne et brûlé par le Parlement.

N. B. Cette pauvre vérité a beau faire, et prendre tous les masques pour tromper la vigilance de ses ennemis, elle finit toujours par être reconnue et proscrite. Il ne lui reste plus qu'un parti, le seul qu'elle aurait dû employer, c'est de se montrer à front découvert. Elle en imposerait. Du moins, on n'aurait pas à lui reprocher de se compromettre par des travestissemens indignes d'elle.

Atheus Bonaventura.

Impius Peresius.   Mersenne.

Impiissimus nebulo.   Voëtius.

.... *Cymbalum mundi fabulas per quas ea quæ de Deo verissima esse dicimus et credimus rejicere velle videtur Bonaventura.*

Théoph. Spizelius, *Scrutinium atheismi, Ausbourg.* 1663.

C'est-à-dire : dans le *Cymbalum mundi*, l'auteur sous le voile des divinités payennes, s'efforce d'anéantir absolument le premier être et de tourner en ridicule tout ce que l'on croit de la religion.

Vide Mersenni quæst. in Genesi.

Il fut Athée....   *De l'Étoile.*

Le *Cymbalum mundi* est un lucinianisme qui mérite d'être jeté au feu avec son auteur, s'il était vivant.

Est. Pasquier, Lett. tom. I.

L'auteur du *Cymbalum mundi*, s'y moque ouvertement de Dieu et de toute religion. (1)

J. Chassanion, Hist. mém.

PÉRIPATÉTICIENS (les) ont fourni des argumens aux Athées.   *Diderot.*

---

(1) Bonaventure des Periers était attaché à Marguerite de Valois, sœur de François Ier. Persécuté pour son ouvrage, il se tua d'un coup d'épée, dans le palais même de la Princesse. *Le Cymbalum mundi,* écrit en latin, fut déchiré sans être compris ; puis on le traduisit, on l'interpréta, commenta, disséqua ; on cria à l'impiété, à l'athéisme et l'auteur perdit la tête. Enfin on lut l'ouvrage, et mieux jugé, il ne fit plus alors crier qu'à l'ennui. Des Periers n'en était pas moins mort.......   *Édit.*

PERNETY. (Dom Ant. Jos.`) Dieu , principe radical de tout , immense lumière.... Dans la création, il accoucha et mit au jour le grand ouvrage, (le monde) extension manifeste de lui-même.... L'esprit de Dieu répandu dans toute la masse est *proprement* l'ame du monde.... L'œil du monde est *proprement* la Nature même. *Fab.Égyp.p.*50 *et* 57.

N. B. Que de peines se donne ce bon bénédictin alchimiste, pour éviter de parler *proprement* comme Spinosa, tout en exprimant les mêmes choses ! Car Dom Pernety est matérialiste , sans le vouloir, ni sans s'en douter.

PERRAULT. Célèbre physicien , anatomiste , architecte. *Voyez* WILLIS.

PERROT D'ABLANCOURT. (Nic.) Il soutint que c'était la religion et non pas la raison naturelle qui nous apprenait l'immortalité de l'ame.

Ce matérialiste avait les plus excellentes qualités morales.

PERSÉE , de Cettium , philosophe stoïcien, disciple de Zénon , regardait les Dieux comme les premiers inventeurs des choses utiles chez les peuples qui leur avaient élevé des autels.

N. B. Cette origine de la religion, assez vraisemblable , fait beaucoup d'honneur aux hommes, elle tend à prouver qu'ils ne furent pas toujours ingrats.

PETIT , (le docteur) médecin célèbre , mort à Olivet, près Orléans.

PÉTRONE, Sénateur Romain , né sur le territoire de Marseille , et philosophe épicurien.

> .... *Primus in orbe deos fecit*
> *Timor , ardua cœli fulmina dum cœderent.*

C'est-à-dire :

Le tonnerre et la peur engendrèrent les Dieux.

Il ne croyait pas davantage à l'immortalité de l'ame. Tacite en fait l'éloge.

PEUPLE. Le commun Peuple reproche aux doctes, l'athéisme et le mépris de toute la religion. Accusation trop véritable ! *Err. popul. par J. d'Espagne. p.30.*

D'Espagne, page 45, met au nombre des erreurs populaires, ce proverbe : Vaut mieux avoir piété que science.

Vox populi, vox Dei.

C'est-à-dire : La voix du peuple est celle de Dieu.

N. B. Ce proverbe a dégoûté bien des gens de croire en Dieu.

Donner un corps à Dieu, en faire un être matériel, c'est nier son existence : et c'est d'après ce, que Hobbes et Spinosa sont rangés dans la classe des Athées. Il faudrait en ce cas leur réunir le peuple, qui est et qui sera toujours Antropomorphite.

F. L. d'Escherny, Comte du St.-Empire, la philos.
de la polit. 1797. tom. II.

L'existence de Dieu a été ignorée de plusieurs peuples... Il est facile d'en donner des preuves, bien plus amplement même que ne l'a fait M. Bayle.

Hist. de la Phil. pay. vol. II. 1724. La Haye.

PEYRARD, mathématicien, bibliothécaire de l'École Polytechnique.

Il est l'auteur d'un ouvrage intitulé : *De la Nature et de ses lois.* Peyrard a pour but de faire voir que la matière, par sa propre énergie, est capable de produire tous les phénomènes que l'univers nous présente, sans le secours d'un agent extérieur. Cet ouvrage fortement pensé, renverse de fond en comble toute espèce *d'idée religieuse. Les persécutions, les violences sans nombre exercées au nom de Dieu, l'abrutissement et l'esclavage dans lesquels les prêtres plongent par-tout les nations, sont,* dit l'auteur, *les seuls motifs qui m'ont déterminé à composer cet ouvrage.*

Note communiquée.

PEYRÈRE, (Isaac la) Bordelais, auteur du système des *Préadamites.*

.... Le bonhomme n'était pas obstiné sur ce qui s'appelle religion.... C'était le meilleur homme du monde, le plus doux, et qui tranquillement croyait fort peu de chose.

D'autres biographes disent de ce savant : On le soupçonna toute sa vie, de n'être attaché à aucune religion, moins par corruption de cœur.... etc.

Voici son épitaphe, applicable à bien d'autres :

> .... Quatre religions lui plurent à la fois ;
> Et son indifférence était si peu commune,
> Qu'après quatre-vingts ans qu'il eut à faire un choix,
> Le bonhomme partit, et n'en choisit pas une.

PHARAON. Les Mahométans disent que Moyse fut longtemps à prêcher au Roi Pharaon, qui était Athée, l'existence d'un Dieu éternel.... Il ne gagnait rien sur son esprit ni sur celui de sa cour....

J. Chardin, Descript. de la Perse.

Ce même Roi d'Égypte niait la création du monde.

PHÉNICIENS. (les) La cosmogonie de cette ancienne nation conduit directement à l'athéisme.

Eusèbe de Ces. Cumberland.

Les Égyptiens de même.

Dans ces deux cosmogonies qui n'en font qu'une, venant de la même source, on explique mécaniquement la création du monde, sans y faire intervenir un Dieu...... *Nec Deus intersit.....*   Horat.

PHÉRÉCIDE. Pour montrer que les hommes se sont

eux-mêmes fabriqué ces Dieux tout-puissans, et qu'ils en sont vraiment les auteurs, Phérécide est nommé par Diogènes Laërtius, pour le premier qui eut jamais parlé des Dieux en ses escrits... *Lamothe Levayer, de la Divinité.*

Phérécide était Athée. *Voyez les Voyages de Pythagore, son disciple,* tome Ier, in-8°.

PHILIPPIQUES. (l'Auteur des) Les rapports d'homme à homme et de nation à nation, sont les seuls dont nous devons étudier parfaitement la nature, nos rapports avec Dieu sont d'un autre genre......

XXXVI Philip., in-8°, **1791.**

PHILON. Ce Juif Alexandrin opinait pour l'éternité du monde. *Voyez* ce qu'il a écrit *de Incorruptibilitate mundi.*

PHILOSOPHE *de Sans-Souci.* (le) Voyez Frédéric II, Roi de Prusse.

> Ah ! cette ame, cher Keith.........
> Ce nous qui n'est pas nous, cet être chimérique,
> Disparaît aux flambeaux que porte la Physique,
> Que le peuple hébété respecte ce roman !
> Regardons d'un œil ferme et l'être et le néant.........
> .... Suivons les pas de Lucrèce et de Locke.........
>
> *Épit. au Mar. Keith.*

PHILOSOPHES *anciens.*

Prisci Philosophi ferè omnes....., pro Atheis fuerunt habiti.

C'est-à-dire : Presque tous les anciens philosophes peuvent passer pour Athées.   *J. F. Buddeus.*

.... *Eos qui philosophiæ dent operam, non arbitrari Deos esse.*   Cicero , de Invent.

C'est-à-dire : Ceux qui se consacrent à la Philosophie renoncent à la croyance en Dieu.

Apulée remarque que presque tous les anciens Philosophes avaient été accusés de nier qu'il y eût des Dieux.

Apologia.....

On a toujours soupçonné les Philosophes de n'avoir guère de religion. *Bayle, Dict. Takiddin.*

Les Philosophes ne voulaient pas que la vertu dépendit de Dieu. *Arnaud, Syst. de la Nat. et de la Grâce.*

N. B. Les prêtres de leur côté disaient et disent encore :

Hors nous et nos amis, nul n'aura de vertu.

Les anciens rhétoriciens après avoir dit qu'entre les propositions probables, les unes étaient fondées sur ce qui arrivait presque toujours, et les autres sur l'opinion ordinaire, alléguaient d'abord ces deux exemples :

« Les mères aiment leurs enfans :

» *Les Philosophes ne croient point qu'il y ait des Dieux.*

Cicero, de Invent., lib. I.

La plupart des Philosophes n'ont connu la vanité des idoles faites de la main des hommes que pour se précipiter dans l'athéisme.... Ils ont expressément nié l'existence d'un Dieu.... *Boursier, Action de Dieu, tom. III.*

Les divinités des Philosophes Égyptiens, comme celles de tous les autres philosophes, n'étaient autre chose que le monde et les parties de l'univers.

Jacquelot, Exist. de Dieu, p. 250, in-4°.

Point d'expressions plus familières aux anciens Philosophes, que celle-ci : « L'univers est un grand » animal; » et souvent ils ajoutent : « et ce grand être » souverainement animé et souverainement intelligent, est » Dieu même. » *S. August., Civ. Dei, IV, 121.*

PHOCION. Les plus honnêtes hommes parmi les Anciens, ont été fort sujets au libertinage de sentimens, (athéisme.) Les Aristide, les Phocion, les Socrate, ces ames raides et vertueuses, paraissaient assez indifférens sur le chapitre de la religion. Qu'on dise après cela que l'esprit d'incrédulité est une marque de débauche. *Deslandes.*

Phocion mourut à quatre-vingts ans, condamné à boire la cigüe. *Voyez Timoléon.*

PHYSICIENS. (les) On a accusé autrefois les Physiciens de n'être pas assez religieux; parce qu'en effet, quelques-uns d'entr'eux, comme Démocrite et Épicure, et ceux qui ont suivi en tout leurs sentimens, étaient de véritables Athées.

Encycl. méth., Grew.

Les théologiens des Anciens étaient les mêmes que leurs Physiciens; on ne les appela théologiens que parce qu'ils considéraient la Nature comme divinité.

S. Isidor, Orig. Gent., VIII, 6.

PIANEZZE. (le Marquis de) Croire que Dieu n'est point, est un sentiment moins outrageux pour lui que de le croire ce qu'il n'est pas et ce qu'il ne doit pas être.

N. B. Dans la crainte de se tromper et de faire outrage à quelqu'un, le plus sûr est donc de suspendre sa croyance; et c'est le parti que prennent quantité de bons esprits. Cette sorte d'athéisme prend faveur, et nous vaut la paix.

PIGAULT-*Lebrun.* * Il est impossible qu'une société d'Athées se forme jamais, parce qu'un Athée est un être pensant et que la multitude ne pense pas. Mais si un peuple adoptait ce système, il pourrait exister et prospérer, indépendamment de ses opinions. Des lois sages, administrées avec fermeté, sont le seul frein de la méchanceté humaine...

L'athéisme suppose une éducation soignée, des connaissances; et l'homme qui médite est rarement un scélérat.

Les délits obscurs ne seront jamais commis par un véritable Athée. *Ext. de l'Enfant du Carnaval.* (1)

PILNITZ, (le Baron de) Chanoine et Chambellan de Frédéric II, roi de Prusse.

(1) Qu'aurait donc pensé Maréchal de Pigault-Lebrun, s'il eût connu son *Citateur?* Édit.

Pour être certain de son opinion, il faut lire ses *Lettres*, 4 *vol.*

PIO, homme de lettres et maître de langues.

Changer de religion, soit pour les individus, soit pour les États, n'est en dernière analyse, que changer d'erreur. Un peu plus tôt, un peu plus tard, toutes les religions doivent passer de mode. Voilà de quelle manière raisonnait Bacon, qui en valait bien un autre.

Lett. au Journ. du Voyageur, 21 *messidor, VII.*

Je m'étais plaint à Piis, président du *Portique des Républicains*, qu'on eut voulu dans leur prospectus tirer une ligne de démarcation entre la philosophie et l'athéisme. Il m'a répondu que puisqu'il passait à moi, qu'on puisse être bon citoyen, (quelle grâce !) et Athée, je devais leur passer aussi d'être bons citoyens sans être Athées.

Est-il rien qui plus honore la nature humaine que l'athéisme ? Pour moi, je suis persuadé que, comme un être insensible à l'harmonie de la musique et à tout plaisir des sens est un être mal organisé physiquement, et maltraité par la Nature ; de même, tout homme qui pense et qui ne reconnait pas la seule Nature pour sa divinité, est indigne de figurer parmi tous ceux de son espèce. Voilà ma profession de foi.   *Pio.*

PIRON, (Alexis) poète Français, de Dijon. Au lit de mort, le confesseur lui fesait faire sa profession de foi : Croyez-vous en Dieu ? Le mourant reprit : « Parbleu, je crois bien à la Vierge. »

N. B. Cette dernière saillie de Piron a autant de sens que de sel.

Celui qui fait tant que de croire en Dieu, n'a pas de raison pour se refuser de croire à l'immaculée conception de la Vierge Marie, et à tous les miracles de son fils. Les absurdités se tiennent toutes par la main. *Abyssus abyssum invocat.*

Il n'y a presque point de distance du déiste ou du théiste qui se dit philosophe, au confrère du sacré cœur de Jésus. L'existence divine pure et simple, est un mystere de la force de ceux du christianisme.

PLATON, * (Aristocle) philosophe d'Athènes.

Hardouin prétend prouver que Platon a été un Athée, que tout ce qu'il a dit pourrait l'être par un spinosiste.

OEuvres diverses.

Si nous pénétrions bien dans Platon, peut-être que nous trouverions qu'il a donné dans cette pensée, (la grande ame du monde). *Bernier, Mém. sur le Mogol.*

Il admettait en Dieu les formes humaines séparées de la matière.

Platon, dit Plutarque, *de proc. anim.* s'apperçut bien vers la fin de sa vie, qu'il fallait supposer la matière animée.....

Ipse Plato confessus est, quia veram de Deo opinionem propter ignorantiam plebis proferre, securum non est.

C'est-à-dire : Il professa la double doctrine. Il est difficile, dit-il, dans le Timée, de remonter à l'auteur de cet univers, et il serait dangereux de publier ce qu'on en découvrirait. Il vit que le doute était la base de la véritable science. Il ne s'ouvrit de ses véritables sentimens qu'à quelques amis. Il fut partisan du silence pythagorique.

Diderot.

Quelques scholiastes font Platon Athée dans toutes les formes. *D'Olivet, trad. de la Nat. des Dieux, de Cic.*

Platon, ce créateur du système intellectuel, n'était, de près examiné, qu'un matérialiste fort subtil, et le mieux déguisé qu'il fut possible.....

Mallebranche, Recher. de la Vérité, liv. 2, ch. 8.

Platon prétendait que ce qui est au-dessus de nous ne nous touche point.

Ce philosophe s'est écarté de ce sentiment, parce qu'il

était homme et qu'il y avait des curieux de son temps comme du nôtre.   *Exam. des Relig. p. 34.*

On demandait à ce philosophe : que fait Dieu ? Platon répondit : Dieu géométrise.

N. B. Les hommes-de-Dieu, pour se garer du spinosisme, et sous peine d'être inconséquens, devraient s'abstenir avec soin de ces sortes d'expressions, *l'éternel géomètre*, *l'éternel architecte*, *le fabricateur des mondes*, *le créateur suprême*, et autres qui ne rappellent toujours que de la matière travaillant sur de la matière.

PLINE, (Caïus) l'Ancien, ou le naturaliste, né à Véronne.

» L'univers est un temple auguste, au-delà duquel il » ne nous est pas permis de chercher la divinité. »

On ne pouvait pas en moins de mots, et plus poètiquement, exposer le système de Spinosa.

Pline communique à ses lecteurs une certaine liberté d'esprit, une hardiesse de penser, qui est le germe de la philosophie.   *Buffon.*

N. B. Buffon n'osa point prendre les mêmes libertés, craignant la censure sacerdotale.

Omnibus à supremâ die eâdem quœ antè primum ; nec magis à morte sensus ullus, aut corporis, aut animœ, quam antè natalem...   Hist. nat. VII. 56.

C'est-à-dire : ce qui suit notre dernier jour est de même nature que ce qui a précédé le premier. Le corps et l'ame n'ont pas plus de sentiment après la mort, qu'ils n'en avaient avant la naissance.....

Pline insinue, (*liv.* 27.) que Dieu, la Nature, le Sort, le Hazard, ne sont qu'une même chose, et il s'appuie sur la décision d'Hippocrate. *Deslandes, Hist. de la philos.*

Pline a été du nombre des Athées stoïciens, comme on peut le recueillir de ces paroles de son *Histoire naturelle* par où il la commence :

« Il faut croire que le monde et ce que nous appelons
» autrement ciel, qui couvre toutes choses par son enceinte,
» est un Dieu éternel, immense, qui n'a pas été produit
» et qui ne périra jamais....et que c'est en même temps
» et l'ouvrage de la Nature, et la Nature elle même. »

Pline pensait de même que Straton et Anaximandre,
comme il parait par tout le septième chapitre du second
livre, lequel finit ainsi : *Perquœ declaratur hœud dubiè
Naturœ potentia idque esse quod Deum vocamus.*

C'est-à-dire : Il n'y a pas de doute que ce que nous
appelons Dieu, n'est autre chose que la puissance de la
Nature.

PLINE, (Cœcil.) le Jeune ou l'épistolaire, neveu du
naturaliste, né à Côme : Athée théorique.

PLOTIN, natif d'Égypte.

La philosophie de ce platonicien ne s'éloignait pas
beaucoup du spinosisme. Il n'y a presque point de siècle
où le sentiment de spinosa n'ait été enseigné. Cet impie
n'a que le malheureux avantage d'être le premier qui l'ait
réduit en système selon la méthode géométrique.

Que voulait dire Plotin, quand il fit deux livres pour
prouver : *unum et idem ubique totum simul adesse ?* N'était-
ce pas enseigner que l'être qui est par-tout est une seule
et même chose ? Spinosa n'en demande pas davantage.
Plotin mourut en disant : *Equidem jam enitor, quod in
nobis divinum est, ad divinum ipsum quod viget in universo
redigere,*   Bayle, Dictionn.

C'est-à-dire : Je fais mon dernier effort pour ramener
ce qu'il y a de divin en moi, à ce qu'il y a de divin dans
tout l'univers.

Il professait la doctrine de l'ame du monde. On a de
lui un traité sur cette question : y a-t-il plusieurs ames ?

N'y en a-t-il qu'une seule ? Il se déclare pour l'affirmative de la seconde proposition.

Il sut inspirer à plusieurs dames Romaines une forte inclination pour l'étude de la philosophie.

Invité une fois à un sacrifice, il sut répondre : « C'est » aux Dieux à venir à moi, et non moi à eux. »

Plotin fut à la veille d'obtenir de l'Empereur et de l'Impératrice, Galien et Salonine, qu'ils fissent rebâtir une ville de la Campanie, pour l'établissement d'une colonie de philosophes Athées.

N. B. La grande et belle expérience d'une *République sans Dieu* est encore à faire; elle serait digne du gouvernement Français.

PLUTARQUE, Béotien.

Il résulte clairement des vers d'Orphée et des livres sacrés des Égyptiens et des Phrygiens, que la théologie ancienne, non seulement des Grecs, mais en général de tous les peuples, ne fut autre chose qu'un système de physique, qu'un tableau des opérations de la Nature, enveloppé d'allégories mystérieuses et de symboles énigmatiques ; de manière que la multitude ignorante s'attacha plutôt au sens apparent, qu'au sens caché, et que même dans ce qu'elle comprenait de ce dernier, elle supposa toujours quelque chose de plus profond que ce qui paraissait. *Fragm. cité par Eusèbe, prœp. evang. III.*

Le bon Plutarque est véhémentement soupçonné, s'il n'est atteint, d'athéisme.

Dans son traité des Opinions des philosophes, *placita philosop.* I, VI, on lit : nos premiers ancêtres voyant la marche régulière et le mouvement perpétuel des astres leur donnèrent le nom de Dieu.

L'observation des étoiles est la première source des opinions religieuses.

N. B. Et c'est ainsi que l'étude de l'astronomie dégénéra en culte.

Cœli enarrant gloriam Dei.

dit le Roi prophête, plus poète qu'instruit.

POÈTES. Il est certain que les poètes les plus orthodoxes ont fort erré sur la nature de Dieu.   *Bayle.*

Tanneguy-Lefèvre dit que tous les poètes de l'antiquité furent des impies.   *V. de futilitate , poetic.*

N. B. Jamais poète n'a résisté à une belle image, fût-elle contraire à un bon raisonnement. Ne cherchant qu'à plaire, presque toujours la philosophie des poètes se tait devant leur vanité. Il y aurait une poètique à faire, dans laquelle on pourrait prouver sans beaucoup de frais, que le vrai seul étant le beau, l'athéisme est le sujet le plus susceptible de la sublimité du style et des pensées : voyez Lucrèce.

POGGIO, (J. Fr.) Bruc. Florentin.

L'impiété de ses sentimens lui attira beaucoup de haine , disent les Biographes.

Il ne faut pas que cela réfroidisse les ennemis de tout préjugé. L'Athée plaint les sots et se gare des méchans.

Pogge a été soupçonné d'être l'auteur du *Traité des trois imposteurs.*

POLYTHÉISME. (le) Tous les grands fléaux nous viennent de la part des élémens ; aussi les élémens ont-ils été les Dieux des plus anciennes nations connues.

Exam. des relig. pag. 32.

N. B. D'où il résulte que le Polythéisme n'est encore que le système des matérialistes, mis a la portée du commun des hommes.

POLITIEN, (Ange) Toscan de nation.

Voëtius demande si Politien ne doit pas être suspect d'un neutralisme lucianique ou d'épicuréisme.   *Disput. théol.*

Quelques-uns ont écrit que Politien professait l'athéisme en cachette, avec Marcile Ficin et Domitius Calderin.

P. de S. Romuald, feuillant. Chron. t. 2 , 1509.

Cela n'empêchait point qu'il ne récitât son *Bréviaire*. Il n'est pas le premier ni le seul qui ait fait de ces sortes de sacrifices à l'opinion banale. Nous avons vu plus haut un savant incrédule, porter toujours avec lui un chapelet.

POLITIQUES, espèce d'Athées parmi les philosophes anciens, et particulièrement dans l'école Italique, parce qu'ils étaient d'avis de laisser aux peuples grossiers, l'imposante chimère d'un Dieu; la croyance divine leur paraissant un préjugé nécessaire à la police des villes.

Atheismi practici duæ classes...... eorum posterior est qui ad statûs rationem cuncta referunt et pseudo politicorum nomine appellantur. Illius patroni extitêre Aristippus Cyrenaicus, Epicuri sectatores, aliique.

Hujus posterius atheismi practici classis patrocinium præter alios in se suscepit Machiavellus.

Dissertatio politica, *malum atheismi in republicâ; Arnoldus Asplund, Stockholmensis, alumnus regius.* Upsal, 1758.

N. B. D'après ces principes éventuels et de circonstance, l'Opinion continuera d'être la reine du monde et ne manquera pas de flatteurs à sa cour brillante; la Vérité, sans asyle, restera dans son trou à se morfondre avec quelques amis fidèles, mais découragés.

POLYBE, l'historien. Je suis persuadé que tout ce qu'on appelait religion à Rome, n'avait été institué que pour la populace; car si l'on pouvait supposer une société formée de sages, ces sortes de systèmes seraient peu nécessaires.

Liv. VI.

La malice des hommes oblige les gens sages et les politiques à se servir habilement des craintes imaginaires qu'inspire la religion. *Liv. VI, vers la fin.*

En dépit du savant Casaubon, nous réclamons avec Bodin, le sage Polybe dans l'illustre troupeau des *hommes-sans-Dieu*.

POLYPHÊMUS. Ce très-ancien philosophe, pour faire sentir le ridicule de l'existence divine, disait que le ventre est le plus grand de tous les Dieux; les hommes ne travaillent, n'agissent que pour lui, ne sacrifient qu'à lui.

Voyez le Théâtre d'Euripide.

Et les prêtres du paganisme, pour se venger, travestirent le sage Polyphême en cyclope difforme.

POMPONACE, * (P.) philosophe.

Son livre de l'*Immortalité de l'ame* l'exposa à des soupçons d'impiété. Il y conclut que n'y ayant aucune raison qui prouve démonstrativement, ou que l'ame soit mortelle ou qu'elle ne le soit pas, on doit regarder cette question comme un problème. Ce traité fut condamné au feu par les Vénitiens.   *Théoph. Raynaud.*

Le jurisconsulte Godelman a soutenu que Pomponace fesait des leçons publiques, contre l'immortalité de l'ame.

P. Pomponatius philosophus, epicureismi defensor...... *scripsit de fato.*   De Magis.

C'est-à-dire : Ce philosophe, défenseur de l'épicuréisme, a écrit sur le *Destin.*

On est accoutumé à regarder Pomponace comme un impie et un Áthée.   *Nicéron.*

N. B. Nous sommes parfaitement de l'avis de tous les philosophes; nous rangeons parmi les Athées, tous les penseurs qui ne digèrent pas l'immortalité de l'ame.

Atheum est immortalitatem animæ non conservare.

Suidas, *Lex., tom. I,* p. 108.

Pomponace se composa une épitaphe digne de sa réputation irreligieuse.

POMPONIUS *Lœtus.* (Jul.) Ce savant Calabrois vécut à Rome en philosophe, suspect d'impiété et d'athéisme. Il mourut, dit-on, en bon chrétien, *mais,* on ajoute que ce fut à l'hôpital , étant trop pauvre pour se faire traiter chez lui de la maladie qui l'emporta.

N. B. On sait que dans la plupart des hospices, en France et ailleurs , il fallait en entrant, donner quelques signes de religion pour n'y être point traité *comme un chien.*

POMPONIUS , (T.) Romain distingué , était philosophe épicurien. Voyez Cicéron , *de finibus boni. V. I.*

PONTANUS. (Jov.) Son épitaphe, composée par lui-même , n'annonce pas un poète bien religieux :

> *Servire superbis dominis ,*
> *Ferre jugum superstitionis ,*
> *Condimenta vitæ sunt.*

En voici à-peu-près le sens :

> Depuis la naissance à la mort,
> Servir d'insolens maîtres ,
> Porter le joug des prêtres ,
> De l'homme, hélas! tel est le sort.

PONTOPPIDAN , Vice-Chancelier de l'Université de Copenhague , auteur du livre : *La Force de la vérité pour convaincre les Athées....* 1758.

On trouve dans cet ouvrage la nomenclature des incrédules qui ont lâché pied en sortant de la vie , tels que Junius ; Mylord Rochester, le Comte Passerini....

Nous avons déjà montré que cela ne prouve rien.

POPE. (Alex.) Ce poète, philosophe Anglais , définit l'univers un Tout surprenant, dont la Nature est le corps et dont Dieu est l'ame. *Ess. sur l'hom.*

C'est le Dieu de Spinosa , dit Pinault dans sa *Nouvelle philos. dévoil.* 1772. *p.* 15

La Nature n'admet aucun droit divin. *Ess. sur l'hom.*

Il a été accusé de vouloir établir dans son *Essai sur l'homme* la fatalité de Spinosa.

Il est bien difficile à quiconque a lu les ouvrages, et connu les amis de Pope de n'avoir pas quelques doutes sur ses sentimens religieux. (1)

PORPHYRE. Ce philosophe Tyrien met de l'entendement par-tout ; il le gradue depuis les astres jusques aux plantes où il n'est qu'en semence. *Sent. n° 10.*

Jupiter est le monde, l'univers, ce qui constitue l'existence et la vie de tous les êtres.

On observera que le *Jéhovah* des Juifs est le synonime parfait du Jupiter des Grecs.

PORTIQUE. (le) On appelait ainsi l'école de Zénon et des stoïciens ; et voici le sommaire de la doctrine de ces philosophes anciens : Ils établissaient une divinité éternelle, répandue dans toutes les parties du monde, et qui était l'ame et le moteur universel de la matière.

» Ceus du Portique, (dit Levayer) avoient de la peine à concevoir que l'esprit de Dieu peust estre diffus par toute la Nature, sans s'y incorporer, qu'il la peust *informer*, sans estre sa forme. »... *Vertu des Payens, p.* **175.**

PORTIQUE (le) *Républicain.*

La saine partie des membres de ce nouvel établissement philosophique et littéraire est composée *d'hommes-sans-Dieu.*

N. B. Ils ont déjà tenu des séances solemnelles et publiques, tantôt dans des ci-devant églises, tantôt à l'ancien magasin de l'Opéra. Leur dessein serait-il d'inaugurer la vérité par-tout où triompha trop longtemps le mensonge ?

PORT-ROYAL. Quant à toutes les questions qui

(1) Pope mourut en chrétien, le 30 mai 1744. *Édit.*

regardent la puissance de Dieu, notre esprit se perd dans
la multitude des pensées contraires qu'elle fournit.

> *Art de penser... parag. 4, chap. I ; ouvrage composé*
> *par deux ou trois solitaires de Port-Royal.*

PORTUGAIS. C'est chose vraye qu'un *Portugais* s'estant
rendu agréable au Roy Henri III, luy demanda dans Lyon,
une grâce royalement et sans luy rien spécifier, qui se
trouva estre, de ne pouvoir recevoir de contrainte dans
touts ses estats, à la reconnaissance d'une autre Déité que
celle du soleil,   *Lamothe Levayer.*

PORTUGAL. L'horrible tremblement de terre, arrivé
à Lisbonne, en 1755, peupla le Portugal d'Athées.
Beaucoup d'entre les meilleurs croyans ne purent concilier
cette catastrophe épouvantable avec l'idée d'une Providence.

POSIDONIUS a prétendu que le monde était éternel.

N. B. Or, il ne peut y avoir deux éternels : l'ouvrage et l'ouvrier
n'ont pas la même date. Il faut donc que l'univers et Dieu ne
fassent qu'un.

Ce philosophe soutenait que le monde en général et le
ciel en particulier, composent la substance de la divinité.
                                                  Diog. Laërte.

POSTEL. (Guill.) Ce n'est pas sans sujet que Postel, en
son livre *de Orbis concordiâ*, ne nomme point les religions
autrement que du mot *persuasions.*

> *Lamothe Levayer, de la divin.*

Multas fovit hypothesis quœ atheismo fores aperiunt.

C'est-à-dire : Postel a soutenu beaucoup d'hypothèses
qui ouvrent la porte à l'athéisme.   *Reimannus.*

Selon lui, dans l'homme, *animus,* est la partie masculine;
anima, la partie féminine.

Ce savant a prétendu encore que le luthéranisme mène à l'athéisme.

Ramus attribue à Postel *le Traité des trois imposteurs.*

Naudæana.

POUILLY (L. Levesque de) littérateur Rémois ; nous avons de lui une théorie *des sentimens agréables* où se trouvent des choses qui pourraient scandaliser les *hommes-de-Dieu.*

N. B. La tâche serait incommensurable, si l'on voulait entreprendre d'extraire de tous les livres qui existent *,* ce qui favorise l'opinion *des hommes-sans-Dieu.*

Nous prendrions en flagrant délit les auteurs les plus orthodoxes ou les plus étrangers à cette matière.

P.,...I. Maître de langues italienne et anglaise *,* et poète, a traduit en Italien une partie du *Système de la nature* à la sollicitation du viellard Jean Arthur, Athée.

POURDEAUX ET HUMAIN. Noms de deux soldats Français, du régiment de Belsunce qui se suicidèrent en 1773, le jour de Noël, à cinq heures et demie du soir dans l'auberge de l'Arbalête, de la ville de Saint-Denis (Franciade). Avant de se tirer le coup de pistolet, ils écrivirent deux lettres philosophiques et d'un style original.

L'une des deux lettres est terminée ainsi : « Si l'on existe après cette vie et qu'il y ait du danger de la quitter sans permission , je tâcherai d'obtenir une minute pour venir vous l'apprendre. S'il n'y en a point , je conseille à tous les malheureux, c'est-à-dire à presque tous les hommes, de suivre notre exemple. »

PRADES. (Martin de) La thèse encyclopédique qu'il soutint en Sorbonne est assez connue. On y jette des doutes sur l'immortalité de l'ame ; on y prouve indirectement l'éternité du monde. Prades, sous le voile d'un Déiste, préludait à l'athéisme.

PRÉMONTVAL, (P. Guay) né à Charenton, près Paris, membre de l'Académie de Berlin, savant dans les mathématiques et métaphysicien hardi.

PRÉSENCE *réelle.* (la) Les fauteurs de la présence réelle, les catholiques, les luthériens ne s'apperçoivent pas qu'ils sont de véritables matérialistes.

Voyez le N. B. de l'article *Druides.*

PRÊTRES *Egyptiens.* (les)

Populum fabulis pascebant sacerdotes Ægyptii ; ipsi autem sub nominibus Deorum patriorum philosophabantur.

Origen. *Contrà Celsum, lib. I.*

C'est-à-dire : Les prêtres Égyptiens amusaient le peuple par des fables, et cachaient leur philosophie sous le voile des noms des Dieux du pays

PRÊTRES *Orientaux.* (les)

Il y a eu chez tous les peuples des philosophes qui n'ont reconnu que la Nature, en niant la liberté de l'homme, au milieu d'un monde où selon eux, tout était mû par des lois éternelles et nécessaires.

Les *prêtres* de toutes les nations Orientales, ceux des Égyptiens, n'ont-ils pas professé la double doctrine ?

N'avaient-ils pas des connaissances élevées et sublimes, qu'ils réservaient à eux seuls ou à leurs initiés, et auxquelles le peuple n'était jamais admis ?.... etc.

Bailly, Astron. anc.

PRÉVOST. (Ant. Fr. d'Exiles, l'abbé) C'est prendre une mauvaise voie pour arriver à quelque chose de certain en matière de religion, que de chercher des démonstrations et des preuves.

Les plus grands esprits ne sont pas communément les
meilleurs chrétiens.   *Pensées.....*

On raconte que le Prince de Conti, en annonçant à
Prévost qu'il l'avait choisi pour son aumônier, lui dit : Mais
il faut vous prévenir, mon cher abbé, que je ne crois pas
en Dieu.—Ni moi non plus, Monseigneur, lui répliqua le
romancier philosophe.

PRIEUR, de la Côte d'Or, législateur Français.

PRIOLO. (Benjamin) *Justi et æqui servantissimus erat
Benj. Priolus, relligionis parùm.*   J. Rhodius.

C'est-à-dire : Il était grand observateur de la justice.....
il l'était peu de la religion.

Il étudia, en Italie, sous Crémonin; il y apprit à fond les
sentimens d'Aristote et ceux des autres philosophes de
l'antiquité.

PRISCILLIEN, hérétique Espagnol, condamné à mort
pour avoir soumis la volonté de l'homme à une fatale
nécessité qui l'entraîne, sans qu'elle puisse s'y opposer.
Opinion, l'une des bases de l'athéisme. Selon lui, Dieu
n'était autre chose que l'ame des hommes et de l'univers.

PROCULUS, de Bizance, composa un livre intitulé : *De
decem dubitationibus circà Providentiam.* C'est-à-dire : Dix
doutes touchant la Providence.

Ce philosophe, dans son commentaire sur le Timée, a
plus que personne insisté sur les caractères sexuels de la
Nature, ou sur le principe masculo-féminin de l'univers,
dogme fondamental de la théologie ancienne. *V. Lingam.*

PRODICUS, élève de Protagoras.

*Quid Prodicus Chius qui ea quæ prodessent hominum vitæ,
Deorum in numero habita esse dicit quam relligionem
reliquit.*   Cicer., de Nat. Deor.

C'est-à-dire : Cicéron lui attribue d'avoir enseigné que la gratitude humaine a été cause que l'on a cru qu'il y a des Dieux.   *Bayle, Dictionn.*

Les Athéniens le firent mourir comme impie. Il vida une coupe de cigüe.

N. B. Il ne faut pas confondre notre philosophe avec un hérésiarque de son nom, dont les sectateurs soutenaient qu'il ne faut point invoquer Dieu.

Prodicus fut accusé d'enseigner à ses disciples l'irreligion. Sextus Empiricus le compte parmi les Athées.

PROMÉTHÉE, l'un des premiers Athées. Il niait la création du monde et des hommes par un Dieu. Le soleil, à ses yeux, était l'un des principaux agens de la Nature, fécondée par elle-même.

PRONY, de l'Institut national de France.

PROPERCE, poète épicurien.

> ..... *Animum emendare*
> *Incipiam...... hortis, docte Epicure, tuis.*

C'est-à-dire :

> Je veux sage Épicure, errer dans tes jardins.

PROTAGORAS. * *Si Deus est, undè mala?*
C'est-à-dire : Pourquoi du mal, s'il est un Dieu?

Protagore composa exprès un livre pour combattre l'immortalité de l'ame.

Selon ce philosophe Grec, l'ame ne diffère point des sens.   *Diog. Laërte.*

Il osa attaquer la divinité, et nia l'existence d'un Être suprême, ou du moins la mit en problême.

Dict. histor.

Les Athéniens ont chassé de leur pays un certain Protagoras, qui disputait de la divinité, plutôt en philosophe qu'en profane, et ont brûlé ses écrits en pleine assemblée.   *Minutius Félix*, *trad. par d'Ablancourt.*

Protagoras écrivit un livre de la *Nature des Dieux*, qui lui mérita le nom d'impie et qui commençait par ces mots :
« Je ne sais s'il y a des Dieux ; la profondeur de cette » recherche, jointe à la brièveté de la vie, m'ont condamné « à l'ignorer toujours. »

Diderot, *d'après Diog. Laërte.*

Les magistrats d'Athènes donnèrent le mauvais exemple de condamner le livre de Protagore à être brûlé, et son auteur à être banni.

PROVERBE grec.
Je tiens pour Dieu tout ce qui me nourrit.

PROVIDENCE. Les Anciens, plus éclairés que leurs neveux, disaient : *la Providence de la Nature*. Ils ne fesaient point le pléonasme de dire *la Providence de Dieu* : à moins que par *Dieu*, on n'entende la Nature ; dans ce cas, les Anciens et les Modernes se donneraient la main.

PRUDENS. (les) Bayle a désigné sous ce nom, une association paisible et secrète de penseurs libres, mais cachant sous leurs manteaux le flambeau de la vérité, dans la crainte qu'il ne s'éteigne au milieu des orages de la politique. L'Allemagne et plusieurs autres contrées de l'Europe fourmillent, dit-on, de ces sages que la malveillance religieuse ne saurait atteindre ; ces philosophes ont été assez fidèlement peints dans ces vers : *fragment* CXXIX.

> Tant que le genre humain, divisé par troupeaux,
> Sous le nom de la loi supportera des maîtres ;
> Tant qu'il réclamera le Dieu de ses ancêtres,
> Toujours enveloppés de leurs doubles manteaux,
> *Les Sages prudemment,* loin des charges publiques

Se livreront entr'eux aux paisibles travaux ;
Versant, à dose égale, en leurs jeux domestiques,
La honte, le mépris, les sarcasmes cuisans,
Et sur les gouvernés et sur les gouvernans.

Page 167, du Lucrèce Franç., par Sylvain....

PRUDENTIUS. (Aur. Clemens)

L'orthodoxie n'est pas toujours ménagée dans ses poésies. Il crut que l'ame de l'homme est corporelle, ce qui mène droit au spinosisme, sans que beaucoup de gens s'en doutent. Quand on meurt, dit-il,

*Humus excipit arida corpus ;
Animæ rapit aura liquorem.*

Hymn....

Ton ame est un peu d'air, ton corps un peu de cendre.

Le Lucrèce Français.

Le savant Leclerc observe qu'un épicurien ne saurait mieux s'exprimer que Prudence.

Prudence pourrait passer pour l'abréviateur de **Lucrèce.**

PUBLICISTE, (l'Auteur du) journal Français.

.... A moins de vouloir détruire la religion, il ne faut jamais en faire l'objet d'une discussion publique.

21 *Frim. VIII*, 12 *Décem.* 1799.

N. B. Le prudent journaliste craint-il que Dieu, comme un fantôme, ne s'évanouisse au flambeau du raisonnement ? Dieu ne peut-il supporter le scalpel de la raison ?

PUCCIUS, (Fr.) Florentin, brûlé à Rome, principalement pour avoir soutenu que les honnêtes gens seraient sauvés même dans le paganisme et hors de toute religion.

François Pucci a été accusé d'athéisme.

PYRRHON, le chef des philosophes sceptiques.

Le doute est le commencement de la sagesse.

Pyrrhon, contemporain d'Épicure, fut apprécié de ses

compatriotes. A sa considération, ils affranchirent les philosophes de tout impôt.

N. B. Ces exemples de déférence accordée à la philosophie, sont assez rares pour être cités.

PYRRHONISME., (le) suivant lequel d'anciens philosophes ont cru que, pour trouver la vérité, il fallait commencer par douter ; ce principe que la paresse ou la crainte avait endormi dans les siècles passés, s'est réveillé de nos jours, et encouragé par la liberté de penser et dire tout ce que l'on pense, est pour ainsi dire devenu un principe général au moyen duquel on se flatte de n'être plus, comme autrefois, la dupe des opinions vulgaires.

Ess. sur la secte des Illum., 1789, *note XIV.*

PYTHAGORE , philosophe et législateur.

S. Épiphane attribue à Pythagore ce sentiment..... Que Dieu est une nature corporelle, organique, Dieu n'étant autre chose que le ciel et se servant du soleil et de la lune comme de deux yeux, et ainsi des autres parties du firmament.

Pythagore enseignait en secret sa doctrine intérieure d'athéisme, après de longues expériences.

Notes manuscr. de Lalande.

Il serait aisé de prouver, par les écrits des Pythagoriciens, que Pythagore érigeait la matière en principe éternel.

Foucher, Mém. Acad. Inscr.

Pythagoras magno summâ imâque perscrutatus extremùm, naturam Deum esse autumat adstruitque omnia fortuitò fieri...... Théoph. Antioch.

C'est-à-dire : Après maintes recherches longues et laborieuses, Pythagore vint à se décider pour la *Nature-Dieu..*etc.

Et quidem Pythagoras Deum vocabat animationem universi. La cerda , in Virg. Georg. IV.

Tous les Dieux se réduisent à l'ame universelle. Le monde est l'être des êtres. Où est l'indiscrétion de publier cette grande vérité, fille de la méditation ?

Pythagore a cru que la matière a une ame.

Chalcidius.

Selon Pythagore, le Dieu du philosophe ne se trouve point dans les temples du peuple. Son Dieu est par-tout, en lui, hors de lui : il le voit, le jour, dans tout ce que le soleil éclaire ; la nuit, il le voit dans chacun des points lumineux de l'éther. Les yeux fermés, il le voit encore. Le Dieu du philosophe est la pensée sublime éclose de son cerveau, le sentiment généreux qui jaillit de son ame. Le Dieu du philosophe est tout ce qui est beau, tout ce qui est bon.....

Dieu est le mot le plus plein de choses, car Dieu est *Tout.*

Dieu est seul, car il ne peut y avoir qu'un Tout. Le sage se tait sur Dieu, et se contente de tracer . sur le sable, l'unité. Voilà son Dieu....

Dieu en se multipliant par lui-même devient tout. *Deus meus est omnia.* Pythag. *Steph. Roderici, p.* **122.**

Pythagore a combattu l'opinion des spiritualistes, qui avaient séparé la divinité du monde lui-même, et qui, par une abstraction de l'esprit, la fesaient exister hors du monde.

Dieu est un, selon Pythagore, ce père de la philosophie ancienne. Dieu est une substance unique, dont toutes les parties continues s'étendent dans tout l'univers comme l'ame dans le corps humain.

Collius trouve, (*Ch.* 24,) dans l'un des préceptes de ce philosophe, la défense absolue de prier Dieu.

Ecce Vir.

PYTHAGORICIENS, (les) furent persécutés par le peuple de Crotone, comme Athées, c'est-à-dire, comme des philosophes qui prétendaient n'y avoir d'autre Dieu que le sage.

Ils reconnaissaient un Dieu , non point hors du monde, mais dans le monde : doctrine louée de S. Justin, martyr... *Deus ipse totus in toto...*

Deslandes , *Hist. crit. de la phil. t. II.*

Pythagoras a faict Dieu un esprit espandu par la nature de toutes choses d'où nos ames sont déprinses.

Montaigne, Essais, II. in-12.

Pythagore adombre la vérité de plus près....Jugeant que Dieu n'estait autre chose que l'extrême effort de notre imagination vers la perfection , chacun en amplifiant l'idée selon sa capacité.   *Idem , eod. loc.*

N. B. Ce passage du philosophe Périgourdin est considérable.

Lucien (*Invit. auct.*) leur fait dire que Dieu n'est autre chose qu'un nombre , et une harmonie.

N. B. C'est une belle et grande idée, de ne reconnaître d'autre Dieu que le bon accord qui règne entre toutes les parties de l'univers, et qui devrait régner de même parmi les hommes.

Et Pythagore préchait d'exemple dans son école , au milieu de ses élèves , leur religion était l'étroit lien d'une amitié qu'ils portaient jusques aux prodiges de l'enthousiasme ; jamais ils ne quittaient leurs foyers , pour aller sacrifier dans les temples , sur les trépieds populaires : l'amitié qu'ils appelaient la sainte harmonie des ames était pour eux la seule *chose divine.*

Q.

QUESNAY , (le docteur) médecin , fils d'un laboureur. Relisez attentivement le troisième volume de son excellent ouvrage sur l'*Économie animale.* Ce que l'auteur y discute, sur la nature de l'ame, décèle un matérialiste, obligé d'écrire avec approbation et privilège du Roi.

QUESNEL, (Pasq.) théologien de Paris.

Hardouin se répand en reproches virulens contre lui.

Quid enim scelestius, quàm verum numen e mundo tollere?

Quelle plus grande scélératesse que celle de détruire Dieu, pour lui substituer des idées abstraites, telles que la vérité, la lumière incréée, etc.

Ab uno omnia deducta principio, scilicet ab atheismo.

Quesnel a tout déduit d'un seul principe; et ce principe est l'athéisme.

QUINTUS-CURTIUS, (R.) L'historien d'Alexandre.

Equidem æternâ constitutione crediderim nexuque causarum latentium, et multò antè destinatarum suum quemque ordinem immutabili lege percurrere. **V. 11.**

» Je crois pour moi, qu'il y a une éternelle Providence, » qui gouverne l'univers : et que par de secrètes liaisons, » et un enchaînement de causes inconnues, mais déterminées » de tout temps, chaque chose marche en son rang et » achève le cours de sa destinée. »

N. B. Et voilà comme on traduit. Malheur à ceux qui jugent des originaux d'après les copies! Vaugelas appelle *Providence* ce que Quinte-Curce et tous les stoïciens, et même toute l'antiquité désignaient sous l'expression de *fatum, constitutio æterna fati.*

Vaugelas a rendu plus exactement *fatum, cujus inevitabilis sors est.* X. 3o.

» Le destin, dont la force est inévitable. »

QUINTIN, artisan, devenu chef et martyr d'opinion. Il fut brûlé à Tournay, l'an 1530, pour avoir publié que Dieu est l'ame du monde, qu'il n'y a pas de choix parmi les religions, que l'évangile est un livre supposé... etc.

R.

RABBINS (Les)

Qui non erubescit propter seipsum , non erubescet propter Deum.　　　　Florileg. Rabbin. Sententia, 649.

C'est-à-dire : celui qui ne rougit pas à ses propres yeux, ne rougira point devant un Dieu.

Autre maxime des mêmes qui sent le spinosisme : *Sapiens quidam dicebat : Deus est intrà omnia.* 964.

C'est-à-dire : un sage disait : Dieu est dans tout.

RABELAIS, (Fr.) le Curé de Meudon.

Voyez ses livres, sa vie et sa mort.

Je vais chercher un grand peut-être, dit-il en expirant.

Rabelais, pernicieux écrivain....... qui anéantit le sentiment de religion.　　　　　　　　*Garasse.*

Philosophe ivre , a-t-on dit.

RACHTEGAL, d'Alckmaer, fut chassé de La Haye comme impie proférant des blasphêmes contre Dieu. *Spizelius.*

Le P. Théophile Raynaud prétend que ce Rachtegal ou *Nachtegal,* fut persécuté pour avoir imprimé, en 1614 ou 15, le *Traité des trois imposteurs.*

RACINE, (Louis) fils de Racine, le tragique : il est échappé à l'auteur du poème de la *Religion* , un aveu qui semble lui mériter une place ici :

> A la religion si j'ose résister,
> C'est la raison du moins que je dois écouter. (1)　*Ch. VI.*

(1) « Donnez-moi trois lignes de l'écriture d'un homme, disait » Laubardemont, et je le ferai pendre. » Tout l'ouvrage de Maréchal n'est que le développement de ce texte. Jamais dans ces vers, l'harmonieux et sincère auteur de la *Religion* et de la *Grâce* n'a entendu faire une profession de foi, personnelle. Cette imputation ressemble presque à celle que Lalande fesait à l'abbé Delille. *Voir* les supplémens.　　　　　　　　　　　　　　*Édit.*

N. B. Si l'on épluchait avec quelque attention les poètes les plus orthodoxes, on les surprendrait dans de lourdes contradictions. La nature des choses est plus forte que celle des convenances. *Naturam expellis furcâ.....* Hor.

RAYMOND *de St.-Mard.* Nous sommes d'étranges animaux. Nés tous avec un fonds de religion, nous ne laissons pas, malgré cela, d'être un peu impies, et ce fonds d'impiété que la religion endort quelquefois, se réveille toujours chez nous avec plaisir.   *Réflex. sur l'Ode.*

RAMA. Dernières paroles que le philosophe Rama, nommé Thic-Ca au Tunquin, auteur de la ridicule religion des Tunquinois, adressa à ses disciples : « Je vous ai trompés » jusqu'à ce jour ; je ne vous ai débité que des fables : la » seule vérité, c'est que tout est sorti du néant, tout doit » y rentrer ; je vous conseille cependant de me garder le » secret, de vous soumettre extérieurement à ma religion : » c'est l'unique moyen de tenir les peuples dans votre » dépendance. »

Voyez le Curé MESLIER.

N. B. Nous avons déjà eu occasion d'observer combien il y a de pusillanimité dans cette conduite. Attendre le cercueil pour y proclamer ses véritables sentimens, est peu digne d'un sage. Le sage, placé au-dessus des événemens, doit savoir affronter pour la vérité, les périls que le guerrier mercenaire affronte bien pour faire triompher une faction ou un ambitieux.

Disons aussi que les hommes *constitués* comme ils le sont, méritent peu qu'on prenne la peine de les instruire. Il ne sont pas encore en état de profiter du sacrifice que le sage pourrait leur faire de son repos et de sa vie. Pourtant il faudrait commencer par quelque chose.

RAMOND *de Carbonnières*, de Colmar, député à la seconde législature de France.

S'il peut y avoir un Athée, ce ne peut être que l'honnête homme qui trouve le ciel dans son cœur.

Aven. du J. D'olban ou les amours. Alsaciennes.

N. B. Sans doute ! et ce serait être un misanthrope par trop injuste, que de ne pas croire à l'existence de ces honnêtes gens. Oui, sans doute ! il est des hommes qui n'ont d'autre divinité que leur conscience ; et le genre humain n'aura pas le droit de se dire la première des espèces animées, tant qu'il ne sera point revenu à cet état primitif des choses.

Voyez notre Discours préliminaire.

RANTERI. C'est le nom d'une société qui se forma en Angleterre, l'an 1651, et dont les principes tendaient à l'athéisme.

RARPE, (Pierre Frédéric) de Kiel, dans le Holstein, auteur d'une apologie de Vanini, et d'une lettre presque apologétique sur le *Traité des trois imposteurs*, imprimée à Leyde, en 1716.

RAYMOND-LULLE. La substance de Dieu est infinie et éternelle.   *P. 12, de la Clavicule, par Jacob.* 1647.

Dieu est la source de tout ce que nous voyons.
Page 64.

Raymond-Lulle répondit un jour à Scot : Dieu n'est pas une partie, mais un tout. *Dominus non pars, sed totum.*
Colletet, Hist. des homm. illust.

Contemporain du Roi Philippe-le-Bel, ce savant mourut octogénaire, tout au commencement du XIV.ᵉ siècle.

RAYNAL. (Guillaume Thomas)

L'athéisme,... système d'une classe de philosophes qui ne sont ni atrabilaires, ni méchans, mais qui croyent trouver dans les propriétés d'une matière éternelle la cause suffisante de tous les phénomènes qui nous frappent d'admiration.   *Hist. du Comm. X.*

.... La morale ne peut avoir pour base, les opinions religieuses.   *Eod. Loc.*

.... Des Européens qui voyageaient par-tout et

commerçaient par-tout, apprirent à l'Europe qu'une partie de la terre vivait dans les visions de Mahomet, et une plus grande partie encore dans les ténèbres de l'idolâtrie, ou dans l'*inscience et l'incuriosité de l'athéisme.*

Hist. du Comm. X.

C'est la philosophie qui doit tenir lieu de divinité sur la terre.   *Hist. de la Révol. d'Amérique, attr. à Raynal.*

Il n'y a aucun crime que l'intervention des Dieux ne consacre, aucune vertu qu'elle n'avilisse. La notion d'un être absolu est entre les mains des prêtres une destruction de toute morale.

Une chose ne plaît pas aux Dieux parce qu'elle est bonne, mais elle est bonne parce qu'elle plaît aux Dieux.

Il serait peut-être à souhaiter que dans toutes les régions, ainsi qu'on l'assure de la Chine, l'administration ne fût attaché à aucun dogme, à aucune secte, à aucun culte religieux.   *Hist. du Comm. I.*

N. B. Raynal ne dit pas encore assez. Des hommes d'État croient avoir tout fait en proclamant la liberté des cultes, et en ne souffrant aucune religion dominante. Ce n'est pas tout : le gouvernement devrait s'abstenir de faire pour les *hommes-de-Dieu*, ce qu'il ne fait pas pour les *hommes de théatre.* Est-ce que l'État fournit des salles de spectacle aux troupes de comédiens ?

REDI, (Francesco) médecin d'Italie.

Le célèbre Francesco Redi, un des plus grands hommes de ce siècle, dit un jour, dans un de ses *Discours* à sa patrie, (Arezzo, en Toscane) l'athéisme est un article de foi.

Et il le prouve par les paroles mêmes de la Sainte Bible ou du Psalmiste : *Non est Deus.*

Note *comm. par Pio.*

RÉFLEXIONS *sur le bonheur,* 1765. L'Auteur de cet ouvrage, (*Meditazioni sulla felicita.*) gentilhomme Milanais.

Loin de faire entrer Dieu dans la composition du bonheur, la félicité , selon lui , consiste à se conduire conformément à l'honneur , opinion universelle , dit-il , qui fait faire quelquefois de si grandes choses, et qui se trouve aussi trop souvent en opposition avec les lois religieuses.

Ces réflexions méritèrent à leur auteur la qualification d'Athée et d'épicurien.

RÉGIS , (Pierre Sylvain) de l'Académie des Sciences de Paris.

Hardouin place ce savant au rang des Athées , avec Descartes son maître.

RÈGLEMENT *d'un Culte sans Prêtres*, (l'Auteur du) 1790 , in-8°. (1)

L'exercice des devoirs de famille est véritablement un culte ; jamais on n'imagina de système religieux qui valut la piété filiale.   *Page 6.*

L'idée de l'unité de Dieu n'est due peut-être qu'à l'unité de soleil.   *Page 17.*

REGNARD, * (J. Fr.) poète Parisien, le premier de nos auteurs comiques, après Molière ; mort à Dourdan , au sein de la philosophie d'Épicure.

REGNIER , (Mathurin) poète satyrique Français, le digne précurseur de Boileau, et qui, peut-être plus que celui-ci, approcha de Juvénal et de Perse, quant à la vigueur du coloris. Il passa un peu les bornes de l'épicuréisme ; et s'est peint lui-même dans cette épitaphe :

> J'ai vécu sans nul pensement ,
> Me laissant aller doucement
> A la bonne loi naturelle...... etc.

REIMANNUS. (Jac. Frid.)

(1) Sylvain Maréchal.   *Édit.*

Historia universalis atheismi et Atheorum. Hildesiæ, 1725, *in-8°, 560 pages.*

On désire un peu de philosophie dans cet ouvrage d'érudition, utile parfois à consulter. (1)

REINESIUS et GROTIUS. (Th.)

Reinesius ainsi que Grotius étaient de la *religion des*

(1) L'ouvrage de Reimannus n'est qu'un long et fastidieux traité de l'athéisme, en général et en particulier, chez les Juifs, les Gentils, les Chrétiens et les Mahométans, dans lequel il prend son histoire, même avant le déluge, et soulève cette question de savoir si les Titans, les Géans, les Cyclopes et autres grands hommes de cette nature n'étaient point des Athées; et de là redescend à travers les siècles, jusques au commencement du dix-huitième. C'est dans ce vaste répertoire, où sont passés en revue tous les Juifs depuis Moyse et les prophètes ; tous les Gentils, Égyptiens, Phéniciens, Cafres, Chaldéens, Arabes, Indiens, Éthiopiens, Tartares ; tous les Grecs depuis Thalès et Anaximandre jusqu'à Périclès et Aspasie *sa femme*, Platon, Socrate, et tous ceux que nous appelons aujourd'hui sages ou philosophes; tous les poètes Latins depuis Ennius jusques à Sénèque ; tous les orateurs et historiens Romains ; les habitans du Chili, du Brésil, du Cap Horn ; tous les modernes depuis Origènes jusques à Machiavel, depuis Bonaventure Des Periers et ses contemporains jusques à Rousseau ; enfin tous les hommes illustres des différentes contrées; répertoire, qui du reste a dû coûter à son auteur de pénibles recherches; c'est dans ce répertoire, disons-nous, que Maréchal a pris tous ses Athées *anciens*. Le livre de Reimannus, écrit en latin, devait être aussi peu connu de son temps qu'il était oublié du temps de Maréchal, et celui-ci en l'exhumant presque secrètement assuma sur lui toute la responsabilité de ces rêveries *renouvellées des Grecs;* mais les torts qu'on lui impute se réduiraient à bien peu de chose, à l'égard des Anciens du moins, si l'on rapprochait aujourd'hui son ouvrage de celui de Reimannus.

Reimannus cependant, quoique écrivant et discourant sur l'athéisme, ne fut ni brûlé, ni banni, ni persécuté. Il est vrai qu'il écrivait en 1725, et en Allemagne. Avant ce temps, l'intolérance et le fanatisme avaient sans doute fait bien du mal, ils en firent souvent encore après; mais alors, on regarda peut-être Reimannus comme assez puni par la peine qu'il avait prise de lire tous les ouvrages sur lesquels il avait bâti le sien. *Édit.*

Prudens. Ils s'étaient fait une religion particulière, composée de ce qu'ils avaient trouvé de meilleur dans toutes les autres. On l'appelle aussi *religion politique.* Le nom de *religion politique* lui était donné, à cause qu'elle dégage de l'obligation de croire ; et l'on sait qu'un philosophe ne s'assujettit à l'autorité de personne. On la nommait encore *éclogistique.*

Il y a bien plus de gens qu'on ne pense, qui se fabriquent ainsi une profession de foi et qui ne s'en vantent pas. On pourrait les appeler en latin : *Miscelliones.* Bayle.

REISERUS. (Antonius) Ce savant a rédigé les diverses nuances de l'athéisme.

De Origine et processu atheismi. Dissertatio.
Atheismus : Directus, indirectus. — Formalis, virtualis.
— Theoreticus, consummatus. — Subtilis, crassus. —
Privativus, negativus. — Proprius, participatus. — In fieri,
in facto. — Activus, passivus. — Allotheismus, polytheismus.
— Pseudotheismus. — Libertinismus. — Indifferentismus.
— Gallionismus. — Syncretismus.

N. B. Il y aurait quelque chose de mieux à faire que ces distinctions subtiles ; ce serait de classer tous les hommes en deux castes, celle des bons et celle des méchans, abstraction faite de toute opinion religieuse et politique.

RELIGION. Th. Brown, médecin, composa un livre philosophique sous le titre : *Relligio medici :* (La religion du médecin). Bayle traduisait plaisamment ce titre par *le médecin de la religion ;* jugeant que la lecture de cet ouvrage pourrait contribuer à la guérison des préjugés religieux.

Le P. S.ᵗᵉ-Marthe, Général de l'Oratoire, bonhomme, qui ne manquait pas de sens, disait : On fera tant de livres pour prouver la religion, qu'il n'y en aura plus du tout. *Longueruana, t. II.*

N. B. Le mot du bon homme qui ne manquait pas de sens, s'est accompli.

Point de religion sans hérésies.

Arnaud, avoc. Gazette litt. 1764. n° 25.

N. B. Cela est de toute nécessité. Qui dit religion, dit une science pleine de mots, si non absurdes, du moins inintelligibles. Est-il rien qui prête davantage aux commentaires ? Plus on en disserte, moins on s'entend. Ces paroles ne peuvent désigner que la religion.... *Deus tradidit mundum disputationibus.* Débats misérables et stériles ! Choc d'opinions, qui ne donna pas même d'étincelles !

Si l'on m'indiquait une religion purement physique, je croirais une telle religion être la première de toutes.

Exam. imp. des princ. Religions. Ch. I.

Il suffit de réfléchir sur soi-même pour trouver dans notre propre nature de bonnes raisons et des motifs plus puissans que ceux qu'offrent toutes les religions pour vivre en honnête homme. *Idem. page* 204.

RELIGION RÉTABLIE. (l'Auteur de la) *Discours d'un chrétien à ses frères, Paris,* 1792. *in-8°.* 52 *pag.*

On a dit à vos pères que Dieu était l'auteur de la Nature et qu'il en était le créateur. Mais le temps est venu de vous dire, d'après les Saintes Écritures, que la Nature et la divinité sont une même chose.....

On a dit à vos pères que Dieu avait créé le ciel et la terre.... Mais le temps est venu de vous dire, d'après les Saintes Écritures, que Dieu est lui-même la substance du ciel et de la terre.... C'est Dieu qui est la substance de tout. *P.* 5 *et* 6.

Il est temps de vous dire qu'il n'y a qu'un seul corps ; c'est le corps du Seigneur, c'est le corps de la Nature toute entière. *Page* 26.

RETH. L'ami de l'infortuné Lamanon.

RÉTIF DE LA BRETONNE. (Nicolas E.)

.... La pratique venge la matière ; et le plus ardent spiritualiste est souvent l'homme le plus terrestre , tandis que le matérialiste pur.... ne s'occupe qu'à perfectionner son intelligence , qu'il croit une propriété de la matière.

L'École des pères, tom. II.

Ce volume est plein de spinosisme.

La seule différence entre l'homme et Dieu est celle du fini à l'infini. (*Idem*) C'est-à-dire, de la partie au tout.

Voyez la Philos. de M. Nicolas, 3 vol. in-12.

RÉVOLUTIONS (Journal des) de Paris (1)

La religion n'est qu'un lien fraternel, imaginé pour resserrer les nœuds politiques ; ce lien, avec le temps, est devenu une chaîne fort lourde , quoique tissue d'abstractions.   *Pag. 507. N° 75. 1790.*

Le nom du *Très-Haut* n'a que faire dans les choses de ce bas monde.   *N° 78. 1791.*

La religion n'a jamais fait des hommes libres.......
N° 131. 1792.

La vraie religion, la seule digne de ce nom, c'est la morale.   *N° 144.*

Il ne faut au peuple , tant grossier le suppose-t-on , que le culte de la loi ; il ne doit avoir pour prêtres que ses magistrats. La religion du citoyen est le patriotisme.
N°. 197. 1793.

RICHEOME. Il est visible que le payen offense plus grièvement la divinité que ne fait l'Athée.

C'est le raisonnement du bon Plutarque. Ce polygraphe de Chéronnée, disait avec sa bonhomie ordinaire : J'aime

---

(1) Journal rédigé par Prudhomme , auquel Maréchal fournit des articles pendant quelque temps. Aux citations qu'il fait on reconnaîtra facilement sa plume.   *Édit.*

mieux qu'on dise : Plutarque n'existe point, que si l'on disait : il existe un Plutarque qui fait le mal et le bien avec la même indifférence.... etc.

RISTWICH , (Herman) philosophe Hollandais , brûlé à La Haye , en 1512 , pour s'être moqué des principales religions, dont le monde n'a que faire, disait-il. Cet impie ne voulait reconnaître que l'empire de la loi.

Il niait l'immortalité de l'ame. Il voulait que la matière des élémens fût éternelle.... etc.

Lett. Holland. 1750. *t.* 2.

RIVAROL. Dieu est toujours absent dans l'ordre moral.
De la Phil. mod. pag. 23. *in-8.*

Ceux qui parviennent à l'incrédulité, par la méditation ou par de longues études, sont des esprits calmes et élevés.
P. 36 *et* 37.

ROBINET. (J. B.) Il est à croire que l'ignorance des causes physiques a fait naître la première pensée de recourir à une cause finale.... La volonté d'un premier être n'a rien de physique ; et le philosophe n'y a recours qu'à regret.   *De la Nat.* 1.ʳᵉ *part.*

C'est une nécessité pour les savans et pour les ignorans, de ne pouvoir discourir de Dieu, sans mettre des mots à la place des idées qui leur manquent ; et il semble que ce soit un malheur attaché à cette substitution , de n'avoir plus d'autre idée de la divinité, que celle que présentent les mots.   *De la Nat. Vᵉ. part.*

ROCCUS , (Ant.) partisan de Crémonin et de Pomponace ; il soutenait la mortalité de l'ame. Selon lui, l'ame suit la proportion du corps où elle loge....

ROCHEFOUCAULD. (Fr. la) Dans le nombre de ses

pensées, on en pourrait citer plusieurs que Bayle, Hobbes Spinosa, Leibnitz et tant d'autres incrédules non moins célèbres, n'auraient point désavouées. *Encycl. méthod.*

Celle-ci par exemple :

» La force et la faiblesse de l'esprit sont mal nommées :
» elles ne sont en effet que la bonne ou la mauvaise
» disposition des organes du corps. »

Il supporta les douleurs de la goutte avec la constance d'un philosophe. Ce qui est plus difficile et remarquable que de mourir en bon chrétien.

ROCHESTER, (J. Wilmot) poète Anglais. Après avoir vécu en Athée épicurien, il mourut jeune, et converti par les soins de l'évêque Burnet qui en fit trophée.

N. B. Les prêtres se sont toujours montrés habiles à s'emparer de la dernière heure de tout incrédule célèbre, certains de leurs succès en s'exerçant sur un cadavre. Mais ils devraient du moins être plus modestes et ne pas tirer vanité de ces rétractations, de ces professions de foi, extorquées *in articulo mortis*.

Les satyres de Rochester renferment les pensées les plus hardies.

ROEDERER, de l'Institut national de France.

Voyez entr'autre chose son *Mémoire* sur les cérémonies funèbres.

Extrait d'une lettre de Jérome Lalande, l'astronome,
au citoyen Ræderer.

» Je vous remercie, au nom des philosophes, de la manière dont vous avez relevé les inepties de M. de la Harpe, et ses sottes déclamations contre la philosophie. J'ai vécu avec les plus célèbres Athées, Buffon, Diderot, Voltaire, d'Holbach, d'Alembert, Condorcet, Helvétius.... Ils étaient persuadés qu'il fallait être imbécille pour croire en Dieu.... Collège de France, 5. Germ. 1797. »

ROMAINS. (les) Pendant l'espace de 170 années, les premiers Romains ont vécu, sans aucune religion, selon le rapport de quelques auteurs.

> *Bérain, Mœurs et cout. des anc. peuples.*

Tota Romanorum relligio quanta erat, atheismus erat.
> Struvius, *In docto Atheo, p.* 10

C'est-à-dire : Toute la religion des Romains n'était que l'athéisme.

ROME et toute l'Italie, conservent encore aujourd'hui une foule de monumens du culte décerné à la Nature et à ses agens principaux.

RONSARD. (P.) Dans une mercuriale en vers français intitulée : *la Métamorphose de Ronsard en prêtre*, ce poète est taxé d'avoir enseigné l'athéisme, on lui dit :

> Je t'ay vu discourir, tout ainsi qu'Épicure.

Et il en était quelque chose. Ces quatre vers, par exemple :

> De Tempé , la vallée un jour sera montagne,
> Et la cime d'Athos une large campagne.
> Neptune, quelque jour, de bled sera couvert :
> La matière demeure et la forme se perd.
> > *Élégie sur la Coupe d'une forêt.*

N. B. Lucrèce n'a rien dit de plus philosophique.

ROQUELAURE, (Ant.) le Duc ; non pas le diseur de plats bons mots , mais l'un des favoris d'Henri IV. Ce courtisan, à l'instar de son maître , n'avait d'autre religion que la politique.

N. B. C'est à cause de cela, dira-t-on, que les peuples sont mal gouvernés. La religion serait un frein pour les premiers magistrats.

Pour répondre à cette objection nous nous contenterons de citer l'exemple de Louis XIV. Ce *grand* monarque assurément était religieux, s'il en fut jamais. Qu'en advint-il? Des dragonnades! Des massacres dans les Cévennes! Des spoliations! La révocation de l'édit de Nantes !....... Un code de bonnes lois, *ponctuellement* exécutées, voilà le seul frein salutaire aux gouvernés et aux gouvernans.

ROSE-CROIX. (les frères) Dans quelques endroits de l'Allemagne, plusieurs Athées se réunissent sous ce nom ; et pour jouir de la paix philosophique, consentent à passer pour de misérables alchymistes.

Le savant George Paschius, traite quelques écrits des Rose - Croix d'ouvrages produits par l'enthousiasme et l'impiété. *Enthusiastico-atheistica verba.*

De Novis inv., Chap. VI, in-4°, 1700.

ROSCHD. (Ebn.) *Voyez* AVERROÈS.

ROUSSEAU, * (J. B.) Parisien, s'exprime en pieux rhéteur dans sa paraphrase du *Cœli enarrant*..... Mais il s'est montré philosophe dans cette strophe :

> Ce grand et superbe ouvrage
> N'est point pour l'homme un langage
> Obscur et mystérieux ;
> Son admirable structure
> Est la voix de la NATURE
> Qui se fait entendre aux yeux.

> *L'Auteur du poème de l'Éther.*

Il fut l'ami de St.-Évremond, espèce d'esprit fort. Quelques personnes l'ont représenté comme impie. (1)

ROUSSEAU, * (J. J.) philosophe de Genève.

---

(1) Rousseau (J. B.) fut encore un de ces génies malheureux que la Belgique a recueillis, dans un siècle où tout ce qui montrait quelque hardiesse dans la pensée était réduit à s'éloigner de la France ; toutefois, ce ne furent pas les opinions religieuses seules, qui le forcèrent à s'expatrier.

Il mourut à Bruxelles en 1741.   *Édit.*

Les lois de la géographie règlent toutes les religions du monde. *La Reine Fantasque, Conte.*

Ce n'est point une petite affaire de connaître que Dieu existe. *Emile, t. III.*

Ce qu'il y a de plus injurieux à la divinité n'est pas de n'y point penser, mais d'en mal penser.

Idem, tome 3, Proff. du vic. Savoy.

La raison ne peut toucher, à travers les bornes qui l'arrêtent, le dogme de l'existence de Dieu.

Lettre à d'Alembert, n. 6.

La question de la Providence, tient à celle de l'immortalité de l'ame, que j'ai le bonheur de croire, sans ignorer que la raison peut en douter.

Je vous avouerai naïvement que ni le pour, ni le contre ne me paraissent démontrés sur ce point par les lumières de la raison. *Lettre à Voltaire sur son poème de Lisbonne.*

Je suis bien sûr au moins que cet être juste (Dieu) ne refusera le bonheur éternel à nul incrédule vertueux et de bonne foi.

Si j'étais magistrat, et que la loi portât peine de mort contre les Athées, je ferais pendre celui qui viendrait m'en dénoncer un. *N. de la Nouv. Hél.*

Tout enfant qui croit en Dieu est idolâtre ou Antropomorphite.

Je n'accorde pas même à un jeune homme de quinze ans la capacité de croire en Dieu.

Il est clair que tel homme parvenu jusques à la vieillesse sans croire en Dieu, ne sera pas pour cela privé de sa présence dans l'autre monde, si son aveuglement n'a point été volontaire ; et je crois qu'il ne l'est pas toujours.

Ce monde est-il éternel ou créé ? Y a-t-il un principe unique des choses ? Y en a-t-il deux ou plusieurs ? Quelle est leur nature ? Je n'en sais rien et que m'importe ? Je renonce à des questions oiseuses qui peuvent inquiéter mon amour-propre, mais qui sont inutiles à ma conduite et supérieures à ma raison. *Emile, Rêver. III* prom.*

Dans une note de ses ouvrages, J. J. Rousseau affirme n'avoir rencontré en toute sa vie que trois prêtres qui crussent en Dieu.

N. B. Gardons-nous pourtant d'honorer les prêtres du titre d'Athées; ils n'en sont pas dignes, puisque, voyant la vérité, ils persévèrent dans leur culte au mensonge. Il n'est pire espèce d'hommes que celle de ces charlatans éhontés qui, n'étant point dupes, passent leur vie à faire des dupes.

A. J. J. Rousseau.

Éloquent romancier, moraliste sévère,
Publiciste profond, écrivain plein de feu,
J'admire tes écrits, j'aime ton ame fière ;
Mais tu n'es qu'un enfant quand tu parles de Dieu.

Martin de Bussy.

ROUX, (le docteur Aug.) médecin Bordelais, mort à Paris, en 1766.

Si Cudworth se fut mesuré avec quelques uns de nos Athées modernes, tels, par exemple, que Dumarsais, Helvétius, Fréret, le docteur Roux, Diderot, le Baron d'Holbach, etc. etc. etc., il aurait trouvé dans ces philosophes des adversaires très-incommodes, et mille fois plus redoutables que tous les Athées de l'antiquité réunis.

Naigeon.

ROUSSELIN. (Alexandre) La tolérance était le premier des principes de *Hoche*. Tout en riant des préjugés religieux, il recommandait pour eux les plus grands égards. *Vie du G* al. *Hoche, an VIII. in-12. p.* 160.

N. B. Le préjugé religieux est-il donc une puissance avec laquelle la raison doive traiter d'égal à égal? Tous les hommes d'État semblent être d'accord sur ce point ; ils prodiguent les marques de déférence au mensonge bien reconnu pour tel. Et l'on parle d'instruction publique, d'un nouvel ordre de choses ! Ne voit-on pas que c'est mettre le feu d'une main et vouloir l'éteindre de l'autre main !

RUGGIERI, (Côme) de Florence.

Voici ses dernieres paroles; il les adressa à des prêtres :

« Insensés que vous êtes ! Y a-t-il d'autres démons que
» les fanatiques qui tourmentent notre existence, et
» d'autres Dieux que les Rois qui la rendent heureuse...
» J'ai vécu en cette créance et en cette créance je veux
» mourir ».   *Garasse, doctr. cur.*

Cosmus Ruggieri obiit 1615 *; cùm anteà professus esset se, non alios diabolos quàm inimicos quos quisque habeat, nec alium Deum quàm principes qui beneficia in alios conferre possent, credere.*

Il y eut beaucoup d'Athées du temps de Ruggieri.

Il mourut à Paris en 1615 ; et comme il avait déclaré hautement qu'il mourait Athée, son corps fut traîné à la voirie.

N. B. Heureux d'en être quitte pour une persécution posthume !

S.

SACRIFICATEURS (les) étaient Athées.

.... Les mystères dont les sacrificateurs Égyptiens couvraient tout, n'étaient que pour tromper le peuple, et je soupçonne beaucoup que le secret de tout cela ne fut qu'un pur athéisme.

                    Leclerc, Bibl. chr. tom. VII, p. **123.**

SADEUR, (J.) auteur d'un voyage imaginaire à la *Terre Australe*, dit que la grande religion de ce pays est de ne point parler de religion.

N. B. Dieu n'existe encore parmi nous que parce que nous en parlons encore.

SADOC, Docteur Hébreu, fondateur de l'école des Saducéens : il croyait et enseignait qu'il fallait pratiquer la vertu pour elle-même, pour elle seule, sans attendre un loyer du ciel.

Béni soit le docteur Sadoc.

SADUCÉENS. (les) Arnobe nous apprend qu'on attribuait à cette secte de donner à Dieu un corps organique. Donc ils étaient spinosistes. Ils disaient encore que pour faire des actions de justice, on n'a pas besoin du concours de Dieu. *Condillac.*

N. B. Et c'est ce qu'on ne saurait trop répéter.

A qui Jésus donna-t-il le nom de race de vipères ? Fut-ce aux Payens, aux Ésseniens, à ces Saducéens qui niaient l'immortalité de l'ame et même l'existence de Dieu ? Non : ce fut aux prêtres Juifs. *Helvétius, de l'Homme.*

Les Saducéens qui niaient l'immortalité de l'ame, recevaient chez les Juifs le titre de *Justes par excellence.*

De l'Esprit, t. II.

Leurs mœurs étaient fort sévères. *Joseph, l'Hist.*

Pour prouver que nous ne devons pas agir dans la vue des récompenses, ils assurèrent qu'il n'y en a pas après cette vie. *Condillac.*

Leur secte subsiste encore en Afrique et en divers autres lieux. *Exam. des Relig., p. 80.*

SAGES *de la Grèce.* (les) Ils ne s'exprimaient que d'une manière énigmatique, jamais d'une manière directe et naturelle. *Pausanias, Voyag. en Arcadie.*

N. B. Comme les autres, les Sages de la Grèce avaient peur des prêtres et des magistrats. Cette peur a retardé la science et la philosophie de bien des siècles. Aujourd'hui même, assure-t-on, la vérité n'ose pas encore tout dire.

SAINT-ESPRIT, (la plupart des Chrétiens adorateurs du) ignorent probablement qu'ils sont redevables de leur divinité à *l'Ame du monde* de Platon. Clément, Eusèbe et Justin en conviennent. Les religions modernes ne sont que renouvellées des Grecs.

SAINT-ÉVREMOND, (Ch. St.-Denis) philosophe Bas-Normand.

Nous sommes plus inquiétés que persuadés de la religion qui ne tombe point sous l'évidence des sens.

La dévotion n'est souvent qu'une vapeur de rate.

On brûle un homme assez malheureux pour ne pas croire en Dieu ; et cependant on demande publiquement dans les écoles, s'il y en a.

Les Athées les plus déterminés font semblant de respecter les Dieux, de peur de s'attirer l'horreur des peuples et le châtiment des lois.

Saint-Évremond, âgé de quatre-vingt-dix ans, mourut à Londres et y reçut les honneurs de la sépulture à Westminster.

Bien des gens l'ont représenté comme un esprit fort, mais il garda soigneusement ce qu'on appelle le *décorum*.

Sa prose respire en certains endroits la profondeur d'un philosophe, dit Deleyre. On lui attribue un livre peu religieux intitulé : *Élémens de la religion*. (1)

SAINT-FLOSCEL, philosophe Français, mort à Londres, avant la révolution. Il y composait un *Journal des princes*, ouvrage politique.

(1) St.-Évremond avait adopté les principes d'Epicure, et il les professa toute sa vie. A sa mort, arrivée en 1703, on lui demandait s'il voulait se *réconcilier* avec Dieu ; je voudrais, répondit-il, me réconcilier avec l'appétit. *Édit.*

Qu'est-ce que Dieu ? « C'est une opération de notre esprit.... » répondait ce savant dont les travaux littéraires sont restés pour la plupart manuscrits.

Il était l'ami de Fréville, philosophe économiste.

SAINT-GLAIN. (N. de) Ce philosophe de Limoges, en lisant Spinosa, de zélé protestant, devint Athée opiniâtre, et fut le traducteur de son maître,

N. B. Ces sortes de conversions n'étaient pas rares. Le théologien se trouvait fort embarassé dans ses censures. Il n'osait multiplier les citations de ses adversaires, dans la crainte de fournir lui-même des armes contre lui. Comme on ne pouvait se procurer que difficilement les ouvrages philosophiques, on allait en copier les passages les plus hardis, les plus forts, dans les censures de la Sorbonne.

SAINT-KILDA (les Insulaires de) croient à la fatalité, c'est-à-dire, à une destinée inévitable ; en y regardant de bien près, on trouvera que c'est le dogme le plus universellement reçu chez tous les peuples et dans tous les temps ; des nations entières le professent encore aujourd'hui.

Rien ne prouve mieux combien les opinions spéculatives, en général , ont peu d'influence sur la conduite des hommes.   *L'abbé Arnaud, Gaz. litt. t. VIII. 1766.*

N. B. Rien ne prouve mieux aussi combien le peuple est inconséquent. Il se rapproche à chaque instant de l'Athée, et ne cesse de le voir de mauvais œil.

SAINT-LIGNIARE , (Guillaume) Curé de Frèsne-sur-Berny, frère d'un laboureur du pays ; dragon dans sa jeunesse, puis professeur au collège de Montaigu : il avait obtenu une pension de 250 livres sur l'abbaye, dont on lui donna le nom pour le distinguer. Il fut enfermé dans un monastère, pour faire pénitence, comme auteur d'un traité manuscrit, sur les *trois imposteurs*. On lui rendit la liberté en 1733.

SAINT-PAVIN, le digne compagnon de Desbarreaux et Bardouville ; tous trois élèves de Théophile.

C'était un épicurien de doctrine et de mœurs. Il poussait la liberté de l'esprit jusques sur les matières les plus respectables. Boileau mettait sa conversion au nombre des choses impossibles. Ce fameux satyrique, dans une *épigramme* de six vers, représente

> Saint-Pavin assis dans sa chaise
> Médisant du ciel à son aise.
> . . . . etc.

Il persévéra dans sa philosophie jusques à sa mort ; et il vécut longues années.

Il est mort ici depuis peu de jours un grand serviteur de Dieu, nommé M. de St-Pavin, grand camarade de Desbarreaux, qui est un autre fort illustre israëlite, *si credere fas est.* (1)   *Guy Patin, Lett.* 11 *Avril* 1670.

SAINT-PIERRE. (Ch. Ir. Castel de) Les ouvrages de cet homme de bien, qu'un très-mauvais homme (le C. Dubois) a qualifiés de rêves, sont parsemés, dit-on, de réflexions trop hardies ; c'eût été bien pis, si le bon abbé de Saint-

---

(1) Malgré ses principes peu religieux, St.-Pavin n'en fut pas moins un homme de bien, si l'on en juge par l'épitaphe suivante qui fut faite pour lui :

> Sous ce tombeau, gît Saint-Pavin ;
> Donne des larmes à sa fin.
> Tu fus de ses amis peut-être ?
> Pleure sur ton sort et le sien.
> Tu n'en fus pas ? pleure le tien,
> Passant, d'avoir manqué d'en être.

Il mourut en 1670.   *Édit.*

Pierre n'eût constamment préféré le maintien de la paix au triomphe de la vérité. (1)

L'abbé de Saint-Pierre disait : La dévotion est la petite vérole de l'ame ; tous les esprits faibles en restent marqués.

SAIS. L'une des principales villes de l'ancienne et sage Égypte.

...... Dieu est la force vive que renferme en lui l'univers.....

Cette force étant celle du monde lui-même, le monde fut regardé comme Dieu, ou comme cause suprême et universelle de tous les effets qu'il produit. Voilà le grand Dieu, le premier ou plutôt l'unique Dieu, qui s'est manifesté à l'homme à travers le voile de la matière qu'il anime, et qui forme l'immense corps de la divinité. Tel est le sens de la sublime inscription du temple de Sais.

> *Je suis tout ce qui a été,*
> *Tout ce qui est,*
> *Tout ce qui sera.*

Dupuis, *Orig. des Cultes.*

N. B. On s'apperçoit bien que Moyse fut un élève de l'école Égyptienne, quand il fait dire à son Dieu : *Sum qui sum.*

SALADIN, Sultan. Lessing, poète Allemand, dans son drame *Nathan le sage*, joué à Berlin, 1783, fait dire à Saladin

» Moi, pauvre ? Quand ai-je eu davantage ? Quand
» ai-je eu moins ? Un habit, un glaive, un cheval et un
« Dieu. »   *Scèn. II. Act. II*

N. B. Nous avons rapporté ce trait et plusieurs autres du même

_____

(1) L'abbé de Saint-Pierre croyait à une autre vie. Interrogé, quelques jours avant sa mort, comment il regardait ce passage dans ce monde, il répondit : « comme un voyage à la campagne. » *Éd.*

genre, pour montrer combien peu l'idée d'un Dieu en impose à l'esprit humain. L'homme se familiarise tellement avec cette fiction, d'abord si redoutable, qu'il finit par placer sa divinité au niveau de tout autre objet : *un cheval......* *un Dieu.....* Cette façon cavalière de parler de l'être suprême, prouve que tout ce qui est pris hors de la nature, n'a point de consistance, et doit perdre tôt ou tard toute considération.

SALAIGNAC , (Marie Marguerite Pasquet ,) née Villeneuve , de Paris : cette moderne Cornélie est mère et nourrice de cinq enfans qu'elle a élevés et élève dans les principes de la pure morale , dégagée absolument de tout préjugé religieux.

SALLUSTE , (Sec.) philosophe Gaulois. Il parle de la nécessité des mouvemens contraires, pour établir l'équilibre de la Nature. Il accorde au monde une action génératrice... par conséquent il se passe d'un Dieu, pour donner l'existence à l'univers et présider à sa conservation.

V. Opusc. mythol., Ch. VII.

Ce philosophe compte parmi les moyens imaginés pour contenir les hommes , les cérémonies religieuses.

Chap. XII.

Salluste mérita l'estime de l'Empereur Julien l'Apostat, ou plutôt le philosophe.

SALOMON , * dit le *Sage* ; on devrait dire l'*Épicurien.*
In Atheorum album relatus est. Hist. atheism., p. 33.

C'est-à-dire : Salomon doit être inscrit sur l'album des Athées.

Pour la preuve nous renvoyons à l'*Ecclésiaste.*

L'ame de l'homme est mortelle.

Liv. de la Sagesse , Ch. II.

Vir acutus hallensibus observationibus singularem inseruit diatribam , in quâ contendit Jobum *et* Salomonem *meros fuisse scepticos, atque totius ecclesiastæ Salomonei proram puppimque nihil esse aliud, quàm quod nihil scitur.*

J. A. Fabritius, *Codex Pseud. vet. test.*, 1059.

C'est-à-dire : On a publié une dissertation critique dans laquelle on soutient que Job et Salomon étaient de véritables Sceptiques, ne croyant autre chose, sinon que l'homme ne sait rien.....

SALVERTE, * (Eusèbe) né à Paris. Voyez son *Essai sur ce qu'on doit croire*, 1793.

SALVIATUS, (Bernh.) condamné à Rome, 1719, à une réclusion perpétuelle, comme Athée.

SAMOTHRACE. (la) Les grands Dieux, désignés sous le nom de Cabires, dans les mystères épicléidiques célébrés dans cette île, étaient le ciel et la terre.

Terra et cœlum, ut Samothracum initia docent, sunt Dei magni. M. T. Varro, *Ling. Lat.*, *IV.*

N. B. La doctrine secrète des mystères, dans l'antiquité, commune aux prêtres, aux initiés et aux philosophes, était le matérialisme pur.

SAMSCRIT. (l'Auteur du) C'est le nom d'un livre des saintes écritures de l'Inde. On y démontre que Dieu et la Nature ne font qu'un et ont toujours été ; on y dit que Dieu a les deux sexes.

On y lit ce passage d'une prière à Dieu :

Tout ce qui a été, c'est Toi. Tout ce qui est, c'est Toi. Tout ce qui sera, c'est encore Toi.

N. B. Voilà bien le spinosisme : le spinosisme est la religion universelle. *Voyez Holwell.*

SANCHEZ, (François) médecin Portugais, à Toulouse.

C'était un grand pyrrhoniste : le pyrrhonisme est le commencement de la sagesse, s'il n'est la sagesse elle-même.

Le pyrrhonisme s'accorde mal avec la croyance en Dieu.

Voyez le traité latin de Sanchez, intitulé : *Quod nihil scitur*, et imprimé plusieurs fois.

Sanchez était philosophe, et avait beaucoup d'esprit.

Patin.

SANCHONIATON. Il est aisé de voir que sa cosmogonie, qui est celle des Phéniciens, mène à l'athéisme.

Eusèbe, sur le fragm. de Sanchoniaton.

La cosmogonie de Sanchoniaton cache sous le voile de l'allégorie les grands secrets de la Nature, que l'on enseignait aux initiés.   *Dupuis, Orig. des Cult.*

SANS-DIEU. (l'Auteur du livre : Culte et lois d'une société d'hommes) L'an 1er. de la raison. (1)

Voici le préliminaire de ce code : Un grand scandale a lieu depuis un temps immémorial. Un mensonge politique, vieux de quelques mille années, rend illusoire la perfectibilité de l'espèce humaine. Il n'existe encore aucune institution, spécialement destinée à combattre et détruire la *Croyance en Dieu,* de tous les préjugés celui qui fait le plus de mal ; l'urgence d'une telle institution est reconnue tacitement par les bons esprits.... etc.

SAOUNDERSON. (l'aveugle) Si vous voulez que je croie en Dieu, il faut que vous me le fassiez toucher.

Diderot, Lett. sur les Aveugles.

N. B. Il ne faut point être aveugle, pour avoir le droit d'exiger pareille clause avant de croire. Est-ce pour répondre à ce défi que les prêtres distribuent leur Dieu à table d'hôtes ? Certes ! Dieu existe, car on le mange.

Nous manquons de termes pour exprimer l'impudence sacerdotale d'une part, la crédule stupidité humaine de l'autre.

Il ne s'agit plus de cela, nous diront les déistes ou théistes ; il y a longtemps déjà que la philosophie en a fait justice. Nous le

---

(1) Sylvain Maréchal.   *Édit.*

savons ; mais nous sommes autorisés à dire, avec Saounderson, aux théistes ainsi qu'aux catholiques : si vous voulez qu'on croie en Dieu, faites qu'on puisse le toucher. Le philosophe aime à voir, à palper, et ne se contente pas d'abstractions, sublimes si l'on veut, mais sans corps et sans base. Les catholiques ont pris au mot le philosophe, en lui proposant d'être *Théophage*.

SAURIN, (Jos.) mathématicien, ministre du saint Évangile et membre de l'Académie des Sciences. C'est lui que regarde ce couplet, l'un de ceux qui firent tant de bruit, et sur l'auteur desquels la critique est encore incertaine entre Saurin lui-même et J. B. Rousseau. Se traiter soi-même de cette manière, dit Chauffepié, serait un des plus étranges phénomènes de la nature.

> . . . . . . Je le vois ce perfide cœur,
> Qu'aucune religion ne touche,
> Rire au-dedans, d'un ris moqueur,
> D'un Dieu qu'il confesse de bouche.
> C'est par lui que s'est égaré
> L'impie, au visage effaré,
> Condamné par nous à la roue,
> Boindin, Athée déclaré,
> Que l'hypocrite désavoue. . . . . . .

Saurin se joua de Bossuet, qui crut avoir converti un ministre, et qui ne fit que servir à la petite fortune d'un philosophe. *Voltaire, Hist. gen.*

SAURIN, (B. Jos.) fils du géomètre, poète Français, membre de l'Académie Française, et l'ami de Montesquieu, Helvétius, Voltaire.

« Sachant allier à l'énergie la circonspection et la » mesure, il n'a jamais rien outré, rien exagéré, même la culture de la philosophie. » *Le D. de Nivernois.*

C'est-à-dire pour parler sans détour, Saurin fut de la

secte des *prudens*. Il s'éleva au-dessus des   préjugés, mais jamais contre eux.

SAY. * (Jean-Bapt.) Membre du Tribunat.

Lisez dans son ouvrage intitulé *Olbie*, in-8., Paris, an VIII, toute la note C. page 82 et suivantes.

SCÆVOLA. *Scævola, ut refert Augustinus* (IV. Civit. Dei, IX.) *dicere consueverat : Expedit in relligione civitates falli, hinc tritum circumfertur adagium : Mundus vult decipi, decipiatur ergo.*   Amphit. Vanini.

C'est-à-dire : En fait de religion, il importe de faire prendre le change aux citoyens. D'où le proverbe : le monde veut être trompé ; eh bien! qu'il le soit.

N. B. Ce proverbe est faux. Le peuple est crédule, faute de lumière ; mais il n'aime pas qu'on le trompe. Qu'on porte devant lui le fanal de la vérité, il marchera gaîment à sa lueur : malheureusement, on spécule sur sa crédulité ; plus clairvoyant, on n'en ferait pas tout ce qu'on voudrait.

SCANDALE. (hommes de) On désigne ainsi les Athées; c'est le cas de rapporter cette belle maxime de St.-Augustin : *Si de veritate scandalum, utilius permittitur nasci scandalum quàm veritas relinquatur.*

C'est-à-dire : la vérité devient-elle un sujet de scandale; que le scandale naisse, et que la vérité soit dite !

SCARRON, (P.) poète de Paris.

Souvent il ne croyait pas en Dieu; mais un prêtre lui disait la messe tous les dimanches.
                    Labaumelle, Mém. de Maintenon.

SCEPTIQUES. Quand on demandait à un philosophe de cette école: *Qu'est-ce que Dieu?* Il répondait: *Je ne sais ; je ne le comprends pas.*

*Dieu et le monde ne font-ils qu'un? — Cela peut être ;
il se peut faire. Il me semble que cela pourrait être ainsi.*

Pour en parler sainement, il est bien difficile de ne pas
estimer la modeste suspension d'esprit des sceptiques.

Lamothe Levayer, Vertu des pay. page 272, in 4°

SCHOLASTIQUES (les) ont un axiome, qu'il ne faut
pas qu'un philosophe ait recours à Dieu : *non est philosophi
recurrere ad Deum.* Ils appellent ce recours, l'asile de
l'ignorance.

Dieu est le pont aux ânes; qu'on nous permette cette
expression proverbiale et populaire !

SCOTIEN, Cordelier, fut détenu prisonnier à Lisbonne
pour ses impiétés.

Il regardait comme autant d'impostures chacune des
religions du monde, et croyait que l'homme honnête peut
se passer de tout cela.

SCOTISTES. (les) Il y a beaucoup de conformité entre
les *Scotistes* et Spinosa, entre Aristote et Spinosa, entre
Diogène d'Apollonie et Spinosa, a dit quelqu'un.

Le spinosisme n'est qu'une extension du dogme des
disciples de Scot.

SECTES. Les Anciens ont eu parmi eux des sectes
entières qui niaient absolument l'existence de la divinité.

D'Argens, Phil. du Bon Sens, t. II.

SÉNAT. Le Sénat de Rome était réellement une
assemblée d'*Athées*, du temps de Cicéron.

Voltaire, Dictionn.

Les vainqueurs et les législateurs de l'univers connu,
formaient visiblement une société d'hommes qui étaient de
véritables Athées. *Idem.*

39

. N. B. Les modernes, je pense, ne sont guère plus religieux que les anciens ; mais je crois ceux-ci moins hypocrites.

SENDOSIVISTES. (les) Philosophes Japonais, qui sont proprement sans religion. Ils ne connaissent point de Dieux et n'ont aucunes cérémonies religieuses : s'ils se prêtent au culte public, c'est par esprit d'obéissance aux lois.... Leur unique principe est qu'il faut pratiquer la vertu.

Ce sont les vrais principes de la morale de *Confucius*, et de son disciple Japonais *Moosi*.   Diderot.

SÉNÈQUE, * *le philosophe*, déclare que quand il n'y aurait point de dieu vengeur du crime, il ne voudrait pas s'y livrer, parce que rien n'est, par sa nature, plus vil, plus lâche et plus infâme.

La mort finit toutes nos peines : au-delà il ne nous reste rien à souffrir : elle nous rend à cette profonde tranquillité, dans laquelle nous étions mollement étendus avant que nous vissions le jour.   *Consol. ad Marc., Ch. XIX.*

Sénèque n'était pas trop assuré de la spiritualité de l'ame.
                    Helvétius, de l'Esprit.

Dans son livre contre les superstitions, il dit stoïquement qu'il ne peut souffrir Platon, qui se figurait un Dieu sans corps.

Sénèque était fataliste dans toute la force du terme.
                    V. Epistolæ, 19, 71, 101.

Nihil natura est sine Deo, nec Deus sine naturâ, sed idem est uterque.

C'est-à-dire : La Nature n'est rien sans Dieu. Dieu n'est rien sans la Nature. Nature et Dieu ne font qu'un.

Vis Deum Natura vocare? Non peccabis, non falleris; ipse enim est totum quod vides. Quæst. 11, 45.

C'est-à-dire : Voulez-vous appeler Dieu, la Nature? Il n'y a pas de mal à cela, ni d'erreur. Dieu en effet est tout ce que nous voyons.

Deorum crimen Sylla tam felix. C'est-à-dire :

Le bonheur de Sylla fait le crime des Dieux

Est aliquid quo sapiens antecedat Deum; ille naturæ benifico, non suo sapiens est.

C'est-à-dire : le sage est au-dessus de Dieu, en cela que la sagesse de Dieu n'est pas son ouvrage, mais celui de la Nature.

En quoi consiste la liberté du sage ? A ne craindre ni les hommes ni les Dieux. *Lett. 75. de Sénèque.*

SÉNÈQUE, * *le poète tragique.*

Post mortem nihil est, ipsaque mors nihil. Troad : Act. II.
C'est-à-dire :

Rien n'est après la mort ; elle même n'est rien.

Mors individua est noxia corpori
Nec parcens animæ.......

C'est-à-dire :

A l'ame ainsi qu'au corps le trépas est commun.

SERES. (les) *Apud Seras, lex est quâ cædes, scortatio, furtum et simulachorum cultus omnis perhibetur; quare in amplissimâ regione, non templum videas, non meretricem..*

C'est-à-dire : chez les Seres, la loi défend le meurtre, la fornication, le vol et toute espèce de culte religieux ; de sorte que dans cette vaste region, on ne voit ni temple, ni adultère, ni filles de joie.... etc.

Preuve que les lois suffisent pour contenir les hommes.
Helvétius, de l'Esprit, disc. II.

N. B. Et c'est ce qu'il faut redire, sans se lasser, en ajoutant :
La loi suffit ; mais son action est paralysée quand on la met en concurrence avec celle d'un Dieu. Il en résulte une cacophonie politique, source des plus grands maux. Il y a plus ; au lieu de dire *Dieu et la loi* (comme il en est encore question) nous devrions dire, *Dieu ou la loi.* Ces deux puissances ne peuvent aller bien ensemble. On obéit mal à deux maîtres à la fois.

SERAIL,.... La doctrine contagieuse de l'athéisme s'est insinuée jusques dans le Serail, dans l'appartement des femmes et des eunuques ; elle s'est aussi introduite chez les Bachas, et s'est répandue sur toute la cour. C'était du règne du Sultan Amurat.   *Voy. Ricaut.*

SERVET, (Michel) médecin, brûlé vif à Genève, en 1553, âgé de quarante-quatre ans, pour avoir traité d'Athées ceux qui mettent l'essence divine dans trois personnes réellement distinctes....

Servet disait encore que l'ame est une partie de la substance de Dieu.

Guillaume Postel attribue à Servet *le traité des trois imposteurs.*

SERVIUS. Ce savant commentateur de Virgile, dit que le grand Tout ou l'univers est composé de cinq choses ; savoir : des quatre élémens et de Dieu ou l'ame du monde.

SÉVIGNÉ (Madame de) disait qu'elle aimait Dieu comme un très-galant homme que l'on n'a jamais connu.

Je ne suis ni à Dieu, ni au Diable : entre nous je trouve cet état le plus naturel.   Lettre 59.

Mon père disait qu'il aimait Dieu, quand il était bien aise ; il me semble que je suis sa fille.   Lettre 455.

SEXTUS *Empiricus*, philosophe sceptique et médecin. On ne sait de quelle religion il était, disent quelques biographes ; c'est dire en d'autres termes qu'il n'avait aucune religion.

Il fut l'un des instituteurs d'Antonin le philosophe.

SHAFTESBURY, (A. A. C.) Chancelier d'Angleterre, sous Charles II, mort en Hollande.

La nature lui avait donné un esprit vaste.... Il fut

ami sincère.... Il portait l'athéisme dans la religion et le pyrrhonisme dans l'histoire.

Raynal, Hist. du Parlem. d'Angl.

Pendant son ministère, il ne fit que des décrets modérés et équitables. S'il pouvait y avoir un Athée véritable, ce serait un Freret, ou un Shaftesbury.

Delisle de Salle. Philos. de nat.

SHAFTESBURY, (A. A. C.) philosophe Anglais, petit fils du Chancelier de ce nom. Il fit le voyage de Hollande pour voir Bayle et les autres philosophes qui pensaient comme lui. Il mourut à Naples, en 1713.

C'était un sage, accusé aussi d'avoir porté trop loin la liberté de penser. On trouve dans ses livres des choses bien vues et fortement pensées. Mais ses réflexions sont quelquefois trop hardies, et quelques-unes dangereuses. C'est ainsi que s'explique la tourbe des biographes.

La pensée *qu'il n'y a point de Dieu*, n'a jamais fait trembler personne.   *Lettre sur l'Enthous.*

On a beau nous assurer qu'un homme est plein de religion ; si nous avons à traiter avec lui, nous nous informons encore de son caractère. M. *** *a de la religion,* dites-vous ; mais *a-t-il de la probité.* Si vous m'eussiez fait entendre d'abord qu'il était honnête homme, je ne me serais jamais avisé de demander s'il était religieux.

Recherch. sur la vertu. Initio.

Craindre un Dieu, ce n'est pas avoir pour cela de la conscience.   *Idem.*

Il ne paraît pas que l'athéisme ait aucune influence diamétralement contraire à la pureté du sentiment naturel de la droiture et de l'injustice.   *Idem. p. 2, par. 11.*

Pour être convaincu qu'il y a du profit à être vertueux, il n'est pas nécessaire de croire en Dieu.

Recherch. sur la vertu, III. 3.

Beaucoup d'honnêtes gens auraient l'esprit plus tranquille , s'ils étaient assurés qu'ils n'ont qu'un aveugle destin pour guide : ils tremblent plus en songeant qu'il y a un Dieu, que s'ils croyaient qu'il n'en existe pas.

Lettr. sur l'Enthous.

SHASTERS. (l'Auteur des) Ces différens passages, réunis à plusieurs autres des Schasters ou *fragmens des livres sacrés,* publiés par Howel et Dow, démontrent le matérialisme des Indiens.

L'Ezour-Védam, aux ecclaircis. tom. II , vers la fin.

SHELDON , (Gilbert) Archevêque de Cantorbéry, ne regardait la religion que comme un mystère d'État.

D'ailleurs, il était homme de bien, et en fit beaucoup ; car il mourut très-tard.

SHERLOCK. (Martin) Ici (en Italie) vous ne verrez qu'une superstition aveugle , ou des Athées avoués.

Voyag. Anglais , Nouv. lett. 1780, VI vol. in-8.

SHERLOK. (Thom.) Le mot infini confond nos idées sur Dieu. Ce mot n'est qu'une négation, qui signifie ce qui n'a point de nature positive , et partant rien du tout.

Défense de la trinité.

Donc un Dieu *infini* n'est rien du tout, de l'aveu même des théologiens et des Évêques.

SIAMOIS. L'abbé de Choisi assure que les Siamois croient que le monde s'est fait de lui-même.

Bien éloignés de reconnaître un Dieu créateur, je crois qu'on peut assurer que les Siamois n'ont nulle idée d'aucun Dieu. *Laloubère , tom 1. Voyag. p. 395.*

Les Siamois croient en Dieu : par ce mot , ils entendent un être parfait composé d'esprit et de corps.

Selon la religion Siamoise, les hommes peuvent devenir Dieux.   *Tuchard, Voyage.*

Donc les Siamois admettent le spinosisme, et la métempsycose qui n'est encore que le spinosisme.

SIDNEY, (Algeron) Anglais, ne reconnut aucune religion, et ne professa d'autre culte que celui de la liberté dont il fut l'apôtre ardent et le martyr généreux.

Ecce vir.

SILLERY, (Fr.) Évêque de Soissons.

Spinosa n'a pas laissé de trouver des sectateurs. *Voyez* son *Approbation du nouvel athéisme renversé.*

SIMO, médecin, né à Lucques, et persécuté en Pologne, pour ses opinions. Il n'était d'aucune secte. Dans un écrit publié à Cracovie sous le titre de *Simonis summa relligio,* *in-4°.* 1588, ce philosophe est peint comme un homme constamment Athée.

Credo in tria : cœlum, terram et cœli formam.

In cœlum, patrem, creatorem omnium ; in terram, rerum omnium matrem, atque autricem ; in cœli formam, omnia sentientem et intelligentem.... Jam Deus figmentum est.

Ex libro, cui titulus : *Simonis religio. Cracoviæ,* 1588.

C'est-à-dire : Je crois en trois articles : au ciel, à la terre et à la forme du ciel. Je crois le ciel créateur et père de toutes choses ; la terre mère et nourrice de toutes choses ; la forme du ciel, ou l'intelligence réciproque de toutes choses..... Quant à Dieu, je le regarde comme le produit de l'imagination.

SIMON, (maître) de Tournay, traitait d'imposteurs Moyse, Jésus et Mahomet. Mathieu Paris raconte de lui une autre impiété qui consistait à dire que l'homme n'a besoin d'aucune religion.

N. B. Au lieu de perdre le temps à discuter la préséance de la religion naturelle sur les révélées, il vaudrait bien mieux, ce semble, s'occuper à démontrer la parfaite inutilité des unes et des autres.

SIMON, (Édouard Thomas) né à Troyes, en 1740, homme de lettres.

Épitaphe.

J'ai vécu; j'ai passé les beaux jours de ma vie
Sans croire à l'existence au-delà du trépas.
Malgré moi je finis et ne sais où je vas.
Je perds tout souvenir : fais de même et m'oublie.
Adieu postérité! je ne te connais pas.

SIMONIDE, poète et philosophe Grec. Après avoir demandé trois jours pour répondre à la question : *ce que c'est que Dieu?* Il répondit enfin : « Plus j'examine cette » question, plus elle me semble obscure. »

Cicéron, sous la personne du pontife Cotta, déclare qu'en pareil cas, il ferait la même réponse.

Tertullien à la place de Simonide eût défini Dieu : une substance corporelle, sujette aux passions. Simonide n'osa dire que Dieu fut un pur esprit, car il ne concevait rien que sous l'idée de l'étendue.

SIMPLICIUS, philosophe péripatéticien.

Les premiers qui donnèrent le nom de *Dieu*, le donnèrent aux astres, à cause de la rapidité de leurs mouvemens. Car le mot dont le nom de Dieu est dérivé, signifie courir et se mouvoir avec rapidité.

N. B. Le mot *Téos* vient de *Téin*, courir.   *Dacier.*

SINA. (Ebn) Voyez Avicenne.

SIRSA. (Schemnel) Ce Rabbin soutint en public l'éternité de la matière.

Il cessa de vivre sur un bûcher.

SIUDOSU, philosophes Japonnais, sans religion aucune, disant que la plus grande perfection et le souverain bien consistent dans le plaisir que l'esprit trouve à mener une vie sage. *Ces gens-là* ne reconnaissent de récompenses et de châtimens que les temporels et ceux seulement qui sont la suite nécessaire de la pratique de la vertu ou de celle du vice. Ils croient une ame du monde, receptacle commun, semblable à la mer qui reçoit toutes les rivières. Ils confondent cet esprit universel avec l'être suprême sous le nom de *Ten*, ciel, ou Nature.

Ils croient le monde éternel. *Kaempfer.*

N. B. Sans faire le voyage du Japon, nous connaissons en France et il se trouve en Europe, beaucoup de bons esprits qui professent ce symbole.

SLEIDAN. (J.) Les théologiens ont toujours été en possession de faire la guerre aux gens doctes ; et la raison en est qu'ils voient leurs âneries découvertes et méprisées.

Livre V.

Il n'y eut jamais homme de bien et de savoir qui n'ait été tourmenté d'eux. *Idem.*

N. B. Je me défie d'une opinion qui porte ceux qui la professent à se fâcher contre celui qui n'est pas de leur avis. L'arithmétique n'a point allumé de bûchers, comme la théologie : tenons-nous en à l'arithmétique.

SOCIÉTÉS *littéraires*. On a vu des Athées prononcés, dans quelques Sociétés littéraires, moins faites pour en recéler que l'assemblée de la Convention.

Mercier, Nouv. Paris, CCXXXIX, vol. 6.

SOCIN. (Fauste) *Homini naturaliter ejusque animo insitam esse divinitatis alicujus opinionem... Hæc sententia, nos falsam arbitramur.*

Prælect. theol., t. I, Ch. 2, p. 537, col. 2.

C'est-à-dire : On a dit que l'homme naissait avec une

notion de la divinité, empreinte dans son ame..... Nous regardons cette opinion comme fausse.

Un Athée peut plaire à Dieu, en vivant justement.

Dissert. hist. de la Croze, *t. I*, *p.* 150.

SOCINIENS. Il y a eu des Sociniens qui sont devenus spinosistes, à cause des difficultés qu'ils ont trouvées dans l'hypothèse d'un principe matériel, existant par lui-même et distinct de Dieu.

Tous les philosophes anciens s'accordent en ce point que la matière du monde était improduite. L'éternité de la matière entraîne après soi la destruction de la Providence divine. *Bayle, Dictionn.*

En refusant de croire ce qui leur paraît opposé aux lumières philosophiques, les Sociniens fraient le chemin au pyrrhonisme, à l'athéisme.....

SOCRATE, * philosophe Athénien.

Græcorum facilè sapientissimus, necessitatem rerum omnium actionumque statuit, quam nulla vis rumpat.

Pat. fid. d'Arpe, *Theatrum fati.*

Socrate, le plus sage des Grecs, établissant le destin à qui aucune force ne résiste, n'est certainement pas un déiste.

Le sage, tôt ou tard, a la faiblesse de sacrifier aux préjugés des sots. Socrate sacrifie, en mourant, à Esculape, pour se disculper du soupçon d'athéisme, et Buffon meurt dans les bras d'un capucin. *Dupuis, Orig. des Cultes.*

Socrate n'était pas entièrement persuadé d'une autre vie. *Biblioth. chois. par Leclerc*, 1706, *X*, *p.* 194.

Aristophane donne le nom d'Athée à Socrate, parce qu'il avait été disciple d'Aristagoras, philosophe sans Dieu.

Socrate s'écriait au milieu des rues et dans les places publiques, que tout ce qui est au-dessus et loin de nous, ne sert à nous rendre ni meilleurs, ni plus heureux.

Journ. Étrang., Juin, 1761, *p.* 101.

N. B. Et le sage d'Athènes, sans se compromettre, amenait ses concitoyens à conclure eux-mêmes : donc, la religion ne sert à rien. Donc, il faut lui préférer la morale qui prescrit des devoirs fondés sur nos plus chers intérêts. etc.

Quoties de cœlestibus rogabatur, nota responsio est, quod suprà nos, nihil ad nos.　　　　Lactance, Div. instit.

C'est-à-dire : Socrate s'abstenait de religion, disant que ce qui est au-dessus de nous, ne nous regarde point.

P. *73, Folie d'Érasme,* 1757, N.

Les choses saintes ne sont point saintes à cause de Dieu, disait Socrate.

Voyez l'Eutyphron de Platon.

In rebus relligionem concernentibus, licitum esse mentiri docuit etiam Socrates.　　　Vanini, *de Repub. amphith.*

C'est-à-dire : Socrate lui-même a enseigné que le mensonge était permis en fait de religion.

N. B. Il est déplorable de voir les meilleurs esprits fléchir devant de misérables considérations politiques. Voici un sage par excellence, qui se piquait de ne posséder qu'une science, celle des mœurs ; voici Socrate qui permet le plus honteux de tous les vices, en faveur de la religion. On est tenté de ne voir dans cette proposition que l'une de ces ironies qui étaient si familières à Socrate et qu'il paya enfin de sa vie.

C'est comme s'il eût dit : « Il est permis aux prêtres de mentir. »

SOINTIBALL. Cet Athée déplorait la faiblesse de l'esprit humain, à la vue de plusieurs incrédules que l'âge ou la maladie force à se rétracter.

Voyez la *Satyre* contre les incrédules, par Béned. Menzini, Florentin.

SOIRÉES *du Père de famille,* (l'Auteur des) in-8°, 314 p.

Toutes les religions ne doivent-elles pas leur existence aux honneurs funèbres décernés jadis au chef de famille, dont les vertus, l'âge et le temps consacraient la mémoire.

CXXVI, p. 180.

L'intervention d'un être céleste dans les affaires de ce bas monde, leur a fait beaucoup de tort.... etc. *CCLI.*

Il fallait peut-être une religion et une politique aux premiers membres d'un État naissant, aux premiers habitans d'une ville nouvelle; mais il ne faut plus aux hommes qui ont cessé d'être enfans, qu'une bonne morale appuyée sur nos devoirs et sur nos droits réciproques d'homme à homme ou tout au plus de famille à famille.
CCLIV.

SOLCIA. (Jeannin de) Ce Chanoine de Bergame, docteur en droit civil et canon, fut condamné le 14 Décembre 1459, par un décret papal de Pie II, comme impie, qui avait osé soutenir que le genre humain est toujours le jouet de quelques imposteurs religieux et politiques.

N. B. Ce Chanoine a bien des complices, même encore aujourd'hui.

SOLDATS. Le Général d'une armée Anglaise courrait risque d'être fort mal obéi, si les soldats n'avaient pas plus de respect pour lui que pour la divinité.
Le docteur Swift.

On remarque dans les pays étrangers qu'il n'y a pas dans tout l'univers une race de créatures raisonnables qui paraisse aussi peu susceptible de sentimens religieux que nos soldats Anglais.   *Idem.*

N. B. Ce qui prouve du moins que l'idée d'un Dieu n'est pas très-nécessaire à la discipline militaire. Ce n'est pas le nom de Dieu qui a mené nos phalanges républicaines à tant de victoires.

SOLEIL. Les payens reprochèrent à la secte chrétienne de consacrer un culte au soleil.
Solem credunt Deum nostrum. Tertull. apol. XVI.
Le savant Dupuis, dans son *Origine des Cultes*, a prouvé que ce reproche n'est pas sans fondement.

N. B. On pourrait dire que le Soleil est le père de la Divinité. Sans lui on n'aurait peut-être jamais imaginé un Dieu.

SOPHIÉ-BRETIN, née de 1750 à 1760, et directrice d'une manufacture à Orléans : Athée d'opinion seulement, et n'en pratiquant pas tout-à-fait les principes austères, dans sa conduite envers sa famille.

Voyez un *Mémoire* publié à Paris en Janvier 1800, par Legrand de la Leu, jurisconsulte connu et correspondant de l'Institut.

SOPHRONIUS. Ce patriarche de Jérusalem avance que les ames ne sont point immortelles et incorruptibles.

SORANUS. (Quintus Valerius) Deux vers qui nous restent de ce poète Latin du VIIe siècle de Rome, témoignent qu'il enseignait que Dieu est la cause imminente de toutes choses. Cette opinion ne diffère point du spinosisme.

Jupiter omnipotens, regum Rex, ipse Deusque
Progenitor, genitrixque Deûm, Deus unus et omnis.

IMITATION.

Tout puissant Jupiter! Dieu des Dieux! Roi des Rois !
Toi seul es tout, père et mère à la fois.

Contemporain de Jules César, Soranus fut mis à mort pour avoir divulgué des choses qu'il était défendu de dire. Il ne reconnaissait d'autre Dieu que le monde, ou l'assemblage de tous les êtres.

SORANUS. Ce vieux médecin, cité par S. Augustin dit que la Nature est mâle et femelle ; il en fait un hermaphrodite, dans l'opinion où il est qu'elle et Dieu ne sont qu'un.

SORBONNISTES. Un philosophe moderne qui avait fait autrefois sa licence à Paris, et qui regardait la Faculté de théologie comme une excellente école d'incrédulité, a dit : « Il n'y a guère de Sorbonnistes qui ne recèlent sous leur fourrure, ou le déisme, ou l'athéisme. »

N. B. Mais les fourbes n'avaient garde d'en convenir. Le mensonge les engraissait. Pour nous servir d'une expression de carrefour, « à être honnête homme et à dire la vérité il n'y a que de l'eau » à boire. »

SORBIÈRE, (Samuel) philosophe, d'après le proverbe, *dis moi qui tu hantes, je dirai qui tu es.*

Sorbière lié avec Hobbes et Gassendi professait leurs principes. (1)

SOUFYS. (Les) La grande ame du monde (espèce de spinosisme) est encore à présent la doctrine des Soufys et de la plupart des gens de lettres de la Perse; elle se trouve expliquée en vers Persiens très-relevés, dans leur *Goul-Tchen-Raz,* ou parterre des mystères.

Bernier, Mém. du Mogol.

SPAGNOLI, (Bapt.) surnommé le *Mantouan;* poète épicurien, ne croyant point à une autre vie.....

SPECTATEUR *Anglais.* (les Auteurs du)

On peut être en état de faire plus de bien et de se rendre plus utile au monde par la morale sans la foi, que par la foi sans la morale.

La règle pour la morale est beaucoup plus certaine que celle de la foi.

L'incrédulité n'est pas d'une nature si maligne que le vice. Un incrédule vertueux peut être sauvé. *Disc. VI, t. V.*

---

(1) Comme beaucoup de philosophes, Sorbière était peu favorisé de la fortune. Il écrivit un jour au Pape Clément IX, dont il était l'ami avant son exaltation, et dont il ne recevait que de faibles marques de générosité : « Saint-Père, vous envoyez des manchettes à celui qui n'a point de chemises. »   *Édit.*

La substance de Dieu est dans la substance de chaque être, soit matériel soit immatériel, et il s'y trouve présent d'une manière aussi intime que tout l'être l'est à lui-même.

Disc. V, tom. VI.

N. B. Nos moralistes Anglais étaient spinosistes, dans toute la force du terme ; malgré toute leur circonspection, la vérité perce.

SPEUSIPPE, neveu de Platon.

Marchant sur les traces de son oncle, ce philosophe admettait aussi une force animale, à laquelle il donnait le nom et les prérogatives de la divinité.

SPINOSA, (Baruch Benoit) philosophe d'Amsterdam, né d'un Juif. Athée de système, et d'une méthode toute nouvelle, quoique le fonds de sa doctrine lui fût commun avec plusieurs autres philosophes anciens et modernes, Européens et Orientaux. Il est le premier qui ait réduit en système l'athéisme, et qui en ait fait un corps de doctrine lié et tissu, selon la méthode des géomètres ; mais d'ailleurs son sentiment n'est pas nouveau. Il y a long-temps que l'on a cru que tout l'univers n'est qu'une substance, et que Dieu et le monde ne sont qu'un seul être.

Tout le monde convient que Spinosa avait des mœurs.

Encycl. et Bayle.

Il mourut à quarante-cinq ans, bien persuadé de son athéisme. Sa garde-malade le croyait un saint. Spinosa était doux et bon.   *La Mettrie, l'Homme-Machine.*

B. Spinosa établit nettement et précisément comme son premier principe, que Dieu est la seule substance qu'il y ait dans l'univers, et que tous les autres êtres ne sont que modifications de cette substance.

Spinosa était un bon et franc Athée, un de ces hommes tranquilles dont l'étude était l'occupation habituelle, et le désir de s'instruire la passion dominante ; qui, jouissant dans le silence de la retraite, où il vivait par goût et par réflexion, de cette sérénité, de cette paix inaltérable de l'ame si favorable à la méditation, cherchait à se rendre compte de ses opinions, sans se mettre fort en peine du résultat de son examen, c'est-à-dire, sans être arrêté par cette crainte puérile de choquer les idées ou plutôt les préjugés les plus généralement reçus.

Naigeon, Encycl. Condillac.

Spinosa disait : j'avoue que ne trouvant rien d'immatériel ou d'incorporel dans la Bible, il n'y a nul inconvénient de croire que Dieu soit un corps, et d'autant plus que Dieu étant *grand*, ainsi que parle le Roi Prophête, *Pseaume 48, V. I*, il est impossible de comprendre une grandeur sans étendue et qui par conséquent ne soit point un corps.

Voyez la Vie de Spinosa par Lucas, dans les Nouvelles littéraires, Amst., 1719, tom. X, pag. I, pag. 40.

L'Écriture sainte ne donne expressément aucune définition de Dieu. L'expérience ne nous enseigne point ce que c'est que Dieu. L'existence de Dieu n'est point évidente de soi.

L'idée que nous nous formons de Dieu, par les forces de l'entendement, qui considère la nature divine comme elle est en elle-même, et laquelle il est impossible que les hommes puissent imiter ni prendre pour modèle dans la conduite de leur vie, n'appartient nullement ni à la foi, ni à la religion, et par conséquent les hommes y peuvent errer sans péché. *Voyez Réflexions curieuses, ou Traité des cérémonies superst. des Juifs, 1678, in-12.*

La Nature n'apprend à personne que l'on soit tenu d'obéir à Dieu; la raison même n'en sait rien..... par conséquent nul n'y est obligé. *Eod. Loc.*

Spinosa était impie, si l'on veut; mais c'était un savant paisible et de bonnes mœurs. *Alm. des rép., p. 29.*

Le nouveau Dictionnaire historique le qualifie de *subtil incrédule*.

Spinosa était pythagoricien.

Vide inter opera posth., epist. 29.

> Vertueux Spinosa! le fer d'un assassin,
> Bien loin de ralentir ton généreux dessein,
> T'enflamma davantage; et ton ame agrandie,
> Se frayant une route encore plus hardie,
> D'une seule substance, alors tu fis l'aveu,
> Osas le démontrer, et l'univers fut Dieu.

Sylvain, Lucrèce Français.

SPIRITUALISTES. Le système des Spiritualistes est calqué tout entier sur celui des matérialistes; il est né après lui, il en a emprunté toutes les divisions, pour créer sa chimère d'un Dieu et d'un monde purement intellectuel.

Dupuis, Orig. des Cultes.

SQUARCIA-LUPI, (Marcel) auteur d'une diatribe contre le médecin Lucquois Simo, Athée : *Summa religio....* *in-4°.* 1588; mais le critique s'y montre tout autant impie.

STELLER, (George Guill.) de l'Académie de Pétersbourg.

Les habitans des îles Kuriles et du Kamschatka ne prononcent le mot *Kutchu* (c'est le nom de Dieu en ce pays-là) que pour le tourner en dérision; dans tous les accidens qui leur arrivent, ils ne manquent pas de le maudire et de le blasphêmer.

Hist. du Kamschatka, 1750.

STELLINI, (Jacob) religieux Somasque et professeur de morale dans l'université de Padoue.

C'est sur les lumières de la raison et non sur les usages ou sur la législation (religieuse et politique) des peuples, qu'on doit juger de la morale.   *Dissertationes,* 1764.

N. B. Nous sommes bien dédommagés de nos pénibles recherches, quand nous surprenons de tels aveux dans les œuvres de gens qu'on ne soupçonnait pas avoir pu conserver leur bon sens sous la robe qu'ils portaient. Un moine Italien penser ainsi, et oser l'imprimer ! Certes ! d'après cela, on ne doit plus désespérer de l'esprit humain.

STENDARDI, (Carlo) Patrice Florentin et Siennois, poète Italien, auteur d'hymnes (Inni, Livourne, 1763) composés à l'imitation de ceux d'Orphée, et dans le système de ce chantre du naturalisme.

Il faut lire surtout *l'Hymne à la Nature.*

Dans des *Notes,* Stendardi s'empresse pour ne choquer personne de prévenir que par *Nature,* il entend l'intelligence divine appliquée à tous les êtres.

N. B. On sait le cas qu'il faut faire de ces déclarations orthodoxes que les écrivains, jaloux de vivre et amis du repos, se hâtaient de faire, quand ils avaient le malheur d'habiter un pays d'inquisition ou de censure. Que de beaux et de bons ouvrages sont entachés de ces sortes de *satisfactions,* tristes fruits de la crainte !

STILPON, philosophe Grec. Bion lui ayant demandé dans une place publique s'il était vrai qu'il y eût des Dieux : « Imprudent ! lui répondit-il, écarte la foule, et « tu auras de moi une réponse ».

Cratès lui demandant un jour si les Dieux prenaient plaisir aux prières et aux adorations des hommes, Stilpon répondit : « Demande-moi cela quand nous serons seuls ».

Stilpon avait corrigé par l'étude de la philosophie ses mauvaises inclinations. La crainte des Dieux ne lui avait pas rendu ce bon office; car on le compte parmi les Athées.   *Bayle.*

STOICIENS.*(les) Selon Plutarque, au livre des *Opinions des Philosophes,* les Stoïciens soutenaient qu'il n'y avait qu'un monde, auquel ils donnaient le nom de Tout; ils lui attribuaient une substance corporelle; or, comme par-delà tout, on ne saurait plus rien admettre, on est forcé de convenir que cette secte, toute épurée et sublime qu'elle était, confondait Dieu et la matière....

Poinsinet, not. sur l'Hist. nat. de Pline, liv. II, chap. 1

Les Stoïciens, secte la plus féconde en vertus, n'avaient à-peu-près d'autre Dieu que celui de Spinosa.

Le Bergamasque ou l'hom. bon. La Haye, 1791.

Commune ipsi (Epicuro) peccatum fuit cum philosophis cœteris... Adeo ut.... Neque ullus futurus sit quem non accenseas atheis, quod suo quisque modo peccârit.... Stoïcos prœ aliis citarem, propter Posidonium, Balbum, Epictetum...

C'est - à - dire : tous les philosophes, et nommément les Stoïciens, doivent être impliqués dans l'accusation d'athéisme, ni plus ni moins que les épicuriens.....

Gassendi, Physica, sect 6 liv. 1. *IV.* 2.

Les Stoïciens enseignaient que Dieu n'est rien autre chose que l'ame du monde, lequel ils considéraient comme son corps, et tous les Dieux ensemble comme un animal parfait.   *Lamothe Levayer, Vertus des Pay. p.* 275, *in-4°*

Ce qui parait certain, c'est que les Stoïciens regardaient ces questions (sur Dieu et sur l'ame) comme indifférentes pour la conduite des mœurs.

Maupertuis, Essais de philos. morale.

J'embrasse la secte rigide (celle des Stoïciens) qui, en adoptant les cérémonies religieuses, ne les regarde que comme des frivolités consolantes pour une ame malade.

Sénèque, quœst. nat. 11. 35.

Le dogme de l'ame du monde qui a été si commun parmi les Anciens et qui fesait la partie principale du système des *Stoïques*, est dans le fond celui de Spinosa.

STRATON, * (le Péripatéticien) représentait Dieu comme un corps sans ame.

Strato, peripateticus, fecit Deum sine animo.   Seneca.

STRATON, de Lampsaque, élève de Théophraste, surnommé le physicien.

Il ne se sert point du secours des Dieux pour la formation du monde.

Il niait aussi bien que Démocrite, que le monde eût été fait par une divinité.

Il enseigne que tout ce qui est, ou tout ce qui se fait, se fait ou a été fait par des poids et des mouvemens naturels. *Cicéron.*

Straton prétendait que le monde n'était point l'ouvrage des Dieux, mais celui de la Nature.... *Diderot.*

Cudworth l'appelle le chef de l'athéisme hylozoïch.

Straton croyait que la Nature par elle-même fesait tout. Il ne reconnaissait d'autre Dieu que la Nature. Selon ce fameux matérialiste, l'être (ou la substance unique) a en lui-même le principe de la division de toutes choses existantes, que produisent ses modifications. *Barthez.*

Ses opinions impies n'empêchèrent point qu'on ne lui confiât l'éducation de Ptolémée Philadelphe. Ce prince combla son maître de bienfaits.

STROZZI, (Pierre) *Seigneur Italien, Maréchal de France, tué au siège de Thionville, en 1558, dans sa cinquantième année.*

Il confessait souvent (à ce que j'ai entendu de ceux qui lui ont été familiers) qu'il désirerait croire en Dieu, mais qu'il ne pouvait.

Henri Estienne, Apol. pour Hérodote, XIV, p. 177, t. I.

Frappé à mort d'un coup de mousquetade, Strozzi répondit à M. de Guise qui le voulait administrer : « Je » regnie Dieu. Ma feste est finie..... Mort-Dieu! Je serai » où sont les autres qui sont morts depuis six mille ans. »

A ceste dernière parole, il expira; qui estait un testament assez commun à ceux de sa nation Florentine.

Le Maréchal de Vieilleville traite Strozzi d'athéiste.

STROZZI. Ce Colonel-Général de l'Infanterie Française, en 1569, avait infiniment plus de vertu morale que de religion. *Bayle.*

C'était un homme de la plus haute valeur et libéral; il aimait les sciences et était savant lui-même. Ecclésiastique dans sa première jeunesse, il vécut et mourut en bon Athée.

SUÉDOIS, (les) (antérieurs à la législation religieuse d'Odin.) méprisaient tout excepté la vertu...... Ils ne reconnaissaient d'autres lois que celles de la Nature.....
A. A. Stiermnan, Chevalier.....
Tal om de larda wettenskapers tilstand I Swea..... etc.
Disc. sur l'État des Scienc. en Suède.

La Nation Suédoise ne professait qu'un culte de reconnaissance à la mémoire de ses fondateurs, qu'elle appelait ses Dieux.

N. B. Le premier Dieu fut un père adoré,

Ou bien :

D'une mère adorée, on fit la Providence.

SUISSES. Dans les cantons Suisses, des théologiens s'échauffaient en disputant...... Le Conseil Souverain, craignant une sédition, trancha la difficulté en fesant publier un décret : il fut défendu à tous et un chacun de parler de Dieu, ni en bien, ni en mal.

N. B. Cette bonhomie philosophique, qui fait sourire le sage, ne réussirait pas chez une grande nation à moitié éclairée et tout-à-fait corrompue.

SUMATRA. Le moraliste, le philosophe verra combien est fausse l'opinion de ceux qui prétendent qu'il ne peut exister un peuple d'Athées : dans son voyage, M. Marsden (*the History of Sumatra*) affirme, avec toute la candeur possible, que les habitans de Sumatra n'ont ni culte ni idée de la divinité ; ils n'ont pas même de mots pour la peindre ; et ce qui étonnera davantage , c'est que les Indigènes ont été quelquefois mêlés avec les Mahométans.

Brissot , Journ. du Lycée de Londres, V. I. n° 1, 1784.

SUPHI , Roi d'Égypte , contemporain d'Abraham. *Contemptor Dei fuit.*

SWIECICKI. (le Père) Ce théologien prétend qu'il y a un principe d'honnêteté et de moralité , indépendant de toute volonté divine.

V. De Jure naturæ et gentium. Romæ , 1763.

N. B. Presque tous les théologues ont laissé échapper des aveux qui tuent leur Dieu.

SWIFT. (Jonathan) Le Rabelais de l'Angleterre. (1)
La religion est le spléen de l'ame.
Nous avons justement autant de religion qu'il nous en faut pour nous haïr les uns les autres.

SYDNEY et WORTHON. L'auteur de cette histoire Anglaise qui vient de paraître , M. de S..., a pris pour épigraphe la proposition suivante :
« Si la divinité dirige les événemens , elle n'est pas
» toujours juste. »

SYLVAIN M....... (2) (P.) le *Lucrèce Français,*

_____

(1) Swift , Doyen de la cathédrale de Dublin , auteur du conte du *Tonneau ,* plaisanterie anti-religieuse , mourut fou.   *Édit.*

(2) Sylvain Maréchal , auteur de ce Dictionnaire. Cet *article* est une espèce d'apologie de l'auteur , rédigée par lui-même , mais avec une modération , un calme , qu'on n'avait pas droit d'exiger , qu'on ne pouvait pas attendre d'un homme qui avait été l'objet de tant de persécutions. Cela prouve au moins en faveur de son caractère.
          Édit.

fragmens d'un poëme, nouvelle édition, avec cette épigraphe :

> L'homme a dit : fesons Dieu; qu'il soit à notre image;
> Dieu fut; et l'ouvrier adora son ouvrage.

Ces *fragmens* parurent en 1781, pour la première fois ; Brissot en fut l'éditeur.

Extrait d'une notice biographique sur P. Sylvain, rédigée par lui-même et imprimée en 1792, dans les chefs-d'œuvres de poésies philosophiques du XVIII. siècle.

Sylvain naquit à Paris, au milieu du XVIII siècle. A l'âge de vingt ans, la nature s'était à peine expliquée sur ce qu'elle voulait faire de lui ; mais du moment qu'elle le voua à la philosophie, il se livra tout entier à sa vocation et ne fut pas longtemps sans s'appercevoir que la société civile n'était pas, à beaucoup près, ce qu'elle devait être. Après plusieurs expériences à ses frais, il crut devoir vivre comme il eût vécu dans un monde meilleur. Il s'abandonna sans réserve à ses idées toutes puisées dans la Nature.... Il sonda la profondeur des préjugés religieux et politiques, avec une hardiesse et une franchise qui furent qualifiées autrement. Entr'autres ouvrages, il en résulta quelques vers philosophiques, bruts et sans apprêts comme sa personne, mais écrits avec une conviction qui lui fit trouver grâce aux yeux des honnêtes gens les plus prévenus contre sa manière de voir. On eut l'air de le persécuter ; mais la droiture de sa conduite désarma ou fit taire ses ennemis. Comment en vouloir longtemps à un homme disant la vérité seulement par besoin de la dire ? Ses fragmens d'un poème sur Dieu (ou *le nouveau Lucrèce*) révoltèrent bien des lecteurs. Les gens de goût y trouvèrent à reprendre ; les philosophes timorés dirent qu'il était trop tôt pour écrire ainsi. Les prêtres grincèrent des dents : les publicistes sourirent à l'audace impuissante du poète qui en demeura là ; il n'avait pas écrit pour faire du bruit.

Un autre, peut-être, eût tiré parti de sa position : lui, il resta toujours à sa place ; et sans aller sur le grand chemin mendier un peu de réputation, il se maintint libre au milieu de la foule des esclaves, et s'avança constamment vers son but, en passant à travers les circonstances, sans prendre la teinture d'aucune ; [fidèle à ces vers, dans lesquels il donna sa profession de foi morale et politique.

> Des hommes éclatans ne sois point idolâtre ;
> Sur la scène du monde, heureux, qui spectateur,
> Personnage muet, dans un coin du théâtre,
> Vivrait sans être vu, mourrait sans être acteur !
>
> Des querelles des Rois ne te mets pas en peine,
> Aux esclaves oisifs laisse ce passe-temps ;
> Mets l'ordre en ta maison, cultive ton domaine,
> Et demeure étranger aux grands événemens.]
>
> À l'écart et sans bruit, marche seul avec toi :
> [Du peuple et de ses chefs évite l'accointance :
> Garde entre ces écueils une égale distance ;]
> Loin du peuple et des chefs le sage se tient coi.

En conséquence de ces maximes plus conformes à son caractère qu'à l'esprit du jour, retenu par ses devoirs domestiques, il erre dans Paris comme Robinson dans son île ; interrogeant les choses, ne se trouvant sur le chemin de personne, [et toujours préoccupé de sa chimère, c'est-à-dire, de son projet de rappeler ses frères à un genre de vie plus naturel, et de les ramener à cet instinct moral qui peut seul les rendre heureux, et les conserver tels.] (1)

_____

(1) Tout ce qui se trouve entre les [ ] n'existe point dans la première édition.   *Édit.*

Voici son épitaphe :

> Cy repose un paisible Athée :
> Il marcha toujours droit, sans regarder les cieux.
> Que sa tombe soit respectée !
> L'ami de la vertu fut l'ennemi des Dieux.

SYNÈSIUS , Évêque de Ptolémaïde , et platonicien, disait: le peuple veut absolument qu'on le trompe; l'on ne peut en agir autrement avec le peuple, puisqu'il est peuple.... Je ne serai philosophe que pour moi-même , et je serai toujours prêtre avec le peuple.

Dupuis, Orig. des Cultes.

Ce même Évêque donnait un corps à l'ame. Voyez *de insomniis*. S'il eût été conséquent , il devait en donner un aussi à Dieu.

Ce philosophe Évêque, initié aux mystères de l'Égypte et de la Grèce, s'exprime ainsi dans son traité de la Providence :

« L'univers est un tout résultant de l'assemblage de plusieurs parties qui se soutiennent par leur accord, et dont les unes font la fonction de causes actives , les autres de causes passives. »

SYRBIUS. (Jch. Jac.) *De origine atheismi , dissertatio.*

SYSTÈME *de la Nature*. (l'Auteur du) L'Athéisme n'est point fait pour le vulgaire..... L'Athéisme suppose de la réflexion , de l'étude , des connaissances , une longue chaîne d'expériences , l'habitude de contempler la Nature.... etc.

L'Athéisme est le seul système qui puisse conduire l'homme à la liberté , au bonheur, à la vertu. Rien ne sera capable de l'arrêter.   *Syst. de la Nat., sec. partie.* (1)

_____

(1) Le Baron d'Holbach. Voir *ce nom*, pour cet ouvrage ainsi que pour le *Système social*.   Édit.

SYSTÈME SOCIAL. (l'Auteur du) ...... La Religion, loin de mettre un frein aux passions des Princes, ne fit que leur lâcher la bride.....

Rien ne fut plus désavantageux à la morale humaine, que de la combiner avec la morale divine.

Rien de plus indifférent pour une nation que la manière dont un homme peut penser sur la Religion ; il suffit qu'il se conduise en honnête homme et en bon citoyen.

Tom. I, ch. III.

T.

TABLEAU *des Saints.* (l'Auteur du)

L'homme qui n'a point d'idée de Dieu, ou qui va même jusqu'à nier son existence, ne peut au moins s'empêcher d'avoir l'idée des hommes, de sa propre nature.....

Ainsi, même sans idée de Dieu, l'Athée qui aura réfléchi sur lui-même et sur la nature des choses, pourra se faire un système de conduite plus sensé et plus honnête que celui des dévots......

Un tel Athée aura des principes plus sûrs et une conduite plus honnête que ces saints personnages dont.....

Tout homme raisonnable quelles que soient ses opinions métaphysiques sur Dieu....... ne peut douter des lois invariables auxquelles la nature des choses attache sa conservation...... *Tom. II, p. 215, in-12.*

TACITE, * (C. C.) l'Historien. Non seulement il était ennemi de la véritable religion, mais on voit en divers endroits qu'il n'en avait point du tout.

Tillemont, Hist. des Emp., tom. 2.

Tacite, philosophe profond et si peu religieux....

L'a. Arnaud, Gaz. litt., VIII, 1766, in-8°.

On lit dans ses *Annales :*

« Plus je considère les choses, et plus je doute si les
» affaires du monde sont gouvernées par une Providence et
» par une loi inviolable, ou si elles roulent à l'aventure
» selon les caprices du sort et de la fortune. »

VI liv. trad. par d'Ablancourt.

TALAPOINS, (les) religieux de Siam, ont la plus
grande vénération pour tous les élémens, et pour toutes les
parties du corps sacré de la Nature.

Dupuis, Abr. de l'Orig. des Cultes, p. 25.

TAPROBAINS, (les) anciens insulaires de Ceylan, ou
selon d'autres de Sumatra.

Il y avait parmi eux une société de philosophes
matérialistes, rendant un culte à la Nature sous le nom de
Vénus.

Le reste de l'île ne reconnaissait d'autres divinités que
les corps célestes.

V. *Denis le Périégète* et ses *Scholiastes.*

TARENNE. (G.)

....

Si de notre raison nous fesons quelque usage,
Nous connaîtrons que *Dieu* fut au commencement
Dans un seul tout, esprit, *matière* et mouvement.

....

Voilà le seul vrai Dieu, source de tous les êtres;
Voilà la Trinité qu'adoraient nos ancêtres.

Page 8 *d'un poème sur Dieu et sur la trinité
de la Nature, Paris, an VIII.*

TASCHER. En 1731, dans la société de feu Court de
Gébelin, auteur *du Monde primitif,* le président Tascher,
qui avait beaucoup voyagé, parlait d'une peuplade d'Athées
qu'il avait rencontrée en Afrique.

Les hommes de lettres qui fréquentaient Gébelin, doivent se rappeler cette anecdote qui fit assez de bruit dans le temps.

N. B. Dans les voyages du major Hutington et de Mungo-Parck dans l'intérieur de l'Afrique, il y a des détails sur ces peuplades d'Athées.

TATIEN, né en Syrie, assure que l'ame est non seulement corporelle, mais même mortelle.

Orat. ad Græc. C. XXI.

N. B. Or, ceux qui ne croient pas à la spiritualité de l'ame, s'ils sont conséquens ne peuvent admettre la spiritualité de *l'être suprême*, comme on dit.

TAURELLUS. (Nicolas) Les théologiens d'Heidelberg, accusèrent d'athéisme Taurellus, médecin et philosophe de Montbeliard, au XVI. siècle.

Theologi Heidelbergenses Nic. Taurellum philosophum non ignobilem, dixerunt Atheum medicum.

Gisbert, Voëtius, Disput. Select.

Ce Voëtius lui-même qualifie d'Athée Taurellus, de compagnie avec David Gorlœus, philosophe du XVII siècle.

TEMPLIER. Dans son drame de *Nathan le Sage*, Lessing fait dire à un Templier philosophe : « La religion aussi » est une affaire de parti ». *Acte IV, Scène II.*

Et plus bas, *scène IV :* « Les préjugés dans lesquels » on éleva notre enfance, alors même que nous en » reconnaissons l'erreur, ne perdent point leur pouvoir » sur nous ».

N. B. Les prêtres le savent bien; c'est pourquoi on verrait à leur catéchisme l'enfant à la mamelle, si l'on voulait le leur confier; mais ils comptent beaucoup sur la nourrice. Les nourrices et les prêtres font encore aujourd'hui bien du mal à l'esprit humain.

TERTULLIEN. Pourquoi vous mettre en peine de chercher

une *loi divine* tandis que vous avez celle qui est commune au monde entier, et qui se trouve écrite sur les tables de la Nature.

N. B. Ne dirait-on pas entendre un philosophe.

Il n'est pas étonnant que Tertullien ait fait l'ame corporelle, puisqu'il donnait un corps à Dieu même.

Quoique Dieu, dit-il, soit un esprit, qui niera qu'il soit un corps ? Un Dieu qui n'aurait pas de substance ne serait rien.

Quis negabit Deum corpus esse ? Sine substantiâ nihil est.

N. B. Quel galimathias ! Comme tous ces docteurs sont embarrassés. Répétons-leur avec Boileau :

Ce que l'on conçoit bien, s'énonce clairement.

Art poët. Ch. II.

Tertullien dans un traité qu'il a composé exprès sur l'ame, prouve par de longs raisonnemens que cette substance est corporelle, et de même figure que le corps qu'elle habite....

L'ame et le corps ont été jetés au même moule, dit-il, *in resurrect.*

Tertullien, tout fanatique qu'il était, convient que la loi divine est inutile à la morale.   *De Coronâ mil.*

A qui Dieu est-il connu, sans le Christ ?

De Animâ, II.

N. B. D'un trait de plume, que d'Athées !

TESTAMENT. Chaque homme de lettres devrait laisser un testament de mort, où il exposerait naïvement et librement sa pensée, et demanderait pardon à son siècle de n'avoir avec lui qu'une sincérité posthume. Ce serait une porte secrète qu'ils ouvriraient à la vérité.

D'Alembert.

N-B. Le curé Meslier et quelques autres Athées avant lui, semblent avoir donné au philosophe Secrétaire perpétuel de l'Académie Française, l'idée de cet expédient ingénieux, mais pusillanime.

TETTIO. (Scipione)... *Neapolitanus doctissimus delatus quod de numine malè sentiret, remo mancipatus fuit....*

Vita sua, Thuanus.

C'est-à-dire : Muret lui apprit (à de Thou) le malheur de Scipion Tettio, de Naples, homme, à son gré, universel; mais qui accusé d'athéisme, avait été condamné aux galères où peut-être il était mort.   *Mém. de de Thou, liv. I.*

Benoit Ægius, l'éditeur d'Apollodore, en parle comme d'un très-honnête homme, *vir summæ doctrinæ et modestiæ et humanitatis incredibilis.*

Tettio ou Tetti eut beaucoup de part à l'estime des savans.

THALÈS étant à la cour de Crésus, ce prince lui demanda une explication nette et claire de la divinité; après plusieurs réponses vagues, le philosophe convint qu'il n'avait rien à dire de satisfesant.

Thalès définissait Dieu ce qui n'a ni commencement ni fin.

Selon lui, la matière était éternelle, était Dieu.

Thalès n'employa point l'action divine dans son système de production des choses.

Cudworth traite Thalès d'Athée.

Les maximes de Thalès sur la connaissance qu'ont les Dieux de nos plus secrètes pensées, etc. ne doivent pas faire plus d'illusions que le reste de sa doctrine. Le philosophe sortait quelquefois de ses méditations pour se rendre au devoir de citoyen.... Il inspirait aux autres la crainte des Dieux qui ne l'effrayaient guère.

L'abbé Cannaye, Mém. Acad. Inscript. tom. X.

Et Thalès et Pythagoras ont asservi Dieu à la nécessité.

Montaigne, Essais II. in-12.

Quoique Thalès, l'un des sept sages de la Grèce, eût donné dans un athéisme ouvert, il ne laissait pas d'avoir des mœurs simples et très-réglées.

Deslandes, Hist. de la Philos. tom. I. p. 323.

Plutarque nous dit que Dieu est l'ame du monde, suivant Thalès. Cette opinion a fait dire à Thalès que tout l'univers était plein de Dieux.

Le système des Anciens sur l'ame du monde est précisément le même que celui de Spinosa.

D'Argens, phil. du Bon Sens, tom. II.

THÉISME, (l'Auteur du) essai philosophique, Londres, 1773 , in-8°.

Il serait bon de savoir si le sauvage peut avoir quelque idée de la divinité. Il ne parait pas que sa raison puisse y parvenir, parce qu'il n'a encore aucun moyen de lier des abstractions.   *Tom. I. P. 26.*

Les Athées font de bonnes actions, sans motifs de religion ou d'intérêt parce qu'ils ont en eux-mêmes le sentiment du beau et du juste.   *P. 128.*

THÉISTES ou *Déistes.* Ces deux qualifications presque synonimes désignent ceux qui, déjà révoltés de l'absurdité et de l'immoralité de toutes les religions, mais n'osant passer tout de suite dans le camp des Athées, se retranchent à dire qu'il leur faut un Dieu pour faire le monde.

Ces bonnes gens, fort mal vus par les hommes religieux, inspirent quelque intérêt aux philosophes.

Pour peu que les Théistes ou Déistes aient de logique, ils ne tardent pas à devenir Athées ; ils sont sur le chemin.

THÉLÈME. Il se forma, il y a quelques années, en Angleterre, une société de philosophes qui ressuscita l'abbaye de Thélème. Leurs institutions rapprochaient et combinaient tous les systèmes, toutes les sectes.... C'était le *Panthéon* d'Épicure. On y consacrait à la Nature. La reproduction des êtres était le culte particulier de la société.

Les grands artistes, les savans et les hommes les plus illustres de l'Angleterre étaient dans cette société. Elle fut dissoute par un acte du parlement.

THÉMISTIUS assure qu'Aristote enseignait toute autre chose chez lui, que ce qui se voit dans les livres qu'il a donnés au public, ajoutant que c'est une espèce de folie de penser tirer de leur lecture ses véritables pensées, qu'il a toujours tenues les plus secrètes qu'il a pu.

N. B. Aristote dont toute la religion était l'étude de la Nature, craignait d'être persécuté par le peuple intolérant d'Athènes; ce que pourtant il ne put éviter.

C'est pour la même raison que peu d'écrivains ressemblent à leurs livres.

THÉOCRATES. La plupart des anciens législateurs et des hommes d'État gouvernaient les hommes au nom d'un Dieu, sans y croire.

THÉODORE, surnommé d'abord *l'Athée*, ensuite par antiphrase *le Dieu*.

Theodorus qui Atheus cognominatus est, dicebat nugas esse qui de Diis sermones habentur, nec eos esse.....

C'est-à-dire : Ce philosophe traitait de niaiseries tous les traités qui roulent sur Dieu, lequel n'existe pas.

THÉODORE *de Cyrène*, élève d'Aristippe. Il fut condamné à s'empoisonner, pour avoir enseigné que les Dieux étaient indifférens à la vertu.

THÉOGONISTES (les) Égyptiens terminaient leurs saints mystères par cette exclamation :

« O monde ! père et fils à la fois de toi-même. »

Tu tibi pater et filius; paroles consacrées, rapportées par Julius Firmicus.

THÉOLOGAL. Le médecin et le théologal croient rarement aux remèdes et à la religion. *Proverbe cité par St-Évremond.*

THÉOLOGIE *portative.* (l'Auteur de la) Londres, 1773, in-12.

Si les hommes s'avisaient un jour de songer sérieusement à la politique ou à la morale humaine, ils pourraient bien se passer de religion..... *Disc. prélim., p.* 17.

THÉOLOGIENS. (les) Les moralistes sont les bienfaiteurs du genre humain, les Théologiens en sont l'opprobre et le fléau. *L'an 2440, 1775, p.* 73.

N. B. Donc, il faut s'en tenir à la morale et laisser la théologie de côté : ayons des mœurs, qui n'ont jamais fait de mal; et n'ayons plus de Dieu à qui nous sommes redevables du fléau des Théologiens.

Leurs différends ont donné des peines infinies aux princes et aux magistrats. *D'Argens, lettre XVI.*

N. B. Qui dit Théologien entend un docteur querelleur, remuant, turbulent, intolérant, opiniâtre et colère, aimant à faire du bruit; se donnant de l'importance, en raison de la grandeur du fantôme dont il se porte le chevalier envers et contre tous. La théologie étant une science de mots, ceux qui la professent doivent parler haut et beaucoup; ils remplissent par des mots le vide des idées. De tels hommes sont de méchans voisins, perturbateurs du repos public : la race commence à se perdre en France, mais on dit qu'elle pullule encore beaucoup aujourd'hui en Allemagne.

Selon quelques Théologiens, les savans ont presque

toujours été hérétiques; les siècles les plus éclairés ont penché vers l'athéisme.   *Bacon , Organ.*

N. B. Sans sortir de France, depuis qu'on s'y occupe beaucoup de sciences exactes; depuis que dans l'étude de la physique on marche au seul flambeau de l'analyse et de l'expérience; depuis que les bonnes méthodes sont trouvées pour observer la Nature et ses phénomènes, on est devenu beaucoup moins crédule : le nombre des Athées suit constamment la progression du nombre des géomètres, des astronomes, des physiciens, des chimistes, en un mot de tout ce qu'il y a de savans véritables. Encore un siècle de cet excellent esprit, et l'on peut cautionner qu'en l'an 2000, on ne parlera plus de Dieu et des prêtres que comme nous parlons aujourd'hui de l'ogre et des loups-garoux.....

THÉOLOGIQUES (les livres) des Orientaux désignent Dieu sous l'image de la sphère universelle.

THÉOPHAGES. (les) *Mange-Dieu.*

Les déistes, de la secte des catholiques, n'ont pas bonne grâce de persécuter les philosophes partisans de Spinosa ou du matérialisme. Des gens qui, tous les matins, mangent leur Dieu, à la table de l'Eucharistie, certes ! ne sont rien moins que des spiritualistes.

Pour manger son Dieu, il faut bien croire un Dieu matériel. Pauvre espèce humaine ! que de folies il t'est passé par la tête !

THÉOPHILE, Évêque d'Antioche, parle de l'immortalité de l'ame d'une manière assez embrouillée.

      Ad autol., liv. II.

Il dit que l'ame a une étendue formelle, comme depuis peu l'a écrit Saint Hyacinthe.

      La Mettrie , Abrégé des Systèmes.

N. B. Peu de gens se sont entendus eux-mêmes sur cette matière, principalement ceux qui ont voulu introduire dans la nature de l'homme et des choses une spiritualité à laquelle nos sens répugnent. Toutes ces discussions touchant Dieu et l'âme, dégénèreut facilement en disputes de mots sur lesquels il serait bien temps de passer une bonne fois l'éponge.

THÉOPHILE. Nous avons des idées naturelles., qui souvent nous font agir avec autant de force, que si nous agissions par le motif de la crainte et de l'amour de Dieu.
Quatre Dial. at. à l'ab. Dangeau, Paris, 1684, *in*-12, 107.

THÉOPHILE *Viaud*, poète Francais.

> Une heure après ma mort, mon ame évanouie,
> Sera ce qu'elle était une heure avant ma vie.

Bayle, art. *Garasse*, Dictionn. raconte les persécutions qu'éprouva Théophile pour ses impiétés.

La plume de *Théophile*, le mal nommé, trempait dans l'athéisme. *Garasse.* (1)

C'était un poète épicurien et de bonne compagnie.

THÉOPHRASTE, élève de Platon et d'Aristote.

Peut-être un excès de philosophie, une saillie de la raison et un élan de la vertu héroïque a fait dire à

---

(1) C'est sur l'autorité du P. Garasse, que Maréchal place ici le poète Théophile, auteur du *Parnasse satyrique*, recueil de poésies assez rare aujourd'hui. Maréchal avait donc oublié que Garasse était Jésuite, et que Théophile auteur d'une satyre contre les Jésuites, commençant ainsi,

> Cette grande et noire machine,
> Dont le souple et vaste corps
> Étend ses bras jusqu'à la Chine etc.

Comptait pour ennemis tous les membres de cet ordre vindicatif ; ennemis qui le firent brûler en effigie, bannir en réalité, et enfin mourir de chagrin.

L'opinion de Garasse, aurait au moins dû être suspecte ; il était juge et partie. *Édit.*

Théophraste, que pour être sage, il ne fallait avoir aucune crainte des Dieux   *J. Durondel.*

THÉRAPEUTES ou *Esséniens*, chez les Juifs. Hommes sévères, qui, soumis aux lois, quant à l'extérieur, se consacraient au culte de la philosophie naturelle.

C'étaient tous gens riches, ou du moins aisés, soulageant les malades et les nécessiteux; très-versés dans la science de la Nature, ils regardaient la Nature, comme le principe et la fin de tous les êtres, *l'Alpha* et *l'Omega*.

THÉRÈSE *philosophe*. (L'Auteur de) Toutes les religions, sans en excepter aucune, sont l'ouvrage des hommes.

Page 85.

N. B. Pardon honorables lecteurs ! Mais cette citation nous met à même de prévenir qu'on a joué plus d'une fois le mauvais tour aux Athées, de jetter quelques-unes de leurs maximes dans des livres obscènes , afin de tâcher de rendre synonimes les qualifications contradictoires *d'impie* et de *libertin, d'hommes sans Dieu* et d'*hommes sans mœurs.* Ce manège atroce n'a que trop réussi, beaucoup de lecteurs superficiels s'y sont laissé prendre.

THEURGISTES. Espèce de Platoniciens qui croyaient que l'ame humaine est une émanation de l'ame divine du monde.

Ces philosophes avaient organisé un système sur cette opinion qui n'est autre chose qu'une sorte de spinosisme ascétique,

Voyez de *Theurgiâ et virtutibus Theurgicis.* Altorf. 1764 in-4°. L'auteur est Henri Jacques Ledermuller.

THOÏTES. Peuplade voisine de la Thrace et sans culte.

Porphyre, abstin. II.

THOMAS , (S.) d'Aquin raisonne ainsi :

Pour faire ensorte que les hommes eussent connaissance

indubitable et certaine de Dieu, il a fallu que les choses divines leur fussent enseignées comme articles de foi.

Huet, de la Faib. de l'esp. hum. p. 275. éd. de 1723.

N. B. Donc tous ceux qui ne croient point à la révélation, sont Athées, *ipso facto.*

THOMASIUS. (Jenkinus) *Historia atheismi.* Ce savant compte parmi les causes de l'athéisme, *sapientiæ naturalis tractatio.... et physiologia.*

A la bonne heure ! *Voyez* le dernier N. B. de l'art. *théologiens.*

THOMASSIN, né à Leipsic, en 1555. On lui reproche son penchant au septicisme, au *naturalisme*, et c'est avec juste raison.

Il disait : toutes les créatures sont en Dieu. Il n'y a point de créatures hors de Dieu.

N. B. Spinosa et Mallebranche ne pensaient pas autrement.

THOMASSIN, (Louis) prêtre de l'Oratoire.

.... *Bonum, sapientia, veritas, hæc omnia non aliud sunt quam Deus ipse* Théol. Dogmat.

C'est-à-dire : Dieu lui-même n'est autre chose que la sagesse, la vérité, tout ce qui est bon.

N. B. C'est à bon droit qu'Hardouin qualifie d'Athée l'auteur de ces paroles, qui ne nous offrent que des abstractions pour définir Dieu.

THORILLON, juge de paix, à Paris.

En vain la religion nous a-t-elle appris autant que les lois qui en dérivent, que nous devons fuir le mal pour courir au bien, que nous devons adorer Dieu,... un ascendant terrible semble nous maîtriser....

lois crim. in-8°. 1788, Init.

N. B. L'idée d'un Dieu n'est donc pas un frein assez fort pour nous maîtriser , puisqu'il cède à un ascendant plus terrible. Que de choses il y aurait à dire ! Nous aimons mieux nous en reposer sur la sagacité de nos lecteurs.

THRACES. (les) Plusieurs entre les Thraces niaient l'immortalité de l'ame.   *De l'ame et de son immort.*

TIBULLE. Ce poète des ames sensibles ne connut d'autre divinité que sa maîtresse.

Tous les poètes de l'antiquité, Homère, Hésiode, Pindare, Callimaque, Ovide, Juvénal, Horace , Tibulle, etc. ont foulé aux pieds les craintes de l'autre vie.

La Mettrie , Abrégé des Systèmes.

TIMÉE *de Locres.* Élève de Pythagore. Le monde comprend tout; il est animé et doué de raison; c'est ce qui a fait dire à beaucoup de philosophes que le monde était vivant et sage.

Honorables lecteurs ! Méditez son Traité *de l'Ame du monde.*

C'est ce même philosophe qui compare l'usage de la religion dans la politique et dans la morale, à celui du poison dans la médecine.

TIMES , (le) journal ministériel Anglais , s'efforce de montrer l'impossibilité de faire la paix avec la France... Et d'ailleurs, dit-il, que l'on considère le danger qu'il y aurait à livrer la morale publique à la contagion de l'athéisme.   **21.** *Décembre* 1799 , 30 *Frim. VIII.*

N. B. Puissante logique! Quoi! Ils en sont revenus là en Angleterre; sur cette terre pensante où l'on allait jadis se réfugier et faire de la philosophie , en toute liberté.

TIMOLÉON *et Phocion* (1)
Timoléon ne fut en rien inférieur à Phocion ; mais on

(1) Voir ce nom.

peut lui reprocher le même oubli de la divinité ; défaut commun à ce que le paganisme a produit de plus célèbre.

Hist. de la Phil. pay.

TINDAL, (Math.) philosophe Anglais. Il ne voulait d'autre religion que le culte de la Nature.

Alman. des rép. p. 46.

TINNAGELLI. (Arphaxad) En 1770, un jeune Français prêchait dans l'Arabie sous le nom d'Arphaxad Tinnagelli, et en qualité de disciple de J. J. Rousseau, en mission en Arabie. Il portait le costume Oriental et une barbe de prophète. Il a composé en Arabe plusieurs ouvrages, entr'autres un catéchisme appelé *Tinnagellique*, qui commence ainsi : Qu'est ce que Dieu? La vérité....

Pogonologie, ou hist. de la Barbe, 1786, *in-12, p.* 43.

TISSOT *de Patot*. Il y a tant d'années que je me promène dans les chemins vastes et éclairés de la géométrie, que je ne souffre qu'avec peine les sentiers étroits et ténébreux de la religion. Tout ce qui ne se démontre pas m'est suspect.... Je veux de l'évidence ou de la possibilité par-tout.

Lettre 67, tom. **1.**

TITANS, (les) espèce d'Athées de première origine.

C'étaient, dans la haute antiquité, des astronomes qui, placés sur le sommet des montagnes y entassaient pierres sur pierres, pour approcher le plus près possible de la voute céleste, afin d'y observer les révolutions planétaires. Les hommes-peuple, imbécilles dès-lors, comme ils le furent toujours depuis, qualifièrent d'impies et d'Athées, ces premiers savans qui dédaignaient les pratiques religieuses et se consacraient au culte, c'est-à-dire à l'étude, des astres.

TITE LIVE. *J. Tolandus asserit Livium totam relligionem pro nullâ habuisse, vel quod eodem redit, pro pulcherrimo politicorum commento, in magistratûm subsidium et sacerdotûm emolumentum subtiliter excogitato.*

C'est-à-dire : J. Toland avance que Tite-Live regardait la religion comme une belle fiction de la politique, adroitement imaginée pour la sureté des magistrats et l'intérêt des prêtres.

TOLAND, (Jean) philosophe Irlandais.

Il pose dans son *Pantheisticon* les fondemens de cette religion universelle qu'il appelle le *Panthéisme.*

La doctrine des *Panthéistes* que Toland y développe n'offre au fond que le spinosisme pur....

Il affirme que le mouvement est essentiel à la matière.

Lettre III.

Toland publia divers ouvrages sur la religion et la politique, dans lesquels l'impiété, l'athéisme même paraissent à découvert.

Plusieurs de ses livres furent brûlés.

Non tartareis rotis, saxis, anguibus, ignibus, fluviis deterretur atheus.   Adæsidæmon, p. 73.

En disant que l'Athée ne redoute point les tourmens de l'enfer, Toland aurait pu ajouter que l'athéisme a bien assez des persécutions qu'il éprouve encore aujourd'hui sur la terre.

J. Toland dans sa dissertation intitulée : *Clidophorus ou le Porte-clef,* se propose de prouver par de grands exemples, que les gens sages, dans tous les siècles, ont eu la prudence de taire ce qu'ils pensaient sur la religion......

S'il était un Dieu, et un Dieu qui s'intéressât au bonheur des humains, s'écriait Toland, sans doute il prendrait pitié de l'état de doute et d'ignorance où je suis. (1)

TOMBARD, de Langres, auteur dramatique, a dans son

(1) Toland mourut en disant : « Je vais dormir. »   *Édit.*

porte-feuille une comédie en cinq actes, en vers, intitulée : l'*Athée*.

Cette pièce, reçue depuis plusieurs années à l'un des premiers théâtres de Paris, n'a pas encore obtenu les honneurs de la représentation.

TONNERRE. Beaucoup de gens seraient Athées sans le Tonnerre..... La crainte fit les Dieux.....

TOPINO *Lebrun*, (François Jean-Baptiste) natif de Marseille, et auteur du tableau de *Caïus Gracchus*.

Cet artiste philosophe justifie la place qu'il occupe dans notre répertoire des hommes-sans-Dieu, par un nouveau tableau qu'il intitule : *la Fatalité*. C'est une allégorie composée dans un style aussi sévère que le sujet. Le peintre a voulu opposer à cette Providence absurde et chimérique des déistes, la divinité beaucoup plus réelle des matérialistes, la Nature elle-même, soumise à ses propres lois, dont rien ne peut ralentir ou suspendre le cours.

TOUT. (Dieu) L'unité d'action et la correspondance de toutes les parties vers un centre commun de mouvement et de vie, qui entretient son harmonie et qui en produit l'accord, a conduit les hommes qui regardaient ce grand *Tout* comme un Dieu, à admettre l'unité de Dieu, ou du *Tout* regardé comme Dieu. *Dupuis, Orig. des Cultes.*

TRASSARD......

TRÉCHAUD, médecin, et employé à l'une des bibliothèques publiques de Paris, (Mazarine ou des Quatre Nations) vécut et mourut Athée, mais il garda pour lui son opinion; ses mœurs y répondaient; elles étaient innocentes et paisibles.

Sa mort précéda la révolution Française.

TRACY *de la Boissière*, né à Vendôme ; Athée très-prononcé au sein de ses amis ; il en a les mœurs doucés et intègres.

Quatrain sur le mot Dieu.

Amis ! il ne faut plus qu'un mot nous en impose,
Quand surtout il causa tant d'abus , tant de maux :
Idolâtrer un nom , quand on n'a pas la chose,
Cela peut s'appeler le délire des sots.

Selon ce philosophe et homme de lettres sans prétention, Pascal était controversiste par habitude et Athée par sentiment.

TRENCHARD, * (J.) philosophe Anglais, né en **1669**, mort en **1723**.

L'un des hommes , dit Gordon , les plus illustres , les plus habiles et les plus utiles , qu'aucun pays ait eu le bonheur de produire. Antoine Collins lui attribue *l'Histoire naturelle de la Superstition*, 1709. On y prouve que la morale est la seule religion nécessaire à l'homme.

Il avait les sentimens hardis en matière de religion.

Nouv. Dict. hist., in-8°.

TRIBONIEN, jurisconsulte célèbre. *Voyez* le Digeste.

Les Christolâtres ont voulu calomnier ses mœurs et flétrir sa mémoire parce que, forcé par les circonstances de se dire de leur secte , il conserva toujours *in petto* les principes matérialistes des Anciens.

N. B. Pareille chance est arrivée à plusieurs hommes recommandables.

TRINITAIRES. Le premier qui parla de la Trinité parmi les Occidentaux fut Timée , de Locres , dans son *Ame du monde.*   Voltaire.

N. B. Et Timée n'était rien moins qu'ascétique.

TRISMÉGISTE. (le) *Thaut* ou *Hermès*, l'un des plus anciens matérialistes connus.

TROIS IMPOSTEURS.... (l'Auteur du Traité des)

La volonté de Dieu est l'asyle des ignorans.

Si l'on demande ce que c'est que *Dieu*, je réponds que ce mot nous représente l'être universel... Dieu, c'est-à-dire la Nature... ou si l'on veut l'assemblage de tous les êtres, de toutes les propriétés, et de toutes les énergies, est nécessairement la cause immanente et non distincte de ses effets....

La crainte qui a fait Dieu, a fait aussi la religion.

Ce traité *des Trois Imposteurs* est un système d'athéisme démontré.

En 1771, Voltaire adressa une épître à l'auteur du livre *des Trois Imposteurs;* on y remarque beaucoup plus de poésie que de logique. (1)

TROUBADOURS, (les) poètes Provençaux. Ils servaient ordinairement leurs belles avec autant et plus de ferveur que leur Dieu.   *Disc. prél. de leur hist.*

---

(1) Peut-être Maréchal n'y trouve-t-il point de logique parce qu'elle commence ainsi :

> Insipide écrivain, qui crois à tes lecteurs
> Crayonner les portraits de tes Trois Imposteurs,
> D'où vient que sans esprit tu fais le quatrième ?
> Pourquoi, pauvre ennemi de l'essence suprême,
> Confonds-tu Mahomet avec le créateur,
> Et les œuvres de l'homme avec Dieu son auteur ?.....
> Corrige le valet, mais respecte le maître.
> Dieu ne doit point pâtir des sottises du prêtre.
> Reconnaissons ce Dieu, quoique très-mal servi.

Ce langage est-il donc dépourvu de logique ?   *Édit.*

N. B. Dans les chansons et autres ouvrages de ces poètes, on rencontre fréquemment des impiétés qui semblent toutes naturelles. La *créature* leur fait renier, sans beaucoup de peine, *le créateur,* pour nous servir des expressions consacrées : épicuriens et matérialistes, quand ils ne sont pas superstitieux jusques à la barbarie, les Troubadours, dans le fait, ne reconnaissaient d'autre Dieu, ne professaient d'autre culte que l'amour. Leur belle, avant tout, par-dessus tout, exclusivement à tout.

Un amant est nécessairement Athée.

TRUBLET, (l'Abbé) de l'Académie Française, parent de Maupertuis et ami de Fontenelle.

S'il est des Athées de système, leur système est mieux lié que celui des déistes.   *Essais de litt. tom. II. p.* 405.

TURGOT, Le Contrôleur des finances.

La morale n'est corrompue que par son mélange avec la religion.   *Vie de Turgot, p.* 178, *in-*8. 1786.

La religion ne doit pas être plus l'objet des lois que la manière de s'habiller.   *Page* 260.

L'auteur de cette *vie* déclare nettement que Turgot n'avait ni religion, ni la croyance de l'immortalité de l'ame.

TURC (un Poète) a dit : Dieu est lui-même l'intérieur et l'extérieur de tout; tout est en lui.

N. B. Ce poète est spinosiste.

TURQUIE. Les Athées ont formé une secte nombreuse en Turquie, qui est composée pour la plupart de Cadis et de personnes savantes dans les livres Arabes. *Ricaut.*

TYRANS. J'estime les plus fâcheux de tous les tyrans, ceux qui le sont par la grâce de Dieu.   *Anonyme.*

«... Socrate mourut pour la cause de l'existence de « Dieu ; et c'est avec l'athéisme que les monstres de **1793** « nous inondèrent de sang. »

Ce sont là des faits imposans, mais ils ne sont pas vrais. Socrate fut accusé d'athéisme ; mais la véritable cause de sa mort fut la haine qu'on avait pour les trente tyrans d'Athènes....

Pour ce qui est des *tyrans* de Paris, ils voulurent détruire la religion chrétienne, à cause des prêtres ; mais ils n'étaient pas assez forts en physique ni en raisonnement pour avoir une opinion sur l'athéisme.

> *J. Lalande, lett. du 14 Pluviose an VIII,*
> *dans le journ. du Bien-Informé.*

N. B. Certes! Chaumette, Hébert et leurs pareils étaient loin d'être de véritables Athées : il n'y avait point d'étoffe pour cela dans la tête de ces démagogues.

Voyez notre *Discours préliminaire*.

U.

UNIVERS. (l') L'univers visible est la première et la plus ancienne divinité des hommes ; celle qui a eu le plus d'adorateurs, soit dans sa totalité, soit dans ses parties.

> *Dupuis, Relig. univ.*

Le genre humain a toujours été matérialiste ou spinosiste.

URBIN. Il se trouva, à Rome, du temps de Pie II, un homme de la ville d'Urbin, que le Pape dit n'avoir pas été d'ailleurs ignorant, lequel à la mort ne se repentait que d'avoir adressé ses vœux à Jésus-Christ, et reconnu une autre divinité que celle du soleil.

> *Lamothe Levayer.*

URCÉUS, (Ant. Codrus) docte Italien du XVe siècle.

Il se retira comme un sauvage dans les forêts. La société humaine lui devint insupportable.

Il douta de l'immortalité de l'ame. Sa doctrine secrète était l'athéisme.

Latentis atheismi sui , haud obscura documenta dedit.

Spizelius , infelice literato.

V.

VADÉ, (J. J.) le Téniers de la poésie Française, poète épicurien.

VALANT. Auteur d'un ouvrage fort estimable contre la peine de mort.

« DEMANDE. Appartient-il aux ministres des cultes d'enseigner la morale ?

RÉPONSE. La morale des prêtres n'est fondée que sur des idées impénétrables et absurdes; or, ce n'est point aux ennemis de la raison humaine qu'il appartient de développer la raison. » *Ext. de son catéch. phil.*

VALCOUR. (Aristide Plancher) poète et littérateur. (1)

Parler de Dieu et de la religion à un enfant, c'est perdre de la métaphysique ; c'est le rendre faible , craintif et troubler infructueusement son cerveau....

L'Indépendant, journ. n° 14, *an VI.*

Ouvrage plein de philosophie et d'érudition.

VALENTINIENS (les) suivant ces sectaires, Dieu est une lumière corporelle, étendue, figurée....

Beausobre , hist. du Manich.

---

(1) Plancher Valcour est auteur d'un recueil de contes en vers, intitulé le *Petit neveu de Boccace ,* dans lequel on trouve parfois de la facilité. *Édit.*

N. B. Donc les Valentiniens sont matérialistes comme les autres.

VALLA, (Laurent) polygraphe Italien, condamné au supplice de son patron, à cause de ses opinions épicuriennes. L'Inquisition voulut bien se contenter de lui faire subir la peine du fouet.

VALLÉE, (Geoffroy de la) Orléanais, auteur du livre fameux, intitulé : *La foi bigarrée, ou l'Art de ne rien croire.*

` Il était grand oncle de Desbarreaux, qui ne croyait en Dieu que quand il était malade.

Recueil de littér. et de philos. 1730.

Ainsi, l'incrédulité était héréditaire dans cette famille. Il fut brûlé pour son athéisme, à Paris, avec son livre, en 1572 ou 1574.

On l'appelait le beau Vallée, *Bellum Vallensem.* Peu d'écrivains parlent de cet Athée.

Rapin, Sainte-Marthe et Turnèbe ayant découvert dans leur société un Athée, nommé Geoffroi Vallée, le poursuivirent avec tant de zèle, qu'ils le firent condamner au dernier supplice par le Parlement de Paris.

Un Polygraphe du temps.

VALLISNIERI (Ant.) médecin et naturaliste d'Italie, célèbre par ses recherches sur la génération, et sur les corps marins que l'on trouve au sommet des hautes montagnes ; la raison de ce phénomène lui parut épineuse à discuter dans un pays peuplé d'inquisiteurs. Pour vivre et mourir tranquille il s'en tint à l'historique.

N. B. Et c'est ainsi que les sciences ont toujours été contrariées dans leur marche. Les hommes de Dieu ne voient pas de bon œil l'observateur de la Nature; de même que les gens de théâtre ne souffrent point volontiers d'autres qu'eux derrière les coulisses.

VALMONT *de Bomare....* Tout se tient dans l'univers ; ce n'est qu'un tout subsistant par l'accord et la correspondance de toutes ses parties ; il n'y existe rien, jusques au plus petit atôme qui n'y soit aussi nécessaire que l'existence de la mouche l'est à la subsistance de l'araignée : tout est soumis à l'ordre universel : la Nature entière n'est qu'un seul et vaste système que tous les êtres composent.

Dictionn. d'hist. nat. Nat.

N. B. L'ouvrage porte approbation et privilège du roi. Le savant auteur, alors, était comblé de places utiles et honorifiques.

Presque tous les livres d'histoire naturelle, de médecine et de chirurgie, sont des traités physiques d'athéisme où les corollaires sont sous-entendus.

VANINI. (Lucilio) Vanini était parti pour Naples avec douze de ses apôtres, pour aller convertir toutes les nations à l'athéisme. *Mersenne.*

Voyez aussi Bayle, dans ses *Pensées....*

Le livre de Vanini, qui lui valut un bûcher, a pour titre : *De admirandis Naturæ reginæ deæque mortalium arcanis.* C'est-à-dire : des merveilleux secrets (arcanes) de la Nature, reine et divinité des mortels.

Garasse appelle ce livre *l'apprentissage de l'athéisme.*

L'auteur le dédia au Maréchal de Bassompierre.

Cet homme se prit d'une façon bien singulière à prouver qu'il n'y a point de Dieu, ce fut d'en donner l'idée : il crut que le définir, c'était le réfuter.

J. Saurin. Sermons.

Après avoir roulé d'incertitudes en incertitudes, il finit par conclure qu'il n'y avait point de Dieu.

Pendant qu'on le suppliciait ; il s'écria : *Ah! Deus!* (Ah! Dieu!) — *Ergo Deus est,* (donc il y a un Dieu) lui dit le prêtre qui l'exhortait à la mort. — *Modus est loquendi,* (c'est une façon de parler) répliqua Vanini ; ou bien selon d'autres, *nego consequentiam.* (je nie la conséquence.)

Garasse caractérise Vanini de grand patriarche des Athées. Il ajoute : « Il fut brûlé à Tholoze pour ses athéismes. » (1)

VARENNE. (l'abbé de) Chez la plupart des peuples, les fables se tournent en religion.

N. B. Les premiers poètes furent les premiers théologiens.

VARRO. (M. T.) *Civitates Diis quos ipsæ instituerunt, ut pictor tabella, priores sunt.*

C'est-à-dire : de même que le peintre existe avant son tableau, les cités sont antérieures aux Dieux qu'elles ont imaginés.

Outre cela, Varron pensait que Dieu est l'ame du monde, et que le monde est Dieu, comme nous l'apprend Saint-Augustin dans sa *cité, VII. 6.*

On sait que Varron rapporte tous les Dieux à la Nature et à ses parties. *Dupuis.*

VASSE, (Guillaume) poète épicurien Français, ami de Mangenot.

Il se composa cette épitaphe :

> Ici gît l'égal d'Alexandre :
> Moi! c'est-à-dire, un peu de cendre.

VATTEBOIS, homme de lettres et naturaliste, a laissé un commentaire sur Pline.

---

(1) Il fut brûlé en 1619, à 54 ans. On ne lui présenta lors de son jugement aucun de ses livres, qui tous avaient été publiés avec privilège et approuvés par des docteurs de la faculté de Paris. On le brûla, puis ensuite on dit de lui :

> Honneur de l'Italie, émule de la Grèce,
> Vanini fait connaître et chérir la sagesse.

Que d'hommes ont été brûlés pour en avoir su plus que leurs contemporains! *Édit.*

Il mourut à Orléans, vers 1770, après avoir passé quelques années à Meun-sur-Loire.

C'était un Athée épicurien, et ami de Denars, de Cavantous. *Voy.* ce nom.

VEDAM. (l'Auteur du) Plusieurs passages de ce livre sacré, dans l'Inde, ne permettent pas de douter que le panthéisme fait le principal dogme de la philosophie et de la religion Indienne ; on y lit : l'univers est Vishnou (Dieu) ; tout n'est que Vishnou. Vishnou et l'univers ne sont essentiellement qu'un.

Varram Vishnou, Maiam gegatou,

C'est-à-dire : L'univers est tout plein de Vishnou.

VÉDÉLIUS. Les Arméniens plaident la cause du libre arbitre, qui est précisément le contraire de la prédestination; Védélius, théologien célèbre parmi les réformés, dit que le but de ce dogme est d'introduire dans l'Église un athéisme subtil.

B. Mandeville, pensées lib. sur la relig. p. 283.

VELLÉIUS. (C.) Sénateur Romain, chaud partisan d'Épicure.

VERGIER, (Jacques) Lyonnais, poète anacréontique ou épicurien. C'était un philosophe, homme de société.

VERTU. Suivre la vertu pour l'amour d'elle-même, c'est la suivre pour l'amour de Dieu.

Lamothe Levayer, Vertu des pay. p. 7, in-4°.

N. B. Cette maxime devrait réconcilier beaucoup de gens avec l'athéisme, qui n'est autre chose qu'aimer la vertu pour elle seule.

VIASSEN, fils de Brama, et auteur du *Bagavadam;* ouvrage dans lequel on aperçoit sans cesse le matérialisme.

Encyclop. méth. Philos. des Ind.

VIE-A-VENIR. La doctrine de la Vie-à-venir n'est point véritable. Telle est ma croyance ; et tout homme savant doit croire la même chose, quoiqu'en dise le vulgaire. Il faut que nous parlions comme le peuple, mais il ne faut pas que nous croyons comme lui.

Boniface VIII. Enq. jurid. par Dupuy, 1655.

VIEIRA, prédicateur Portugais.

Si le tout puissant était dans le cas d'apparaître sous une forme géométrique, ce serait sûrement sous la circulaire, préférablement à la triangulaire, à la carrée, à la pentagonale.... etc. *Voyez ses sermons.*

N. B. Nous rapportons ce trait, d'abord à cause de son originalité ; et ensuite pour montrer que les théologiens, quand ils veulent se faire entendre en parlant de leur divinité, sont contraints d'avoir recours aux matérialistes eux-mêmes. N'avons-nous pas vu que les gymnosophistes de l'Inde tracent un cercle pour exprimer la Nature, qu'ils appellent Dieu, afin de condescendre au vieux préjugé populaire.

VIENNE. Dans un concile, tenu à Vienne sous Clément V, l'autorité de l'église déclara hérétiques tous ceux qui n'admettaient pas la matérialité de l'ame.

Goudin, prof. de théol. à Paris.

Voyez *Philosophia..... lud.* 1673.

N. B. Or, comme nous l'avons déjà observé, la matérialité de l'ame suppose nécessairement celle de Dieu.

VIGNE, (Pierre de) secrétaire et chancelier de l'Empereur Frédéric II.

On lui a attribué le traité *des Trois Imposteurs.*

VILLEBRUNE, (Lefevre) médecin et savant littérateur.

La législation théocratique n'était pas faite pour l'homme..... etc. *Manuel d'Epictète, préf.*

N. B. Des lois qui ont besoin de la sanction d'un Dieu, ne sont pas encore de bonnes lois.

VILLIERS, médecin de Paris, et coopérateur de l'Encyclopédie.

Mort à Paris vers 1790, à soixante ans.

VILLAUMIN, (J. B. Gasp... d'Ans...) professeur de grec et l'un des plus érudits de son siècle.

Voyez sa *dissertation latine*, insérée dans le traité des Mystères du Paganisme, par le B. de Sainte-Croix.

De triplici theolog. mysterisque veter.

VIRGILE. Son spinosisme qui perce en plus d'un endroit de ses œuvres, ne l'a pas empêché d'être un grand poète. La Vérité est l'aînée des Muses.

Il fait dire à Anchise : Il est une grande ame intelligente, répandue dans toutes les parties du vaste corps de l'univers, qui, se mêlant à tout, l'agite par un mouvement éternel.

Énéide, le chant des enfers.

Les abeilles, dit-il, dans ses *Géorgiques*, possèdent une portion de ce feu Éther qui constitue la substance divine, appelée ame du monde..... En effet la divinité pénètre dans toutes les parties de l'univers; tout ce qui naît et respire, tire de cette ame immense le souffle qui l'anime.

Liv. IV, Vers 240.

VISHNOU. Nom que les Orientaux donnent à leur Être Suprême ; et ce mot signifie ce qui remplit l'espace, ce qui remplit l'univers.

C'est le matérialisme personnifié ; c'est le spinosisme déifié ; c'est la religion universelle.

VIVIANI, (Vincentio) de Florence, élève de Galilée. Il croyait la nécessité de toutes choses et la participation de l'ame universelle.

VOLNEY, * de l'Institut national de France.

Dans ses *Ruines,* il adopte le système de Dupuis, sur

l'Origine des cultes. Lisez le chapitre XXII, sur la filiation des idées religieuses.

VOLTAIRE. * Pourquoi existe-t-il tant de mal, tout étant formé par un Dieu que tous les théistes se sont accordés à nommer bon? *Les pourquoi, Dict. phil.*

En Angleterre comme par-tout ailleurs, il y a eu, il y a encore beaucoup d'Athées par principes..... J'en ai connu en France quelques-uns qui étaient de très-bons physiciens.
Idem.

Les Athées sont pour la plupart des savans hardis......
L'athéisme n'inspire pas de passion sanguinaire.
Eod. Loc.

Ceux qui ont soutenu qu'une société d'Athées pouvait exister ont eu raison.... Les Athées peuvent mener une vie très-sage et très-heureuse. L'Athée conserve sa raison.
Dictionn.

Il n'y a que de jeunes prédicateurs sans expérience et très-mal informés de ce qui se passe au monde qui assurent qu'il ne peut y avoir d'Athées. *Eod. Loc.*

Je suis corps et je pense. *Lett. phil. sur l'ame.*

Il y a sans doute à la Chine et dans l'Inde, comme ailleurs, des philosophes qui, ne pouvant concilier le mal physique et le mal moral dont la terre est inondée, avec la croyance d'un Dieu, ont mieux aimé ne reconnaître dans la Nature qu'une nécessité fatale.

Les Athées sont par-tout.
Fragm. sur l'Inde, sec. part., art. II.

Selon Voltaire, l'athéisme pouvait être la doctrine secrète des philosophes.

« Si Dieu n'existait pas, il faudrait l'inventer; »

est le langage d'un politique et d'un politique Athée.
Naigeon.

L'existence de Dieu n'est pas nécessaire à la création des êtres.

Candide est une production qui attaque le dogme de la Providence.   *Mercier, Nouv. Paris, tom. IV, ch. 247.*

Le sujet de ce roman est pris dans la Théodicée de Leibnitz.   *Idem.*

Ne nous dissimulons pas qu'il y a eu des Athées vertueux. La secte d'Épicure a produit de très-honnêtes gens: Épicure lui-même était un homme de bien.
Homél. sur l'atheis.

Les théologiens ne doivent point se mêler de philosophie. Il y a l'infini entre ces deux sciences.
Mélang. philos.

Dans la religion comme au jeu,

On commence par être dupe;
On finit par être fripon.

Quel homme peut avoir une connaissance distincte de l'Être Suprême?   *Quest. Encycl.*

Religion n'est pas philosophie.

Un an de guerres civiles de César et de Pompée, a fait plus de mal à la terre, que n'en pourraient faire tous les Athées ensemble pendant toute l'éternité...

Quelle est la raison qui fait tant d'Athées? C'est la contemplation de nos malheurs et de nos crimes....

On aime mieux nier Dieu que de le blasphêmer; aussi avons-nous cent épicuriens contre un platonicien....

Toujours des *peut-être :* mais je n'ai pas d'autres moyens de justifier la divinité.   *Lettres de Memmius à Cicéron.*

La façon de penser de Voltaire sur la religion l'obligea de passer en Angleterre.

Ses lettres philosophiques, pleines de plaisanteries sur la religion, furent brûlées à Paris, par arrêt du Parlement.

Voltaire tourne en ridicule toute la religion, et insinue

les principes du matérialisme. Ses écrits irréguliers ont fait de funestes progrès. *Nouv. dict. hist.*

VOSSIUS, (Isaac) fils de Gérard, savant de Leyde, a regardé la religion comme la matière de ses triomphes et ne l'a étudiée que pour en chercher le faible.

Mém. de Trévoux, 1713.

VOYAGE dans les Pyrenées. (l'Auteur du)

Le culte de la Vierge est bien plus approprié à l'esprit humain que celui du Grand Être, aussi inexplicable qu'incompréhensible. *Pag.* 272, *in-8° Paris*, 1789.

VOYAGEURS *sur la mer*. (Entretiens, Cologne, 1783, in-12.)

Dans une épître dédicatoire à messieurs les commis pour la visite des livres défendus, l'auteur leur dit en forme de réponse :

« On ne voit personne qui soit en peine à Paris, pour « avoir chez soi, le livre de Spinosa..... »

Tandis que les commis fesaient la guerre aux écrits en faveur des réformés.

N. B. Quelquefois l'athéisme a profité de ces petites querelles de sectes, pour introduire la vérité à leur insçu.

VULCANIUS, (Bonaventure) auteur Flamand, est de la religion des dez et des cartes. Il ne sait de quelle religion il est. *Soaligerana.*

W.

WACHTERUS (Cel.) a composé un livre intitulé : *Spinosismus in Judaïsmo detectus*, c'est-à-dire : le spinosisme découvert dans le judaïsme.

N. B. Le spinosisme est par-tout.

WALLER, (Edme) poète anacréontique, Anglais, élève de Saint-Evremond, épicurien de principes et de mœurs, quoiqu'on l'entendit une fois sermoner le duc de Buckingham préchant l'athéisme à la cour. Alors, Waller était déja bien vieux. Il cessa de vivre à l'âge de quatre-vingt-deux ans.

WARBURTON. On doit entendre avec Warburton que l'unité de Dieu était un des dogmes de l'initiation, si l'on entend par unité de Dieu, celle du monde et de la force active et intelligente qui y réside : ce qui rentre dans le *panthéisme* qui a été la religion de toute l'Antiquité avant que les métaphysiciens eussent créé le monde des abstractions, et séparé Dieu du monde, et l'unité de Dieu, de Dieu lui-même. *Dupuis.*

N. B. Warburton a rencontré la vérité, peut-être sans s'en douter. Ce qui est arrivé parfois aux docteurs.

Warburton a composé des *dissertations* intitulées : *l'union de la religion, de la* MORALE *et de la politique.*

Le titre de ce livre rappelle la fable de la BREBIS placée entre un *renard* et un *loup.* (1)

WEISS, (le colonel) membre du Grand Canton de Berne.

Il a été longtemps au service de France, successivement dans les régimens d'Erlach et Ernst.

Le second volume de ses *Principes de la philosophie,* 3 vol. 1789, est terminé par une sortie virulente contre les Athées. Il faut que l'auteur ait eu une double doctrine, car avec ses amis, il professait l'athéisme.

(1) Warburton, Évêque de Glocester, était d'un caractère violent qui lui nuisit encore plus que son système contre l'immortalité de l'ame. *Édit.*

Le ministre A. Fr. Bœcken, membre honoraire de l'Académie latine de Gênes a prouvé dans son *Examen du traité philosophique sur la Nature de l'ame et du cœur humain, par Weiss*, que c'était l'ouvrage d'un matérialiste.

L'auteur de la *Préface* de cet *examen*, imprimé à Tubingen, en 1761, in-4° (le professeur Plouquet) pense comme Bœcken sur le compte de Weiss.

WELSENS. (Juste) J. Velsius, en Flamand Welsens, de La Haye, fut un homme docte, mais fort inconstant sur le chapitre de la religion.   *Bayle.*

WESTERNES. Iles sur la côte occidentale d'Écosse, dont les peuples vivent à leur manière, sans urbanité, sans lois, *sans religion*, et cependant sont généralement honnêtes gens et fort équitables, aimant la liberté.

   Le Démosthène moderne à Utrecht, 1744, *t.* 1, *n° VIII, p.* 86, *note.*

WESTMINSTER. On lit dans ce temple de Londres, l'épitaphe latine de Buckingham, remarquable par ces deux ou trois traits :

   . . . .

   Dubius, non improbus vixi.

   Incertus morior, non perturbatus.

   . . . .

   Ens entium, miserére mei.

C'est-à-dire : J'ai vécu dans le doute, mais non dans le crime ; je meurs dans l'incertitude, mais non dans la crainte. Être des Êtres ! etc. (1)

_____

(1) Pourquoi Maréchal ici ne rend-il pas le *miserére mei* qui change et explique la pensée de Buckingham ? Nous avons déjà remarqué qu'il n'était pas toujours exact et fidèle dans ses citations et nous regardons ceci comme une nouvelle preuve de ce que nous avons dit.   *Édit.*

WHITBY, (Daniel) théologien ou plutôt philosophe Anglais.

Voyez ses *Discours,* où il est prouvé que la raison doit être notre guide en fait de religion, et qu'on ne doit rien admettre comme article de foi, qui répugne aux principes communs de là raison. *in*-8°.

Cet ouvrage et quelques autres lui méritèrent la qualification d'incrédule. Il mourut presque nonagénaire.

WICLEFF. (J.) *Omnes relligiones, indifferentes, introductæ sunt à Diabolo.*

Toutes les religions, parmi lesquelles il n'y a point de choix, ont été introduites par un mauvais génie.

Le fond de la doctrine de cet Anglais consiste à reconnaître une nécessité absolue en toutes choses.

WIÉLAND. * Le Voltaire de l'Allemagne.

WILLIS et Perrault (1) paraissent admettre une ame généralement répandue par-tout le corps.... Hypothèse, qui fut celle de Virgile et de tous les épicuriens.

Il résulte des ouvrages de Willis, *de Cerebro, de Animâ brutorum,* et de ceux de Perrault, *Traité de la mécanique des animaux,* que la matière a la faculté de penser, et aussi que la matière se meut par elle-même.

WOLF, * astronome de Dantzig a déshérité son neveu qui ne voulait pas professer l'athéisme.

Note comm. par J. Lalande.

Wolf fait les plus grands efforts pour que Dieu, témoin de l'action de la Nature, ne reste pas oisif et pour ainsi

---

(1) Perrault dont il s'agit ici, est Claude Perrault, né à Paris, en 1613, qui fut d'abord médecin, et abandonna la médecine pour l'architecture. C'est celui à qui l'on doit la colonnade du Louvre, à Paris. Il mourut en 1688.

dire les bras croisés devant elle : ce qui tend à l'athéisme.

La Mettrie, Abrégé des Systèmes.

WOLFIUS. * (J. C.) *De Atheismi Vulgò suspectis. Dissertatio.*

C'est-à-dire : Des personnes suspectées d'Athéisme : Dissertation. (1)

WOOD. Les religions dépendent plus qu'on ne pense du sol et du climat.

Essai sur le Génie d'Homère, ch. VII.

N. B. On ne pourrait en dire autant des vérités mathématiques : toujours et en tous lieux, un triangle à trois côtés.

WOOLSTON, (Thomas) maitre-èz-arts à l'université de Cambridge.

Il s'éleva fortement contre les *Miracles,* et les trois éditions de son ouvrage tirées à 10,000 exemplaires s'écoulèrent rapidement.

Une dévote, un jour, le voyant passer dans la rue, lui cracha au visage ; il s'essuya tranquillement et lui dit : c'est ainsi que les juifs ont traité votre Dieu.

Il mourut, en 1733, chez lui, et non pas en prison comme quelques-uns l'ont prétendu.

N. B. Il était cependant assez philosophe pour mériter les honneurs de la persécution.

WORTHON, Voyez SIDNEY.

---

(1) Wolf, (Christian) dénoncé comme Athée au roi de Prusse, Fréderic Guillaume, ce monarque lui donna le choix de sortir de ses états dans les vingt-quatre heures ou d'être pendu. Il préféra s'éloigner. Frédéric le Grand le rechercha plus tard.   *Édit.*

X.

XACA, grand philosophe, métaphysicien excellent, dans le royaume de Siam.

Il semblait ne reconnaître point de cause première efficiente. Plusieurs se scandalisèrent de sa doctrine. Les Chinois entr'autres l'eussent absolument défendue s'il n'eût déclaré, par un livre fait exprès qu'il croyait un créateur. Avec cette espèce de manifeste, il mit sa science à couvert.

Le P. Christ. Borry.

Il était métempsycosiste, et fesait Dieu et le néant synonymes.

XÉNOCRATE, philosophe d'une si grande probité que les magistrats d'Athènes le dispensèrent du serment.

Il ne reconnaissait pour Dieux que les sept planètes et le ciel des étoiles fixes.

Il était élève de Platon et d'Aristote, et vécut plus qu'octogénaire.

XÉNOPHANE. Son système n'est point éloigné du spinosisme.

Il composa plusieurs poèmes sur des matières de philosophie.

Il est notoire que, selon Xénophane, Dieu n'est autre chose que l'infinité de la matière... *Minutius Felix.*

Unum esse omnia. Xénophane a enseigné qu'il n'y a qu'un seul être et cet être est le vrai Dieu. *Cicéron. Quæst. Acad.*

Xénophane selon Aristote disait : Ce qui est un, est Dieu.

Métaphys.

Xénophane soutenait que la Nature n'a point eu de commencement et qu'elle n'aura point de fin, et qu'elle est toujours semblable à soi-même. *Eusèbe, Plutarque.*

C'est ce philosophe qui disait : Si les bêtes savaient peindre, elles représenteraient la divinité à leur image et ressemblance.

Xénophane fut banni de sa patrie.

Le système de Spinosa a été autrefois celui de Xénophanes, de Mélyssus, de Parménides et de tant d'autres. *La Mettrie, Abrég. des Systèm.*

XÉNOPHON fait dire à Socrate que le soleil est Dieu, que l'ame l'est pareillement.

Xénophon, le disciple de Socrate, tient qu'il ne faut pas chercher le vrai Dieu. *Minutius Felix, Octavius, p. 59.*

Y.

YOUNG. Ce poète Anglais est parfois philosophe sans s'en douter. Il lui échappe de faire synonymes Dieu et la Nature.

Jusques à quand l'homme dans son ivresse luttera-t-il contre la Nature? Ignore-t-il que se révolter contre elle, c'est se révolter contre la divinité? *Seconde nuit.*

Z.

ZANOTTI. Indépendamment de toute religion, celui qui vivra selon la raison sera vertueux; s'il est vertueux, il sera tranquille, il sera heureux, comme l'*integer vitæ* d'Horace. *Journ. Etr. par Arnaud, Avril* 1761, *p.* 74.

ZAMOLXIS. C'est ce philosophe homme d'État, qui introduisit le dogme de l'immortalité de l'ame chez les Thraces. La religion est fille de la politique.

ZANTE. On y trouve aussi quantité de gens qui font profession d'athéisme; (dans l'île de Zante, en Morée).

ZARABELLA. (Jacques) Zarabella de Padoue, philosophe du XVI⁰ siècle, disait qu'afin de croire l'existence de Dieu, qu'aucune raison naturelle ne démontre, on a besoin de la grâce.

Il est accusé par *Impérialis* d'avoir donné dans ses écrits plusieurs marques d'athéisme. Mais on le loue d'avoir vécu exemplairement.

Il ne croyait pas davantage à l'immortalité de l'ame.

ZENDEKÉENS. Chez les Arabes ou Sarrazins, les esprits forts aux yeux desquels la théologie et la philosophie (ou le théosophisme) s'étaient dégradées par une association ridicule, inclinèrent à l'athéisme. Tels furent les *Zendekéens* et les *Dararianéens*.   Encycl.

ZENDICISME. Nom d'une secte qui dans l'Orient nie la Providence.

Le célèbre poète Arabe, Abulola-Ahmed, en était.

ZÉNON, * Insulaire de Chypre et fondateur du Portique des stoïciens.

Selon lui, Dieu est l'ame du monde. Aussi défendait-il de bâtir des temples à la divinité.

Ce philosophe condamnait les sermens, comme indignes de tout homme probe et libre.

Zénon mourut sans aucune marque d'invocation divine, dit Levayer : aussi désespère-t-il du salut de son ame.

Zénon ne reconnut d'autre Dieu que l'univers.

Maupertuis, Essai de phil. mor.

C'était un bel homme.

Il n'eut d'autre métaphysique que celle de Xénophane.

Zénon et Chrysippe disaient que Dieu et la matière

étaient les vrais principes de la Nature. Ce système était celui de Spinosa, mal développé et couvert par de belles expressions. *Phil. du Bon Sens, t. I.*

Zénon, né à Sidon; célèbre philosophe épicurien à Athènes, et maître du poète Lucrèce, de Cicéron et de Pomponius Atticus.

Selon lui, l'essence de Dieu est de l'éther; le monde est un grand animal sphérique qui renaît de sa cendre comme le phénix.

Zeno discipulus Aristonis, neque formam Dei intelligi posse censet, neque in Diis sensum esse dicit, dubitatque omninò Deus animans nec ne sit. Cicero.

Ce disciple d'Ariston pense qu'on ne peut se faire une idée de Dieu..... etc.

Zénon et Cléante, son disciple, appelaient Dieu le monde animé par l'ame universelle.

ZÉTÉTIQUES. (les) Philosophes Mahométans qui approchent des Saducéens. Ils croient qu'il n'y a point de Providence.... Une de leurs opinions est que tout ce qui est dans le monde, que tout ce qui a été créé, est Dieu.

ZOROASTRE, philosophe, législateur religieux et civil.

L'*Eulma-Eslan* (ouvrage qui forme la tradition des Perses) nous apprend que dans la loi de Zoroastre, il est déclaré positivement *que Dieu a été créé par le temps avec le reste des astres.*

Mém. d'Anquetil Duperron, t. XXXVII, Acad. Inscr.

Quelques écrivains font dire à Zoroastre : Je viens leur annoncer (aux Perses) l'éternité de la Nature, ou le feu principe qui l'anime : voilà le Dieu qu'on adora dans les premiers temps, quand on rendit un culte au Soleil.

Stanleii, Hist. philosop., pag. 11, 22 et 23, de Æterná Naturá sive Deo.... paternus ignis.

Ils lui font dire encore : Le peuple perdra l'ensemble de la Nature pour ne s'attacher qu'aux détails. Je l'y ramène, sans qu'il s'en doute, par cette loi physico-morale.

Faites en sorte de plaire au feu, de plaire à l'eau, à la terre, aux arbres, aux bestiaux, à l'homme pur, à la femme pure...... Plaire au feu, par exemple, c'est en faire un usage raisonnable; mettre le feu à une grange, c'est souiller la flamme en lui fesant commettre un crime..... etc.

N. B. D'où il faut conclure que le *Zend-à-Vesta*, le code religieux de Zoroastre, n'est que le panthéisme ou le spinosisme réduit en culte.

Les croyans ont pris le soin de grossir leur liste du nom de plusieurs personnages célèbres dans les arts, dans les sciences et même dans la philosophie. Zoroastre et Socrate, disent-ils, reconnaissaient un Être-Suprême. Corneille, Descartes et Newton étaient de bons chrétiens, dont les prêtres s'énorgueillissent. Ceux-ci rabattraient de leurs prétentions, s'ils examinaient de près la conduite de ces grands hommes. Un géomètre, un poète, etc., peuvent être croyans, et même de bonne foi, sans que cela étonne. Tout entiers à leur art, ils craindraient de perdre un seul instant de leur vie à l'examen d'une doctrine qu'on leur a inculquée dès l'enfance. La soumission aveugle qu'on exige d'eux, les tranquillise de ce côté. Ils suivent machinalement le train ordinaire des choses; et pour reculer les bornes de leurs talens, ils consentent volontiers à rester dans celles de la foi. D'ailleurs, l'expérience leur apprend qu'on ne touche pas impunément à des objets placés hors de la ligne commune. Ils ont déjà assez d'ennemis, sans provoquer des gens irascibles et implacables. Contens de leurs succès dans la carrière qu'ils parcourent, ils laissent en paix ce qu'ils trouvent établi autour d'eux. Si quelquefois on parvient à les provoquer sur ces matières, effrayés eux-mêmes des pas de géans qu'ils seraient obligés d'y faire, ils ont peur de leur propre ombre. Ils aiment mieux demeurer tranquilles, et jouir de leur gloire sans inquiétude.

Voilà la manière de voir des grands hommes les plus modérés. On connaît assez la conduite des autres.

FIN.

SUPPLÉMENS [1]

POUR LE DICTIONNAIRE

DES ATHÉES,

PAR JÉROME DE LALANDE. [2]

———◦———

La perte de Sylvain Maréchal en est une pour la philosophie, car il avait un courage qu'on ne trouve presque jamais. Il n'a pas joui d'une grande considération pendant sa vie, parce que le hazard l'avait placé dans des circonstances capables de le déprécier ; mais comme dit Tacite : *suum cuique decus posteritas rependit.* Il m'a laissé

---

[1] L'auteur donnera ce Supplément à tous ceux qui lui présenteront un exemplaire du Dictionnaire.   *Note de Lalande.*

[2] Joseph Jérome Lefrançais de Lalande, né le 11 juillet 1732, à Bourg, en Bresse, de Pierre Lefrançais et Marianne Mouchinet, mort à Paris, le 4 avril 1807.

C'est à l'instigation de cet astronome célèbre, et pour ainsi dire sous sa direction que Maréchal, auquel il avait fourni beaucoup de notes, imprima et publia son Dictionnaire des Athées.

Lalande s'en occupa longtemps, même après la mort de Maréchal,

le Doyen et le chef de la secte socratique, et je ne dois pas
trahir sa confiance.

Maréchal m'avait assuré qu'il avait des notes, des
additions pour notre Dictionnaire des Athées; il est mort,
et je n'en ai pu avoir communication : je me crois obligé
d'y suppléer pour l'honneur de la secte philosophique.

Sur 800 noms que contient ce Dictionnaire, indépendamment des nations, des sectes, des tribus, on nous reproche
d'avoir nommé bien des personnes trop légèrement, sur
des témoignages vagues, sur des passages peu concluans,
sur une renommée incertaine. Sans doute, nous aurions
tort s'il s'agissait d'une accusation, mais prétendant faire
leur éloge, on ne se croyait pas obligé à une grande

car ce ne fut que sur la fin de 1803 et en 1805 qu'il fit paraître ses
Supplémens. Apôtre ardent de cette doctrine, son exaltation déplut
beaucoup à Napoléon, qui fut blessé de voir Lalande et plusieurs
autres membres de l'Institut, la propager comme ils le firent dans le
courant de cette année, et en écrivit au Ministre de l'Intérieur pour
qu'il eût à manifester son mécontentement à ce corps savant. Lalande
fut blâmé, mais ses supplémens n'en furent pas moins recherchés ; et
ils devinrent d'autant plus rares qu'ils avaient été imprimés à très-petit
nombre.

On raconte à l'égard de Lalande que, dans sa manie de vouloir sans
cesse augmenter sa liste des Athées, il y porta un jour l'abbé Delille,
en se fondant sur une citation de son poème des *Trois règnes de la
Nature*, où il dit en parlant du colibri :

« Et des Dieux, s'ils en ont, le plus charmant caprice. »

Ce vers avait été publié dans un journal, en substituant les mots
s'il en est à ceux *s'ils en ont ;* Lalande vint trouver son collègue, et sa
liste à la main lui déclarer qu'il l'y inscrivait. « Vous êtes fou, reprit
l'abbé Delille, de voir dans mes vers ce que je n'y ai pas mis, et de ne
pas voir dans le ciel ce qui frappe les yeux de tout le monde. »

Lalande avait été élevé par les Jésuites et dans les pratiques de la
dévotion la plus exacte.

Voir *Mém. de l'Inst.*, tom. 8, 1807; *Moniteur*, 10 *et* 11 *janvier* 1808,
et Magazin encyclop., 1810, *tom.* 2.   Édit.

circonspection. Nous avons cité un passage de Newton,
qui fesait Dieu, tout bras, tout cerveau, tout œil ; J. C. à
qui l'on a fait dire que Dieu est un corps ; on ne dit pas
pour cela qu'ils fussent Athées ; mais le Dictionnaire des
Athées doit comprendre aussi ceux qui, sans le vouloir,
ont donné lieu de croire qu'ils étaient voisins de l'athéisme
ou du matérialisme, qui est à peu près la même chose.

On me reproche de parler trop d'athéisme ; je conviens
que c'est un effet d'amour-propre ; il me semble que je
m'élève au-dessus du vulgaire, je suis plus content de moi,
je m'estime davantage, en me voyant si convaincu, si
affermi, si sûr d'une vérité si contestée, si méconnue. Je
suis flatté, et je m'applaudis souvent d'avoir trouvé la
vérité, par la force et la continuité de 50 ans de réflexions
profondes, et de n'avoir plus aucune espèce de doute dans
un sujet sur lequel presque tous les hommes sont dans
l'erreur ou dans le doute. Je me félicite plus de mes progrès
en athéisme, que de ceux que je puis avoir faits en
astronomie, parce qu'il y a peu de personnes qui aient
acquis l'évidence à laquelle je crois être parvenu ; en y
ajoutant une morale incorruptible, qui me rend incapable
de faiblir dans aucun cas ; inaccessible à la crainte, et
au-dessus des faiblesses honteuses de l'humanité.

Il y a une objection souvent faite par des gens de mérite ;
ils disent que les Athées sont inconséquens, qu'ils ont
intérêt à se livrer à tous les crimes, et qu'on ne doit pas se
fier à un Athée ; mais on a prouvé dans tous les ouvrages
d'athéisme, que le véritable intérêt est d'être vertueux. Ils
disent qu'il nous suffirait d'être hypocrites, mais cela ne
réussit jamais longtemps, il faut avoir l'habitude de la
vertu pour être considéré, et cette habitude nous en fait
un besoin.

Les croyans s'avilissent à mes yeux, quand ils disent que

sans religion il n'y a point de vertu ; ils réduisent la vertu à une crainte problématique ; ils avouent leur disposition à tous les crimes ; ils ne sentent pas cette élévation, cette noblesse, ce besoin de la conscience et de l'estime de soi-même, qui met le philosophe au-dessus de tout le reste de l'humanité. Malheureux les hommes qui ne sentent pas le prix et le besoin de la vertu! Ils sont bien exposés à la négliger.

Oderunt peccare boni virtutis amore.
Oderunt peccare mali formidine pœnœ.

Le premier vers est pour les philosophes et le second pour les croyans.

Sur l'estime de soi repose la morale.

Delille.

Au lieu de dire Dieu me voit, j'aime à dire : je me vois moi-même, je me sens, je m'estime. A l'égard des méchans, nous disons, avec Perse :

Virtutem videant intabescantque relictâ. 3. 38.

L'ame du philosophe est d'une autre nature
Que celle de la simple et sotte créature.
   Soyez certains, chétifs humains,
Qu'elle plane sur vous, semblable à ces montagnes
Dont on voit le sommet pur, libre et radieux,
Tandis que vers leurs pieds, la lumière des cieux,
A travers un nuage, est transmise aux campagnes.

Sausserote.

Je crois la vertu d'un Athée plus sûre et plus noble que celle d'un croyant.

Quelle espèce de probité se donnent ces théistes, si ce n'est celle de la crainte, de la bassesse, de l'intérêt? Mais quelle sûreté y trouve-t-on? Ne sait-on pas combien les hommes sont capables d'oublier une crainte éloignée, pour un avantage présent? On mange sans cesse les choses qui doivent incommoder ; on commet mille fautes avec la plus vive croyance et la plus forte persuasion de l'existence d'un Dieu vengeur ; un voleur vous arrête malgré le risque de sa vie ; la gloire entraîne l'officier à la bataille ; l'exemple ou l'espérance y conduit un soldat malgré le péril le plus prochain.

On s'étourdit aisément sur un danger éloigné, et la crainte d'un Dieu qui ne punit que dans l'autre vie, fera peu d'impression sur les hommes qui ne sont affectés que des passions actuelles qu'ils éprouvent ; mais un Athée, que l'amour de l'ordre, que l'équité naturelle, que la considération universelle, que le plaisir d'une bonne conscience ont accoutumé à pratiquer la vertu, aura des principes plus sûrs, plus persévérans, plus inébranlables.

Sois juste, dit l'Athée, parce que l'équité est le soutien du genre humain ; sois bon, parce que la bonté enchaîne tous les cœurs ; sois indulgent, parce que, faible toi-même, tu vis avec des êtres aussi faibles que toi.

Toutes les fois que l'intérêt personnel paraît moindre que le motif de l'intérêt d'autrui, il prend le nom de vertu ; mais la vertu même ne peut être, dans le principe, qu'un motif d'intérêt personnel.

Une seconde objection qu'on nous fait, vient de l'idée qu'on se fait de la pensée. Mais pour prouver que la matière pense, je considère d'abord que la pensée est un changement de dispositions dans les organes. En effet, que faut-il de plus : une corde pincée frémit longtemps, donne plusieurs sons, agite plusieurs fibres ; la lumière reçue au travers d'un prisme, offre toutes sortes de couleurs. Il ne faut, pour une sensation, qu'un déplacement de fibres corporelles ; plusieurs déplacemens combinés font une sensation agréable ou désagréable. La pensée ne suppose

que plusieurs sensations simultanées ou successives. (1)
Le jugement n'est que la comparaison de deux sensations ;
comme le plaisir d'un accord n'est que la comparaison
de deux sons. Le feu m'a brûlé une fois ; toutes les fois
que je songe à la brûlure, je n'éprouve autre chose que
ce que j'ai éprouvé quand je me brûlais. J'ai été battu
par des voleurs une fois dans ma vie, et lorsque je pense
aux voleurs, en passant dans un bois, c'est la sensation
éprouvée alors, qui reparaît ; c'est la pensée.

Toutes nos pensées se réduisent au plaisir ou à la peine,
au désir ou à la crainte ; donc toutes se réduisent à des
sensations.

L'étude, pour parvenir à une fin, par des moyens
détournés, suppose seulement l'aptitude des fibres, à
représenter plusieurs images sans les confondre.

Si mes fibres peuvent recevoir à la fois l'empreinte d'un
paysage tout entier, avec mille routes détournées, on
pourra dire que je pense à un paysage ; si dans ce moment
même, j'ai dans l'estomac la faim, dans les membres la
force, dans les yeux un lièvre, je le poursuivrai avec
vigueur ; mes sens saisiront la ligne qu'il va prendre.
L'habitude, l'exemple, l'expérience, l'émulation, la crainte,
le désir, sont les ressorts qui conduisent tout sur la terre,
et la matière en est susceptible.

Troisième objection. L'exercice libre de la volonté,
l'acte de ne pas vouloir manger quand on a faim, prouvent
que notre être n'est pas mû simplement par des agens
physiques. Les philosophes répondent : il est constant,
de l'aveu de tout le monde, qu'il y a dans les organes

(1) Mon célèbre ami Montgolfier vit gonfler la chemise de sa
femme sur un panier, et il fit la plus belle découverte que les hommes
aient jamais faite ; cependant il n'est pas de l'Institut, mais la perte est
pour nous.

corporels un mouvement qui accompagne la pensée, la volonté. Prenons le mouvement qui accompagne l'exercice libre de la volonté, et disons : ce mouvement qui, selon vous, est produit par l'ame, peut être produit comme tout mouvement matériel, par un corps matériel ; supposons qu'il le soit en effet : alors ce qui se passe dans mon être, lorsque j'exerce ma volonté, s'y passera de même ; donc cet exercice de ma volonté ne suppose pas nécessairement une substance immatérielle, qui se détermine par elle-même, en produisant ce mouvement. Nous pouvons leur dire encore : vous ne pourrez jamais prouver une substance immatérielle, par des effets qui se passent tous dans la matière, par des actes qui ne sont produits que dans la matière, par des mouvemens que la matière reçoit et qu'elle peut communiquer, enfin par des effets que vous n'avez jamais vus ni éprouvés que par la matière, c'est-à-dire par vos organes.

La spiritualité est d'une imagination exaltée, et n'a été imaginée que longtemps après la matière, par ceux qui avaient besoin d'endormir le peuple. L'hypothèse de la spiritualité ne conduit qu'à des extravagances et à des folies.

Selon vous, cet être immense, infini, qui a cent millions de mondes étoilés à gouverner, sans compter ceux que nous ne voyons pas , et mille millions d'habitans sur la surface de la terre, qui est une des plus chétives parties d'un de ces mondes, est occupé de chacun de ces êtres, dont la plupart ne s'en doutent pas ; car il n'y a pas la centième partie des hommes qui aient quelque notion de ce que vous appelez Dieu.

Dieu est infini, il est parfait, il est juste ; il le serait davantage cependant, si tout le monde le voyait, le comprenait, l'admirait ; au lieu que tant de gens n'y croyent pas, et ce sont ceux qui ont le plus d'intelligence, le plus d'envie de savoir la vérité. Jamais je n'ai réfléchi plus profondément que sur cet article.

Quatrième objection. On nous répète tous les jours : le monde ne s'est pas fait de lui-même. Je réponds que le monde est éternel, infini et nécessaire. On a de la peine à concevoir l'infini ; il est évident cependant, que le temps et l'espace sont infinis, car nous ne saurions imaginer un terme ni à l'un ni l'autre. Le temps est infini *à parte antè*, comme *à parte post* ; ainsi le monde éternel n'est pas si difficile à concevoir : la fin du monde, ou sa destruction est impossible. Sa création, ou son commencement, est également impossible à concevoir ; ou plutôt, on connaît l'impossibilité du commencement et de la fin. L'éternité est démontrée. D'ailleurs, il faut admettre l'éternité du monde, ou celle de Dieu, qui est un peu plus difficile à comprendre.

Cinquième objection. Il y a des raisonnemens astronomiques de Newton, auxquels je dois répondre, parcequ'un nom comme le sien est d'un grand poids. Bentley obligé de prêcher chaque année l'existence de Dieu, la vérité de la religion chrétienne, engagea Newton à lui fournir des idées tirées du système du monde ; et celui-ci lui répondit, en 1692, dans trois lettres qui ont été réimprimées dans la Bibliothèque Britannique, 1797, n° 28 : Voici ses principales difficultés :

1°. Que la matière se soit ici réunie en corps lumineux, là en corps opaques ; cela paraît inexplicable, par des causes purement naturelles, et l'on est forcé de recourir à la disposition d'un agent volontaire.

2°. Il est clair pour lui, qu'il n'y a aucune cause naturelle qui puisse déterminer toutes les planètes à se mouvoir d'un même côté.

3°. Si Jupiter et Saturne eussent été plus près du soleil, ils auraient causé de grands dérangemens dans le système entier.

4°. Newton dit encore : Je ne connais aucun pouvoir dans la Nature, capable de donner l'impulsion transversale aux planètes, si ce n'est un bras divin.

5°. Si leurs vitesses et leurs distances n'étaient pas proportionnées, elles auraient décrit un hyperbole, et toutes ces circonstances montrent l'action d'une cause qui est très-habile en mécanique et en géométrie.

C'est ainsi que les difficultés se convertissaient en preuves pour ce grand homme prévenu, et aussi incapable de secouer les préjugés de son enfance, que le sont les enfans et les femmes, du moins à l'ordinaire, car j'en ai connu qui les avaient surmontés de bonne heure. Mais toutes les fibres de ce cerveau étonnant, étaient des fibres calculantes, il n'en restait point pour la métaphysique ; la Nature avait épuisé ses forces pour les premières, et Newton était d'autant plus fort pour le calcul, qu'il était plus faible d'ailleurs ; comme on le voit dans son Apocalypse, et même à la fin de son immortel ouvrage des *Principes*, où il finit par un scolie de quatre pages, à l'honneur de la divinité, conclusion bien étrangère à son livre et bien étrange en elle-même ; au reste, c'est dans la seconde édition de Newton, en 1713, que l'article de Dieu est plus étendu ; mais c'est Cotes qui fit cette édition ; Newton n'était déjà plus le Newton de 1687.

Il y a longtemps que M. de Marguery, célèbre officier de la marine, et grand géomètre, démontra, dans les mémoires de l'Académie de Marine, que trois corps existans seuls, l'un peut, par l'attraction des deux autres, acquérir un mouvement de révolution, sans mouvement de projection, suivant l'idée de Diderot.

48

M. de Laplace, qui est géomètre comme Newton, mais qui n'est ni superstitieux, ni faible, ni crédule, a fait voir dans son *Système du monde*, comment on peut expliquer physiquement la projection des planètes, et il ne faut être ni Newton, ni Laplace, pour comprendre qu'un corps en pousse un autre quand il le rencontre, et que dans l'immensité de l'univers, où tout est en mouvement, de toute éternité, ces rencontres ont dû arriver plus d'une fois.

Newton avait déjà fait ces petites objections dans le scolie dont j'ai parlé, et le Baron d'Holbach, dans le Système de la Nature, y avait répondu, sans doute d'après d'Alembert, qui était avec lui dans la société la plus intime. Mais ce qui nous sert le plus à écarter l'autorité de Newton, c'est l'absurdité de ses idées sur l'Apocalypse.

« Dieu nous a donné ces prophéties, de même que celles » de l'Ancien Testament, non pour satisfaire la curiosité des » hommes et les mettre en état de prédire l'avenir ; » mais afin que, quand les événemens seraient arrivés, » on comprît les prophéties, et que l'on reconnût la » prévoyance de Dieu, non celle de l'interprète, par » les évènemens prédits plusieurs siècles auparavant, qui » feront voir aux hommes que le monde est gouverné par » une Providence. » (*Opuscula, IIIe tome, page 447.*)

En conséquence, Newton trouve, dans l'Apocalypse, toute l'histoire des Empereurs et des Turcs, jusqu'à la prise de Constantinople, en 1453 ; il est vrai qu'il n'avait point publié lui-même ces rêveries, ce fut en 1733, sept ans après sa mort, qu'elles virent le jour, et il me semble que les éditeurs auraient pu respecter davantage la mémoire de ce grand homme.

Je me permis, dans le *Bien-informé*, du 18 mars 1800, en annonçant le *Dictionnaire des Athées*, d'expliquer la faiblesse de Newton, par la différence des couches de la substance médullaire du cerveau ; qui peut-être sont affectées à des opérations différentes.

Quand je vois la dévotion de Newton, la profession de foi de Bouguer, en mourant, cela me fait peu d'impression. Ces grands hommes avaient plus d'esprit que moi ; mais l'habitude et la crainte les avaient empêchés de discuter, leur avaient fait une habitude du respect, qui défend le doute, et qui fait un crime de l'examen. Halley, qui était ami de Newton, lui en fesait la guerre ; je l'ai ouï raconter en Angleterre.

Le spectacle du ciel paraît à tout le monde une preuve de l'existence de Dieu. *Cœli enarrant gloriam Dei.* Je le croyais à dix-neuf ans (1) ; aujourd'hui je n'y vois que de la matière et du mouvement. On me dit souvent : mais vous, qui contemplez le soleil, la lune et les étoiles, comment n'y voyez-vous pas l'Être Suprême ? Je réponds : je vois qu'il y a un soleil, une lune et des étoiles, et que vous êtes une bête.

Après avoir rapporté les objections de nos adversaires, je finirai par leur demander comment ils expliqueront l'ame des bêtes et quelques phénomènes relatifs à nous-mêmes.

Le cerveau des quadrupèdes est de la même substance que le nôtre ; ils mangent, ils multiplient comme nous ; ils craignent, ils s'attachent, ils haïssent comme nous ; ils diffèrent cependant beaucoup par les opérations de l'ame ; elles tiennent donc à de bien petites différences.

Le cerveau d'un homme d'esprit et celui d'un imbécille,

(1) Lalande le croyait tellement, qu'il se moqua souvent d'un médecin Italien nommé Riva, dont la folie était de prêcher l'athéisme. Il était loin de penser alors qu'il prendrait un jour le titre de *Doyen des Athées.* Ni lui, ni Maréchal ne parlent de ce Riva.   *Édit.*

diffèrent encore moins dans tout ce qui tombe sous nos sens, dans tout ce que l'anatomiste peut distinguer ; ainsi, la finesse des organes qui produisent la pensée, l'esprit, le génie est telle qu'on ne peut nous les faire appercevoir.

M. Pinel, en 1800, qui a travaillé sur la guérison morale des fous, a lu un mémoire à l'Institut, où il dit que les idiots et les crétins, ont le crâne plus étroit, plus épais, et plus irrégulier ; mais cela me paraît un peu vague, du moins cela ne prouve rien pour la substance même du cerveau.

Le sommeil qui nous ôte un tiers de la vie, me suffisait pour faire voir que l'ame est une chimère. Car, que deviendrait l'ame pendant le sommeil, l'esprit dort-il aussi bien que la matière ?

Quand je vais me coucher, ce moment augmente mon mépris pour l'espèce humaine. Je vais être huit heures comme un végétal inanimé : si je fais des rêves, ils me montreront le mouvement irrégulier, bizarre, fou, de mes organes matériels, et m'empêcheront d'admettre rien de plus dans mon chétif individu.

La substance médullaire du cerveau, qui paraît être le principe de toutes les sensations et de toutes les opérations de l'esprit, est comprimée pendant le sommeil, où il y a plus de chaleur et de gonflement dans les vaisseaux : voilà peut-être pourquoi les rêves sont un mouvement irrégulier et désordonné, où il n'y a plus de raison ni de bon sens ; mais l'opération est de même espèce que dans la veille.

Le 27 mars 1800, l'on était embarassé à l'Institut, pour proposer un prix de physique ; je demandais qu'on proposât la différence du sommeil à la veille. Les songes sont des opérations bizarres, irrégulières, incohérentes ; cependant la substance médullaire du cerveau est la même quand on veille et quand on dort ; mais les anatomistes doivent, ce me semble, nous éclaircir là-dessus.

Les somnambules, qui vont juste à leur but sans y voir, les fous, qui raisonnent quelquefois très-juste, prouvent bien qu'il n'y a en nous que de la matière et du mouvement ; quelques fibres inactives ou agissantes, sont toute la différence entre les ceux circonstances, qui sont d'ailleurs de la même espèce. Il m'est impossible de mettre l'ame pour l'un, et de lui ôter son action pour celui qui dort, pour le somnambule, pour l'insensé, où l'ame n'a rien à faire.

L'intelligence des animaux, des huîtres, des fourmis, que Dupont a célébrée dans sa *Philosophie de la Nature*, prouve que l'ame n'est pas nécessaire pour exécuter ces combinaisons apparentes. Il y a plus de différence entre Newton et un crétin, qu'entre un crétin et un singe, la substance médullaire fait toute la différence.

Quoique je parle spécialement du cerveau, comme principe de nos idées et de nos sensations, je crois bien que les nerfs et la substance nerveuse influent sur la force vitale comme le cerveau, que les sensations sont répandues dans tout le système.

M. Sue, en 1797, assurait que les nerfs suffisent pour le mouvement, sans le cerveau. M. Lassus n'est pas de son avis ; cependant Redi avait vu une tortue vivre et marcher six mois après qu'on lui eut coupé la tête. Haller, Morgagni, Bartolin, Vallisnieri ont vu de ces fonctions vitales malgré l'altération du cerveau. (*Mém. de l'Acad.* 1710, 1711, *et* 1712.) On a vu des fétus sans tête. (*Transactions philosophiques*, 1793.) Un autre sans tête, sans poitrine ni ventre ; c'était moins un homme qu'une plante. A l'Institut national, au mois de Juillet 1797, on racontait qu'un papillon avait volé vingt minutes, après qu'on lui avait coupé la tête; le hanneton sans tête marche encore, sonde le terrein avec ses pattes.

Les expériences faites sur le galvanisme, en 1803, prouvent qu'on peut exciter dans un corps mort, des mouvemens semblables à ceux des corps vivans : ceux-là du moins n'ont pas besoin d'ame.

Un seul gland peut produire des millions de grands chênes ; cela me suffit pour voir la force de la matière et du mouvement, les êtres pensans et se reproduisans n'ont rien de plus extraordinaire pour moi.

Les croyans ne pouvant répondre à nos raisons, répondent par des injures, je ne parlerai que des plus récentes.

La Harpe publia, il y a sept ans, un livre intitulé : *Du fanatisme dans la langue révolutionnaire, ou la persécution suscitée par les barbares du XVIIIe siècle contre la religion*, par J. F. La Harpe, 1797, 2e édit. 267 pages, in-8°, on y trouve, page 4, cette phrase :

« Cette philosophie que je traite (grâce au ciel) avec
» tout le mépris qu'elle mérite, n'est uniquement que
» celle des écrivains qui se sont eux-mêmes appelés
» philosophes, parce qu'ils prêchaient l'athéisme, l'irre-
» ligion, l'impiété, la haine de toute autorité légitime,
» le mépris de toutes les vérités morales, la destruction
» de tous les liens de la société. »

Je répondis dans le journal de Paris, 29 avril 1797 :
» La Harpe confond encore les Athées avec les ennemis
» de la morale et des autorités; rien ne peut expliquer
» ce délire de la calomnie, que la peur qui affaiblit les
» organes. Il a été en prison, il a été en danger, cela suffit
» pour excuser un homme d'esprit descendu à ce degré
» d'abaissement; il peut se consoler encore par l'exemple
» de Newton, ce génie étonnant d'ailleurs, qui finit par

» trouver l'histoire de l'Empire dans l'Apocalypse ; l'âge
» explique tout , et il faut plaindre l'humanité exposée à
» une si honteuse décrépitude. »

Cette réponse m'occasionna une longue dispute dans les
journaux. Dans la Quotidienne , du 23 floréal, (10 mai 1797,)
M. de La Harpe s'expliqua sur la calomnie dont je l'avais
accusé. Voici ses termes.

« Ces écrivains qui se sont eux-mêmes appelés philo-
» sophes parcequ'ils prêchaient l'athéisme , le mépris de
» toutes les vertus morales , la destruction de tous les liens
» de la société ; etc. ; tous ces caractères sont le résultat
» plus ou moins marqué des écrits de Diderot , Helvétius,
« Raynal , Boulanger, Condorcet, du Système de la Nature.»

C'est bien ici que l'on pourrait se servir des termes
de M. de La Harpe , dans la même lettre où il dit : Vous
mentez, Monsieur l'anonyme ; et lui dire : vous mentez
M. de La Harpe ; vous n'avez cité aucun passage de ces
philosophes que vous nommez , où l'on peut trouver *le
mépris de toutes les vertus morales ;* vous citerez peut-être,
mais on aura soin de vérifier vos citations , pour qu'une
phrase isolée ne présente pas un résultat différent de
celui de l'auteur , comme cela vous est arrivé.

Dans la Quotidienne du 13 , M. de La Harpe accabla
d'injures dégoûtantes l'anonyme qui l'accusait d'intolérance ;
il ne voyait pas que c'est la plus horrible intolérance que
de présenter comme ennemis de la morale et de la société ,
ceux qui ont voulu travailler à la perfection de l'espèce
humaine , en écartant les préjugés qui aveuglent l'humanité,
et qui l'ont si souvent dégradée ; mais La Harpe ne voit
rien ; son aveuglement religieux lui ôte la justice , la raison
et la mémoire.

Rœderer prit mon parti, et je lui écrivis le 16 mars 1797 :
Je vous remercie, Monsieur, au nom des philosophes,

de la manière dont vous avez relevé les inepties de
M. de La Harpe, et ses sottes déclamations contre la
philosophie. J'ai vécu avec les plus célèbres Athées, Buffon,
Diderot, d'Holbach, d'Alembert, Condorcet, Helvétius;
ils étaient persuadés qu'il fallait être imbécille pour croire
en Dieu. Qu'auraient-ils dit de M. de La Harpe? Celui-ci
pourrait dire : Mais Newton y croyait. On lui dirait : Il a
fait plus, il crut aux prophéties; mais il était vieux, l'âge
affaiblit la tête; celle de M. de La Harpe n'a pu résister à
la crise révolutionnaire : la peur a affaibli ses facultés
physiques; heureusement il lui reste une charmante
élocution, du style, de l'érudition et du goût, qui
m'enchantent quand je l'entends au Lycée. Puisse-t-il
s'abstenir d'y parler de dévotion et de philosophie, pour
son honneur et par respect pour les précepteurs du genre
humain!

Le Comte de Lauragais, dans une *Lettre d'un incrédule
à un converti qui lui dit des injures*, le ridiculisa. Mais,
le 4 septembre, La Harpe fut obligé de s'enfuir à cause de
son journal, et la dispute cessa.

M. Planche, dans ses excellentes *Éphémérides*, que je
lis tous les soirs (édition de 1797), après avoir parlé des
vertus de Spinosa, au 21 février, ajoute : « Mais on a
» remarqué que tous les Athées avaient soin de se donner
» ainsi l'extérieur de quelques vertus difficiles à pratiquer,
» pour accréditer leur système, et ne pas laisser croire qu'il
» est uniquement le fruit d'un esprit et d'un cœur déréglés.»

Une prévention aussi extravagante, aussi abominable, ne
peut venir que d'un fanatisme porté jusqu'à l'aveuglement
et au délire : tout le bien qu'ont pu faire les grands hommes
que je viens de citer, n'était donc que pour cacher le
dérèglement de l'esprit et du cœur, dont il n'y a cependant
aucune preuve.

Je plains les dévots qui connaissent si peu la vertu; ils s'estiment eux-mêmes si peu, qu'il m'est impossible de les estimer beaucoup.

Dans le Journal des Débats, le plus recherché actuellement, et le plus piquant de nos journaux, on rendait compte, le 13 septembre 1803, d'un beau discours de M. Luce de Lancival, prononcé au Prytannée, où le reproche d'immoralité est reproduit avec beaucoup de force. Mais un littérateur n'est pas physicien; il n'a pas étudié la matière et le mouvement; il ne peut que répéter les anciennes injures vomies par les aveugles contre les clairvoyans.

Pour moi, transporté dès l'âge de 19 ans (en 1751) à l'école du Roi de Prusse et des philosophes dont il était environné, j'appris à m'élever au-dessus des préjugés. Je n'ai jamais trompé une femme; j'ai fait du bien toutes les fois que j'en ai trouvé l'occasion, j'en fais encore tous les jours. Mais M. Planche ne croit point à la vertu, et probablement je ne suis pour lui qu'un hypocrite, peut-être un homme aveuglé par les passions.

Le célèbre géomètre Euler, n'était pas de la société des philosophes de Berlin; semblable à Newton, par son talent, il était persuadé, comme Newton, qu'on doit s'interdire sur Dieu tout examen et tout raisonnement ; mais il conserva sa tête plus longtems que Newton; et Euler, qui lisait tous les jours la bible, n'y a jamais trouvé l'histoire du Bas Empire.

On nous dit souvent que nous voulons paraître des esprits forts; ceux qui font ce reproche reconnaissent donc qu'ils sont des esprits faibles : je le crois avec eux.

J'aime la religion, parce qu'elle met dans les mains de ses ministres des moyens de contribuer au bonheur de l'humanité. Un bon curé est un trésor. Mais les prêtres ont horriblement abusé de leur empire; ils doivent me pardonner quelque inquiétude à leur sujet. Les massacres effroyables et multipliés que l'histoire des juifs et celle des chrétiens nous rapportent, autorisent ces inquiétudes ; mais nous ne craignons plus leur fureur, nous pouvons leur pardonner. Dans mon voyage d'Italie, j'ai fait voir mon respect pour la religion. Le pape Clément XIII (mort en 1769), qui m'aimait beaucoup parce que j'étais adorateur des jésuites, et qui connaissait mes opinions philosophiques, fit des efforts, en 1765, pour me convertir ; mais il ne put obtenir du ciel la grâce efficace pour moi.

Monge me disait devant le grand Bonaparte que j'étais un Athée chrétien ; je lui dis : mon athéisme est le résultat de mes méditations sur l'univers ; mon christianisme est le fruit de mon expérience sur les hommes.

Je ne désire pas que mes raisonnemens contre Dieu aient une grande publicité ; j'en fais publier un petit nombre pour les adeptes.

Non est hic piscis omnium.

CATALOGUE
DES AUTEURS
QU'ON AURAIT PU AJOUTER AU DICTIONNAIRE
DES ATHÉES;
AVEC DES CORRECTIONS POUR QUELQUES ARTICLES.

———————◆———————

ACADÉMIE DE PLATON. Selon les Académiciens, l'ame a trois parties différentes, et chacune a son séjour; une partie incorruptible placée dans la tête; une partie concupiscente placée dans le cœur; une partie animale placée entre le diaphragme et l'ombilic; celle-ci préside aux fonctions animales, la moyenne aux passions, la supérieure à la raison. (*OEuvres de Diderot, tome VI, pag. 374 et 484.*)

AMÉRICAINS. Dans une liste de ceux que la fièvre jaune avait emportés, en 1802, aux États-Unis, on les comptait par chaque religion, et l'on finissait par quatre Athées.

BEMBO, Cardinal. C'est à lui que Léon X adressa ce propos si connu : Que de bien nous a fait cette fable du *Christ!* Cela prouve que le pape et le cardinal ne croyaient pas en Dieu. C'est ce même Bembo qui disait : « Je ne puis » vous rendre raison de rien en physique, non plus qu'en » morale, si vous n'admettez Jésus-Christ. »

BÉROALD, (François **)** de Verville, auteur du *Moyen de parvenir.*

BRETON, (J. B. J.) l'un des coopérateurs de la *Bibliothèque Française.* « Ne pensez pas substituer à une » religion révélée cette chimère que vous appelez religion » naturelle. Quoiqu'on fasse, chaque peuple....... aura

» toujours une religion. Si vous en anéantissez une , il s'en
» fera bientôt une autre. Un imposteur viendra qui......
» établira une nouvelle doctrine...... Il n'est pas un déiste
» qui n'ait quelquefois des doutes sur l'existence même
» de la divinité. » (*Bibliot. Franç.* , 3ᵉ année , nᵒ 12.)

BRETON (Adélaïde Gosselin Le) a fait sa déclaration
au Lycée ; et c'est une des femmes les plus spirituelles , les
plus instruites , les plus aimables que je connaisse.

BURIGNY , * (l'Évêque de) célèbre Académicien , a fait
l'examen des Apologistes de la religion chrétienne , sous le
nom de Fréret , et l'histoire de la religion payenne. Il est
mort le 8 octobre 1785.

CABANIS , en 1803 , a fait un livre sur *le Physique et le
Moral de l'homme*, 2 vol, in-8ᵒ , où il réduit tout le moral au
physique.

CADET - GASSICOURT , habile pharmacien , fils du
célèbre chimiste , a fait une préface à son *Dictionnaire de
chimie* , où il a établi l'influence de la matière sur les
opérations de l'intelligence humaine.

CARRA , dont j'ai donné la notice dans le Journal du
département de l'Ain , du 18 août 1802 , était né en 1743 ,
il périt le 31 octobre 1793 , avec plusieurs autres députés.
Il avait publié , en 1777 , *l'Esprit de la morale et de la
philosophie* , où l'on voit qu'il était Athée. Il commença
par ces vers :

Cet être merveilleux qu'on nomme Être-Suprême
Ce Dieu, n'en doute point, ô homme, c'est toi-même !
C'est en méconnaissant les droits de la raison
Que tu perds ce beau titre, et qu'il n'est qu'un vain nom.

M., *Épître aux Philosophes.*

* Les noms marqués d'une * , sont ceux qui se trouvent rappelés
de nouveau dans le second supplément. *Édit.*

CARTAUD DE LA VILLATE. « Les rois consacrèrent
» la religion, et les prêtres firent encenser le trône. La
» religion dépendait du prince, etc. » (*Essais critiques
sur le goût, page 16.*) « Telles purent être les origines du
» trône et de la religion........ (*Ibidem, page 19.*)
« Insensiblement l'hérésie vient à paraître (au XVᵉ. siècle),
» avec l'aurore de la littérature...... La religion ne fut
» presque plus qu'une affaire de bienséance, etc., etc. »
(*Ibidem, page 120*).

CÉRUTTI, * d'abord jésuite, ensuite député, mort en
1792, termine le poème des *Jardins* de Betz, par une
note qui contient l'éloge d'un Athée parfait honnête
homme.

CÉSAR, soutint, en plein Sénat, qu'il n'y avait plus
rien après la mort; Caton le réfuta, comme le rapporte
Salluste dans le discours de Caton. Il n'était pas le seul à
Rome, à en juger par ces vers de Juvénal :

> *Esse aliquos manes et subterranea regna*
> *Nec pueri creddunt.*   II, 149.

CICÉRON, *De naturâ Deorum*, fait parler des inter-
locuteurs dans des sens différens ; mais on ne peut douter de
sa manière de penser, en voyant qu'il n'osait s'expliquer :
*qui autem requirunt, quid quâque de re ipsi sentiamus,
curiosiùs id faciunt quàm necesse est.* (L. I. art. X.)

CLOOTZ. La Convention Nationale renvoya à son
comité de salut public la proposition faite par Clootz,
d'ériger une statue à Jean Meslier, curé d'Estrépigny, près
Vousières, à 11 lieues de Rheims, en Champagne, qui fit
très-bien son état, mais laissa en mourant sa profession
d'athéisme.

L'Assemblée Constituante, au mois de juin 1791, avait
renvoyé au comité la motion de Saintez, député d'Auch,

contre les Athées; ce fut pour éviter une discussion, où les prêtres auraient fait tapage. Saintez, à qui je me plaignis, me fit une réponse assez satisfesante. On m'assura que Saintez avait un oncle curé, fort riche, à qui il voulait marquer son zèle.

DAUBE. Essai d'idéologie, in-8°. 1803.

Il observe que Condillac qualifie de démonstrations les trois preuves qu'il donne, dans trois ouvrages différens, de la spiritualité de l'ame. Daube réfute celle qu'il trouve la plus étendue et la plus méthodique, et se flatte d'en faire appercevoir le vide. M. Sicard lui en fait un reproche dans le Moniteur du 10 septembre; il ne manque pas de nous injurier comme font tous les dévots, en disant: » laissons » à ceux dont les excès attestent l'avilissement de leur » ame, la désolante doctrine de la matérialité et du » néant. »

DÉMONAX, philosophe né en Chypre. Lucien a écrit sa vie : il fut plus recommandable encore par ses vertus et ses qualités aimables que par son esprit supérieur. On lui demandait ce qu'il pensait des enfers: » attendez un peu, » répondit-il, quand j'y serai, je vous en donnerai des » nouvelles. » A cette question, l'ame est-elle immortelle ? » Oui, répondit Démonax, comme tout le reste. » Accusé d'impiété, voici comme il se défendit: » Si je n'ai point » sacrifié à Minerve, c'est que j'ignorais que cette déesse » eût besoin de mes sacrifices; je ne me fais point initier » aux mystères d'Éleusis, parceque je ne pourrais m'ab- » stenir de les divulguer, par amour de l'humanité, s'ils » renferment quelque chose d'utile, et pour en détourner » les autres hommes, s'ils sont contraires à l'honnêteté. »

C'est Démonax qui dit aux Athéniens, lorsqu'ils voulurent établir dans leur ville un spectacle de gladiateurs : » Ren-

» versez donc auparavant l'autel élevé par vos ancêtres
» à la pitié » .... Et à un magistrat supérieur, qui le
consultait sur les moyens de s'acquitter parfaitement de
son emploi : » Fuyez la colère, parlez peu, écoutez
» beaucoup. »

Après avoir vécu près d'un siècle, sans maladie, ce
philosophe mourut en s'abstenant volontairement de
nourriture , lorsqu'il sentit que l'affaiblissement de la
vieillesse le mettait hors d'état de pourvoir lui-même à ses
besoins.

Ecce vir.

DIDEROT * était Athée très-ferme et très-réfléchi ;
suivant Naigeon, tome VI, page 374. Mais il ne voulait pas
être brûlé.

Le *Sceptique Français*, manuscrit unique de Diderot,
qu'on avait saisi chez lui, a été acheté par Naigeon, en 1800.

DUPUIS, * dans l'*Abrégé* de son grand ouvrage de
l'*Origine des Cultes,* 1798, in-8°, me paraît être Athée ;
cependant il n'en convient pas tout-à-fait.

EDGEWORTH, (Miss Marie) dans son beau *Traité de
l'éducation pratique*, paraît avoir une forte teinte de la
doctrine du matérialisme, suivant son dévot traducteur,
Charles Pictet; mais celui-ci est de Genève , où l'on tient
beaucoup à la religion.

ÉPICHARME, poëte Sicilien, qui servit de modèle à
Plaute. « Soyez sobre, et souvenez-vous de ne pas croire ;
» c'est le nerf de la raison. »

EUCLIDE. On peut rapprocher son athéisme de cette
lucidité, de cette justesse, qui en ont fait le premier auteur
élémentaire en géométrie. C'est qu'en effet, un esprit
accoutumé à l'évidence, repousse avec dégoût les absurdités
théologiques. Le P. Mereaux, Supérieur de l'institution de

l'Oratoire, à Paris, abandonna la carrière des mathématiques, où il aurait pu se faire un nom; « parce que,
» disait-il à un ami, l'étude de cette science dessèche
» l'ame, et la rend incapable de goûter les vérités de la
» religion. »

EURIPIDE. « Tu vois cet *Éther* qui est en haut, qui
» est sans bornes, et qui entoure la terre de ses bras
» humides : crois-le Jupiter, crois-le Dieu » ! Ces vers
appartenaient probablement au *Thyeste* d'Euripide ; c'est
du moins dans son *Thyeste* qu'Ennius en avait inséré la
traduction.

. . . . - *aspice hoc*
Sublime candens quem vocant omnes Jovem.

La *Ménalippe* d'Euripide commençait ainsi : « O
» Jupiter ! quel que soit ce Jupiter ; car je ne le connais
» que pour en avoir entendu parler ». — La même idée
est répétée dans son *Oreste* (vers 412, édit. de Parson,
et 420, édit. de Brunck) : « Nous sommes esclaves des
» Dieux, quels que soient ces Dieux » ; et dans *l'Hercule
furieux* (vers 1264) : « Jupiter, quel que soit ce Jupiter »!...

Quand on se rappelle que ce poète était ami et disciple
de Socrate, on peut croire que la doctrine de celui-ci
est mieux établie dans ces passages, que dans les écrits
de Platon.

FO, (1) ancien philosophe Chinois, est regardé comme un
Dieu. A sa dernière heure, il assembla ses disciples, pour
leur déclarer que jusqu'alors, il ne s'était expliqué que
par des figures et des paraboles, sous le voile desquelles
il avait caché la vérité, pendant l'espace de 40 ans ; mais
qu'étant prêt à les quitter, il voulait leur communiquer

(1) Voir le Dictionn.

le fond de sa doctrine. Qu'il n'y avait pas d'autre principe des choses, que le vide et le néant ; que tout était sorti du néant et devait y rentrer, et que telle était la fin de toutes les espérances.

Les derniers discours de Fo, firent naître une secte d'Athées entre les Bonzes. La secte de Fo fut apportée des Indes soixante-cinq ans avant notre ère. (Abrégé de l'hist. des voyages , tome VIII , page III).

FRÉDÉRIC II *, Roi de Prusse , a fait l'éloge de La Mettrie , mort à Berlin le 11 novembre 1751. Cet éloge est dans l'histoire de l'Académie , pour 1750 ; j'étais présent lorsque le secrétaire de Frédéric vint lire cet éloge , comme composé par le Roi lui-même.

FRÉRET.* Il y a quelques-uns des ouvrages qu'on lui attribue , dont il n'est pas sûr qu'il soit l'auteur ; mais la *lettre* de Trasibule à Leucippe , qui est certainement de lui , est un chef-d'œuvre de logique et d'éloquence , où toutes les arguties des théistes sont pulvérisées.

FRÉVILLE, * économiste, donna, en 1773, la traduction du livre Anglais de Baretti, intitulé : *Les Italiens , ou mœurs et coutumes d'Italie*, et fit beaucoup d'autres ouvrages ; c'était un Athée des plus fermes que j'aie connus : il est plus ancien que Fréville l'instituteur.

GALL. * *Exposition de la doctrine physionomique du docteur Gall*, ou *nouvelle théorie du cerveau*, considéré comme le siège des facultés; chez Henrichs, rue de la loi, n° 1231, in-8°, 1803.

En décembre 1801 , un ordre du Cabinet de Vienne lui a défendu de continuer ses leçons, sous prétexte que « La » nouvelle théorie de la tête , n'était propre qu'à bouleverser » les têtes , à saper les fondemens de la religion, et à » propager le matérialisme ».

GAUTHEROT, physicien distingué, surtout pour le galvanisme.

KANT, le plus fameux métaphysicien de l'Allemagne, me paraît détruire les preuves qu'on donnait avant lui de l'existence de Dieu. Charles Villiers, qui a publié à Paris la philosophie de Kant, nous dit que Kant anéantit le corps comme *chose en soi*, la substance incorporelle comme *chose en soi*, et les laisse subsister comme simples phénomènes.

LALANDE. A la suite de mon quatrain sur Dieu, on pourrait ajouter celui que j'ai fait contre les hommes : *facit indignatio versum*.

> Les hommes fous, méchans ou bêtes
> Prouvent que tout est mal dans cet indigne lieu.
> Un scélérat suffit pour renverser les têtes;
> L'homme ne serait plus s'il existait un Dieu.

LAMBERT, de Belan, député à la convention : *Les fourmis du Parc de Versailles raisonnant; in-12, 1803.*

LA METHERIE, * (Jean Claude de) professeur d'histoire naturelle au Collège de France, et auteur du *Journal de Physique.*

LEBRETON. « Il est difficile de mettre les démonstrations » métaphysiques à la portée de tout le monde : mais la » meilleure preuve contre l'existence de Dieu, c'est » l'existence des prêtres ». Il achevait par ces mots le récit des désastres que les prêtres ont causés dans les départemens de l'Ouest.

LÉQUINIO, député à la Convention Nationale, y fesait profession d'athéisme comme Jacob Dupont et le monstre qui ensanglanta la France pendant neuf mois. Celui-ci changea d'avis, mais il était trop tard; il subit la peine due à ses crimes, le 28 juillet 1794.

LE ROY, de Versailles, ami de Buffon, et qui connaissait les animaux mieux que personne, dans ses *Lettres philosophiques sur les Animaux*, les rapproche tellement de l'homme, qu'on ne peut admettre la spiritualité dans l'homme sans l'accorder aux bêtes. (*Journal de Paris*, le 20 germinal an X.

Descartes refusant une ame aux bêtes, indiquait son opinion sur celle des hommes.

LICHTENBERG, habile astronome de Gottingen, était Athée très-prononcé et très-déclaré. Il est mort en 1799. (Voyez ma Bibliographie astronomique, p. 826.)

LYCÉE. En pluviose an VI, on lut au *Lycée Républicain* (aujourd'hui *Athénée de Paris*), un ouvrage intitulé : *De la Souffrance et de la Consolation.* L'auteur puisait dans la nature humaine et la philosophie, et non dans les idées religieuses, tous les motifs du courage, toutes les ressources de la compassion. L'abbé ***, en sortant, dit tout haut : *voilà un discours d'Athée.* On rapporta ce propos à l'auteur, qui répondit gaîment :

Le bon sens du maraud quelquefois m'épouvante.

Nous n'extrairons que deux traits de cet essai :

« La morale la plus austère en théorie est la plus
» admirée des hommes, quelle que soit leur corruption, et
» proportionnément à cette corruption. Delà, le charla-
» tanisme des rigoristes, toujours sûr de son succès, et
» qui, mieux que de prétendus miracles, a servi les
» fondateurs des sectes, etc. »

» L'homme qui ne craint pas la mort, et connaît la
» valeur de la vie, sait quand il doit vivre et quand il doit
» mourir...... Mais l'incertitude de l'avenir ! mais ce
» passage effrayant du temps à l'éternité ! — Sois bon :
» qu'as-tu à craindre ? »

MARCHÉNA. (Joseph) Voyez son *Essai de théologie* (in-8°, 42 pag., Paris, Cérioux). Le but de cet ouvrage est de prouver « la connexité intime de l'idée mère » de toutes les religions, de celle d'une *divinité*, avec » la corruption de la morale, avec les faux systèmes » d'organisation sociale. »

MARÉCHAL, auteur du *Dictionnaire des Athées,* avait fait graver ces deux vers :

> L'homme dit : Fesons Dieu ; qu'il soit à notre image;
> Dieu fut, et l'ouvrier adora son ouvrage.

MARIE-THÉRÈSE, * Reine de Hongrie, avait été rendue Athée par Vanswieten ; mais il ne la détourna pas des pratiques apparentes de la religion catholique, une des bases les plus importantes de la politique. (*Testament de Pie VI*, 1800, *pag.* 29.)

MÉHÉE, rédacteur du *Journal des hommes libres.*

MÉNANDRE, poète comique Grec, dont il ne nous reste que des fragmens. En voici un que Stobée nous a conservé. « Épicharme a dit, il est vrai que les Dieux » sont les vents, l'eau, la terre, le soleil, le feu, les » astres : mais Moyse n'imaginait que des Dieux utiles; » c'était pour nous l'argent et l'or. Quand tu les auras » placés dans ta maison, demande ce que tu veux; tout » t'arrivera, le champ, les maisons, les esclaves, les » vases d'argent, les amis, les juges, les témoins. Donne » seulement, et tu auras les Dieux mêmes pour serviteurs. » Ménandre n'était pas un *croyant*, puisque le *spinosisme* d'Épicharme ne lui suffisait pas.

MERSENNE, Minime, écrivait à Descartes : on ne sait pas si l'idée d'un être très-parfait n'est point la même que celle d'un être corporel. (*Lettres, t. II, p.* 281.)

MÉTRODORE, philosophe pyrrhonien, né à Chio.

« Nous ne savons rien , disait-il , et nous ne savons pas
» même si nous ne savons rien. »

MONTAIGNE , dans son grand chapitre sur Raimond
de Sebonde , ridiculise les systèmes de la divinité. Il
observe que Pythagore enseignait en secret sa doctrine
intérieure sur l'athéisme , après de longues épreuves ; et
il cite beaucoup d'autres philosophes qui tenaient leurs
opinions secrètes. Cicéron en parle de même : il y avait
du danger à Athènes , mais en France il n'y en a plus ;
je trouve que cette dissimulation est une lâcheté.

NAIGEON me déteste pour l'avoir mis dans notre
Dictionnaire : il prétend que cela l'a empêché d'être député ;
mais on m'a bien dit que la même raison m'avait empéché
d'être sénateur ; l'un est aussi douteux que l'autre.
Mongez me déteste aussi pour l'avoir cité , parce qu'il
a pensé qu'il pourrait arriver un gouvernement où il
serait sous le couteau. *Je ne sais pas prévoir les malheurs
de si loin.* Celui qui craint la mort n'est capable d'aucune
des grandes actions qui honorent l'homme : ainsi je
n'estime pas les Athées qui cachent leur opinion ; ils
ne me paraissent pas dignes de notre secte. Cependant
je dois cette justice à Naigeon , il s'est toujours assez bien
montré depuis son article *Unitaire ,* dans l'ancienne
Encyclopédie , in-fol°. , 1765 , pag. 400, tome XVII ,
jusqu'au *Dictionnaire de Philosophie ;* dans l'*Encyclopédie
méthodique,* aux articles : *Académiciens, Cardan, Fatalisme,
Fréret, Mirabeau , Ordre de l'Univers, Stoïcisme,* etc.; mais
il vient de supprimer une *Préface* qui lui avait pris
beaucoup de temps , et qui était déjà imprimée , pour les
OEuvres de Diderot. Le rétablissement de la religion
catholique en France lui a inspiré une nouvelle crainte.

. . . . Un médecin célèbre m'a prié de ne pas le citer ici, parce qu'il y aurait trop à perdre pour lui de se rendre odieux aux dévotes, dont il est l'oracle. Il m'a paru que les plus grands médecins étaient de grands matérialistes.

NÈGRES SÉRAIRES, peuple d'Afrique, où l'on trouve la vertu, le courage, le bonheur et l'athéisme; suivant M. Pruneau de Pommegorge. (*Description de la Nigritie,* **1789,** *in-8°, pages* **120-125.**) Améric Vespuce dans son premier voyage, en **1497,** sur la côte de Paria, dit qu'il n'y trouva aucune religion.

NOGARET. (le Comte de) Voyez *son Essai sur les Montagnes* (**2** vol. in-8°, Amsterdam, **1786.**), ouvrage excellent et trop peu connu. Dans le chapitre **17** du livre VIII, l'auteur indique nettement les causes très-humaines des croyances religieuses. Il ne regarde toutes ces croyances que comme des maladies morales de notre espèce dégénérée. « Tous les systèmes d'invocation, les théogonies, » tous les genres d'idolâtrie, toutes les prétendues reli-» gions répandues depuis sur la terre, sous tant de formes » diverses; en un mot, le culte, doit le jour aux passions » des hommes; etc. etc. » (*Tome II, page* **415**)

PHILÉMON, auteur comique, dont il nous reste un petit nombre de fragmens, recueillis avec ceux de Ménandre. Voici la traduction de six vers de ce poète :

« Crois Dieu, et le révère; mais ne le cherche point, car » tu n'as rien de plus que de chercher. Ne désire pas » apprendre *s'il est ou s'il n'est pas :* révère-le toujours » comme existant et présent.... Dieu ne veut point que » tu apprennes quel il est : tu deviens donc impie en » voulant l'apprendre malgré sa volonté. »

PIGAULT-LE-BRUN, auteur de la charmante comédie des *Rivaux d'eux-mêmes,* et de plus de **30** volumes de *Romans,* etc. a donné, en **1803,** le *Citateur,* en **2** vol., où il rapproche toutes les objections des croyans, et les rend ridicules.

PLINE. Ajoutez à son article ce passage remarquable, livre VII, chapitre 55, à la fin : *At quanto facilius certiùs que sibi quemque credere, ac specimen securitatis antè genitali sumere experimento.*

POUGENS, (Charles) de l'Institut national, un de nos savans les plus universels, s'exprime ainsi ;

« Ce prétendu système du monde, ces lois régulières et
» constantes, d'après lesquelles la Nature se meut et agit,
» cette volonté prédéterminée du créateur, sont une pure
» invention des hommes ; il leur fallut un Dieu pour
» consoler leur ignorance et leur faiblesse ; et ils ont été
» en même temps assez imbécilles pour l'emprisonner et
» pour circonscrire sa puissance, en l'assujettissant lui-même
» aux règles dont-ils ont prétendu qu'il était l'auteur ;
» enfin, de leur Dieu tout-puissant ils n'ont fait qu'un
» Dieu asservi, un Dieu fait à l'image de l'homme, un
» homme agrandi. Jetez autour de vous quelques milliers
» de grains de froment, vous formerez nécessairement des
» cercles, des triangles, des quadrilatères, etc. ; doit-on
» conclure de là que vous avez l'intention de disposer ces
» grains de froment selon les règles de la géométrie. »
(*Maximes et Pensées*, par Charles Pougens, écrites à Londres en 1787, et imprimées à Paris, en 1793, à son ami Gorani. 16 pag. in-8°.)

POULTHIER, dans son *Ami des loix*, le 23 brumaire an VI, établit une conversation plaisante entre La Harpe et moi ; il finit par rendre La Harpe bien ridicule.

PROTAGORAS, exilé par les Athéniens, donne lieu à Cicéron de dire : *Ex quo equidem existimo tardiores, ad hanc sententiam proftendam, multos esse factos, quippe cum pœnam ne dubitatio quidem effugere potuisset.* La même raison a dû imposer silence aux philosophes de tous les siècles et de tous les pays.

RICHARD ROÉ, auteur de *Concubitus sine Lucina.*

ROUCHER. Le Garde-des-Sceaux Miroménil lui disait, à l'occasion de son poème des *Mois* : » Il y a bien un » peu d'athéisme ; au reste, c'est le pain des forts. »

ROUSSEAU de Genève, dans une lettre à madame de Luxembourg, qui est dans le *Conservateur*, dit, en parlant de la vie future : *je n'y crois pas.*

SALVERTE (1) (Eusèbe), né à Paris le **18** Juillet **1771**, a fait : *Essai sur ce qu'on doit croire*, **1793** ; l'*Éloge de Diderot; des Poésies*, et nous prépare encore des ouvrages philosophiques.

Je dois à Salverte beaucoup d'articles de ce supplément.

SÉNÈQUE. *Hoc erit post me, quod antè me fuit.* (*Ep. 5.*)

SÉNÈQUE le poète. On y trouve encore ces vers :

> Quæris quo jaceas post obitum loco ?
> Quo non nata jacent.　　　　　　　　(Troas, II. 3.)

SOCRATE. Il me paraît prouvé qu'il était Athée, mais qu'il ne voulait pas s'expliquer ouvertement. Il fut condamné comme Athée. Xénophon, pour prouver qu'on avait eu tort de le faire périr, dit qu'il sacrifiait à Esculape, mais il ne parviendra pas à déshonorer Socrate à ce point là. On dit que je lui ressemble de figure, je crois du moins lui ressembler par mes principes et mon amour pour la vertu.

Platon fait dire à Socrate, dans son *Apologie* : « Qu'on » parle de lui comme d'un sophiste habile, qui s'occupe de » ce qui se passe dans les cieux, qui cherche ce qui est

(1) Aujourd'hui membre de la Chambre des députés, en France ; et auteur d'un ouvrage *sur les Noms Propres.*　　　　　Édit.

» caché dans les entrailles de la terre..... Ordinairement
» ceux qui s'occupent à ces sortes de sciences sont taxés
» d'athéisme. »

S.-Justin fait dire à Socrate qu'il n'était pas facile d'arriver
à la connaissance du père et de l'auteur de toutes choses,
et que quand on y était arrivé il n'était pas sûr de s'en
entretenir avec tout le monde. (*Vie de Socrate, par
Charpentier.*)

Aristophane disait que Socrate avait détrôné Jupiter
pour mettre les nuées en sa place, et leur donner le
gouvernement du tonnerre. Athénée, liv. XI, p. 248, fait
un reproche pareil à Platon.

Socrate, disant devant ses juges que le soleil et la lune
étaient des Dieux, nous prouve que les Dieux de Socrate
étaient la matière et le mouvement.

Enfin, Socrate, en lisant le *Lysis*, de Platon, disait :
*Grands Dieux ! combien ce jeune homme dit de faussetés sur
mon compte.* (Diog. Laërce, dans Platon.)

Voilà pourquoi j'ai pris Socrate pour mon patron et pour
patron de notre secte.

La fête des Théophilantropes au temple de la Victoire
(Saint-Sulpice), à l'honneur de Socrate, le 30 Mai 1800, ne
m'empêche point d'appeler notre secte *la secte Socratique.*

STACE emploie ce vers de Pétrone : (1)

> Primus in orbe Deos fecit timor.

STAËL (Necker, madame de) a fait, en 1800, un
ouvrage très-philosophique où elle fait voir l'influence de
la littérature sur le gouvernement, la religion et les mœurs.
Elle y prend la défense de la philosophie contre ces gens
d'esprit, qui croient qu'il est d'une saine politique de

---

(1) Voir Pétrone au Dict. et au second Suppl.   *Édit.*

déclarer la guerre à ce qu'ils appellent les rêves creux de la métaphysique.

STOÏCIENS. Il semblait que la nature humaine eût fait un effort pour produire cette secte admirable, qui était comme ces plantes que la Nature fait naître dans des lieux que le ciel n'a jamais vus. Les Romains lui durent leurs meilleurs Empereurs. (*Montesquieu*, *Gr. des R.*, *Ch. XVI.*)

Les Stoïciens étaient matérialistes, fatalistes, et à proprement parler, Athées. (*Diderot*, *tome VII*, *page 516*, *de ses OEuvres publiées par Naigeon.*)

L'an 278, les Athéniens défendirent aux philosophes d'enseigner.

VOLTAIRE. Je l'ai beaucoup connu, depuis 1751 jusqu'à sa mort, et je suis certain qu'il était Athée. Madame Denis, sa nièce, me l'assurait; mais il ne voulait pas qu'on en parlât; il regardait la croyance d'un Dieu comme nécessaire aux hommes. J'ajouterai quelques passages de Voltaire, à l'appui de mon assertion.

« Quand il faut rendre son corps (dit-il) aux élémens
» et ranimer la nature sous une autre forme, ce qui
» s'appelle mourir; quand ce moment de métamorphose est
» venu, avoir vécu une éternité ou avoir vécu un jour,
» c'est précisément la même chose. » (*Micromégas.*)

<blockquote>
Est-ce là ce rayon de l'essence suprême,
    Que l'on nous peint si lumineux;
Il naît avec nos sens, croît, s'affaiblit comme eux :
    Hélas ! périra-t-il de même ?
</blockquote>

Voltaire disait à un poète qui lui demandait son opinion sur Dieu : « Croyez en Dieu, il n'y a rien de plus » poétique. » Montlinot me l'a assuré.

WOLF, (Christian) célèbre mathématicien et métaphysicien, mort en 1754, accusé par les prêtres de ne pas croire en Dieu, fut obligé de quitter son pays auquel il était fort utile.

WOLF, (Nathanaël Mathieu) astronome de Dantzig, dont j'ai parlé dans ma *Bibliographie astronomique, p.* 595.

ZÉNON, mort l'an 264 avant notre ère, renversa toutes les notions reçues de théologie. Jupiter, etc., étaient réduits à des mots vides de sens. Selon lui, la cause efficiente, ou, Dieu, est un air très-pur et très-liquide, un feu placé à la circonférence des cieux la plus éloignée. C'est en agitant la matière et en lui imprimant les qualités qui étaient en elle, qu'elle a formé le monde.

ANONYME. *De l'Homme et de ses rapports,* 1800, seconde édition, 2 vol. in-8°.

J'ai remercié l'auteur dans le *Journal de Paris,* du 27 vendémiaire an IX; il discute fort au long la grande question de l'existence de Dieu.

Dans l'ouvrage intitulé *l'Art de désopiler la rate,* page 305 et suiv., il y a un catalogue très-étendu de livres d'athéisme, où l'on pourrait trouver de quoi augmenter nos supplémens, mais il faudrait trop de temps, je retourne à mes étoiles.

11 novembre 1803, anniversaire de La Mettrie.

SECOND SUPPLÉMENT

AU DICTIONNAIRE

DES ATHÉES,

PAR JÉROME DE LALANDE. 1805. (1)

---◄○►---

RÉPONSE AUX OBJECTIONS.

LES OBSCURANS, c'est-à-dire, les ennemis de la raison nous font des raisonnemens, nous disent des injures; il faut répondre aux uns et aux autres.

Dans la *lettre* de Salverte, sur les obscurans, (*Mag. Encycl. tom. 3. p. 95 de la 8.ᵉ année.*); dans le journal littéraire de Gottingue, tom. 3, 21 février, on voit leur caractère, leur marche, leurs objections. M. Beauregard, philosophe de Bourg, les appelle *Mysophanes*, ennemis de la lumière.

M. l'abbé de Boulogne, célèbre prédicateur, dans les *Annales littéraires et morales, 1803, 9.ᵉ cahier, p. 393.* m'accable d'injures dégoûtantes, où je n'ai rien vu qui méritât de réponse. Il y a entre autres un argument peu digne de ce grand prédicateur; c'est que je suis fort petit et fort laid; Maréchal était de même, Spinosa aussi; tout les gens de notre secte sont des êtres disgraciés de la nature. Il n'a pas excepté Buffon, Condorcet, Helvétius, Diderot, Burigny, qui étaient de fort beaux hommes.

M. Dubois, dans les *Annales de la religion*, du 31 novembre 1803, rend un compte plus modéré de mon supplément, mais mon grand argument, page 7, le plus frappant pour

---

(1) La notice sur la vie de Maréchal qui précède ce Supplément ainsi que le premier, se trouvant refondue dans celle que nous avons mise en tête de ce volume, nous n'avons point jugé à propos de la répéter ici. *Édit.*

moi lui paraît sans force, à la vue des merveilles de l'univers. Cependant si Dieu existait, il serait essentiellement présent à nos sens, à nos ames, à nos esprits, à nos cœurs, ou bien il serait la cause de notre erreur, de notre aveuglement, ce qui répugne à l'idée de la perfection. Je dis plus, il lui serait impossible de se cacher, quel que soit son pouvoir ; son essence ne le permettrait pas, elle serait d'être présent par-tout, de gouverner, d'éclairer de sa gloire, de frapper d'admiration et de respect.

Quand il s'agit du soleil, personne n'a envie de disputer sur son existence, parce que tout le monde le voit; un aveugle même n'a pas de doute, parce que le témoignage est universel et l'évidence incontestable. Nous n'avons pas besoin de former des conjectures à son égard; de dire, toutes les nations y croient, sans lui la terre ne produirait rien, il faut absolument qu'il y ait un soleil. Si je ne le voyais pas moi-même, je dirais : vos conjectures sont grandes, ingénieuses, elles sont vraisemblables; mais j'ai des yeux comme vous, et je ne le vois pas ; j'ai de l'esprit comme vous, et je ne le conçois pas ; votre autorité ne m'en impose pas, elle ne peut remplacer le témoignage de mes sens et les lumières de ma raison.

On me demande : à quoi bon vos raisonnemens contre une croyance utile ? Je réponds que la perfection de l'espèce humaine tient à la vérité, aux lumières dont un petit nombre de philosophes sont les seuls dépositaires. Nous ne devons pas laisser périr entre nos mains un dépôt précieux : c'est une pierre d'attente dont nous devons compte à la postérité, et qu'on a retardé de deux mille ans. On était obligé depuis deux mille ans de se cacher, j'ai profité du moment où un souverain éclairé nous rendait la liberté. *Rara temporum felicitas ubi sentire quæ velis, et quæ sentias dicere licet. Tacite, hist. I. ch. 1.*

[Naigeon, un de nos meilleurs Athées n'ose pas en convenir. Moi, qui ne crains ni ne désire rien de personne, je dis toujours la vérité toute entière; je crois remplir un devoir. Il ne suffit pas de ne jamais mentir, il ne faut jamais taire la vérité. Je me fais des ennemis; je suis en guerre avec les croyans; mais je suis en paix avec moi-même et je compte sur la postérité.] (1)

La religion est utile quant à présent, mais n'est-il pas utile aussi qu'il existe un foyer de vérités et de lumières pour la perfection de l'espèce humaine, et pour l'instruction de la postérité. C'est aux philosophes qu'appartient ce dépôt. Si je suis le premier qui l'ait annoncé publiquement avec mon nom, c'est que je me suis trouvé comme Tacite, dans une circonstance heureuse; j'ai regardé l'univers et la postérité comme l'objet de mes travaux. Je disais avec Pline : *Quatenùs nobis denegetur diù vivere, relinquamus aliquid quo nos vixisse testemur.*

Si nous devons désirer, si nous pouvons espérer la perfection de l'espèce humaine, il est de notre devoir de déposer le germe des lumières pour un temps plus heureux.

La religion est nécessaire aux enfans; mais ils grandiront : elle est utile pour consoler les faibles ; tâchons de leur donner de la force : mais quelle folie de conclure qu'elle est vraie, parce que les hommes sont encore dans l'enfance.

Le peuple même est bien peu contenu par la religion. On se permet sans cesse le vol, l'adultère. Les criminels vont à l'échaffaud avec un crucifix, et d'Orléans demanda un confesseur, le 6 novembre 1793. Le sentiment de l'honneur est peut-être plus puissant ; le peuple y attache de l'importance, parce qu'il en éprouve les avantages.

(1) Tout ce qui est ainsi placé entre deux [ ] ne se trouve pas dans le texte de la première édition. *Édit.*

J'ai cru contribuer aux progrès des lumières, et c'est pour moi la première obligation. Je venais de faire un sacrifice d'argent assez considérable pour le progrès de l'astronomie. Un homme pieux me disait : pourquoi ne pas l'employer plutôt en bonnes œuvres. Je lui répondis : travailler à la perfection de l'espèce humaine est le devoir d'un philosophe ; quelques individus de plus ou de moins dans la génération actuelle, ne valent pas autant que l'accroissement des lumières qui intéressent les races futures. La science est la véritable gloire, l'ignorance une source de maux pour l'humanité. Elle est avilie par des chimères, déshonorée par des faiblesses, victimée par des préjugés funestes. Je crois donc, en contribuant au progrès de la science, remplir le premier devoir de l'ami des hommes. On me dira, il est encore trop tôt ; mais j'en dépose le germe. Le premier de tous les axiômes qu'il importe aux hommes de comprendre, c'est que la science est la véritable gloire, et la paix le véritable bonheur : or, il n'y a que les philosophes qui puissent propager la science ; et peut-être diminuer un jour le nombre des monstres qui gouvernent et ensanglantent la terre, c'est-à-dire, ceux qui font la guerre. La religion en a tant produit qu'il est permis d'en désirer la fin.

On dit : la religion qui a causé tant de maux n'est plus assez vive, assez terrible pour qu'on doive la craindre ; mais quand elle sera faible, elle ne sera plus réprimante ; elle sera donc inutile ; les avantages et les dangers croîtront ensemble, mais les dangers sont toujours les plus forts.

J'ai souvent dit que le premier chapitre de l'instruction devait être un cours de physique : sans cela on ne sait rien, on a tous les préjugés de l'ignorance ; on ne comprend ni la matière ni le mouvement ; on croit aux miracles, aux sorciers, aux revenans ; on a peur du tonnerre , des araignées , des souris ; et à plus forte raison, on croit en Dieu.

M. Delisle de Salle, qui avait fait un mémoire en faveur de Dieu , a aussi fait une réponse à mon premier supplément , le 6 février 1804, intitulée : *Examen pacifique des paradoxes d'un célèbre astronome , en faveur des Athées*. Il fait de moi des éloges exagérés. Par excès de délicatesse, il me désigne sous le nom de Hiéronyme : malheureusement c'est le nom d'un monstre qui régnait à Syracuse , deux cent quinze ans avant l'ère vulgaire : la rencontre n'est pas heureuse. A la page 40, il dit que je suis victime d'une espèce d'hydropisie de célébrité ; mais l'amour-propre est la source des vertus et des talens ; c'est par amour-propre que j'ai tâché de les acquérir. Tacite observe que les sages mêmes ne peuvent s'affranchir du désir de la gloire. *Quandò etiam sapientibus cupido gloriæ novissima extinguitur. H. IV. C. 6.* On a dit du célèbre ouvrage de La Rochefoucauld : il ne contient presque qu'une vérité ; que l'amour-propre est le mobile de tout.

On aura beau dire que c'est le vice qui fait des Athées, moi je crois posséder toutes les vertus ; je suis plus Athée que personne , et c'est pour la recherche de la vérité. Si Dieu existait, je n'aurais rien à craindre de lui. Si je le voyais , je ne pourrais faire davantage pour l'honorer et pour lui plaire. Si c'était après ma mort , je lui dirais avec plus de vérité que David : *Judica me Deus.*

Le jour n'est pas plus pur que le fond de mon cœur.

J'ai employé toutes les facultés que vous m'aviez données pour vous connaître ; si je n'y suis pas parvenu, je n'ai rien à me reprocher : j'ai fait le bien toute ma vie et dans le livre qu'on m'avait donné comme inspiré par vous, je lisais ces paroles consolantes : *Cum effuderis esurienti animam tuam et animam afflictam repleveris..... Requiem tibi dabit Dominus semper et implebit splendoribus animam tuam et ossa tua liberabit. Et eris quasi hortus irriguus... tunc invocabis, et Dominus exaudiet; clamabis et dicet : ecce, adsum.* Isaïe LVIII, nos 8 et 11. Et cette belle morale se prêchait au milieu du peuple le plus abominable, qui prenait le nom de *Peuple de Dieu* ; dans le pays où David, souillé du crime le plus horrible, était appelé Roi selon le cœur de Dieu.

D'Holbach, dans son Système de la Nature, a pris la peine de répondre fort au long à toutes les preuves de Clarke, de Descartes, de Newton. Quand je l'ai eu lu, j'ai trouvé qu'il avait pris bien de la peine inutile : toutes ces preuves ne sauraient me faire la plus légère impression. Tom. I, page 289, il cite Timée de Locres, Pythagore, Épictète, Marc-Aurèle, presque tous les philosophes Grecs. Voyez Gassendi, d'Olivet, *de la Nature des Dieux*, Brucker, *Histoire de la philosophie*, 7 vol. in-4°. Il cite même l'Ecclésiaste, qui dit : *nihil habet homo jumento ampliùs. C. 3, n°. 19;* et il fait observer que dans toute la Bible il n'est pas parlé de l'autre vie.

Dieu infiniment parfait, a fait des choses très-imparfaites : des hommes qui se détruisent et qui meurent; des étoiles qui s'éteignent; des glaces qui détruisent les animaux et les plantes; des sables qui brûlent et qui dévorent; des ouragans qui ravagent la terre, et des monstres humains encore plus horribles; des tonnerres qui foudroient; enfin il a fait la guerre, la peste, la famine, le mal moral et le mal physique, malgré toute sa perfection et toute sa puissance : c'est une contradiction que vous ne sauriez faire disparaître pour moi.

Dans le Journal des Débats, le 14 octobre 1804, à l'occasion d'une petite discussion que j'avais avec les rédacteurs, M. Fresi mit un article dont le principal argument est celui-ci : « Si le dogme d'un Dieu et de la » Providence est nécessaire au maintien, à la prospérité de » l'ordre social, ce dogme est vrai. L'homme est fait pour » la vérité. Comment le genre humain, pour être heureux, » aurait-il besoin du mensonge? etc. » Ce sophisme est trop évident. Le peuple a besoin de la religion, parce qu'il est ignorant. Les philosophes cherchent à l'éclairer, mais il faut aller pas à pas. Nous préchions la liberté des Nègres ; mais en la proclamant sans précaution l'on a tout perdu. Si l'on eût seulement suivi les projets de Toussaint-Louverture et de M. Vincent, l'ingénieur, nous aurions encore Saint-Domingue, et la liberté des Nègres.

Le Journal des Débats a une si grande réputation, qu'il est difficile d'être insensible à ses attaques. Je lis dans la feuille du 17 février 1803 : « La secte prétendue » philosophique a toutes les passions du fanatisme...... » L'immoralité profonde que les sages du XVIIIᵉ siècle » avaient introduite dans toutes les classes de la société, en » préchant l'oubli ou le mépris de tous les devoirs, de tous » les principes religieux, à l'aspect de la France livrée à » des bourreaux, deshonorée par des excès féroces :..... » Voilà des motifs humains pour abjurer une doctrine dont » les résultats étaient si funestes. » C'était là à-peu-près le langage de La Harpe, lorsque je lui répondis dans le Journal de Paris du 29 avril 1797 : Rien ne peut expliquer le délire de la calomnie, que la peur qui affaiblit les organes. L'auteur a été en prison, il a été en danger ; cela suffit pour excuser un homme d'esprit descendu à ce degré d'affaissement.

Je ne puis douter d'après cela, qu'on n'ait eu intention de me comprendre dans la secte qui ne veut pas croire que

Robespierre, Marat, Carrier, Fouquier-Tainville et les autres tueurs, fussent des philosophes, ou qu'ils eussent puisé dans les livres des philosophes.

On a souvent dit de La Harpe que sa dévotion affectée et exagérée était une hypocrisie. Pour moi, j'ai toujours cru que c'était un effet de la décrépitude. Le plus courageux de nos philosophes, Maréchal, est mort, le 18 janvier 1803, avec toute sa philosophie, et le plus craintif des dévots, le 11 février, en demandant pardon de ses ouvrages. Mais Maréchal n'avait que cinquante-trois ans, La Harpe en avait soixante-quatre, et il y avait dix ans qu'il calomniait les philosophes, en répétant toujours, sans jamais donner aucune preuve, qu'ils étaient les ennemis de la morale et des gouvernemens. Actuellement ses amis disent que les horreurs de 1794 étaient le résultat de la doctrine des philosophes; comme si les révolutionnaires qui renversèrent le trône pour gouverner eux-mêmes, avaient seulement eu l'idée des ouvrages des philosophes.

M. Agasse m'offrait d'ôter du dernier volume de La Harpe, une sortie qu'il y a contre moi. Je lui ai dit que j'aimais mieux la laisser; plus il est bête, plus j'ai davantage sur lui.

On nous représente sans cesse que la croyance est le parti le plus sûr; et véritablement, s'il y avait du doute, je conseillerais le plus sûr, mais il n'y a aucun doute pour moi.

On nous dit que c'est renoncer à des idées consolantes; mais si vous pouviez vous consoler avec les contes des fées, je vous conseillerais de lire tous les jours la Barbe bleue. Pour moi, je ne veux que la vérité pour consolation : je l'ai cherchée toute ma vie, et je crois l'avoir trouvée.

Dans le Journal des Débats, 31 janvier, M. A. (Félès) s'exprime ainsi : « Et quoiqu'on en puisse dire, c'est toujours » un signe de décadence et de dépérissement dans la » société, lorsque les philosophes s'y multiplient. (C'est à

» l'occasion du cours de physique céleste.) Ce qui importe,
» ajoute-t-il, c'est que les lois sur lesquelles reposent la
» paix et le bonheur des sociétés ne soient pas mises en
» problême. » Je réponds toujours que c'est la paix et le
bonheur que nous cherchons.

[L'abbé Barruel a donné les *Helviennes* contre les
philosophes ; ensuite les *Mémoires pour servir à l'histoire du
Jacobinisme*, 1803, 5 *vol*. Il commence à Voltaire,
d'Alembert et Frédéric : c'est un bien faible adversaire,
contre des hommes de cette force.]

La Harpe dans son *Cours de littérature*, tom III, première
partie, page 220, explique les progrès de l'athéisme de
deux manières : 1° par ces traits de folie qu'un excès de
vanité peut produire ; 2° par la destruction de toute
moralité ; mais je crois avoir prouvé que nous comptons les
philosophes les plus profonds et les moralistes les plus
édifians. Ainsi, les déclamations de M. La Harpe sont tout à-
la-fois un trait de folie auquel peut conduire le fanatisme,
et une de ces calomnies que les dévots se permettent.
Ensuite il nous associe les brigands de 1793 ; mais ils ne
pouvaient être de véritables Athées, parce qu'ils n'étaient
pas assez instruits, et ils proclamèrent l'Être Suprême dans
une fête solennelle. Ainsi, laissons-les à leur véritable
place, en disant avec un de nos historiens les plus
philosophes : « L'esprit de faction étouffe les sentimens de la
nature et offusque les lumières de la raison. » Dans le tome III,
deuxième partie, pag. 23, La Harpe dit qu'on trouve dans
Helvétius, et dans vingt ouvrages de ce siècle, le
raisonnement de celui qui n'attachait aucune conséquence
morale au lien de la nature et du sang ; qui ne tenait pas
plus à son frère qu'à un autre homme. Mais j'ai vécu parmi
les plus célèbres philosophes, je n'en ai connu aucun qui
eût ce malheur là, et je voudrais que La Harpe eût cité

quelques-uns des vingt ; je crois que je prouverais sa mauvaise foi, qui trop souvent se rencontre dans les écrits des dévots. Pour moi, je pleure encore mon père au bout de quarante ans. Parmi le grand nombre d'ouvrages calomnieux dont les obscurans nous ont accablés, on peut distinguer le *Catéchisme et Décisions des cas de conscience, à l'usage des Cacouacs*, avec un discours du patriarche des Cacouacs, pour la réception d'un nouveau disciple. *Sapientia prima stultitiâ caruisse*, Hor. S. 1., à Cacopolis, 1758, 107 pag. in-12. Si tu veux être heureux, tu n'as qu'à étouffer le remords : *Discours sur la vie heureuse*, *page* 30. Je ne connais pas ce Discours, mais cette phrase ne peut être d'un philosophe : on est incapable de remords quand on est incapable d'une mauvaise action. Au reste, l'auteur du Catéchisme nous fait dire beaucoup de choses que nous sommes bien loin d'avouer, au moins dans le sens qu'on y attache. Ce Catéchisme des Cacouacs passa pour être de Moreau, le mauvais historiographe ; mais le premier qui nous ait donné ce nom est Palissot, lorsqu'il fit sa sotte comédie des *Philosophes*, qui lui a attiré l'ignominie dont il ne s'est jamais relevé.

Notre instinct machinal nous porte au bien comme notre intérêt personnel. J'aime à faire du bien parce que j'aime qu'on m'en fasse ; je travaille à la perfection de l'espèce humaine, parce qu'étant homme, j'ai du plaisir à être utile aux hommes, j'y ai même intérêt.

L'homme chérit toujours le bienfaiteur des hommes.

(*DeBelloy.*)

J'avais une belle chatte qui a péri à force de lécher l'abcès d'un petit chat qui n'était pas le sien ; j'en ai fait une constellation. L'instinct suffit quand les passions ne nous ont pas dépravés. Une reine suçant l'abcès de son mari, ne me paraît admirable, que parce qu'à ce haut rang l'instinct de la nature est souvent perverti.

Si j'ai porté du soulagement à un être souffrant, j'ai eu l'image la plus forte et j'ai senti l'impression de celui que je voudrais recevoir.

Francklin disait : Si les scélérats connaissaient tous les avantages attachés à la vertu, ils seraient honnêtes gens par scélératesse.

Il me suffit que la religion ait produit tant de maux, tant de fureurs, tant de massacres, pour qu'un philosophe cherche à mettre la morale à la place de la religion ! On connaît vingt-trois mille Juifs égorgés pour le Veau d'or ; vingt-quatre mille de Benjamin, pour la femme du Lévite ; quarante-deux mille Éphraïmites, sous Jephté ; les croisades peuvent se compter pour deux millions. On trouve ensuite soixante-dix mille massacrés, en 1572, à la Saint-Barthélemy ; cent trente mille en Irlande, vers 1641 ; les Albigeois, les Vaudois, et tant d'autres qui sont rapportés en abrégé dans l'*Examen critique* des Apologistes de la religion chrétienne, C. X, et dans la *Cruauté religieuse*.

Les Grecs mêmes eurent le délire et l'absurdité de la religion. Avant la naissance d'OEdipe, les Dieux ont arrêté qu'il tuera son père et qu'il deviendra l'époux de sa mère. L'oracle s'accomplit : le prince vertueux devient parricide en défendant sa vie contre un inconnu, et incestueux en recevant le prix dû au libérateur de tout un peuple. Ces deux crimes involontaires, inévitables, prédéterminés par les Dieux, sont suivis d'une punition terrible. Je ne connais pas de satyre plus forte de la Providence et de la prescience divine. L'auteur de cette fable ne croyait pas sans doute en Dieu, et voulait peindre les conséquences révoltantes autant que dangereuses de cette funeste croyance.

On déplore l'aveuglement que produisent les religions,

quand on voit Marc-Aurèle, le plus philosophe des Empereurs, faire mourir les chrétiens parce qu'ils refusaient de se soumettre à la religion ; et Louis XVI braver la mort par un attachement excessif à la discipline de l'Église. Cette mort a causé celle de deux millions de Français.

Dans le *portrait de Philippe II* (Mercier 1785.) on lit : Depuis Tibère, jamais tyran plus sombre et plus cruel ne s'est assis sur le trône. C'est sur un lac de sang qu'il a fait voguer le vaisseau de l'Église Romaine..... Cruel par caractère et par principes, jamais la clémence et la pitié ne trouvèrent d'accès dans son cœur.

Louis XIV eut l'ineptie de vexer les Protestans au point de faire fuir six cent mille Français. Louvois, ministre abominable de l'ambition et de l'orgueil, envoyait des troupes en Languedoc pour faire des conversions qui flattaient la religion du Roi.

Mad. de Genlis dans son joli roman de Mlle. de la Vallière, justifie la révocation de l'édit de Nantes ; d'autres ont justifié la Saint-Barthélemy.

J'ai voulu une fois lire les discours de Bossuet sur *l'Histoire Universelle*, à cause de la célébrité de l'auteur, je n'ai pas été au-delà de la première page, où j'ai lu : Adam JUSTEMENT puni dans toute sa postérité ; et en voyant renverser ainsi toutes les idées du juste et de l'injuste, anéantir la raison humaine, faire de la divinité un monstre le plus exécrable, pour expliquer un mot de l'Écriture, j'ai déploré la stupidité des Pères de l'Église et j'ai fermé le livre. Tout cela ramène à la jolie fable de Diderot : un misanthrope qui détestait les hommes, ne sachant comment leur faire du mal, vint leur dire : *Mortels, il est un Dieu.*

MM. Goudin et Gudin, deux des meilleurs philosophes que je connaisse, hors de notre secte, ne peuvent s'accoutumer à l'idée de l'ordre qui existe, et de l'organisation de

l'homme, sans admettre une intention préexistante : pour
moi, je ne vois dans cet ordre de la Nature, que le
mouvement éternel et infini. Les systèmes étoilés changent
de place ; le soleil même est déplacé ; les étoiles s'éteignent ;
les comètes se perdent. Je vois les météores, les ouragans
formés par des combinaisons immenses de matière inerte.
Je vois trente mille insectes dont plusieurs nous étonnent ;
des animaux dont plusieurs nous surpassent : *Præcellit
aranea tactu, vultur odoratu, lynx visu, simia gustu.*

L'étonnante industrie de l'araignée maçonne, même des
araignées les plus communes, exigera aussi des ames. Quant à
l'organisation, je vois aussi des vers se former dans le corps et
dans le fromage ; des anguilles dans le vinaigre. L'organisation
compliquée de l'homme me conduit insensiblement à celle
d'un ver qui se forme dans les intestins ; et par gradation
insensible, les plantes ne me paraissent pas plus difficiles
à concevoir, par le mouvement des molécules. Mais on
nous dit : pourquoi ne voit-on pas se former sous nos
yeux des êtres organisés, s'il s'en est formé autrefois ; de
nouveaux hommes, de nouvelles plantes? C'est que le
degré d'activité et de mouvement n'est plus le même ; les
combinaisons qui se sont faites autrefois ont épuisé la force
et la puissance de la matière ; elle a produit ce qu'elle
pouvait produire. Les germes qui se sont formés subsistent ;
les molécules organiques existent, mais n'acquièrent plus
de nouvelles propriétés. Cependant Jean Chrisos. Fabricius
de Kiel croit qu'il se forme de nouvelles espèces d'insectes.
(C'est celui qui a donné, en 1801, deux gros volumes in-8°.,
sur la seule famille des Coléoptères.) L'organisation des
plantes est si compliquée, comme M. Mirbel nous l'a
fait voir à l'Académie, en 1804, qu'il y faudrait encore
des ames.

M. Constant du Méril, dans son *Traité élémentaire*

d'Histoire Naturelle, 1804, rapproche beaucoup les plantes des animaux, en fesant considérer les agitations de la sensitive; celle du sainfoin oscillant du Gange; le resserrement en apparence volontaire de la *Dionis muscipula*; le sommeil, le réveil et les amours d'un grand nombre de végétaux, où les phénomènes de la vie se développent d'une manière très-marquée. Les animaux sont doués d'une sensibilité plus développée, mais la gradation, depuis les éponges jusques à l'homme, fait voir combien les différences de combinaisons de la matière sont insensibles; en sorte qu'il serait absurde de chercher à quel endroit il commence à y avoir une ame.

On nous oppose la difficulté de comprendre l'infinité du temps et de l'espace; j'y pense tous les jours, je ne puis le comprendre complètement; mais sans avoir la compréhension *adæquate*, elle n'en est pas moins évidente pour moi, et je vois certainement que le monde est éternel et infini.

On nous dit que la liberté est anéantie par le matérialisme, et que les hommes seront forcés de mal faire. La liberté, dans le sens propre, ne peut exister. Le desir, la crainte, la sensibilité, sont des impressions naturelles qui décident nos actions. Le désir de manger, ou la faim, est bien évidemment l'irritation des fibres de l'estomac; l'irrésolution que nous éprouvons si souvent, a lieu quand l'impression faite sur nos nerfs n'est pas assez forte; mais le défaut de la liberté ne détruit pas la morale, qui est fondée sur notre intérêt, sur notre bonheur, sur notre estime, sur nos loix.

M. de Chateaubriant vient de donner un ouvrage célèbre, *le Génie du Christianisme*. Je me suis empressé d'y chercher quelque raisonnement qui méritât une réponse; mais je n'en ai trouvé aucun. J'ai vu qu'il voulait se retirer

du monde et se faire une réputation dans une autre partie.
Sa mère en mourant chargea sa sœur de le rappeler à
la religion. Ces deux voix, dit-il, sorties du tombeau, cette
mort qui servait d'interprète à la mort, m'ont frappé. Je
n'ai point cédé, j'en conviens, à de grandes lumières
surnaturelles ; ma conviction est sortie du cœur ; j'ai pleuré
et j'ai cru.

Sur l'antiquité du monde, démontrée par la formation
des montagnes et des minéraux, il dit que cette difficulté
a été cent fois résolue par cette excellente et unique
réponse : Dieu a dû créer, et sans doute à créé le monde
avec toutes les marques de vétusté et de complément que
nous y voyons. Je ne connaissais pas cette excellente et
unique réponse, et je n'aurais pas même cru qu'on pût la
faire sérieusement. Si elle suffit pour persuader les croyans,
il est impossible de les instruire.

Mais il y a des théologiens moins absurdes : l'abbé
Sigorgne, Official et Grand-Vicaire de Mâcon, a fait soutenir
une thèse où l'on prouvait que les sept jours de la création
n'étaient que des intervalles de temps, et non des jours de
vingt-quatre heures, puisque le soleil ne fut créé que le
troisième jour, et qu'on pouvait les expliquer par des
intervalles de temps qui peuvent être des millions d'années.

Jacquelot, ministre protestant, mort en 1708, a donné
des *Dissertations* sur l'existence de Dieu ; il ne se sert
presque pas des argumens de ses prédécesseurs. J'ai lu,
dit-il, page 3, la Sainte-Écriture, j'y ai trouvé la démonstration de l'existence de Dieu à portée de toute sorte
d'esprit. Ainsi, nos démonstrateurs sont désavoués par leurs
plus zélés partisans.

Pour diminuer le fardeau de l'objection imposante que
Newton fournit à nos adversaires, j'ai rédigé quelques
notes pour prouver qu'il n'avait pas fait des choses si

étonnantes , et que sa réputation était exagérée. Il a trouvé
la loi de l'attraction, mais il convient que trois autres
l'avaient trouvée en même temps; le calcul infinitésimal,
mais on en était si près depuis Fermat, Barrow, Grégory,
Léibnitz ; et ce sont les Bernouilly qui l'ont créé. Ses
calculs sur les fluides et sur les cataractes ne sont pas des
choses bien remarquables ; ses calculs de l'attraction ne
vont pas loin; il a été redressé sur tous les points. J'ai
soumis ces idées à M. De Lagrange et à M. De Laplace
qui sont plus géomètres que Newton ; ils n'ont pas contesté
les quatre articles, mais ils ne veulent pas convenir de
ma conséquence : ils admirent Newton. Laplace dit que
la théorie des forces centrales dans les sections côniques
est une chose de génie ; que la théorie de la réfraction et
la démonstration des aires proportionnelles au temps sont
de belles choses ; c'est à lui qu'il faut s'en rapporter.

Euler, aussi étonnant que Newton , était aussi dévot.
Condorcet avait supprimé dans l'édition des lettres d'Euler,
faite à Paris , les articles relatifs à la religion. M. Émery,
ancien Général de S.ᵗ-Sulpice et digne de mes respects
comme de mon attachement, les a rétablis, dans une
brochure intitulée : *Défense de la révélation contre les
objections des esprits forts, par Euler.* Mais son principal
argument est tiré de ce qu'Euler croyait en 1755, que
la terre se rapprochait du soleil, et la lune de la terre.
Je fis voir, dans les Mémoires de l'Académie, pour 1757,
la cause de cette erreur : elle est bien reconnue actuellement.
Ainsi le rédacteur du Journal des Débats (24 juillet 1805,
sous la Lettre X.) s'est trompé en disant que cela pourra
servir de leçon à plusieurs astronomes du jour, qui se font
une triste gloire de chercher dans les merveilles du ciel ,
des raisons pour se passer d'un créateur.

Je conviens qu'Euler était fort religieux. J'ai logé chez

lui en 1752 , j'en ai été témoin. Son autorité , ainsi que celle de Newton , est d'un poids effrayant contre nous. Mais j'ai déjà remarqué que ces grands hommes s'étant fait une loi de ne pas examiner la religion , ils n'avaient jamais discuté la question ; et que les différentes couches du cerveau peuvent être si différentes , que l'homme qui a le plus de génie pour une chose , peut n'être qu'un fou et une bête dans un autre genre , comme si un coup à la tête eût porté d'un côté toutes les molécules organiques d'une certaine espèce.

Il est plus difficile d'être Athée que mathématicien , parce que celui-ci n'éprouve point de contradictions , point de préjugés , point de dangers , point d'anathêmes. Le premier éprouve tous ces obstacles; il faut une tête fortement organisée pour résister. Descartes fesait plus de cas de sa métaphysique que de sa géométrie; peut-être il faut plus d'esprit pour être complètement Athée , que pour faire les ouvrages de Newton et d'Euler. Moi, qui ai prouvé que le grand Cassini était bête, je ne suis point disposé à m'en laisser imposer par les réputations.

Plusieurs philosophes voulant écarter la religion , ont soutenu même que Jésus-Christ n'avait pas existé. Volney, dans ses *Ruines*; Dupuis, dans l'*Abrégé de l'Origine des Cultes*; Mentelle , dans son *Histoire universelle* , etc., sont de cet avis. Je ne suis pas de cet avis. En effet , Tacite en parle à l'an **31** après la mort de Jésus-Christ (*Ann. XV* , *C.* 44.); Suétone à l'an **13** et à l'an **31**. (*Claude, C.* 25, *Néron, C.* 16.) Il est impossible qu'on fût dans l'erreur sur un fait aussi récent. Mais il est facile d'expliquer les évangiles , sans recourir à ce système , et on l'a fait plusieurs fois. *Histoire critique de Jésus-Christ*, ou Analyse raisonnée des évangiles, vers 1770 ; *Histoire de la vie de Jésus-Christ*, 1777 ; *la Vie du législateur des chrétiens*, par M. Mosneron, 1803; le *Christianisme raisonné*, par Boulanger, 1767 ; *Examen* *critique des Apologistes de la religion chrétienne*, par Burigny.

La résurrection de Jésus-Christ est le fondement de tout. Mais les Juifs avaient averti eux-mêmes les disciples de l'enlever, en demandant des gardes à Pilate pour le sépulcre ; et il était facile de les endormir, de les séduire, de les chasser ; il n'y a point là de miracle.

Le pape me disait, le 13 décembre 1804, qu'il avait soutenu qu'un aussi grand astronome que moi ne pouvait être Athée. Je lui répondis que les opinions métaphysiques ne devaient point empêcher le respect dû à la religion ; qu'elle était nécessaire, quand même elle ne serait qu'un établissement politique ; que je la fesais respecter chez moi : que mon curé y venait ; qu'il y trouvait des secours pour ses pauvres ; que j'avais fait faire cette année la première communion à mes petits parens ; que j'avais fait de grands éloges des Jésuites ; que j'avais rendu le pain béni à ma paroisse ; et je lui parlai d'autre chose. Il me fit l'honneur de me charger de faire faire des instrumens pour l'Observatoire de Rome. Je lui parlai de la coupole de Saint Pierre, dont j'avais observé la position, comme du point le plus remarquable de l'univers ; des astronomes de Rome, qui avaient tous été mes amis ; des choses importantes que les souverains pontifes avaient faites pour l'astronomie ; et Sa Sainteté parut aussi contente de moi que j'étais flatté de son accueil ; elle eut la bonté de le dire à l'Électeur de Ratisbonne, qui me l'a raconté.

Cicéron était augure, et on voit bien dans son traité de la Divination, qu'il n'y croyait pas ; mais, dit-il, tout ce que les lois ont consacré comme police religieuse, n'a rien de commun avec la philosophie ; l'homme public et le citoyen doivent respecter ce que les lois ont fait entrer dans l'ordre politique, parce que le mépris est toujours un mauvais exemple et un délit. Mais le langage public de l'augure n'oblige à aucune croyance la raison du philosophe ; de même que le citoyen n'est pas obligé de croire bonnes toutes les lois ; mais il est tenu d'y obéir.

S. Vincent de Paule a fait des choses admirables pour l'humanité. Le Journal des Débats en tire un sujet d'injures contre les philosophes, (7 septembre 1805) ; mais ce saint est le seul en un siècle et demi. L'on pourrait dire les mêmes injures aux prêtres ; et les philosophes peuvent répondre que la vertu et l'humanité fesaient aussi de S. Vincent un philosophe, ce qui vaut mieux qu'un prêtre. Il n'avait pas besoin de religion pour exciter son zèle.

Mais il ne faut pas ôter une consolation aux malheureux. Le meilleur de tous les rois, assassiné sur un échafaud, m'arrache des larmes, quand je me rappelle ces paroles de son confesseur : *C'est un trait de ressemblance entre Votre Majesté et le Dieu qui va être sa récompense... Fils de Saint Louis, montez au ciel !*

Ainsi le philosophe ne se déclare point contre la religion de son pays, mais il persiste dans le résultat de ses méditations sur Dieu.

RÉSULTAT.

ON NE LE COMPREND POINT ;

ON NE LE VOIT POINT ;

IL N'Y EN A POINT DE PREUVE DIRECTE ;

ON EXPLIQUE TOUT SANS LUI.

C. Q. F. D.

SUITE DU CATALOGUE DES PHILOSOPHES.

Quand on adopte un système rejeté par la plupart des hommes, on a besoin de s'appuyer d'autorités imposantes. Je vais en ajouter beaucoup ; j'y mettrai des personnes que je connais pour philosophes , qui me l'ont assuré, ou qui l'ont dit à ceux que j'ai cités.

AFRICAINS, nègres séraires absolument Athées, comme on le voit dans la *Description de la Nigritie* par M. Pruneau de Pomme-gorge (1789, chez Maradan.), pages 120 et 125. C'est un témoin oculaire qui parle de la vertu, du bonheur , du courage et de l'incrédulité de ce peuple. Levaillant , dans son *second voyage d'Afrique*, publié en 1804 , réfute fort au long Kolbe qui donnait une religion à ces peuples , qu'il avait fort peu connus. Levaillant qui les a fréquentés longtemps , dit que les Houzouanas sont les seuls où il ait trouvé l'idée confuse d'un Dieu. Au reste dans des pays livrés à une ignorance stupide, je ne vois rien à conclure, ni pour, ni contre. Il en est de même des Caffres , des Groenlandais, qui n'ont aucune idée de la divinité ; mais il faut aussi que nos adversaires renoncent à l'accord général de tous les peuples du monde, dont ils ont tant parlé.

Dans les îles Mendoça , mer du sud, les Français ni les Anglais n'ont pu rien découvrir à *Santa-Christina*, qui rappelât l'idée d'une religion , d'une croyance , d'un culte. L'île est pourtant peuplée , et les habitans doux , pacifiques. (*Fleurieu* , *Voyage de Marchand* , *in-4°*, *tom. I*, *pag. 150.*)

AMARE m'écrit d'Ypres , qu'il a trouvé un grand nombre d'auteurs Anglais , Allemands , Hollandais, qui ont professé plus ou moins ouvertement notre philosophie , et il m'en promet les notes.

ANSON administrateur des postes, auteur de plusieurs ouvrages intéressans, connu dans les lettres comme dans l'administration.

ARATUS, poète Grec, au rapport de Manilius.

ATHÉNÉE, né en Chypre , fleurissait dans le IIe siècle. Il accuse Platon d'avoir feint que l'ame est immortelle. (*Liv. XII* , *chap.* 16.)

Il ajoute : « Et certes, quand nous accorderions que les » ames de ceux qui sortent de la vie , se transportent en » quelqu'autres demeures , et que nous devrions nous » persuader qu'étant plus légères que les corps, elles se » transportent en quelque lieu élevé, à quoi cela peut-il » nous servir ? puisqu'en quelque lieu que nous soyons, » nous ne nous souvenons plus de l'éternité, et que bien » que nous fussions toujours, nos sens ne nous font rien » appercevoir de toutes les choses qui sont ? Quelle » satisfaction et quelle joie nous en peuvent donc revenir.»

AUBERT , (l'abbé) dans une charmante fable , *le villageois et la poule*, exhale toute son indignation contre les Athées , mais c'est à la sensibilité qu'il réduit ses preuves contre eux :

> L'éternel se fait sentir au cœur,
> Et se cache à quiconque, ainsi qu'Anaximandre,
> Par l'esprit seul veut le comprendre.

Cette preuve est si vague que j'ose citer encore M. Aubert dans le *Dictionnaire des Athées*.

BAUMÉ , célèbre chimiste de l'Académie des Sciences.

BAYLE , (George) Anglais , auteur de plusieurs ouvrages Anglais, publiés sous le nom de COMMINS ; d'une *comédie* représentée sur le théatre de Drury-lane, qui a obtenu un très-grand succès ; d'un poème ayant pour titre *The new Lucrèce*, *le nouveau Lucrèce*. Le premier chant écrit entièrement de la main de l'auteur, a été confié à M. Milon, professeur ; il devait le faire imprimer lors de son voyage à Londres ; il prétend qu'il a perdu ces fragmens dans ses déménagemens. Ce poème avait pour base cet axiôme : *Le monde est éternel*. C'était le matérialisme et l'athéisme parfaitement établis.

Au printemps de 1789, Bayle était à Mayence, et vivait dans la plus grande intimité avec un jeune Français qui voyageait pour s'instruire, et qui me l'a donné par écrit. Bayle fesait souvent l'éloge des Français, au milieu desquels il avait vécu très-longtemps : sa conversation était toujours grave et sévère ; il ne riait jamais ; il se plaignait de maux de tête et parlait de l'existence avec dédain ; il prétendait qu'il avait épuisé la vie et désirait la mort. (Il avait alors quarante-neuf ans.) Sa constitution était robuste, sa figure belle, patriarchale ; ses cheveux lui donnaient une physionomie imposante ; sa conversation roulait ordinairement sur les préjugés, les abus de la religion, le charlatanisme des prêtres, la crédulité des peuples ; sur la littérature, les usages, la politique, les mœurs des différentes nations. Il paraît que pour terminer sa vie, qui lui devenait à charge, il prit une forte dose d'opium ; comme il souffrait beaucoup, il s'écria : *Mon Dieu, que je souffre !* Honteux d'avoir prononcé ces mots, il se tourna brusquement vers la ruelle de son lit, renforça sa voix, et dit avec véhémence : *Ah ! quel horrible mot je viens de prononcer.*

BEAUREGARD, habile professeur de Bourg, département de l'Ain.

BÉLAIR , (le Général) connu par divers ouvrages d'artillerie et d'agriculture.

BOHAN. (Jean Claude Loubat de) Général de brigade, né à Bourg, en 1755, a fait imprimer, en 1791, une brochure intitulée *les Doutes*, et qui lui mérite bien une place dans mes supplémens. Le chapitre V, qui a pour titre, la Morale, supplée à la croyance de l'immortalité de l'ame.

BOISGELIN. (le Cardinal) Suivant M. de Pommereuil, qui l'a beaucoup connu, il n'était pas moins un excellent évêque.

BOILEAU. Portiez (de l'Oise), en 1804, paraît prouver que ce poète était philosophe.

BORRO (Jérome), professeur de philosophie à Pise, était fort chéri du Grand-Duc, quoiqu'il fût connu pour Athée. Il dit un jour : *Suprà octavam sphœram nihil est.* l'Inquisiteur voulut en vain l'obliger de se dédire, et il eût été brûlé, sans l'amitié du Grand-Duc. Il fut enfin forcé de prendre la fuite, et mourut comme en exil.

BOULAINVILLIERS. *Doutes sur la religion* , suivis de l'analyse du traité théologico-politique de Spinosa, par le Comte de Boulainvilliers, 1767, 103 *pages in-12.* On voit dans ce discours que les livres de Moyse n'ont été composés que onze cents ans après lui, du temps d'Esdras, quatre cent cinquante ans avant l'ère vulgaire.

BOULANGER (Nicolas Antoine) page **31** du Dictionnaire, naquit à Paris, le **11** novembre **1722**; il entra dans les ponts et chaussées en **1745**; il mourut le **16** septembre **1759**. Il avait étudié les langues et il avait une immense érudition. (*Voyez sa vie* à la tête de l'*Antiquité dévoilée*). Il y a sept volumes de ses ouvrages : *Antiquité dévoilée par ses usages,* imprimée en **1772, 3.** vol.; *Recherches sur l'origine du despo-*

tisme Oriental, **1775**; *le Christianisme dévoilé* (Damilaville), la préface est datée de **1758**; *Examen critique de la vie et des ouvrages de St.-Paul*, avec une dissertation sur St.-Pierre, par feu M. Boulanger, **1790**; *Dissertation sur Élie et Énoch; sur Ésope fabuliste;* et *Traité mathématique sur le Bonheur,* par Boulanger.

BRETIN, (M. l'abbé) prédicateur et fabuliste.

BRIVAL. Juge du tribunal d'appel de Limoges.

BURIGNY. *Recherches sur les Miracles* par l'auteur de *l'Examen des Apologistes de la religion chrétienne*, **1773**, **72** pages.

Il fait voir que la fourberie, l'imagination, la crédulité, ont accrédité les miracles.

CALVET, médecin, secrétaire de la société médicale d'émulation, séante à l'École de Médecine de Paris, m'a fourni plusieurs notes. Il m'écrit : J'ai vu avec plaisir dans votre supplément, une foule d'hommes célèbres pour qui j'ai la plus grande vénération; quelques-uns d'entr'eux m'honorent de leur amitié. Dans le peu d'écrits que j'ai mis au jour, j'ai aussi fait connaître ma façon de penser et je ne suis pas indigne d'avoir une place dans votre Dictionnaire.

CASSAN (Jean DEL) père, ancien contrôleur de la manufacture d'armes de Charleville.

CASSAN (Alexis DEL) fils, ingénieur, né à Charleville, le 30 août **1758**, ami de Montgolfier.

CASSIUS. Plutarque, à l'occasion de la mort de César, nous dit que Cassius était dans les sentimens d'Épicure.

CATHERINE II, célèbre Impératrice de Russie, enthousiaste de Diderot, au point de lui laisser prendre avec elle un ton dont on se plaignait à Pétersbourg, en **1774**.

CHERESTRATA, mère d'Épicure.

CÉRUTTI, mort en 1792, d'abord jésuite, ensuite député au corps législatif. Voyez les *Jardins de Boetz*, *in-8° de 72 pages*, A Paris, chez Desenne, et surtout la note qui termine ce poème : c'est l'éloge d'un honnête homme, sans religion, d'un digne et véritable Athée.

CONDILLAC; *l'Art de penser :* Le péché originel a rendu l'ame si dépendante du corps, que bien des philosophes ont confondu les deux substances. Il est donc obligé de se rapprocher de nous. Mettre le péché originel dans un traité de métaphysique, c'est bien prouver son embarras, ou bien indiquer aux philosophes qu'il ne prétend pas les réfuter bien sérieusement, et qu'un prêtre travaillant à l'éducation d'un prince, ne doit pas dire ce qu'il pense.

COUPÉ. *Précis géologique*, selon les opinions des Anciens; (*Journal de physique*, fructidor an **13**.)

CUBIÈRES , (le Chevalier de) poète bien connu.

CYRANO de Bergerac, mort en **1615**. Dans sa tragédie d'*Agrippine* :

TÉRENTIUS.

Respecte et crains des Dieux l'effroyable tonnerre.

SÉJANUS.

Il ne tombe jamais en hiver sur la terre;
J'ai six mois pour le moins à me moquer des Dieux;
Ensuite je ferai ma paix avec les cieux.

....

Oui, mais s'il en était serais-je encore au monde?

DAMILAVILLE , (page 60,) commis au vingtième, ami de Diderot et de Voltaire, qui parle de lui avec vénération dans ses lettres, fit le *Christianisme dévoilé*, dans ses conversations avec Diderot et d'Alembert. Il ennuyait beaucoup M.elle de l'Espinasse, mais elle le souffrait en faveur des lettres de Voltaire, qu'il apportait toutes les semaines. (*Journal des Débats*, 29 janvier 1805; tiré de La Harpe sans le nommer, tom. XVI, p. 314.) Le même La Harpe dit que l'auteur de l'Examen critique des apologistes de la religion chrétienne est encore vivant; mais que peu le connaissent pour l'auteur. Cependant je l'avais déjà dit dans mon supplément, page 20.

Il dit que Boulanger, auteur de l'Antiquité dévoilée, mort à trente-trois ans, se repentit amèrement, je n'en crois rien.

DEBRUN. (Denoni) *De l'Homme et de la Brute*, 1803.

DÉSAUDRAIS, fondateur du Lycée des Arts. *La terre est vivante*, 1805.

DESCARTES fait un singulier raisonnement pour prouver un Dieu : « L'existence, dit-il, est renfermée dans un » être infiniment parfait; donc un être parfait existe. » Descartes refusant une ame aux bêtes, cachait son opinion sur celle des hommes, car les organes sont pareils; les affections sont semblables. Il est impossible de mettre l'esprit d'un côté et la matière de l'autre; mais il était permis de parler des animaux et non pas de notre ame.

[Bouguer, (page xcvij) parle d'un serpent qu'on peut faire sécher pendant dix ou douze ans, et le rappeler à la vie en le jettant dans une eau bourbeuse exposée au soleil. Le sentiment de Descartes, sur l'ame des bêtes, lui paraît appuyé par ce fait singulier.]

DESHERBIERS, (Guyot) ex-législateur, poète.

DIDEROT, (page 68 du Dictionnaire,) n'est point auteur du *Code de la Nature*, quoiqu'on l'ait inséré dans ses œuvres. La Harpe (tome XVI, p. 175 de son Cours.) s'en sert mal à propos pour faire une violente satyre contre Diderot. Ce livre est de Morelli.

DIMIER, homme de loi, à Bourg, département de l'Ain. Cette petite ville qui est le lieu de ma naissance, m'a fourni quatre philosophes, sans les chercher.

DRAPARNAUD, professeur d'histoire naturelle, à l'École Centrale de Montpellier, qui a publié un *Précis de physiologie comparée*, un *Tableau des Salamandres terrestres et fluviatiles de France*, un *Tableau des Mollusques de la Méditerranée*. Il a dit, à l'ouverture de son cours de l'an 10 : L'idée de création ne peut être reçue, car la matière n'est rien par elle-même, et rien ne se fait de rien.

DUBOIS, Cardinal et Premier Ministre. Il avait coutume de dire qu'il défiait tous les cardinaux ensemble d'être plus Athée que lui.

DUFOUR. (Gacon) J'ai déjà parlé de cette dame qui a fait des romans ; qui a remporté un prix sur les abeilles ; qui a travaillé pour la Bibliothèque physico-économique. Nouvellement, *Recueil pratique d'économie rurale et domestique*, par Mad. Gacon Dufour, de plusieurs sociétés littéraires, 1804 ; *De la nécessité de l'instruction pour les femmes*, 1805 ; *Manuel de la Ménagère*.

DULAURE, *des Cultes qui ont précédé et amené l'idolâtrie*, 1805, in-8°.

DUMONT (André) fesait profession d'athéisme, suivant Necker dans son livre *de la Révolution*.

DUPONT, (Jacob) membre de la Convention, déclara un jour à la tribune, qu'il était Athée et qu'il s'en fesait gloire. Il fut applaudi des législateurs.

DUPUIS, que j'ai cité formellement comme Athée, m'écrivait le 16 janvier 1803 : « Je ne dis pas comme l'Athée, il n'y a pas de Dieu ; mais je dis que les preuves par lesquelles on veut prouver qu'il existe sont absolument nulles. Je ne dis pas que le monde n'a jamais commencé ; mais je dis que rien ne prouve qu'il ait commencé ; et en cela, je pense à-peu-près comme Saint-Paul, (*Épître aux Hébreux*, *C. I*, *v.* 3) qui dit que c'est la foi seule qui nous l'apprend ; Dieu même n'est prouvé que par la foi. Je ne dis pas, il n'y a dans la Nature que la matière pensante ; mais je ne dis pas qu'il y ait autre chose. Je n'attaque pas l'existence de Dieu ; mais seulement les mauvaises preuves qu'on en apporte ; de manière que la question reste toute entière. Je ne cherche point à détruire, mais je prouve que rien n'est solidement construit dans ces importantes questions. »

Il prouve au contraire que la croyance à un Dieu créateur est très-moderne ; que le matérialisme pur a été l'opinion la plus ancienne et la plus universelle ; que l'existence de Dieu est une idée moderne et que si c'est une vérité, elle a été longtemps ignorée et qu'elle est sans preuve.

DURAND, auteur d'un excellent ouvrage sur l'Afrique. Il était Directeur au Sénégal.

DUVAL LE ROY : *Elémens de navigation,* 1802. Dans les corrections, il dit : si cette vaste machine doit durer éternellement, on peut croire qu'elle a toujours existé.

EYRIÈS (J. B.) négociant au Havre.

FERY , grand géomètre , ex-conventionnel révolutionnaire.

FLAUGERGUES, (de) habile astronome à Viviers.

FLÉCHIER, dans l'oraison funèbre de la Duchesse de Montpensier dit : qu'est-ce que l'esprit dont les hommes paraissent si vains ? Si nous le considérons selon la Nature , c'est un feu qu'une maladie ou un accident amortissent sensiblement ; c'est un tempérament délicat qui se dérègle, une heureuse conformation d'organes qui s'usent ; un assemblage et un certain mouvement d'esprit qui s'épuisent et se dissipent ; c'est la partie la plus vive et la plus sensible de l'ame qui semble vieillir avec le corps.

FRANÇOIS de Neuf-château, ex-ministre, Sénateur.

FRÉDÉRIC II, Roi de Prusse surnommé *le Grand*. Ce monarque était un apôtre décidé de l'athéisme. Il s'en glorifiait un jour devant M. Baculard d'Arnaud, qui osa n'être pas de son avis. Comment, lui dit le monarque, vous tenez encore à ces vieilleries ? Oui, sire, reprit l'homme de lettres, j'ai besoin de croire qu'il est un être au-dessus des Rois.

Frédéric était entouré d'Athées : La Mettrie, d'Argens, Maupertuis, Voltaire, Algarotti, de Prades, d'Arget, Tyrconnel ; ainsi on peut bien le citer comme fesant autorité dans notre secte. Il parlait souvent à M. Thiébaut contre les religions ; celui-ci ne lui répondait jamais rien, probablement parcequ'il est croyant, mais il s'explique obscurément à ce sujet. (*Mes souvenirs de vingt ans, chez Buisson*, 1804.) Frédéric était déiste. (*tom. I. p. 52.*) Il ne comprend pas la création, et il croit le monde éternel, (p. 54). L'ordre et les lois me suffisent, (p. 78). Il ne voulait point de l'obéissance aveugle. Contre les scélérats, disait-il, j'ai le bourreau.

FRÉRET, (p. 96 du Dictionnaire,) né le 15 février 1688, mourut le 8 mars 1749. On a publié en 1775, quatre volumes, comme œuvres complètes de Fréret, mais on y a mis l'*Examen des Apologistes*, qui est de Burigny ; *les lettres à Eugénie*, qui sont de d'Holbach. Il n'y a que la *lettre de Thrasybule*, qui soit véritablement de Fréret. Le traducteur anglais prétendait que c'était bien l'ouvrage d'un philosophe Grec du deuxième siècle, et le traducteur français dit l'avoir traduit de l'anglais en français. On lit page 22 : Qui nous a dit qu'il y eût hors de nous une divinité, telle que les poètes nous peignent le destin ; ce souverain des Dieux et des hommes, doué d'intelligence et de volonté, et possédant souverainement la bonté, la justice, la prudence, et toutes les autres qualités qui sont des perfections, dans les êtres semblables à nous.

Page 24. Si nous n'étions accoutumés dès l'enfance à trembler au seul nom du fantôme de la divinité, nous ne pourrions nous empêcher de regarder les hommes comme livrés à un véritable délire ; de prendre leurs propres visions pour des choses réelles et existantes hors de nous mêmes.

FRÉVILLE. *Phédon* ou *entretien sur la spiritualité de l'ame par M. Mosès.* 1772.

GALL, célèbre médecin. Voyez *l'Exposition critique du système de Gall,* sur la cause et l'expression des principales différences de l'esprit et des passions, par J. L. Moreau, de la Sarthe ; 1805. Les leçons de M. Gall furent interdites, en 1792 ; mais son système sur l'influence du cerveau a été exposé depuis dans plusieurs ouvrages. En 1805, il professe à Berlin avec succès.

M. Moreau objecte que ce Système conduirait à l'indifférence pour les vertus et les talens ; à l'indulgence pour les crimes ; conséquence absurde, puisque notre instinct, notre estime, notre intérêt, et les lois nous ramènent toujours au bien.

GARRAT dans la première assemblée de l'Académie Française, le 28 décembre 1803, a voué les ennemis de la philosophie à l'horreur des amis de l'humanité, dans sa réponse à M. de Parny (Moniteur du 13 janvier 1804) : » Ils sont d'une autre trempe, les esprits qui vous ont

» applaudi... (Guerre des Dieux.) La morale, fondée
» sur des croyances qui peuvent s'ébranler, sur des
» espérances qui peuvent s'affaiblir, leur paraît trop
» incertaine, trop facile a être égarée, et ils veulent les
» établir sur les immuables bases d'un petit nombre de
» vérités assez sensibles, pour être saisies par l'ignorance
» même ; assez évidentes pour être démontrées aussitôt
» qu'exprimées ; assez touchantes, assez sublimes pour devenir
» le premier culte des ames qui les reçoivent. Trop amis
» de l'humanité et de la vertu, pour vouloir leur enlever
» aucune de leurs consolations, de leurs espérances, ils
» leur en présentent aussi de magnifiques et d'impérissables
» dans ces accroissemens de sagesse, de puissance et de
» félicité, qui seront les résultats nécessaires des progrès
» toujours croissans des lumières. C'est cet immortel avenir
» qu'ils ouvrent devant l'espèce humaine, qui ne périt
» point. »

GARS , (de) Gentilhomme de Boulogne , qui a formé
une belle bibliothèque de livres philosophiques , et qui les
a profondément étudiés.

GAUTHIER , (Navarre) avocat à Bourg. Il est mon
parent , mais ce n'est pas moi qui l'ai formé.

GORLOEUS , ajouté par Maréchal sur l'exemplaire de
M. Abeille.

GOTHA , Prince Auguste de Saxe , frère du dernier
duc , plein d'esprit et de savoir.

GUER , *Histoire critique de l'Ame des Bétes par M. Guer,*
2 vol. in-8°. 1749. Il prouve fort bien que l'ame des bêtes
est de même espèce que la nôtre , c'est-à-dire de la
matière.

HAMMON , (William) de Liverpool , fit la déclaration
suivante : On a douté qu'il y eût de véritables Athées ,

pour lever le doute , je déclare sur mon honneur que
je le suis.

HOBBES. Pag. 120 du Dictionn. ajoutez : *Traité de la
Nature Humaine* , traduit par d'Holbach.

HUMBERT , secrétaire du ministre , a imprimé une
lettre à M. Garrat , où l'on trouve ces paroles : Dieu n'est
pas pour moi une vérité démontrée, c'est un besoin senti.
Il me semble que ce n'était pas la peine d'écrire contre
nous , pour dire une vérité si favorable à notre système.

INDIENS. (page 123.) Les disciples de Budda , ne croient
qu'à l'existence de la matière. (*Recherches Asiatiques* ,
Moniteur du 3 juillet 1804.)

Dion Chrysostôme, en parlant des mages de la Bactriane,
dit qu'ils n'admettaient qu'une substance qui produisait
tout. Les quatre élémens y sont représentés comme la
cause de tout. Le feu comme principe universel du
mouvement.

Oupnekhat, *id est secretum tegendum,* etc. Anquetil
Duperron , 1801. 2 vol. in-4°. On y voit que la doctrine
des Indiens était celle de Spinosa : une seule substance
dans l'univers , qui produit tout. L'univers est Dieu.
M. Anquetil lui-même leur en a fait le reproche.

Atma , le Dieu des Indiens, est la nature entière :
c'est Spinosa tout pur. Les Égyptiens , en adorant un
crocodile , un taureau , prétendaient aussi adorer une
partie de la nature.

Pradjapat, des Indiens; le Janus des Romains ; Sérapis ,
des Égyptiens , Pan-Kou, des Chinois (*Macrobe, liv.* 1 .
Ch. 20) ; le géant des Scandinaves ; la figure de l'année :
c'est l'univers , Dieu ; (*Dupuis, liv. I. en son abrégé, p.* 1.)
C'est le grand Tout. Vishnou , des Indiens , est une forme
de *Atma* , principe infini de tout l'univers. L'Atma est

moi , tout est Atma ; dans le reste , ce sont des formes.

Vishnou dit : *hoc est corpus meum.* Il s'incarna en Christnou au sein d'une Vierge, et ressemble à Jésus-Christ.

Numa tenait de Pythagore , et celui-ci des Indiens , sa doctrine de Janus ; Jupiter est tout. (Clément d'Alex. liv. V) C'est le ciel, la terre, l'éther : c'est tout, considéré dans ses divers effets. Il produisait les autres divinités.

Dans *les Vedes*, anciens livres des Indiens, publié par M. Anquetil, en 1804, on voit que Brahm , ou Brama, est l'ame de la Nature ; l'Éther, le plus subtil des élémens. Notre ame , c'est-à-dire, le souffle et la chaleur vitale, l'étincelle qui brille dans notre esprit et allume le feu du génie , est une portion de cet éther infini ; cette portion suffit pour animer nos corps , quelles que soient leurs formes, dans les divers états de la vie par où nous passons, jusqu'à ce qu'elle se réunisse au grand Tout dont elle fait partie.

Cet auteur dit que quatre mille ans auparavant , le Sauveur ou Conservateur prit une forme humaine ; qu'il naquit dans la province d'Adra , dans la maison d'un berger, à l'heure de minuit. « Le philosophe Sangata vivait » il y a plus de cinq mille ans, suivant la chronologie » des Indous. Il résulterait de quelques renseignemens » recueillis par M. Wilkins, que ce philosophe ne croyait » qu'à l'existence des choses visibles et naturelles, ou qui » peuvent être ramenées à une cause matérielle et visible, » et qu'il écrivit plusieurs livres pour prouver l'absurdité » de la religion des Brahmins ; il soutenait aussi que » toutes les actions humaines sont récompensées ou punies » dès ce monde suivant leur mérite. Il enseignait que les » animaux ayant le même droit que l'homme à l'existence , » il n'était pas permis de les tuer , ni pour son plaisir ni » pour ses besoins. Partisan de Sangata, ou Athée ,

» paraissent être deux expressions synonymes dans la
» bouche des Brahmes orthodoxes. (*Notions pour servir à*
» *l'histoire de la philosophie et des sciences en Asie , tirées*
» *des recherches Asiatiques, par M. M. F. dans les archives*
» *littéraires de l'Europe. Tom.* 2. *p.* 315 *et* 316.

LABBEY, habile professeur de mathématiques, à Paris.

LAMARCK, célèbre botaniste, *Hydrogéologie , an* 10, fait
venir les animaux des plantes.

LAMARDELLE. *Moyse justifié , d'après l'explication que
cet historien donne lui-même de la création de l'univers ,* par
Guillaume de La Mardelle, ancien procureur à St.-Domingue.
L'auteur pense que le monde est éternel ; que le mot *Dieu*
ne signifie rien ; enfin il est assez physicien pour avoir excité
l'animadversité de M. S. (Guénard) dans le Journal des
Débats, du 24 juin 1805.

LAMETHERIE, (page 26 des Supplémens) a donné
les *Principes de philosophie naturelle,* 1777, 1787 ;
Considérations sur les êtres organisés , 1804, 2 *vol. in-*8°.
Il explique la chaîne qui lie les êtres organisés depuis la
plante la plus simple jusqu'à l'être le plus parfait ; il
explique la pensée par le fluide galvanique des muscles et
des nerfs, qui en s'exerçant sur le point central, ou
principe sentant, y produit des idées. Aussi a-t-il été
vivement tancé dans le Journal de Paris, 6 mars 1805.

LA METTRIE (pag. 145 du Dict.) était Athée bien connu.
Les œuvres philosophiques de M. de La Mettrie, Berlin,
1764, où sont en 2 vol. in-12 : *Traité de l'Ame ; Abrégé des
Systèmes ; Système d'Épicure ; l'Homme Plante ; Les animaux
plus que machines ; Discours sur le Bonheur ; Épître à mon
esprit ; la Volupté ; l'Homme Machine ;* 1748. Dans celui-ci, il
dit : Ce n'est pas que je révoque en doute l'existence d'un
être suprême, il me semble au contraire que le plus grand

degré de probabilité est pour elle. Sans doute, il voulait donner quelque chose à l'opinion générale. Pour moi qui suis parvenu à l'évidence opposée, il ne s'agit plus de probabilité. Cela n'empêche pas qu'il ne dise à l'occasion des terreurs de Pascal : « Quel effrayant effet d'une singulière » circulation dans un côté du cerveau. Grand homme, » d'un côté, il était moitié fou de l'autre : la folie et la » sagesse avaient chacune leur département ou leur lobe, » séparés par la faux. » C'est ainsi que j'ai expliqué le génie de Newton, avec l'imbécillité de sa croyance. Si le cerveau était plus grand, plus près du cœur, les hommes auraient peut-être plus d'esprit. Une baleine de cent pieds en a beaucoup moins, par la raison contraire. Cela semble prouver que l'on peut être matérialiste sans être parfaitement Athée ; mais je ne laisse pas que de les mettre ensemble, parce que quand on a renoncé à la spiritualité de l'ame, je ne vois plus de motifs pour l'admettre ailleurs ; les preuves de l'existence de Dieu n'ont plus de force. Si une substance spirituelle n'est pas pour expliquer la pensée, elle devient sans preuve et sans motif pour expliquer le reste. Si l'on rejette les causes finales et intentionnelles dans les organes de l'homme, quelle raison reste-t-il pour les admettre dans le reste de l'univers.

LANCELIN, (P. F.) Ingénieur de la marine, a donné en 1801 et 1802, *l'Introduction à l'analyse des sciences,* 3 *vol.* in-8° où il prouve que la Nature est tout. Il dit : (*tom.* 2, *p.* 232.) Un cerveau qui n'est point fêlé, peut-il concevoir qu'un seul pouce de matière, puisse être anéanti ? Ce livre est un des plus forts et des plus philosophiques. Il est étonnant qu'un mathématicien, qui a prouvé un grand talent pour la construction des vaisseaux, et qui s'est occupé de la marine en grand, ait trouvé le temps de réfléchir aussi profondément sur des choses aussi éloignées de son état, et qui sont aussi difficiles, à en juger par le petit nombre de ceux qui se sont élevés à cette hauteur.

LARCHERET. Jeune poète et littérateur de Bourg, travaille à un ouvrage intitulé : *Nouvelle démonstration sceptique.*

LATTAIGNANT, (l'abbé de) poète aimable, était philosophe, à en juger par le refrain de sa chanson, *Adieu la compagnie.*

LAURAGAIS, (le Comte de) physicien distingué.

LAVALLÉE, (Joseph) littérateur aimable, auteur de plusieurs ouvrages, notamment d'un livre qui est intitulé, *Lettres d'un Mameluck,* fait de jolies plaisanteries sur les prêtres et sur les croyans.

LEBLOND, de l'Académie des Inscriptions, bibliothécaire du collège Mazarin.

LECAMUS, médecin de Paris, donna, en 1767; *la médecine de l'esprit.* Il fait voir l'influence du mécanisme du corps sur les fonctions de l'ame, de manière à ne pouvoir douter de sa philosophie. Il prouve que les fonctions de l'entendement et les ressorts de la volonté sont mécaniques; que les causes matérielles forcent l'ame et le corps à exercer des fonctions conformes à leur nature et il donne les moyens de corriger les défauts en remédiant aux vices de l'organisation. Il désavoue bien ceux qui l'accuseraient d'être matérialiste, mais alors on ne pouvait faire autrement.

LECAMUS, de l'Académie de Lyon, commissaire (ou ministre) des ponts et chaussées, en 1795; directeur de l'École Polytechnique; dans les mémoires de l'Académie de Dijon et le Journal de physique, il a donné plusieurs mémoires qui lui font honneur.

LEFEBVRE de Gineau, professeur de physique, membre de l'Institut.

LEMAIRE, ancien professeur de l'Université, l'un des hommes les plus spirituels et les plus instruits de cet illustre corps.

LENOIR, agent de change, homme d'esprit.

LOMBARD de Langres.

MAC MAHON, médecin de l'École Militaire, était chez M. Jefferson, où l'on niait l'existence des Athées. Cet homme, de six pieds, se leva et dit tout haut : *C'est moi.*

MAHOMET EFFENDI, brûlé comme Athée, et qui pouvait sauver sa vie, aima mieux mourir, disant que l'amour qu'il avait pour la vérité l'obligeait à souffrir le martyre.

MAILLET DU CLAIRON, commissaire de la marine, Consul en Hollande, qui fit la tragédie de *Cromwell*, en 1764 ; *Gustave Wasa*, 1766 ; *Essai sur la connaissance des théâtres ; Éloge du Maréchal de Saxe ; Observations sur la négociation de la France et de l'Angleterre en* 1761.

MARIE THÉRÈSE, Reine de Hongrie, (page 28 des Suppl.). On m'a objecté qu'elle avait l'air dévote ; mais au reste, la religion ne l'empêcha pas de voler la Pologne, après avoir volé les États de la Maison d'Autriche, aux Archiduchesses Joséphine et Léopoldine, qui y avaient droit avant elle. C'étaient les filles de Léopold, père de Charles VI, mort en 1705, et de son frère Joseph, mort en 1711. J'ai vu ses panégyristes bien embarassés pour la Pologne ; ils ne savaient pas l'autre fait.

MEINERS, *Historia doctrinæ de vero Deo*, Lemgo, 1780, in-8°, 548 p. Toutes les histoires attestent que l'idée d'un Dieu créateur de tout, est une des dernières auxquelles l'esprit de l'homme ait atteint. Les Égyptiens, les Phéniciens, les Chaldéens, les Grecs, ont obtenu très-tard cette connaissance. La pure religion naturelle des anciens Chinois est une chimère des Jésuites. (*Milon*, *Esprit des journaux*, *7 janvier* 1781, *p.* 384.)

MÉLOS. Ile dont tous les habitans étaient Athées. *Voyez* Bayle.

MENTELLE, célèbre géographe et historien.

MESLIER, Curé d'Estrépigny (p. 176 du Dict.), mort en 1733. *Mémoire des pensées de Jean Meslier.* D'Holbach a mis sous son nom le *Bon Sens*, puisé dans la Nature, ou idées naturelles opposées aux idées surnaturelles ; anonyme en 1772, par Meslier en 1792.

MEYER, de Berlin, m'a promis des notes sur les Athées d'Allemagne.

MISCELLIONES. Nom que Bayle donne à certains philosophes. *Voyez* Reinesius, page 244 du Dictionn.

MOJON, (le docteur Bernard) auteur d'une bonne dissertation *sur les Effets de la musique*, tant en santé qu'en maladie, m'a dit plusieurs fois qu'il était Athée.

MONNET, célèbre minéralogiste, et sa fille, pleine d'esprit et de talens.

MONTESQUIEU. Dans l'analyse de *l'Esprit des lois*, un journal du 9 octobre 1749, remarque ces paroles : Comme nous voyons que le monde formé par le mouvement de la matière et privé d'intelligence, subsiste toujours..... etc. *liv. I, chap.* 1. Il met dans la bouche de son philosophe Persan, ce qu'il n'osait pas dire pour son compte : « Je crois » à l'immortalité de l'ame par semestre ; mes opinions » dépendent absolument de la constitution de mon corps ; » selon que j'ai plus ou moins d'esprits animaux ; que mon

» estomac digère bien ou mal ; que l'air que je respire est
» subtil ou grossier ; que les viandes dont je me nourris
» sont légères ou solides, je suis spinosiste, socinien,
» catholique, impie ou dévot. » *Lett. Pers., LXXV.*

MONTGOLFIER, (Michel Joseph) né à Darvezieu,
le 26 août 1740, qui est l'homme le plus célèbre de
l'univers, comme auteur de la plus célèbre découverte que
les hommes aient jamais faite.

MOOSI. *Voyez* Sendosiviste, page 266.

MORELLI, né à Vitry-le-Français, auteur du *Code de
la Nature*, 1755, 236 p. in-12, qu'on attribuait à Diderot.
Morelli avait déjà publié un ouvrage, sous le titre des *Iles
flottantes*, dont le Code de la Nature est une continuation.
Voyez la *Préface* que M. Naigeon a mise au premier volume
de son édition complète de Diderot. (Chez Desrais, rue
Hautefeuille, 1798, p. vj.) Fontanes a fait la même faute
que Babœuf. (*Recueil des pièces du procès de Babœuf, 2 vol.
in-8°:*) Helvétius, à l'occasion de *Warvick*, disait page XIX :
La Harpe ne sera jamais que le Campistron de Voltaire ;
c'est le chef-d'œuvre d'un homme de cinquante ans ; *inde
iræ.* p. vj; livre d'un style lâche, mauvaise logique, dont
Diderot ne connaissait pas même le titre, misérable sophiste
et froid déclamateur.

MOUTONNET de Clairfont traducteur de Bion, m'a
fourni plusieurs notes.

NOGARET. (Félix) *La terre est un animal*, par l'auteur
de *l'Aristénète français*, 1805.

NOUGARET, de qui nous avons plusieurs bons ouvrages,
m'a fourni des notes intéressantes pour ces supplémens ;
il faut le distinguer de Félix Nogaret.

PANNETIER, le Général, mon compatriote et mon ami.

PANOETIUS, stoïcien que Cicéron appelle un grand homme, admirateur de Platon, l'abandonnait dans la question de l'immortalité de l'ame. *Cic. Tusc. I. C.* 32. St. Épiphane dit que Panœtius regardait comme un conte ce qu'on disait de la divinité. Tom. II, p. 29, Édit. de Petau.

PASCAL. Voyez le *Système de la Nature, tom. II. p.* 338. Parmi ses *Pensées*, il y en a plusieurs qui l'ont fait mettre au nombre des Athées, par le P. Hardouin. Elles tendent clairement à élever des doutes contre l'existence d'un Dieu, ou du moins à insinuer qu'elle est problématique ou douteuse. Il nous suffira de citer les pensées suivantes, fidèlement extraites de son ouvrage. Chap. VIII. » En » regardant tout l'univers, et l'homme sans lumières; » abandonné à lui-même, et comme égaré dans ce recoin » de l'univers, sans savoir qui l'y a mis, ce qu'il y est venu » faire, ce qu'il deviendra en mourant, j'entre en effroi comme » un homme qu'on aurait porté endormi, dans une île déserte » et effroyable, et qui s'éveillerait sans connaître où il est, » sans avoir aucun moyen d'en sortir, et sur cela, j'admire » comment on n'entre pas en désespoir d'un si misérable » état. Je vois d'autres hommes auprès de moi d'une » semblable nature; je leur ai demandé s'ils sont mieux » instruits que moi, ils m'ont répondu que non.... J'ai » recherché si ce Dieu dont tout le monde parle n'aurait » pas laissé quelques marques de lui : Je regarde de toutes » parts, et je ne vois partout qu'obscurité. La Nature ne » m'offre rien qui ne soit matière à donner des inquiétudes ; » si je n'y voyais rien qui marquât une divinité, je me » déterminerais à n'en rien croire : si je voyais partout les » marques d'un créateur, je reposerais en paix dans la » foi ; mais voyant trop pour nier et trop peu pour m'assurer, » je suis dans un état à plaindre.... Selon les lumières

» naturelles, s'il y a un Dieu, il est infiniment incompré-
» hensible ; puisque n'ayant ni parties ni bornes, il n'a
» nul rapport à nous. Nous sommes donc incapables de
» connaître ni ce qu'il est, ni si il est. Cela étant ainsi qui
» osera entreprendre cette question ? Ce n'est pas nous
» qui n'avons aucun rapport à lui.

» Les preuves des métaphysiciens pour Dieu, sont si
» éloignées du raisonnement des hommes, et si impliquées,
» qu'elles frappent peu. Quand cela servirait à quelques
» uns, ce ne serait que pendant l'instant qu'ils voient
» cette démonstration ; mais une heure après, ils craignent
» de s'être trompés : *quod curiositâte cognoverant, superbiâ*
» *amiserunt.* (*Pensées. chap. XX.*) Si Dieu eût voulu
» surmonter l'obstination des plus endurcis, sans doute il
» l'eût pu, en se découvrant si manifestement à eux,
» qu'ils n'eussent pu douter de la vérité de son existence.

» Il ne faut pas que l'homme ne voie rien du tout ; il
» ne faut pas non plus qu'il en voie assez pour croire qu'il
» possède Dieu, mais qu'il en voie assez pour connaître qu'il
» l'a perdu ; car, pour connaître qu'on a perdu, il faut voir ;
» et ne pas voir, c'est précisément l'état où est la Nature.

» Si la religion se vantait, (*chap. I.*) d'avoir une vue
» claire de Dieu, et de le posséder à découvert et sans
» voile, ce serait la combattre, que de dire qu'on ne voit
» rien dans le monde, qui le montre avec évidence ; mais
» elle dit au contraire que les hommes sont dans les
» ténèbres et dans l'éloignement de Dieu ; qu'il s'est caché
» à leur connaissance, et que c'est le nom qu'il se donne
» dans les écritures.

» Dieu étant caché, (*chap. II.*) toute religion qui ne
» dit pas que Dieu est caché n'est pas véritable ; et toute
» religion qui n'en rend pas la raison, n'est pas instruisante ;
» la nôtre fait tout cela.

» On n'entend rien aux ouvrages de Dieu, (*chap. XVIII.*)
» si on prend pour principe qu'il aveugle les uns et éclaire
» les autres.

» Si le monde subsistait pour instruire l'homme de
» l'existence de Dieu, (*chap. XVIII. n° 3.*) sa divinité
» y luirait de toutes parts, d'une manière incontestable. »

PÉTRONE. *Primus in orbe Deos fecit timor.* Ce vers se
trouve dans les fragmens de cet auteur, p. 676, édit. de
Burman ; il se trouve aussi dans Stace, qui le met dans la
bouche de Capanée. (*Théb. liv. III, vers. 661.*)

PIIS, Secrétaire-Général de la Préfecture de Police de
Paris, célèbre par l'établisement du Vaudeville, et par les
pièces charmantes qui en font le succès, a fait une jolie
chanson pour moi, sur les préjugés, dans le chansonnier
du Vaudeville, 1805, où il y a ce couplet :

> La nature s'étant faite
> Seule, comme la voilà,
> Suivez la doctrine abstraite
> Du pénétrant Spinosa ;
> Sans quoi de vous, landerirette,
> Monsieur de Lalande rira.

PILO. (Olavides, Comte, de) Président de Castille,
obligé de fuir, à cause de l'Inquisition d'Espagne.

PIO, professeur d'Italien, m'écrit pour me faire
compliment et m'assurer qu'il pense comme moi.

PLATON, avec toute sa spiritualité, admet une ame
dans la tête, c'est la principale ; une dans la poitrine et
une autre sous le diaphragme. L'irrascible à son siège dans
le cœur ; la concupiscible, entre le diaphragme et le
nombril.

Diogène Laërce, dit que Socrate ayant entendu le
Lysis de Platon, s'écria : que de choses ce jeune homme

me' prête. Athénée (Liv. II. p. 248.) dit aussi que Phœdon en lisant les dialogues de Platon , qui le fait parler sur l'ame, disait qu'il n'avait jamais dit de pareilles choses ; et Timon ajoutait que Platon aimait les fictions , et était habile pour les paroles supposées.

POMMEREUIL , Préfet d'Indre-et-Loire.

POMPONACE, (Pierre) était professeur de philosophie à Padoue , du temps de Léon X. On lui aurait fait son procès comme Athée , et il eût été en grand danger d'être brûlé vif, sans la protection du Cardinal Bembo. Pomponace fit une apologie de son livre, encore plus forte que l'ouvrage même : on est étonné de trouver le passage suivant dans les *Naudœana*, dont le savant auteur se piquait d'une grande dévotion. « Je n'ai jamais vu
» philosophe qui n'ait loué Pomponace, tout en écrivant
» contre lui, ce qui est une preuve qu'il était bon
» homme. Il ne fut ni marié ni prêtre ; c'était un petit
» homme vif et fort savant ; il enseigna aussi à Bologne,
» et y mourut agé de soixante-trois ans. Personne n'a
» encore repris ses livres de faussetés, et n'a pu renverser
» ses raisons. L'Italie est pleine de libertins et d'Athées
» et de gens qui ne croient à rien, néanmoins le nombre
» de ceux qui ont écrit de l'immortalité de l'ame est
» infini, mais je pense que ces mêmes écrivains n'en
» croient pas plus que les autres ; car ç'est une maxime
» que je tiens pour certaine, que le doute qu'ils en ont
» est une des premières causes qui les oblige d'en écrire,
» joint à cela que tous leurs écrits sont si faibles,
» que personne n'est peut-être plus éclairé ; mais au
» contraire, au lieu d'instruire, ils sont propres à faire
» douter de tout.

Pomponace, dans son traité de *l'Immortalité de l'ame*,

ne fait point de difficulté de dire que cette doctrine avait été introduite par tous les fondateurs de la religion, pour contenir les peuples dans le devoir; en quoi, ou tout le monde, ou la plus grande partie du monde' était dupe; parce que, supposez, ajoute-t-il, qu'il n'y ait que trois religions, celles de Moyse, de Jésus-Christ, et de Mahomet; si toutes les trois sont fausses, il s'en suit que tout le monde est trompé, et s'il n'y en a que deux de fausses, que la plus grande partie du monde est trompée.

PROST. *Essai physiologique sur la sensibilité*, par P. A. Prost, de la Société de Médecine de Paris, 1805. Il établit l'oxigène comme principe de la sensibilité; il donne aux végétaux une sensibilité.

QUILLET, (Claude) docteur en médecine, du XVIIᵉ siècle, qui fut obligé de se réfugier dans un cloître pour se dérober à la vengeance du Cardinal de Richelieu. Dans son ouvrage intitulé la *Callipédie*, ou l'Art de faire de beaux enfans, il paraît être Athée.

REGNARD, célèbre auteur du *Joueur*, du *Légataire universel*, etc. dans le tome IV de ses œuvres, a mis une épître qui commence par ce vers :

Quoi, toujours prévenu des sentimens vulgaires ?

Il y professe le scepticisme le plus absolu.

ROBERT (le docteur) le jeune, auteur de *l'Influence de la Révolution Française sur la population*, 2 vol. in-12. dans son ouvrage ayant pour titre, *Nouvel essai sur la Mégalantropogénésie*, ou l'Art de faire des enfans d'esprit, 2 volum. in-8°, attribue toute notre intelligence à la structure anatomique des organes.

RODE, (Mad. de la) chanoinesse de Neuville en Bresse. Je l'ai connue personnellement.

ROUSSEAU. (Jean Baptiste.)

En vain je cherche et j'envisage
Les preuves d'une déité ;
J'en conçois l'excellence et la nécessité ;
J'adore, en frémissant, cette divinité
Dont mon esprit se fait une si belle image ;
Mais quand je cherche davantage,
Je ne trouve qu'obscurité.
La vérité cachée, en un épais nuage,
A mon esprit confus, n'offre point de clarté ;
Rien ne fixe mon doute et ma perplexité, etc.

Ces vers sont de la *Moysade*, poème qu'il désavoua, quand, pour recouvrer la considération, il se fit dévot et dénonça Voltaire comme philosophe. Les Athées aussi désavouent Rousseau ; mais il leur est permis d'observer qu'il ne cessa de professer le scepticisme qu'en cessant d'être estimable.

SABATIER, célèbre anatomiste, de l'Institut.

SALAFON, Directeur des contributions, à Bordeaux.

SALOMON, dans l'*Ecclésiaste*, parle de la mort des hommes, en la comparant à celle des bêtes, et il paraît qu'alors les Juifs n'avaient aucune idée de substance spirituelle, ni de la vie future.

SCHILLER, un des plus grand poètes de l'Allemagne, et qui passe pour un des plus vigoureux penseurs, a fait une pièce intitulée, *Résignation*, où il dit harmonieusement qu'il n'y a point de Dieu, et que l'ame est mortelle.

SÉNÈQUE, contre qui La Harpe a fait un volume, méritait bien ses injures ; car suivant les expressions de La Harpe, les philosophes les plus accrédités avaient senti que l'ame et le corps étaient deux substances hétérogènes, et Sénèque n'a pas même eu assez de sens pour profiter de cette lumière généralement répandue. (*Cours de litt.* *tom.II. part.* 2.) Mais Sénèque sentait tous les résultats des combinaisons de la matière quand il disait : *Omnia illa sic in vitam mortemque per vices ire et composita dissolvi, dissoluta componi.* (Ep. 71.) Nos corps au cimetière, font venir de l'herbe, qui nourrit les vaches, qui donnent du lait, qui nourrit les enfans; ce sont les mêmes parties de matière, qui pensaient dans le père, qui font penser l'enfant.

STRATON, qui présidait à l'École du Lycée, 297 ans avant notre ère, enseignait que tous les êtres, même ceux qui ont de la raison, sont produits nécessairement par une matière inanimée.

SWIFT, auteur du célèbre conte du *Tonneau* et de *Gulliver*, a fait tant de plaisanteries sur ceux qui croient, que nous pouvons le compter au nombre des incrédules.

TACITE, quoique crédule et croyant aux prodiges, ne laisse pas que de marquer de la philosophie, lorsqu'après avoir parlé des prédictions de Thrasullus, il ajoute : *Sed mihi hœc ac talia audienti in incerto judicium est fatoneres mortalium necessitate immutabili, an fortè volvantur.* (Ann. 6, C. 22.)

TILORIER, avocat distingué et physicien, a fait un ouvrage de notre genre, *Genèse philosophique.*

TOURTELLE, professeur de l'École spéciale de Médecine de Strasbourg, dans son *Hygiène*, 2 *vol. in-8°.*, *tom. I.* *p.* 108, s'exprime ainsi : qu'attendez-vous donc des peuples courbés sous le joug de la superstition ? Sans doute, tant qu'ils ne le secoueront pas et qu'ils ne briseront pas les chaînes dont les prêtres d'un faux Dieu les ont garottés, ils n'acquerront jamais d'élévation et de dignité, car ce poison stupéfiant de l'esprit, détruit le sens moral, il tient comme enchaînées les qualités intellectuelles.

TOUSSAINT, fils ainé, fabricant à Raucour, près Sedan.

TRACY, (de) Sénateur : *Elémens d'Idéologie*, 1804, 2⁰ *vol. p.* 25. Penser, c'est toujours sentir. Il a publié une excellente analyse du grand ouvrage de Dupuis, sur *l'Origine des Cultes*. En parlant de la cause première, aveugle ou intellectuelle, il dit : Nous fesons profession l'un et l'autre de nous regarder comme très-assurés qu'on ne sait rien et qu'on ne peut rien savoir.

TRENCHARD, mort en 1723. (*Voyez le suppl. au dict. de Bayle.*) On lui attribue le livre intitulé la *Contagion sacrée* ou *l'Histoire naturelle de la Superstition*, traduit de l'anglais, 1768. Il ne peut y avoir de véritable religion ; elle donnent toutes des idées contradictoires et sinistres de la divinité : La religion ne peut être la base de la morale ; elle rend les hommes malheureux.

VANDEUIL, (Mad. de) fille de Diderot, quoique son père l'eût beaucoup trop occupée du clavecin.

Il y en a beaucoup d'autres de notre secte ; on doit bien tenir compte aux femmes de ce qu'elles savent, puisqu'on ne leur apprend rien ; mais elles sont bien dédommagées par les fonctions intéressantes de charmer, d'adoucir, de consoler, de soulager. Les hommes sont blessés par les hommes ; ils sont pansés par des femmes, et elles sont glorieuses et heureuses du contraste. Elles nous font aimer la gloire, la vertu ; elles nous feraient aimer la science, si l'on avait le bon sens de les instruire. (Voyez Delille, poème de *la Pitié*; Legouvé, *du Mérite des Femmes*; Dusausoir, *Apologie des Femmes*.) Elles nous enfantent avec des douleurs effrayantes ; elles nous allaitent ; elles nous conservent dans l'âge où il y a le plus de dangers. C'est la partie la plus intéressante de l'espèce humaine.

VIER, avoué, à Lyon, m'a fait sa déclaration formelle.

VOLNEY (de) a donné, en 1803, son *Tableau des États-Unis de l'Amérique*, où il se montre assez philosophe pour avoir été vivement attaqué dans le Journal des Débats, du 9 janvier 1804. Mais l'auteur de cet extrait soutient que la Bible est un livre précieux qui ne trompe point.

WIÉLAND, célèbre en Allemagne depuis longtemps, a publié, en 1805, des dialogues intitulés *Euthanasia*, dans lesquels il accumule indirectement, des preuves que l'ame périt avec le corps; il soutient que cette croyance resserrerait les nœuds de la société; les hommes seraient plus aimans; la tendresse pour la personne aimée dont nous serons bientôt séparés, est plus vive, plus animée que si nous pensions nous revoir bientôt.

YVON, dans l'Encyclopédie, au mot *Ame*, établit que nous exécutons des opérations où l'ame n'a point de part, de même que les animaux.

AUTEURS ANONYMES.

De notre misère, inséparable de la nature de notre être; des moyens que nous avons tous d'y remédier par nous-mêmes, l'an III° de la Rép. Lettre au comité d'instruction publique, 212 p. in-8°; on lit page 87 : L'air et le sang sont cette ame qui nous domine; et page 196 : La vérité, la justice et l'humanité, sont les trois divinités que je considère comme le vrai Dieu qu'un peuple sage doit révérer.

La morale universelle, ou les devoirs de l'homme fondés sur la nature. Amsterd. 1776. On est homme avant que d'avoir une religion, et quelque religion qu'on adopte, sa morale doit être celle de la Nature, sans quoi elle serait destructive de la société. En conséquence, l'auteur déduit la morale de la sensibilité, qui suffit à l'homme pour connaître ce qu'il se doit à lui-même, et ce qu'il doit aux êtres avec lesquels son destin est de vivre.

Parité de la Vie et de la Mort, 1771, 130 pag.

Dialogues sur l'Ame, 1771, 172 pag.

Jordanus Brunus Redivivus, ou traité des erreurs populaires, ouvrage critique, historique, philosophique, imité de Pomponace, 1771, 114 pages.

Le Bon Sens ou *idées naturelles opposées aux idées surnaturelles.* 1772, 250 pages.

La fable du Christ dévoilée, 107 pag. in-8. an II, (1794.) L'auteur fait voir que les dogmes et les cérémonies de notre religion sont les mêmes que dans le culte de Bacchus, de Mitras, du Soleil, d'Osiris; qu'on y a tout pris, même le nom de Yesus, de Christ, la croix, la colombe, l'incarnation, Bethléem, etc.

Je voudrais bien pouvoir citer M. de Sade; il a bien assez d'esprit, de raisonnement, d'érudition; mais ses infâmes romans de Justine et de Juliette, le font rejeter d'une secte où l'on ne parle que de vertu.

En 1804, un Curé des environs de Versailles a été exilé pour avoir refusé d'enterrer un notaire qui fesait profession d'athéisme.

Il y a eu beaucoup de penseurs, même dans les temps d'ignorance. Pétrarque, dans le XIV°. siècle réfutait ces prétendus sages qui pensent que l'univers a existé de tout temps, et qui attaquent sourdement les vérités les plus consolantes; qui regardent comme des imbécilles ceux qui ne partagent pas leur délire. Les auteurs dont il parle ne sont pas parvenus jusques à nous; l'on copiait les manuscrits dans les couvens et ceux des philosophes devaient y être proscrits. Pétrarque était poète, il était prêtre; ainsi il ne devait être ni fort savant ni philosophe.

M. Roussel, médecin, m'a dit qu'il avait trouvé des penseurs en Pologne, en Valachie, en Turquie, et jusques en Crimée, où le célèbre Pallas est établi, à Sébastopole, et c'est un véritable philosophe.

Le philosophe seul embellit notre espèce.

CALENDRIER HISTORIQUE

DES ATHÉES LES PLUS CÉLÈBRES.

18 janvier	1803 mort	de	Maréchal.
21 février	1789		d'Holbach.
21 février	1767		Spinosa.
8 mars	1749		Fréret.
28 mars	1794		Condorcet.
16 avril	1788		Buffon.
21 juillet	1784		Diderot.
12 aout	1786		Frédéric-le-Grand.
29 octobre	1783		d'Alembert.
11 novembre	1751		La Mettrie.

11 novembre 1805 anniversaire de la Mettrie,

FIN.

www.ingramcontent.com/pod-product-compliance
Lightning Source LLC
Chambersburg PA
CBHW050554270326
41926CB00012B/2047